ACCIONES LOCALES Y POLÍTICAS PÚBLICAS EN PEQUEÑAS LOCALIDADES DE LA PROVINCIA DE BUENOS AIRES

Juan Manuel Diez Tetamanti

Acciones locales y políticas públicas en pequeñas localidades de la provincia de Buenos Aires

prometeo
l i b r o s

Diez Tetamanti, Juan Manuel

Acciones locales y políticas públicas en pequeñas localidades de la provincia de Buenos Aires / Juan Manuel Diez Tetamanti. - 1a ed . - Ciudad Autónoma de Buenos Aires : Prometeo Libros, 2019.

352 p. ; 23 x 16 cm.

Política Social. 2. Formulación de Políticas. 3. Administración Pública. I. Título.

CDD 320.6

Esta publicación ha sido realizada con el apoyo y aval de:

Institut National de la Recherche Agronomique (INRA, Francia, Département SAD Sciences pour l'Action et le Développement), en el marco de AgriteRRIs Red de Investigación Internacional "Actividad Agropecuaria, Territorio y Sistemas Agroalimentarios Localizados".

Consejo Nacional de Investigaciones Científicas y Técnicas – Ministerio de Ciencia y Tecnología de la Nación Argentina.

Centro de Investigaciones Ferroviarias y del Transporte, Asociación del Personal de Dirección de Ferrocarriles Argentinos (CIFYT-APDFA), entre 2006 y 2012.

Armado: Eleonora Silva
Corrección: María Antonia Silva

Índice

Resumen

La provincia de Buenos Aires está repleta de pueblos, pequeñas localidades, aglomeraciones poblacionales que no superan los 2000 habitantes. Estas "pequeñas localidades" representan lo que coloquialmente se denomina "interior bonaerense"; ese territorio ubicado más allá de las fronteras de la ciudad de Buenos Aires y su conurbano. Allí, en esas pequeñas localidades, radica el objeto de estudio de la presente investigación. Desde un enfoque dialéctico, se analizan los cambios de la configuración espacial, a partir del estudio de las políticas públicas con impacto territorial y las acciones locales que acontecen en las localidades de San Agustín, Mechongué, La Dulce, Bavio y Patricios.

Este estudio parte de la idea de que desde la segunda mitad del siglo XX, se produjeron cambios en la aplicación de políticas públicas de impacto territorial, que generaron nuevos procesos de configuración del espacio y dinámicas demográficas en las pequeñas localidades. Así, en algunas localidades se experimentaron procesos de despoblamiento, mientras que en otras no. Ante este panorama, la población de algunas localidades, llevó adelante iniciativas, acciones o formación de organizaciones –acciones locales endógenas– tendientes a resistir el proceso de cambio, el despoblamiento, o a reinsertarse en un sistema espacial dentro del nuevo esquema funcional económico, social y territorial. A partir de esto, surgen preguntas: ¿cómo se configuró el espacio pampeano y bonaerense?, ¿cuáles son las alternativas para el desarrollo en estas localidades?, ¿qué peso revela el Estado en la búsqueda y proposición de alternativas y soluciones para los problemas demandados desde los pueblos?, ¿qué importancia para el cambio representan las acciones locales?, ¿cómo actúan las manifestaciones de resistencia a los comandos hegemónicos, que se gestan desde los territorios?

En la metodología se incluye un extenso trabajo de campo, principalmente, a partir de entrevistas, observación participante en pequeñas localidades y organismos de gobierno. A esto se le suma un importante trabajo con sistemas de información geográfica. De este modo, se compone una obra que se divide en tres partes: la primera, "Los pueblos: una constelación de nodos entre el campo y el mundo", aborda el análisis del periodo de 1880 a 1960 en la conformación del sistema de pequeñas localidades en la provincia de Buenos Aires en un contexto de intereses económicos externos muy fuertes, el sistema agroexportador y la consolidación de un espacio derivado y dependiente. Una Segunda Parte titulada: "El fin de un destino común para los pueblos pampeanos", que abarca el periodo de 1960 a 2004, analiza los cambios normativos, usos técnicos, dinámicas demográficas y la conformación de un territorio fragmentado, donde algunos lugares quedaron a la deriva entre el mercado y el Estado, generando las facilidades para la emergencia de la acción local para el desarrollo. Finalmente una Tercera Parte titulada "Intentos desarticulados de integración", profundiza en las principales acciones recientes, emanadas desde el Estado y desde organizaciones locales, dirigidas a los problemas de despoblamiento, aislamiento, desarticulación. Se trabaja aquí en la visualización de nuevos conceptos como espacio delegado, ego-territorialismo, espacio de parcialidades comandadas y de comando irracional. A partir de estas teorizaciones se intenta dar luz a una nueva dinámica del espacio presente en las pequeñas localidades, que implica prácticas presentes en los modos de intervención del Estado y las organizaciones locales. El vertebramiento inercial, constituye finalmente, el análisis de la relación entre los sujetos, la memoria, el proyecto y su impronta en el territorio. Así, se establece el valor no solo patrimonial de los objetos que componen el espacio, sino también de su latencia, de su disponibilidad, de su tenencia comunitaria y, por sobre todo, la capacidad de mantener la hegemonía local de cada objeto, la articulación y el recuerdo de cada acción, con osadía, como paso para la consolidación de los proyectos de desarrollo local.

Pueblos pampeanos en busca de un destino propio: procesos de patrimonialización y desarrollo local

Por Christophe Albaladejo

El libro de Juan Manuel Diez Tetamanti se apoya sobre un intenso trabajo de terreno realizado durante cinco años, en una etapa que ha sido clave en Argentina para pensar el desarrollo local: la segunda mitad de los años 2000. En efecto, han sido años prolíficos en iniciativas diversas y creativas por parte de los actores del terreno, así como también en nuevos diseños de políticas públicas y acciones innovadoras por parte de las instituciones. Argentina salía de los años 90, diez años de fuerte aceleración del despoblamiento rural y de disminución del número de explotaciones. Esa década de modernización excluyente (Svampa, 2005) y de capitalismo mundializado triunfante, fue acompañada por una batería de programas, proyectos, discursos nuevos y acciones para "contener" sus consecuencias sociales. Esa panoplia de intervenciones se nutría de muchos conceptos recuperados de experiencias muy anteriores, acumuladas en el mundo de la militancia y de los experimentos al margen del modelo dominante. Uno de esos conceptos es el de "desarrollo local", o "desarrollo de comunidades", recuperado y desvirtuado en los 90, y posteriormente resignificado en los años 2000 debido a una mayor capacidad de acción de los actores y a un regreso del Estado en términos de intervención para el desarrollo. Este libro nos brinda una gran oportunidad para aprender de esas dos décadas de sufrimientos y de iniciativas.

Su reseña bibliográfica, muy completa en lo que respecta a los estudios rurales pampeanos y, en particular, los estudios de los pueblos y pequeñas ciudades, así como su sólida movilización de los conceptos de Milton Santos, permiten al autor construir un marco teórico propio con los conceptos de "comando", "espacio derivado", "vertebramiento inercial", "región de mando *vs* región de hacer", para citar algunos. Ese conjunto teórico muy completo y coherente le permite abordar con mucha solvencia la hipótesis de margen local de acción y desarrollar una geografía de la acción local.

Son muy pocas las tesis de doctorado realizadas esencialmente a partir de un trabajo de investigación-acción, debido al riesgo que comporta en el cálculo de los tiempos de elaboración, a los compromisos que genera y a la madurez que requiere el oficio de investigador. A los doctorantes interesados en un trabajo de inmersión, aconsejo más bien una estrategia de investigación participante. De hecho, el doctorado de Juan Manuel ha sido el único que dirigí que comportó explícitamente esa dimensión. El resultado ha estado a la altura de la dificultad. Los conocimientos que aporta este libro han sido respaldados por una investigación comprometida y crítica en dos ámbitos complementarios, lo que también es poco común: con los actores en el terreno y los habitantes en general, y con los políticos provinciales y los actores de las administraciones centrales, o sea en los pasillos del poder y de las políticas públicas. Sin lugar a duda esa relación con la acción no fue un capricho, dado que gran parte de los resultados no hubiesen sido alcanzados sin ese tipo de método.

Memoria social, patrimonialización y desarrollo local

Los análisis y descripciones de Juan Manuel nos dejan la visión de una población en gran parte de inmigrantes, instalada a lo largo del ferrocarril en el inmenso espacio pampeano por intereses ajenos, e incorporada en un sistema territorial esencialmente dedicado a la agro-exportación. En este conjunto, el "pueblo" fue concebido como un objeto espacial estereotipado que constituía un engranaje esencial de este sistema. Luego, tanto esa población como la mayoría de estos pueblos han sido abandonados por los mismos intereses, súbitamente dedicados a reconstruir otro "espacio derivado" en función de la disponibilidad de nuevos avances técnicos, en particular la ruta asfaltada, los automotores y camiones, y más adelante el paquete técnico de la soja transgénica, entre otros. En realidad, esos intereses se dedicaron a instalar el territorio de otro capitalismo. Es decir, nunca en su historia esa población y esos pueblos han pasado por una etapa de desarrollo endógeno propio, aunque haya habido un momento más favorable bajo un intento breve de comando nacional, desde el Estado, durante el gobierno de Perón durante el período 1945-1955.

En este panorama, Juan Manuel nos describe el interesantísimo trabajo de construcción de una memoria colectiva por parte de los habitantes que quedaron en el medio de esas "rugosidades", como diría Milton Santos. El concepto de "rugosidad" designa los objetos y formas territoriales remanentes de un orden pasado. Pero en el caso de los pueblos que se describen en este trabajo, yo hablaría más bien de "ruinas" de un orden anterior, ya que para ser rugosidades deberían haber encontrado hoy un nuevo rol, o por lo menos coexistir estrechamente con otros objetos, contribuyendo al paisaje de un nuevo orden territorial. Y no es el caso. El sentimiento de abandono que nos describe líricamente el autor en su introducción, se debe en gran parte al hecho de ubicarnos en un "hueco" del nuevo orden, una parte abandonada y no resignificada. Por eso los habitantes encontraron tantos objetos viejos todavía disponibles para construir una memoria propia. Son ruinas que no fue necesario proteger de un nuevo orden, no se tenía que "conservar", porque ahí no llegó ni llegará jamás ese nuevo orden, el orden de un capitalismo mucho menos sistemático que el anterior. No fue necesaria una segunda campaña del desierto: esta vez los "indios", de hecho hijos de inmigrantes, se quedaron en los huecos, en el medio de un campo de ruinas. Es sin duda una desgracia, sin duda algunos habitantes se pusieron a soñar que podría ser también una oportunidad de alcanzar un desarrollo y un territorio propios que jamás tuvieron.

Para tener un desarrollo y un territorio propios, hay que tener una memoria propia. No se construye un tiempo futuro sin tener la capacidad de pretender venir de algún lado. El desarrollo "amnésico" es siempre el que se impulsa desde afuera, para complacer a algún organismo de intervención apurado en ejecutar sus partidas presupuestarias o a un político regional o nacional que busca consolidar su influencia, pero sin mucha chance de éxito. Esa "memoria" social local no está dada, se construye colectivamente, amigándose con los lugares y los objetos disponibles, los cuales deben ser cooptados para proponerles transformarse y ser los personajes de "un lindo relato". Las investigaciones de Juan Manuel son ejemplares al respecto, y muestran claramente el carácter estratégico de la dimensión cultural para el desarrollo local

(Barbieri, 2014), siempre y cuando no sea un "desarrollo localizado" impulsado desde centros de comando ajenos.

El enorme trabajo de memoria que hicieron los habitantes de los pueblos que se analizan en esta obra nos enseña diversas cosas. Primero, la importancia de la actividad discursiva. Nos dice Juan Manuel: "De modo que objetos y acciones no funcionan aisladamente, sino en sistema que precisa de un discurso que los avale, los imponga o bien deponga". Luego de leer este libro nos queda clara la distinción esencial que hizo Maurice Halbwachs (1925) entre la memoria y la historia. La historia releva lo escrito, y de hecho para estos pueblos ya han sido escritas unas versiones por algún notable erudito o por investigadores, pero no interesan aquí. La memoria es oral, es una apropiación social incesantemente renovada y condice muy bien con el trabajo realizado en el teatro comunitario del cual nos habla Juan Manuel, y que luego ha sido confirmado por otros científicos como una potente herramienta de desarrollo social (Fernández, 2015) y de acción local. La objetividad no existe, pero acercarse a este ideal es la pretensión utópica de la historia. La memoria en cambio no lo intenta, busca "solamente" cohesión entre las subjetividades y coherencia con los hechos y los objetos cooptados. Lo que sí requiere, como nos muestra Juan Manuel, es "emoción", una emoción a la vez colectiva y personal. Es así que esos relatos locales ponen el foco sobre un pasado poblado de hechos y colonos heroicos y solidarios, sin diferenciación o tensiones, con un protagonismo atenuado de los personajes que no conviene tanto convocar, como el estanciero, el almacenero, el capataz, o mismo los estibadores, etc. Porque, según la obra de teatro de uno de los pueblos estudiados, es necesario disponer de una versión "por nosotros", para retomar el nombre de la asociación de Bavio en base a "nuestros recuerdos".

También la memoria requiere otro gran invento: la "tradición", sin la cual sería un discurso vacío. Nos dice Pouillon (1975): "la tradición es un punto de vista que los hombres del presente desarrollan sobre lo que los antecedió" (p. 160 [traducción propia]), y Lenclud (1987) agrega: "No es el pasado que produce el presente, sino el presente que le da forma al pasado" (p. 117 [traducción propia]). Así, la tradición no es de ningún modo la conservación de la integralidad del pasado, es lo que se elige del pasado como relevante y consecuentemente pasó por un "filtro". Ese filtro es el mensaje que se estima que el pasado aporta a la situación de hoy. Para tener una tradición, una de las tantas que puedan referirse a un mismo territorio, es necesaria la existencia de grupos humanos que hagan su interpretación del pasado y tengan la capacidad de darle un sentido eficaz en relación con la situación de acción que viven hoy. A esos grupos Roger Bastide los denomina "conjuntos sociales estructurados", Maurice Halbwachs los designa "comunidades afectivas" o "grupos intermedios" (entre el individuo y la Nación), y Anselm Strauss los describe como "grupos definidos por una realidad simbólica fundada en la historia". Son los grandes personajes y el gran objeto de investigación de este libro. Sean de Patricios, de Bavio o de La Dulce, cada grupo tiene sus múltiples singularidades y, sin embargo, todos presentan un nuevo y preciso modo de acción en sociedad. En mi opinión, la investigación de Juan Manuel Diez Tetamanti es un aporte muy consistente, desde la geografía social, a los estudios recientes sobre la "acción colectiva" (Melucci y Avritzer, 2000).

Ese descubrimiento y uso que hacen los habitantes de los objetos y lugares del pasado no deben engañar al observador externo. No se trata de "restauraciones" en el sentido del trabajo de conservación que llevan a cabo frenéticamente nuestras sociedades urbanas occidentales (Poulot, 1995), el espectáculo de la ruina que expone la valorización de lo antiguo, la escenificación de los indicios auténticos del pasado por un presente que se aleja de él cada vez más. Un espectáculo destinado en gran parte a observadores o turistas apurados y fascinados por algo que ya no es más. Esa lógica de la conservación me parece en efecto más coherente con la racionalidad dominante del cambio global, que justamente quieren denunciar los habitantes con "contra-racionalidades". Por eso la construcción de una tradición, su tradición, es esencial: permite dotar a la memoria de un mensaje fuerte.

Uno de grandes aportes de este libro es permitirnos entender el rol de los procesos de patrimonialización en el desarrollo local. En particular nos hace entender que hay que ser muy pacientes ya que sin esa patrimonialización local, que puede ser lenta y azarosa, no puede haber desarrollo endógeno. Es más evidente aún si pensamos en un posible desarrollo turístico de esas localidades, pues sin esos procesos de patrimonialización local, todo intento apresurado se transformaría en una turistización comercial y superficial o una folklorización, independientemente de que se tengan o no buenas intenciones. De cualquier manera, sin anclaje local las acciones de desarrollo no tienen mucho porvenir. Y para que se de ese proceso de patrimonialización, debe emerger una "comunidad afectiva" que elabore su memoria, una memoria fundada en una tradición, es decir, con un mensaje cultural que sea una interpretación del pasado con miras a actuar hoy. Juan Manuel nos convence de esta manera de que un trabajo que apunte a la acción local debe hacer resaltar, por encima de la medición o evaluación exacta de los fenómenos y objetos, el sentido que se les confiere.

Pero la patrimonialización difícilmente puede ayudarnos a entender la producción de un recurso local si no le agregamos la noción de "diversidad". Con su trabajo comparativo en cinco localidades, el presente libro nos muestra que los pueblos no tienen más ese rol funcional uniforme al cual deba su inserción en un espacio derivado. Por el contrario, pueden generar diferencia. Al ser abandonados por los espacios centrales no son más un espacio derivado. Para hacer un juego de palabras con el concepto de Juan Manuel, podríamos decir que están "a la deriva", algo que podemos evaluar negativamente por supuesto, pero que también tiene las ventajas de la "deriva cultural" de la que nos habla Lévi-Strauss cuando hay atrás un trabajo activo de la comunidad local. Esos pueblos ya no tienen un destino común, cada uno de esos pueblos puede y debe inventar el suyo porque ninguna lógica o actor externo le va a dar un horizonte *prêt-à-porter*… Es justamente lo que puede producir un recurso local: saberes diferentes, un producto diferenciado, un paisaje singular, … todo lo que hace a la diversidad de las culturas. Con esa noción, subrayada por Rautenberg (1995: 206), me parece que se puede entrar en lo que no pudo abordar este libro, pero que es la etapa posterior de las dinámicas de estos pueblos: la valorización (cultural, cognitiva, económica, etc.) de la patrimonialización, sin la cual la acción puede tener dificultad en perdurar. Sin embargo, para lograrlo hay que volver a considerar el segundo pilar de esta obra: las políticas públicas que deben ayudar a evidenciar, valorar y desarrollar los patrimonios locales.

La construcción social de "lugares"
como retórica de una contra-racionalidad

Gran parte del trabajo geográfico de Juan Manuel Diez Tetamanti se puede interpretar como un análisis de la construcción social de "lugares" a nivel local, en cuanto partes claves de una retórica territorializada al servicio de una "contra-racionalidad". En efecto, llama la atención el rol central que tomó el tren en todas las localidades que se estudiaron y, en particular, la vieja estación cuya "recuperación" pasa a ser un elemento esencial de las estrategias de reivindicación y de desarrollo local. Es entendible desde el momento en que ha sido "el gran servicio" que, como se explica muy bien el libro, fue suprimido, en forma brutal luego de los años 1960 por el Plan Larkín, sin que haya sido compensado por la construcción de accesos por rutas asfaltadas, incumpliendo lo prometido en el Plan. Justamente, el tren era el servicio que vinculaba al exterior y evitaba la soledad y el abandono del cual nos habla de manera vibrante Juan Manuel en la introducción. También se entiende desde la recuperación de un espacio público local: la estación de las empresas privadas iniciales de ferrocarril era un lugar central muy frecuentado de la vida social de esos pueblos, y terminó siendo hoy el lugar reservado de las nuevas empresas, un lugar de hecho confidencial y abandonado. Pero también el trabajo presentado en este libro nos da la oportunidad de entenderlo desde otra lógica, como figura retórica parte íntegra de un esfuerzo de elaboración de un discurso de "contra-racionalidad".

Históricamente la etimología de la palabra "lugar" proviene de los *Tópicos* de Aristóteles, autor que, en contraposición a Platón, diferenció los conceptos de "lugar", "espacio" y "materia", con miras a elaborar una filosofía del espacio. Es en realidad una teoría del espacio-lenguaje ocupado por objetos conocidos o reconocidos que conforman una retórica. El espacio socialmente construido puede ser interpretado como una retórica, y Juan Manuel nos muestra como el desarrollo local es justamente un gran esfuerzo semántico y argumentativo, y no simplemente una estrategia socioeconómica. El tópico (*topoï*) es más precisamente el "lugar común", o sea una de las tesis más comúnmente reconocidas por todos, de esas que se toman como verdades generales sin discusión alguna. Igual que la estación de tren de estos pueblos: aún dentro de las tan diversas (y contradictorias) aspiraciones e interpretaciones para la localidad que podrían ser formuladas por gente muy distinta en edades, orígenes, ocupaciones… a nadie se le ocurre deslegitimar la estación como lugar central de la comunidad, que conecta con el pasado, con el exterior, también con la esperanza y el futuro, como lugar consensual para toda la comunidad local. Así es el *topoï* para Aristóteles, a tal punto que luego Cicerón, y más tarde la escuela de Port Royal, transformaron y caricaturaron el "lugar común" en sinónimo de "fórmula vacía", y así quedó hasta nuestros días. Sería entonces una aserción en el espacio público que no sufre ninguna contradicción. Nos dice una autora como Régine Pietra (1987: 102) que "[…] el lugar común no peca por ausencia de pensamiento [como se suele opinar], sino que [al contrario] por una hipertrofia del sentido […] es plétora de sentido". Es, por ejemplo, tan obvio que el tren une los intereses y representa las aspiraciones de todos, que termina hipertrofiando el pensamiento, y que nos podemos encontrar con la imagen surrealista de un pueblo entero esperando el regreso de un tren en la vía vieja, una visión que parece salir de una novela de Cortázar. La misma autora agrega que el "lugar común" consiste al final en una "auto-celebración de un grupo por él mismo", frente al lugar común el pensamiento de todos gira sobre sí mismo, asombrado, y solo consigue reproducirse al idéntico en forma reiterativa.

Pero la estación, que de manera extraña hace consensuar, en sus aspiraciones de futuro, a toda una comunidad en torno a la centralidad de un elemento que pertenece completamente al pasado, debe ser vista como un lugar común local que se opone a un lugar común global: el de la eficiencia y de la rentabilidad. La estación sería un "lugar común aristotélico" en busca del diálogo y de la reflexión sobre lo posible, opuesto a "un lugar común moderno", en la acepción de Cicerón, que afirma sin reflexión alguna que esas localidades no tienen sentido hoy en día. Dice Régine Pietra (1987: 107), "un lugar común afirma, por ejemplo, que 'los negocios son los negocios'", y parece una afirmación tautológica ya que es obvio que *a* es *a*… Sin embargo, "solo es una manera de exportar en el terreno de las relaciones humanas el rigor de la necesidad, de la rigidez, de la *Anaké* que el hombre acepta sin que la pueda entender". Anaké, personificación de la inevitabilidad para los Griegos, tenía como amante a Crono, el tiempo, siempre los dos entrelazados. La inevitabilidad de la desaparición de muchos de estos pueblos, de la deserción rural, del fin del ferrocarril, y el tiempo que pasa y abraza esa tesis pareciendo darle la razón, puede ser quebrada por otro lugar común, entendible por todos, y el genio de los habitantes de estos pueblos ha sido el de elegir el tren, y en particular las estaciones del ferrocarril.

En la Antigüedad los lugares comunes (*topoï*), lejos de ser esos preconceptos modernos generalizados que apagan cualquier debate, eran bases de entendimiento entre ciudadanos que permitían superar las contradicciones y tensiones, partes de una actividad discursiva y argumentativa esencial al funcionamiento del espacio público. Pero también eran momentos del discurso en que un orador, luego de evocar un caso singular (y todos esos pueblos son hoy en día casos singulares, nos dice Juan Manuel), lograba desplazar la atención al caso general y a los intereses universales. Es por cierto el gran desafío del desarrollo local: superar las singularidades y los "ego-territorialismos" a los que hace referencia este libro. Más allá de la diversidad de destinos que tienen hoy estos pueblos, que complica enormemente la concepción de políticas públicas nacionales o provinciales, la acción local de los habitantes encontró en la homogeneidad del rol funcional que tenían en el pasado, una forma de "subir" en generalidad y participar a la escala del desarrollo regional.

Un punto de vista "crítico", hacia "nuevos espacios derivados". Un intento de generalización

En contraposición con su compromiso permanente con la acción y su cálida presencia en el terreno con los actores, Juan Manuel desarrolla en este trabajo una intensa y sólida actividad crítica, en particular en relación a los procesos y actores que claramente defiende. Ese rigor en el método intelectual, y esa capacidad de distanciarse en momentos claves de teorización de sus objetos y de su acción, le da un valor científico muy alto a este libro. En particular el autor se interroga sobre las "modas" metodológicas de turno en su propia comunidad, que entran en muchos casos en sintonía con las de los actores de terreno. Es el caso de la famosa figura del "proyecto" (que deriva a veces en una "proyectitis" según sus términos), y de la "participación" ("participacionismo compulsivo"). Me llamó la atención su preocupación por cuidar el principio a la base de la ordenación territorial, la "justicia espacial" (Sautter, 1993), y cuestionar las derivaciones de "ego-territorialismo" que encierra cada localidad en sus intereses propios; la actitud por parte de los poderes de delegación de responsabilidades –y hasta de abandono– que hay a veces detrás de una afición al método participativo; y las derivaciones de los conceptos de desarrollo local sirviendo de trapos nuevos para vestir antiguas prácticas como las de responder a afinidades políticas o a redes de favores de los líderes… Con su noción de "municipalidad-bis", y con su capacidad de pensar el desarrollo local en función de todos los componentes de la sociedad civil a nivel local, el autor está en condición de alertarnos también sobre los riesgos de "municipalización del desarrollo local", o sea, de transformar los poderes municipales en los únicos grandes héroes del desarrollo posible, o por el contrario, de desmembramiento del territorio municipal en entidades "ego-territorializadas".

Su tipología del desarrollo local en (a) "espacios comandados" renovados con alguna tecnología nueva; (b) "espacios de parcialidades locales comandadas" donde vemos aparecer el Estado y las cooperativas locales como actores claves y (c) "espacios de parcialidades locales con comando irracional", es un resultado teórico muy novedoso y útil, para llegar a su concepto sintético de "vertebramiento inercial", esencial en su teoría de la acción territorial local.

Juan Manuel, a lo largo de toda la obra, nos introduce progresivamente en su geografía de la acción local, edificando un conjunto teórico muy original. Nos lleva a lo muy particular de los casos, nos empapa con la empatía de las personas y los lugares, con la causa noble que defiende, nos conmueve con su forma tan vibrante a veces de escribir, que hace sentir el calor de su compromiso generoso con los actores, con sus alumnos, con sus convicciones. Se siente que no hizo nada en forma tibia o aséptica, pero tampoco de modo ingenuo o dogmático. Tal es así que constantemente, luego de un buen baño de realidad, nos hace levantar la miranda y nos damos cuenta de que siempre estuvo conteniéndonos en un sólido marco teórico, que construye progresiva y ordenadamente, y que nos permite resurgir de los casos hacia un análisis general sobre los territorios rurales, los pueblos y, más allá, sobre la acción territorial local.

Referencias citadas

Barbieri, N. (2014). Cultura, políticas públicas y bienes comunes: hacia unas políticas de lo cultural. *Kult-ur. Revista interdisciplinària sobre la cultura de la ciudad*, vol. 1 (1), pp. 101-119.

Fernández, C.I. (2015). *La potencia en la escena. Teatro Comunitario de Rivadavia: historicidad, política, actores y sujetos en juego/s (2010-2014)*. (Tesis doctoral). Universidad Nacional de La Plata, Argentina.

Halbwachs, M. (1925). *Les cadres sociaux de la mémoire*. París: Albin Michel.

Lenclud, G. (1987). La tradition n'est plus ce qu'elle était... Sur la notion de "tradition" et de la "société traditionnelle" en ethnologie, *Terrain, Carnets du Patrimoine ethnologique*, n° 9, pp. 110-123.

Melucci, A. y Avritzer, L. (2000). Complexity, cultural pluralism and democracy: collective action in the public space, *Social Science Information*, 39, 507-527. Londres: Sage.

Pietra, R. (1987). Lieux communs, *Littérature*, n° 65, pp. 96-108.

Pouillon, J. (1975). Tradition: transmission ou reconstruction. *Fétiches sans fétichisme*, París: Maspéro, pp. 155-173.

Poulot, D. (1995). Ce que restaurer le patrimoine veut dire. Saez J.-P. (ed.), *Identité, culture et territoires*, París: Desclée de Brouwer, pp. 189-195.

Rautenberg, M. (1995). Sur le sens des patrimoines sociaux et leur place dans la modernité. Saez J.-P. (ed.), *Identités, cultures et territoires*, París: Desclée de Brouwer, pp. 197-206.

Sautter, G. (1993). Vers une démocratie des espaces? Sautter G. (ed.), *Parcours d'un géographe. Tome I*, París: Editions Arguments, pp. 132-150.

Svampa, M. (2005). *La sociedad excluyente. La Argentina bajo el signo del neoliberalismo*. Buenos Aires: Taurus.

Introducción y presentación de la investigación

La provincia de Buenos Aires es un infinito suceder de espacios casi idénticos. A veces resulta igual ir hacia cualquier parte. La sucesión de lugares parecidos, esa perpetua monotonía, es interrumpida entre los kilómetros y leguas por la obra humana. La pampa pareciera estar dibujada por chicos y medianos cuadrados y rectángulos de cultivos, pueblos, manzanas y potreros. Sobrevolar la provincia, sumerge al viajero en un enjambre de cuadrados, rectángulos, diagonales, rectas y equiláteros. Son estas las formas que originan las miles de explotaciones agropecuarias, los caminos rurales, las rutas de tierra, las asfaltadas, las autopistas, las líneas férreas. Dependiendo del cuadrante provincial por que el que se transite, habrá más o menos cursos de agua, algunos arroyos y muy pocos ríos caudalosos. Sus cursos se distinguen por los meandros, que trazan finas líneas curvas y suaves. Desde sus márgenes, las aguas de arroyos y ríos se advierten parsimoniosas y cargadas de oscuros sedimentos. El silencio es el aullido de la pampa. Este aullido, es un silencio estremecedor que se convoca entre los hilos de alambre, los cables tensos de electricidad y el telégrafo ya abandonado. La provincia fue hace años una pampa libre, enjaulada más tarde por el alambre de los sembradores de la propiedad privada, locomotoras a vapor, cosechadoras, tractores y *pick-up*. Buenos Aires, es una mezcla de tradicionalismos e innovaciones, con resistencias y particularidades casi microscópicas. Es un amasijo hecho de almacenes viejos, casas abandonadas y calles de tierra, mezcladas con mansiones, *countries* privados y autopistas. La provincia es el centro y es la periferia al mismo tiempo y en el mismo lugar. Miles de kilómetros cuadrados de soja, girasol, trigo, opulencia y estanquidad, se enfrentan a los límites de la vorágine de la ciudad de Buenos Aires. Es la pampa un viejo campo minero vegetal que fue mutando sus manos por maquinaria, sus carriles de hierro por camiones. La pampa es una diacronía casi perfecta, que se proyecta en el espacio con sellos teñidos de tierra. Hay en la pampa un momento de silencio absoluto en el que todos los tiempos acontecen en el presente. El sistema humano de asentamientos esta casi intacto y las huellas, los sellos y la sangre se suceden en simultáneo. Desde la autopista, en los márgenes, los caminos se internan en la tierra sobre la misma tierra. El paisaje muta y a su vez se superpone. Como los fotogramas impresos en cinta de cine, la pampa puede observarse y analizarse con la lentitud de las aguas que se escurren por ella. Con la paciente calma de su relieve. Con el silencio de su infinitud y horizonte. Con el grito de sus fronteras.

Cada fotograma posee cuatro agujeros de arrastre que entran en sincronía o no, dependiendo de la afinación entre la imagen y el sonido. Como en el cine, el traqueteo de las viejas películas se desfasa con el sonido, corriendo en un mismo tiempo paralelos sucesos yuxtapuestos y ricos a la vez. Mientras por la noche corre un tren desde Buenos Aires hacia Bolívar, una luz amarillenta, casi de vela, permite ver por la ventanilla el perpetuo paso de los postes con cables caídos que hace tiempo dejaron de enviar mensajes. Uno y otro, uno y otro pasan los postes torcidos y el rechinar y aullido del tren que se golpea entre sus desgastadas partes impide el paso de una camioneta doble tracción que espera en el paso a nivel. Más al fondo, unas cosechadoras trabajan de noche y el campo está más iluminado que la estación que sigue. Las luces del tren se cortan y vuelven, hay fallas por todas partes, cortos circuitos, elementos eléctricos fundidos con el metal de los tableros. La falla técnica es armónica y hay elementos que motorizan ese ir y venir. Es una orquesta con olor a combustible y tiempo. Es el tren una verdadera máquina de enlace entre los tiempos. Cien años a la vez corren juntos a cincuenta kilómetros por hora.

Antes de comenzar esta investigación, fueron esos trenes nocturnos por defecto, gran defecto y triste transitar; fueron quienes emanaron el entusiasmo de transitar por los pueblos, por las pequeñas localidades, mirándolos desde el lugar más común.

El asiento de clase "turista" es incómodo y marrón. Puede colocarse para un lado u otro, pero siempre molesta sentarse en él. En invierno se siente mucho el frío en esos asientos y algunos pasajeros prefieren pagar una *coima*[1] al guarda para pasar a *pullman*[2], donde sí funciona la calefacción y el asiento un poco puede reclinarse . Se escucha a mucha gente de la ciudad, temer a la idea de viajar en esos trenes que todavía atraviesan la pampa. Es una pena que tengan ese temor, pues sobre el tren hay una gran verdad acumulada bajo los sedimentos que cubren las ventanas. Peones rurales, jubilados, familiares de presos, docentes y algún comerciante aventurero todavía toman el tren (cuando lo hay) para llegarse hasta alguna parte. La luz tenue amarillenta del interior del vagón, deja que los rostros se expresen y cuenten que hay una verdad que no le pertenece a esta tierra. Hay una verdad que se construyó con ideas foráneas e intereses foráneos. Hay una verdad que es de algunos y de otros no, una confusión acerca del pasado. En la pampa, gusta mucho charlar mucho sobre ello.

El tren es otra vez el mejor lugar para esa charla que es más que profunda porque es confesional. Y qué más puede pretender el investigador social cuando sale de las rígidas paredes del "laboratorio". Allá afuera hay un lugar muy incómodo para transitar. Allá afuera hay una noche que transcurre cerca de los cultivos pero ya lejos de ellos. Los que viajan en el tren sienten las penas propias y los cultivos ajenos, como diría un poeta de la dignidad.

Desde muy temprana edad, escapar de la ciudad por esos caminos de tierra que unían ranchos, estaciones de tren y pueblos de casas viejas y calles anchas, fue un motivo para la alegría y la posibilidad de soñar o imaginar un pasado contado de a pedazos. El viaje en sí, como trasporte multidimensional hacia un pasado repleto de magia y descubrimientos. Subir a los vagones abandonados en una estación de tren fuera de servicio como una fuga a la deriva entre otros textos de la historia. Una historia contada más por las cosas y sus heridas que por los textos de triunfantes o sobrevivientes.

Salir de la ciudad, una aventura que invitaba a continuar un viaje que más tarde se convertiría en convicciones políticas y un modo nómade de vivir. Los pueblos más pequeños del interior de la provincia de Buenos Aires abren esa puerta al asombro; hay algo de espanto mágico

---

[1] Dádiva ilegal que se entrega para acceder a un beneficio.

[2] En los ferrocarriles de argentina: coche con comodidades de categoría superior, contrapuestos a los clase turista y primera que en algunas oportunidades carecían de calefacción, aire acondicionado o asiento reclinable.

al que invita Rodolfo Kusch. Rodar y tropezar entre los rieles de los desvencijados trenes bonaerenses, no es otra cosa que establecer una relación íntima con lo más profundo de la provincia de Buenos Aires. Al apoyar el pie en el andén con yuyos, en la vieja YPF[3], en el club que convida hace años a los mismos –y cada vez menos– insistentes frecuentadores, es permitirse ir más allá de nuestras lógicas académicas y urbanas... Las páginas que siguen, pretenden un viaje de ida y vuelta entre el pasado y el presente, y entre el pequeño mundo local y el inabarcable contexto; dentro de la provincia entre las huellas de mujeres, hombres, emociones, palabras, leyes, resoluciones y máquinas. Sin más, aquí una invitación a perderse entre lo que a muchos desvela, intriga.

Es así que surgen estas páginas incompletas. Son incompletas porque resulta imposible abarcar todo lo que desde mi singularidad haya podido rescatar de un trabajo de cinco años.

Aquí, en la introducción, los entendidos afirman que hay que escribir unas lineas que inviten al lector a continuar leyendo. Lo que nadie asegura, es que a mitad del libro se abandone ese interés. Por eso he intentado construir un diálogo entre lo vivido en el proceso de la investigación y lo que se denomina "terreno", ya que para los textos que se ocupan de "lo rural" la expresión "trabajo de campo" podría generar más confusión todavía.

Me motivé a iniciar esta investigación en el año 2003, cuando tomé contacto, a partir del gremio ferroviario de la Asociación del Personal de Dirección de Ferrocarriles Argentinos, con docentes colegas de Trabajo Social de la Universidad Nacional de La Plata, que se encontraban trabajando en el Ministerio de Desarrollo Humano y Trabajo de la provincia de Buenos Aires, asesorando en temas relacionados con la intervención de políticas sociales en las pequeñas localidades. Para finales de 2004, este vínculo había favorecido que estableciera interesantes marcos de colaboración entre la Facultad de Trabajo Social en La Plata y la carrera de Geografía en la Universidad Nacional de Mar del Plata. Más que instituciones, lo que corría en la voluntad de trabajo era entusiasmo, de ahí la gratitud a todos mis amigos y colegas que con alegría me acompañaron.

---

[3] Yacimiento Petrolíferos Fiscales, estación de servicio tradicional en Argentina.

Los años 2004 a 2006 estuvieron marcados por el trabajo inicial de investigación. Hacía todos los viajes a las localidades en una moto Zanella 125 (potenciada), modelo 86. A veces viajaba a dedo para concertar entrevistas y luego esperaba el paso de alguno de los escasos ómnibus para regresar, mientras un café con leche muy caliente hacía más hospitalario el paso del tiempo.

En ese contexto desarrollé muchos vínculos y contactos con referentes locales, vecinos y funcionarios que se acercaban a las localidades presentando propuestas. Así fue también que en 2007 comencé a trabajar coordinando un proyecto de extensión, donde con un grupo de alumnos de las carreras de Geografía, Antropología y Cine, realizamos entrevistas sobre los problemas locales en el sudeste bonaerense. Esas entrevistas dieron origen finalmente a un libro intitulado *San Agustín y Mechongué, los pueblos cuentan desde su lugar* y un *film* documental, *Pueblos en Resistencia*. Este *film* además fue uno de los primeros –de difusión masiva– que planteó parte del problema que abarca esta investigación: el despoblamiento, el aislamiento y los cambios en el tiempo de la vida de todos los días, en las pequeñas localidades.

Eran momentos de mucho entusiasmo y los alumnos de grado otorgaron al trabajo esa energía que es indispensable: la de la utopía y la esperanza. Los años centrales del trabajo en el terreno para esta investigación fueron 2007 y 2008. También fueron años de continuidad en los trabajos de extensión, y de investigación-implicada, método desde el que se abordaron ideas como la de reactivar ramales ferroviarios del interior de la provincia. A partir de la cual escribí, en conjunto con mi colega y amigo de la Universidad Nacional de La Plata (UNLP), Mariano Barberena, el proyecto del *Ferrobus Biodiesel en 25 de Mayo*, proyecto que, una vez fuera de la mesa de edición de la cómoda computadora, entraría en la maraña desarticulada de la cual también esta investigación se ocupa: las normas, los funcionarios públicos, los odios, desaires y pasiones.

En los pueblos, denominados también –y de modo indistinto– como "pequeñas localidades" se presentaban una serie de acciones locales con presencia fuerte de referentes igualmente locales que apuntaban también a trabajar con diferentes estrategias, los problemas de la ausencia de servicios y el famoso éxodo poblacional de los pueblos a la ciudad. Así fue que en esos caminos incursioné investigando a dónde apuntaban estas acciones y qué posibilidades de respuesta tenían desde la institucionalidad que las llevaban adelante, y desde los gobiernos provincial y nacional.

La investigación llegó a un punto de interacción con la acción tan fuerte, que demandó más tarde un reajuste de sus objetivos. Sobre todo de método de trabajo, que a veces se encontraba influenciado más por ímpetus personales o grupales que desde los criterios más racionales (y a veces tan aburridos) que demanda la academia. Desde ese lugar también se participó activamente en la organización y diseño de las Primeras Jornadas de Pequeñas Localidades y Ferrocarriles, que resultaron el motivo para congregar a más de trescientas personas en el pueblo de Patricios, una localidad de cerca de seiscientos habitantes en el centro de la provincia de Buenos Aires.

En esas jornadas participaron docentes, académicos, gremialistas, referentes de organizaciones agropecuarias, docentes universitarios y funcionarios de varios puntos del país y de Latinoamérica. Un evento en el que confluyeron diálogos muy interesantes acerca los diversos problemas que padecen las pequeñas localidades. En esa oportunidad, participó de las disertaciones Osvaldo Bayer, quien acuñó una frase tajantemente descriptiva: *"esos pueblos despojados por decretos"*. Estas normativas, decretos y leyes componen una buena parte de esta investigación.

Así, trabajé en las pequeñas localidades con especial énfasis en sus dinámicas de articulación y desarticulación, y no como recorte fragmentario de conglomeraciones aisladas en el espacio, sino más bien desde adentro, entre sus calles y manzanas, en los cordones altos y el silencio de esas siestas misteriosas para el habitante de la gran ciudad.

Esas pequeñas localidades emplazadas en un espacio construido inicialmente a la sombra de la acción de lo que algunos llaman neocolonialismo, la invasión británica consentida, a partir de los servicios públicos, sobre todo el transporte y las comunicaciones, un espacio con dinámicas territoriales internas y formadoras de nuevas identidades, pero diseñado al paso de intereses más ajenos que locales. El sistema agroexportador imperante desde el siglo XIX, trazaría a medida de intereses económicos múltiples un esquema que perdura con sus huellas. Ese mismo en el que hoy transitan los trenes de luz tenue, ese mismo que dejó establecido un conjunto de galpones, de edificios de uso público o privado, que aún quedan en pie.

El paso del siglo XX estuvo atravesado por grandes enfrentamientos internos del tipo político-organizacional que no solo influyeron en modificaciones de índole económica, social y cultural, sino en un verdadero cambio de dinámicas en el espacio, generando respuestas desde los lugares que aún hoy están presentes.

Siguiendo la teoría que trazó el geógrafo brasileño Milton Santos y una diversidad de autores en su mayoría latinoamericanos, se construyó un marco teórico donde se concibe al espacio como una composición de diferentes periodos, enlazados unos a otros a partir de las huellas que quedaron. Los fotogramas tienen esa particularidad de jugar con el espacio, la métrica, el tiempo, y el desarrollo, a medida que el carrete va desenroscando la cinta.

Esa cinta puede verse como una película, donde el presente es el instante perfecto de conjunción entre el fotograma, los agujeros de arrastre y el encastre del sonido. Esa sincronía permite una óptica. También la facilita la diacronía, tomar el carrete y mirarlo detenidamente foto a foto colabora con un análisis integral. Ver la película y sacar el carrete desarmándolo para deconstuir y reconfigurar un texto que nos argumente el territorio experimentado hoy, es parte del objetivo derramado en estas páginas.

Como problema inicial de esta investigación, tenemos que a partir de 1976 hubo cambios en torno a las políticas oficiales relacionadas con la prestación de servicios públicos –privatizaciones y liquidación de empresas– al tiempo que el Estado fue tomando un nuevo rol en términos de políticas sociales. Estas políticas sociales, sobre todo a partir de los años 90 se presentan como planes específicos, dependientes de acciones oficiales destinados a grupos y actividades sociales y económicas. Así, los planes sociales de los 90 no fueron dirigidos hacia territorios, sino a grupos focalizados compuestos por grupos sociales marginados. Desde el punto de vista demográfico y en particular en localidades con menos de 2000 habitantes, se registra un proceso de despoblamiento que impacta a estas localidades tanto en lo territorial como en lo social y económico. Ante este panorama, la población de algunas localidades llevó adelante iniciativas, acciones o formación de organizaciones –acciones endógenas– tendientes tanto a resistir el proceso de cambio, el despoblamiento, como a insertarse en espacios incluidos dentro del nuevo esquema funcional económico, social y territorial. Ejemplo claro de esto lo representan las localidades que participaron de las jornadas "Pueblos que Laten" en La Niña a fines de 2005. Estas consideraciones convocan hacer las siguientes preguntas: ¿existen alternativas para el desarrollo en los territorios de exclusión?, ¿qué peso releva el Estado en la búsqueda y proposición de alternativas y soluciones?, ¿qué importancia para el cambio representan las acciones endógenas?, ¿cómo actúan las manifestaciones de resistencia a la marginalidad que se gestan desde los territorios? ¿existe un piso para el despoblamiento rural?

Posteriormente, en función de lo antes planteado se formuló la siguiente hipótesis:

A partir de 1976 se han producido cambios en la estructura de la prestación de servicios públicos y políticas sociales que han impactado de modo heterogéneo en las localidades con menos de 2000 habitantes. Por un lado existen localidades en las que se ha experimentado despoblamiento, aislamiento territorial, clausura de servicios financieros, minimización de las prestaciones de salud, abandono de la infraestructura productiva instalada, etc. Sin embargo, en otras localidades se observa continuidad en el crecimiento demográfico, surgimiento de acciones colectivas endógenas para el desarrollo, ampliación o recuperación de servicios públicos e inclusión territorial, social y económica en el marco regional. Es decir que existe margen para la acción del desarrollo en la medida en que haya innovación y articulación territorial, económica y social.

A partir de aquí, quedó conformado un diseño de proyecto para la investigación, cuyo contenido se describe en los siguientes párrafos.

- Una Presentación donde se plantea el problema, la metodología, se revisa la literatura no académica.

- Una Primera Parte titulada: "Los pueblos: una constelación de nodos entre el campo y el mundo" donde se realiza un análisis del periodo de 1880 a 1960 en la conformación del "sistema de pequeñas localidades" en la Provincia de Buenos Aires en un contexto de intereses económicos externos muy fuertes, el sistema agroexportador.

- Una Segunda Parte titulada: "El fin de un destino común para los pueblos pampeanos" que abarca el periodo de 1955 a 2004, analizando los cambios normativos, de usos técnicos y dinámicas demográficas, así como la conformación de un territorio fragmentado, donde algunos lugares quedaron a la deriva entre el mercado, el Estado y la acción local.

- Una Tercera Parte titulada "Intentos desarticulados de integración" donde se analizan las principales acciones emanadas desde el Estado en conjunto con otras organizaciones, tendientes a reducir los problemas de despoblamiento, aislamiento y desintegración. Paralelamente se toman iniciativas locales que apuntan también a estos temas, en el marco de un análisis integral. Este análisis integral parte al mismo tiempo de la interacción entre estas iniciativas tanto estatales como locales comunitarias o endógenas, acontecidas hasta el momento final de trabajo de campo, en 2010.

- Finalmente, en las Conclusiones se pretende realizar un modesto aporte teórico, a partir de las dinámicas estudiadas en el terreno, y se formulan recomendaciones tanto para la continuidad del estudio del tema como para los agentes intervinientes en el territorio.

El trabajo en el terreno fue realizado tomando como objetivos de caso a cinco localidades. Tres de ellas en el área sudeste bonaerense, una en el centro de la provincia y otra en el este, más cercana al Gran Buenos Aires. De este modo se tendió a cubrir con un abanico interesante de localidades que representaran a la universalidad de las pequeñas localidades. Una muestra representativa entonces, de aquellas localidades con menos de dos mil habitantes que hayan experimentado procesos de crecimiento y decrecimiento de la población; que hayan sido escenario de aplicación de políticas públicas específicas o no; y que hayan contenido en su territorio acciones propensas al desarrollo de la localidad, de sus prestaciones de servicios públicos, o tendientes a revertir problemas de aislamiento.

En este marco, establecí como localidades escenario en terreno a: Bavio[4] (partido de Magdalena); Patricios (partido de Nueve de Julio); Mechongué (partido de General Alvarado); San Agustín (partido de Balcarce) y La Dulce[5] (partido de Necochea) (Ver mapas 1 y 2).

---

[4] Esta localidad, puede ser encontrada en diversos registros bajo la nomenclatura de General Mansilla.

[5] Esta localidad puede ser encontrada en diversos registros bajo la nomencaltura de Nicanor Olivera.

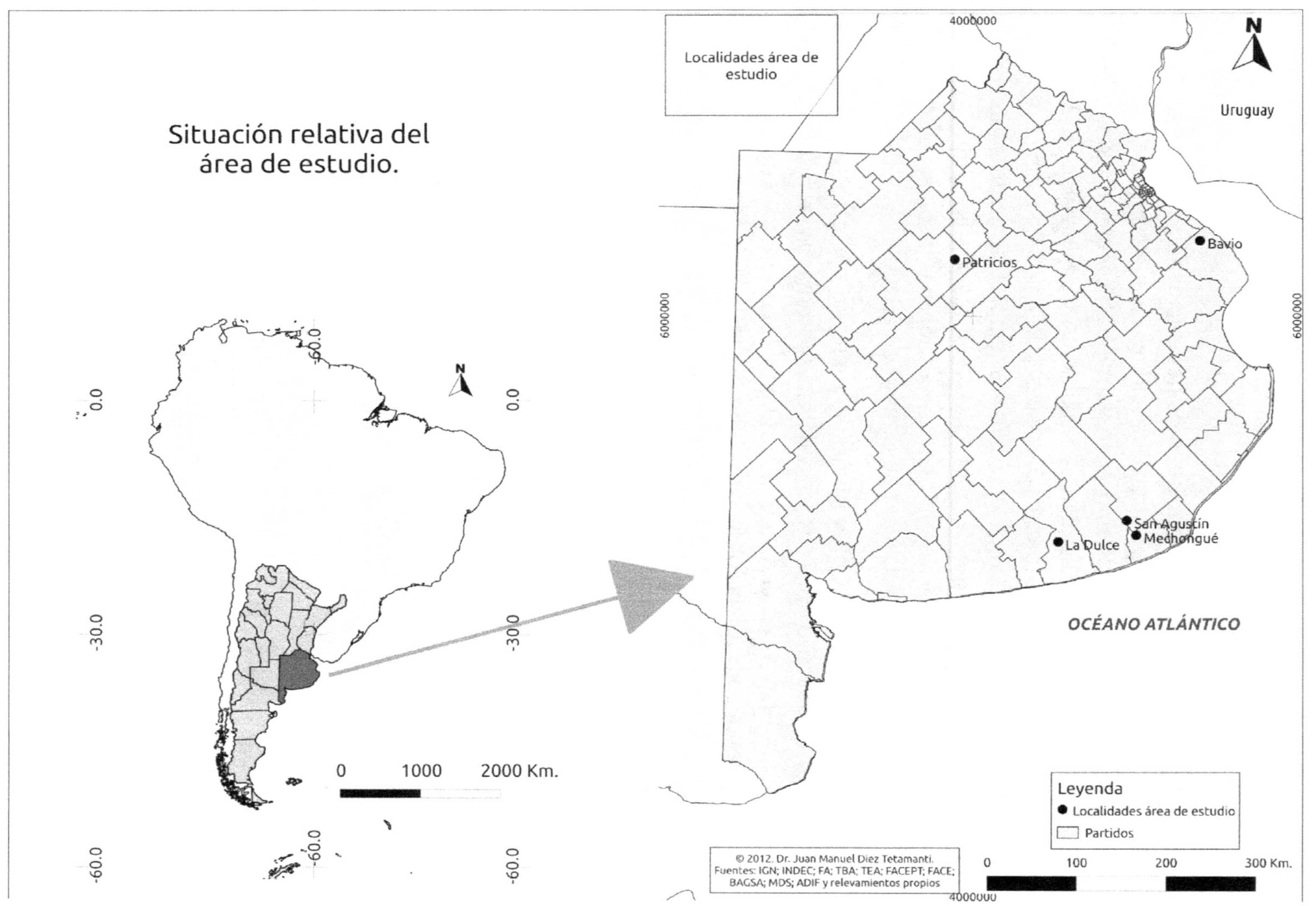

Localidades área de estudio
Uruguay
Patricios
Bavio
San Agustín
Mediomundo
La Dulce
OCÉANO ATLÁNTICO
Situación relativa del área de estudio.
0   1000   2000 Km.
Leyenda
Localidades área de estudio
Partidos
0   100   200   300 Km.
© 2012. Dr. Juan Manuel Diez Tetamanti.
Fuentes: IGN; INDEC; FA; TBA; TEA; FACEPT; FACE;
BACSA; MDS; ADIF y relevamientos propios

El trabajo de entrevistas, observación participante e investigación acción, está acompañado por un importante complejo de datos duros poblacionales[6] y de algunos servicios públicos, para los cuales hubo que emplear modernos sistemas de información geográfica digital. En este sentido, se optó por alternativas de uso libre y no comerciales. A su vez, la digitalización de una importante cantidad de datos en formato papel, también constituyen un aporte quizás no visible, pero que queda a disposición de quién lo requiera para nuevos trabajos.

Para no hacer más extensa esta instancia, quedan invitados quienes lo deseen a continuar la lectura.

1. Descripciones pampeanas: literatura y filmografía

"La pampa es como el cielo al revés".

Anónimo, reproducido por Atahuapa Yupanqui

Las líneas que componen esta investigación, están fuertemente influenciadas por descripciones visuales y perceptivas personales de autor, que emergen de la literatura de ficción e histórica, y de filmes documentales y ficcionales que emplazan su escenario, sobre la llanura pampeana.

Para Julio Mafud, sociólogo argentino discípulo de Ezequiel Martínez Estrada, el paisaje resulta importante como nexo entre el hombre y el lugar. Mafud declara algo quizás acertado, incluso para nuestros días; en su libro *El desarraigo argentino* (1959) dice: "El paisaje literario es la resultante de una actitud del hombre frente a la naturaleza. Una fusión o una simbiosis. Inmerso el hombre en la naturaleza, esta lo penetra, lo posee. El hombre con su cuerpo, que es su residencia fija, y con sus poros que son sus ventosas de succión, la recibe, la vivencia" (Mafud, 1959: 96). Para Mafud, en las obras argentinas contemporáneas, el paisaje está casi excluido, aunque exceptúa de esto a Martínez Estrada y a Sarmiento (Mafud, 1996: 96-97).

---

[6] Los datos censales y estadísticos publicados, responden a los disponibles al momento de finalización del trabajo de campo en 2010.

Quizás uno de los autores que más me inspiraron entre las descripciones del extenso espacio pampeano, sea el escritor marplatense Osvaldo Soriano.

Osvaldo Soriano en su trilogía compuesta por *No habrá más penas ni olvido* (1978), *Cuarteles de invierno* (1980) y *Una sombra ya pronto serás* (1990), describe no solo la compleja historia argentina resumida social y territorialmente en Colonia Vela –pequeño pueblo imaginario de la provincia de Buenos Aires–, sino que también establece una pintura, tal vez trágica, del cambio en el paisaje social pampeano.

En *No habrá más penas ni olvido* (1978) "[...]todos los personajes *buenos* y los *malos* creen en lo mismo, luchan por un ideal que se resume en un solo nombre; el de Perón. El del *Ausente* [...] a decisión de la verdad la tiene un Ausente, y el Ausente no habla, no está, mal puede así establecer un sentido", según comenta Feinmann (2003: 8) en su prólogo al libro de Soriano. Ese "ausente" que marca el sentido de la lucha plasmada en cada página de *No habrá más penas ni olvidos*, se filtra también en el paisaje de un tiempo de cambios políticos en la Argentina y en el seno de los pueblos pampeanos, a mediados de la década de 1970. Soriano escribió la novela en un momento de sensibilización personal por "el disparate que le ocurría al país", (Soriano, 2003a: 134) en tiempos en los que se debatían modelos políticos contrapuestos entre los intereses de la "izquierda peronista" y la "derecha peronista". Aquí resulta interesante observar el valor de la participación social política que Soriano aplica en el escenario de Colonia Vela como representante de una pequeña localidad del interior bonaerense. El relato de la novela no transcurre en una gran ciudad ni en una cabecera de partido, sino en un pequeño pueblo con delegado y subdelegación policial, situado –en la ficción– en las cercanías de Tandil. En ese escenario, Soriano sintetiza el conflicto, satirizando el fenómeno peronista donde el "peronismo de izquierda" representado por el Delegado de Colonia Vela, cabos policiales, un placero, la juventud peronista y un fumigador aéreo de campos; resisten al embate de la policía, funcionarios municipales y empresarios locales que representan el "peronismo de derecha". Todos dan "la vida por Perón" y luchan a muerte con el derrotero puesto en Perón. Ese "ausente" que marca el rumbo, el *sentido*; en palabras de Feinmann. Que el escenario esté plasmado en una pequeña localidad, en un pueblo, habla

–desde la mirada de Osvaldo Soriano– de la relevancia que tuvieron estos pueblos para la escena política argentina.

La presencia de una juventud política activa en las localidades rurales, no es solamente obra de la ficción en la literatura, como se documenta entre otras cosas por las incontables pintadas que aún hoy resisten en las paredes de los viejos galpones del ferrocarril, paredes resquebrajadas o antiguos puentes. Aún se lee claramente: *Perón Vuelve, Juventud Peronista, Apoye el 2do plan quinquenal*, entre otras leyendas.

También de Osvaldo Soriano, la novela *Cuarteles de invierno*, escrita durante el exilio del autor en Bélgica y Francia entre 1979 y 1980, transcurre en Colonia Vela, durante el período del Proceso de Reorganización Nacional (1976-1983). Según Osvaldo Bayer, la novela pinta un pueblo que "aplaude a los torturadores y los políticos abren camino a los militares" (Bayer, 2009: 7.) Una vez más el pueblo es puesto en un lugar activo –podría decirse de síntesis territorial– del escenario de la política argentina. Un pueblo vacío de peronistas de derecha o izquierda y repleto militares y persianas bajas, se dibuja entre las casas viejas y bares de pueblo con una actividad en declive. El pueblo tan activo y conflictivo que se lee en *No habrá más penas ni olvido*, se desdibuja con la dictadura militar en *Cuarteles de invierno*. "Atravesamos otro alambrado y dimos un rodeo para evitar un maizal. Desembocamos en un campo abierto y fuimos hacia el galpón. Junto a la entrada vi el esqueleto negro, torcido a medio tumbar de un avioncito. [...] Miré aquello con una vaga curiosidad como cuando se entra a un cementerio". Con estas palabras, Soriano juega entre el texto de *No habrá más penas ni olvido y Cuarteles de invierno*, describiendo un escenario de muerte del conflicto social activo, anterior a la dictadura militar. El avión descripto, es el mismo que piloteaba un personaje del peronismo "de izquierda" en *No habrá más penas ni olvido*, para combatir las fuerzas militares que intentaban apoderarse del gobierno local de Colonia Vela. El escenario de un pequeño pueblo como *parte* de la situación política nacional, se acaba con imágenes más estáticas, escasa actividad militante política y objetos técnicos obsoletos, muertos o en desuso.

"No creo que sea lo mismo la soledad en Dinamarca, que la soledad en la Argentina [...] aquí la soledad nos acompaña desde el nacimiento junto con la idea de que hay pocas maneras de incidir en el curso de nuestras vidas, porque estamos más expuestos a las vicisitudes del país que a las propias..." (Soriano, 2003a: 145). La soledad, ese sentimiento de ausencia o abandono, es un término al que a Soriano le agrada recurrir para describir en imágenes o palabras, el sentimiento del hombre que transita la pampa. "Un argentino [ante la adversidad, el despojo, el abandono][7] en lugar de suicidarse, deambula..." (Soriano, 2003a).

Una sombra ya pronto serás (1990) presenta una descripción actualizada casi perfecta de lo que un viajante sensible puede experimentar en los caminos bonaerenses. Los dos protagonistas principales de la novela deambulan en la soledad plana, en un lugar que puede ser cualquiera, siempre cercano a Colonia Vela.

No es inocente que Soriano haya tomado a *la llanura* como metáfora de la Argentina, como modo de escenificar el vértigo horizontal del habitante ante el futuro (Soriano, 2003b). *Una sombra ya pronto serás* introduce al lector en un espacio abandonado, repleto de plagas, langostas, edificios abandonados y de personajes perdidos en una geografía plana, triste, angustiante. Lugares que parecen idénticos unos a otros o bien, que alguna vez fueron lo que hoy ya no son en su función. En *Una sombra ya pronto serás* se huele la pampa, el despojo, el olvido; se siente una sensación de despedida constante, tal como aquella que sienten algunos habitantes del interior de la llanura. El permanente rodar de los personajes asumen una búsqueda con el propósito de saber quiénes son y hacia dónde van; en medio de la llanura sin más declives ni tensiones que las humanas. Aquí, la búsqueda de "salvarse" del encontrar un "proyecto" para salir del *pozo,* es recurrente como parte de la descripción del sentirse perdido. No hay árboles ni carteles, todas las referencias de progreso y desarrollo se ubican en el extranjero, afuera: Cleveland, Roma, Río de Janeiro, Bolivia... Esos espacios son los buscados pero jamás encontrados en un espacio constante de retorno al mismo punto de partida: alguna parte de la llanura. Rodolfo Kusch insiste en una descripción del porteño[8] "que anda todo el día" (2007: 345). "Andamos monótonos y pesados" (346) como el protagonista de *Una sombra ya pronto serás* que "está casado de llevarse puesto" (Soriano,

---

[7] Nota propia.

[8] La denominación de "porteño" para Rodolfo Kusch no se circunscribe a la Capital Federal o a la ciudad de Buenos Aires, como uso del lenguaje coloquial, sino que enmarca un modo de ser del argentino –rioplatense– pampeano hijo de inmigrante europeo, el cual describe en *Indios porteños y dioses.*

2003b: 56). "Andamos en un mundo que es puro azar, una especie de ruleta, donde solo se salva el que sabe pegarla a tiempo" (Kusch, 2007: 346), así como en esa sensación vertiginosa de Soriano donde los personajes no saben que camino seguir en el tránsito por pura llanura sin señales, pero están ansiosos por "salvarse" y "salir del pozo". Aquí, Colonia Vela ya no es un escenario. El lugar es el tránsito constante. Por Colonia Vela hay que pasar, solo para irse, para escapar. Para salvarse.

Raúl Scalabrini Ortiz en *El hombre que está solo y espera* (1931), dice que "La pampa abate al hombre, la pampa no promete nada a la fantasía, no entrega nada a la imaginación [...] ¿qué temor, que tentación, qué incertidumbre puede doblegar al hombre, a quien la naturaleza avisa constantemente que se está muriendo?" (Scalabrini, 1983: 42-43). La descripción invoca a la voluntad del habitante de la llanura, del inmigrante que se encuentra con la planicie y luego transita en el tiempo.

> El labriego europeo invadió la pampa fascinado [...]. La labró la dividió en predios, la rayó con su arado, la aspergó con su simiente embriagado con la largueza con que lo eran devueltos sus afanes [...]. Pero poco a poco la tierra se fue recobrando: aplacó los bullicios extemporáneos, apaciguó las exuberancias del bienestar corporal. Volvió a imponer su despotismo de silencio y quietud [...] Manejando la tierra, el hombre fue allanado por la tierra (Scalabrini, 1983: 43).

La descripción de Scalabrini se enmarca en el capítulo titulado "La tierra invisible". Allí dibuja sutilmente la experiencia del inmigrante europeo que se encuentra con la llanura. Para Scalabrini, el europeo encontró en estas tierras dóciles de trabajar, un espacio para el pensamiento de sí mismo. La pampa, según Scalabrini (1983): "es una tierra inhumana, impía, chata, acostada panza arriba, bajo un cielo gigantesco" (42). En el campo social, añade que puede observarse algún que otro simulacro de cercanía, algunas canciones que flojean en los boliches... Sintetizando al espacio pampeano como el desánimo del paso del tiempo y la posibilidad de retorno del inmigrante, dice: "Yo ya no vuelvo más y es un día menos para ti [...]. El presente invisible les insufló a todos la idea del tiempo y de su fugacidad. En el silencio, el hombre sorbe sus mates y mira cómo se van los días" (44).

Quince años después de *El hombre que está solo y espera*, en *Tierra sin nada, tierra de profetas*, publicado en 1946, el autor relata en dos párrafos el significado del título de su libro. En este sentido dice:

> Esta es la tierra sin nada, tierra, para nosotros, huérfana de seducción visual y de intimidad concreta. Es la tierra de crearlo todo [...]. La paleontología y la semántica podrían demostrar, con argumentos razonablemente irrecusables, que el primer hombre del mundo germinó en esta pampa argentina. Pero dentro de nosotros mismos hay una demostración más integral aún. Son chispazos de primitivismo que hienden de cuando en cuando en la oscura rutina de nuestra aparente cultura en que todo es ajeno: la sangre, la técnica, los dioses (Scalabrini, 2009: 24-25).

En esas líneas fortalece su insistente militancia en favor de la industrialización nacional y, por encima de todo, el pensamiento nacional promotor de las iniciativas auténticas. La pampa parece acongojar a Scalabrini, quién a pesar de ser correntino y haber nacido en la planicie, se muestra constantemente seducido por la pampa. Scalabrini argumenta en este libro desde la *emoción*, lo que en sus anteriores textos[9] argumentó desde esa *razón irrecusable*. En *Tierra sin nada, tierra de profetas*, Scalabrini infiere de algún modo la existencia de una *gravidez*[10] *del suelo* en el pensamiento. Esa gravidez con origen en la llanura, según él, se siente en la "oscura rutina de nuestra aparente cultura en que todo es ajeno".

Este aspecto resulta interesante, en relación con lo que se tratará más adelante, en el marco teórico, acerca de la teoría miltonsantiana. Para Milton Santos, la configuración territorial posee un contenido *fuertemente* técnico. Esa técnica funciona, en muchos casos, en sistemas con fines extraños a sus lugares de implantación, lo cual genera regiones de *obediencia* y regiones de *mando* (Santos, 1994: 114). Esta idea de

---

[9] Los textos referidos son: "El petróleo argentino", *Cuaderno de FORJA* (1938); "Historia del Primer Empréstito", *Cuaderno de FORJA* (1939); *Política británica en el Río de la Plata* (1940); *Historia de los ferrocarriles argentinos* (1940); *Los ferrocarriles deben ser del pueblo argentino* (1946).

[10] Con relación a la forma, a la Geografía, Kusch (2007) se pregunta si "el pensamiento sufre la gravidez del suelo, o si es posible lograr un pensamiento que escape a toda gravidez". Para Kusch, la Geografía hace al hábitat y éste al domicilio. "La Geografía comprende las rugosidades reales como los accidentes de la tierra. Por este modo apunta a un modo de ser-ahí, al 'para vivir', o sea al hábitat, al molde simbólico en el cual se instala el ser".

posibilidad de comando de los objetos y la técnica, se observa en casi toda la obra de Scalabrini teñida de un aire de conquista "para el pueblo argentino" de los objetos técnicos. El caso más paradigmático de su obra lo constituyen los ferrocarriles.

Al otro lado ideológico de Scalabrini, en el marco del grupo intelectual Sur, se encuentra a Eduardo Mallea. El autor, señalado por Jauretche como parte de la *intelligentzia*[11] hereditaria de las líneas de pensamiento *sarmientinas*, *mitristas* cultivadoras de una cultura europeizante, escribió entre otras obras: *Historia de una pasión argentina* (1937), donde el autor realiza un ensayo sobre dos argentinas: una *visible* y la otra, *invisible*. La argentina visible, es aquella de la urbe, el metropolitano y el otro es el habitante de lo que Mallea llama *hinterland*[12]. Más adelante aclara: "Lo que llamo argentino invisible no es, de manera simplista, el hombre del campo en contraposición al hombre de la ciudad. La diferencia estriba en que existe un hombre cuya fisonomía moral es la de las ciudades y otro cuya fisonomía moral es la de nuestra naturaleza no desvirtuada [...]. Lo importante no es dónde estos hombres estén, sino cómo son" (Mallea, 1995: 89).

Las descripciones en el capítulo "El país invisible" refieren al hombre de "adentro" del *hinterland*. "Aprendí a ver nuestro campo, nuestros ríos planos [...] siempre lentos y tristes como la marcha de las cosas eternas" (Mallea, 1995: 86).

> Y hay en fin, un hombre que vive en esa tierra, que la prueba, que la hiere, la trabaja y la fertiliza; un hombre a quien rara vez se siente vivir en la Argentina; un hombre casi sumergido en el secreto de su labor. La generosa planicie le ha dado su forma que es la de la pródiga fertilidad. Esta vez, fertilidad de ánimo y corazón [...] [para este hombre] existe el

---

[11] Según Arturo Jauretche (1968), *intelligentzia* identifica a quienes realizan la tarea intelectual al abrigo de los aparatos ideológicos. El término abarca desde el maestro de escuela al académico consagrado, pasando por los periodistas de la "prensa libre", los profesores universitarios, los artistas, los escritores y los políticos profesionales. Por supuesto, no todos los intelectuales pertenecen a la *intelligentzia*. Si el intelectual que difunde las zonceras de la pedagogía colonialista es un exponente de la *intelligentzia*, aquel que se atreve a denunciarlas y desafiarlas pertenece al campo de la inteligencia nacional. Tomaremos el caso de Sarmiento: primero, porque es el héroe máximo de la *intelligentzia*, y segundo, porque es el más talentoso de la misma. (Jauretche: 1968: 7)

[12] El *hinterland* de Mallea, se refiere a la Argentina de adentro, la de las provincias.

> horizonte: una posibilidad de mutación, de extensión, o sea de progre-
> so, más que físicos (Mallea, 1995: 88).

La lectura del capítulo de "El país invisible", por un lado advierte la sorpresa de la inmensidad natural (elemento *sarmientino* que ahonda en la extensión y el asombro ante el infinito de la pampa) y por otro lado, la descripción del hombre es constantemente exaltada en el sentido de la demostración de lo laborioso y entregado a la tierra que es –según Mallea– ese hombre invisible. En definitiva el texto habla de un "asombro" personal y es casi autobiográfico. La redacción en primera persona, un *yo* que es el mismo Mallea en viaje. Para el autor, la argentina del *hinterland* es la verdadera, la que promete un futuro auténtico; "la profunda [...], he ahí el clima vivo, el que viene, el fresco viento que insinúa por los corredores y empuja las puertas. Ese viento alimenta dos cosas: el trabajo y el sueño de los hombres" (Mallea, 1995: 96).

Lo que interesa de la imagen, del escenario visual y sensitivo, natural y social, es que en sus descripciones coincide con lo que sus habitantes declaran en algunas entrevistas que se citarán más adelante. *La nada, la calma, la lentitud, la espera, la muerte y la sensación del perderse* en el espacio, es algo que también se oye de boca de los habitantes de esa tierra adentro en la provincia de Buenos Aires.

Quien ahonda en la intimidad del paisaje, es Ezequiel Martínez Estrada en *Radiografía de la Pampa* (publicado por primera vez en 1933). En el capítulo "Distancias", Martínez Estrada hace una descripción íntima del paisaje pampeano. Es una descripción que angustia y deja la sensación de estar transitando por un lugar que fue devastado hace poco tiempo. Resalta el aislamiento, al igual que Julio Mafud. Martínez Estrada afirma que el morador de los pueblos pampeanos está aislado, la unidad de medida "no es la vista, ni el afecto ni la rivalidad, es la unidad geográfica: el kilómetro, la legua, las horas de viaje" (Martínez, 2007: 112). La sensación de vacío es inapelable en el texto: Martínez Estrada describe un paisaje que no contiene, "que expele, impeliendo a marchar" (112). La descripción de los pueblos en la llanura también se sitúa en un espacio sin límites cuando dice que "estos pueblos parecen aerolitos, pedazos de astros habitados caídos en el campo" (114). Hay una referencia al azar en la ubicación de los pueblos, que es reiterativa en la obra de Martínez Estrada. Para el autor, los pueblos podrían haber estado cinco metros a la derecha o a la izquierda y ello no cambiaría nada su dinámica. Insiste en demostrar que "todos" los pueblos son iguales: "Un pueblo –cualquiera de cualquier paraje– parece dislocado por terrenos que se desplazan en un movimiento centrífugo" (117). Las localidades son nuevas: "Cincuenta años es mucho para cualquiera de estas ciudades [...] así se parecen a la vida del hombre" (119) y afirma que para comprenderlas hay que alejarse un poco de ellas para ver reducidos sus elementos en pueblos, en "villorios". Un tono de desagrado ante el paisaje, la extensión y el habitante del interior se hace evidente en "Radiografía de la Pampa". Podría decirse que Martínez Estrada se encuentra, en su viaje descriptivo, con un espacio desconocido, al que en el fondo le teme: "Ese miedo de la noche, queda pegado a las casas al amanecer [...]. El pueblo tiene algo de la tristeza del cementerio; la casa de los muertos es muy parecida a la tumba de los vivos" (117-118).

Finalmente, quizá una de las obras más citadas de la literatura nacional, en cuanto a descripción de la república, es *Facundo*, de Domingo F. Sarmiento, publicado por primera vez en 1845. En el capítulo I, "Aspecto físico de la República Argentina y caracteres, hábitos e ideas que engendra" (Sarmiento, 1944), se extiende en introducciones a descripciones de paisajes y características sociales de los habitantes de lo que Sarmiento denomina un inmenso *desierto*. La conocida –y extremadamente polémica– frase "El mal que aqueja a la República Argentina es la extensión..." (20), continúa afirmado que: "...el desierto la rodea [a la Argentina] por todas partes y se le insinúa en las entrañas; la soledad, el despoblado sin una habitación humana..." (20). Sin duda, el desierto al que se refiere es humano y ante la comparación con la idílica Europa, hay exaltación de la inmensidad. "Inmensa llanura, inmensos los bosques, inmensos los ríos, el horizonte siempre incierto" (20). Las palabras, parecen las mismas que venimos citando en las páginas anteriores; aunque para Sarmiento la pampa, la llanura, lo plano: une. "La superficie de la tierra es generalmente llana y unida [...] es sabido que las montañas y demás obstáculos naturales, mantienen el aislamiento..." (25). Así, para el autor, la llanura permite la apertura fácil de caminos, el transporte y el desarrollo de obras. Más allá de las implicancias políticas que tuvo la obra en el contexto intelectual y social argentino, se debe resaltar su importantísima influencia en la literatura nacional, incluso hasta nuestros días. Un estilo de escritura que juega con analogías y comparaciones, descripciones de noches calmas y anécdotas de un gran bagaje de viajes por el interior de la república, configuran un compendio que no puede omitirse en su lectura, a la hora de dialogar con el paisaje e incursionar en la mirada occidental.

La inmensidad, la desolación y la sensación de aislamiento es, en la actualidad pampeana, quizás más propia de la ficción, que de la realidad. Sin embargo, como se ha visto, los textos persisten en ese énfasis, aunque con distintos referentes: la situación política adversa, la represión, la búsqueda de un destino social común.

Arturo Jauretche, inteligentemente, catalogó al famoso postulado sarmientino "El mal que aqueja a la República Argentina es la extensión", como la zoncera *número dos* de su *Manual de las zonceras argentinas*. Para Jauretche (1968), "De esta zoncera en adelante se le enseña al argentino a concebir la grandeza solo como expresión económica, cultural e institucional, pero se le sustraen las bases objetivas, el punto de apoyo necesario que es la tierra y el pueblo argentino" (16).

Las lecturas citadas quizás sean las más significativas, al momento de teñir de interés al tema de estudio. La pampa, la llanura, ese interior que es misterioso para el hombre de la ciudad que emprende un viaje a lo desconocido cotidianamente, aunque cercano físicamente, ha resultado material vasto para muchos autores nacionales: desde Sarmiento, hasta Martínez Estrada, pasando por su discípulo Julio Mafud, Scalabrini Ortiz, Eduardo Mallea; así como para muchos otros en textos quizá ya con otros estilos, que serán citados más adelante.

Paralelamente a la literatura, en el cine y –actualmente– en una gran diversidad de medios audiovisuales, se han rodado múltiples filmes ficcionales y documentales que tienen como eje central la llanura pampeana, y en particular: a los pueblos bonaerenses. Esta particularidad, más allá del cine ficcional que se ha encargado de representar a novelas de Osvaldo Soriano ya mencionadas, como *No habrá más penas ni olvido* (Olivera, 1983); *Cuarteles de Invierno* (Murúa, 1984) y *Una sombra ya pronto serás* (Olivera, 1992) y el largo proceso del filme *El sol en botellitas*[13] (Valladares, 1983-2003) que relata la vida de un pueblo al que se le

---

[13] Este filme podría decirse que es uno de los primeros en tomar el tema del despoblamiento rural. Rodado en un pueblo de la provincia de Buenos Aires, fue escrito en 1983 tomando el problema del despoblamiento y la emigración a partir del aislamiento del transporte. Por problemas de presupuesto, tardó 20 años en estrenarse cuando sus cin-

levantan los servicios ferroviarios generando migración en la población; se observa en un reciente surgimiento de documentales que también toman el tema del despoblamiento rural.

En el marco documentalista, *Patricios, la resistencia* (Domínguez y Hayes, 2006); *La próxima estación* (Solanas, 2008); *Lugares del alma* (Giuseppucci, 2009), *Estación Patricios* (Marcel, 2008) y *De cierto verde* (Gogna, 2009) entre otros filmes, relatan concretamente y desde distintas perspectivas el problema del despoblamiento rural, los procesos de cambios tecnológicos, el levantamiento de los servicios ferroviarios de pasajeros, el surgimiento de nuevas ideas locales de carácter productivo o artístico, entre otros temas. Los films documentales están fechados coincidentemente a partir de 2006, fecha aproximada en la que el gran tema de las "pequeñas localidades" tuvo cierto auge en la prensa, a partir de diversas causas, como la existencia de nuevas organizaciones que actúan en esos territorios rurales, la puesta en práctica de la Ley Provincial 13.251 (de pequeñas localidades) y el pedido de parte de los referentes locales para su reglamentación, un creciente interés académico en investigar el tema, y la realización de las Primeras Jornadas de Pequeñas Localidades en la localidad de Patricios, celebradas en 2007 y en cuya organización participó activamente de esta investigación.

Finalmente, se cita como tangencial a esta investigación el filme *Pueblos en resistencia*[14], realizado por mí en 2008, como afluente al trabajo de campo desarrollado. *Pueblos en resistencia* relata, a partir de la voz de los habitantes de pequeñas localidades, su vida cotidiana, problemas, sueños y esperanzas. El documental intenta rescatar la palabra de los habitantes de cuatro pueblos del sudeste bonaerense, Mechongué, Mar del Sud, La Dulce y San Agustín, como muestra del universo de los pueblos de la provincia de Buenos Aires. La emigración, el desempleo y los cambios constantes en la dinámica socio-económica en estas localidades señalan el tema principal del filme, totalmente ideado, dirigido y producido por alumnos y docentes de la carrera de Geografía de la Universidad Nacional de Mar del Plata.

tas fílmicas fueron rescatadas de depósitos con humedad. Curiosamente, el audio debió ser regrabado dado que se perdió casi en su totalidad.

[14] El documental *Pueblos en resistencia* puede verse online en: http://vimeo.com/3166842.

2. ¿Y qué se dijo de los pueblos pampeanos?

En general, la literatura hallada se dedica a relatar hechos históricos acaecidos durante la conquista del desierto, procesos de expansión de las vías férreas, de ocupación de tierras, la fundación de pueblos y posteriormente a los procesos de tecnificación rural, los procesos de urbanización, el desguace ferroviario y algunas políticas públicas aplicadas en los pueblos de la llanura pampeana.

El conocido geógrafo francés Romain Gaignard, escribió su tesis titulada *La pampa argentine. L'occupation du sol et la mise en valeur.* La tesis de Gaignard, que data de 1979, es quizás uno de los escritos más completos que existen sobre la llanura pampeana. De su original en francés, solo ha sido traducida de modo incompleto, en una edición en castellano de la editorial Solar en 1989. El autor, fascinado por la llanura pampeana, no escapa a las sensaciones descritas por los grandes escritores argentinos mencionados en el capítulo dedicado a la revisión de la literatura de ficción e histórica. La página inicial del cuerpo de su tesis comienza:

> Pampa obsesionante [...] el espacio pampeano [...] Espacio horizontal que se diluye en un horizonte indeciso y fugitivo; espacio dilatado donde las distancias se miden en leguas; espacio vacío o espacio engañoso que disimula y esparce en su inmensidad a los hombres, los animales, los vehículos, los edificios; espacio vegetal donde la pradera solo se interrumpe para dar lugar a campos vertiginosos de cereales o de oleaginosas, que descubren la tierra negra u ocre después de la cosecha. Espacios telúricos también: resplandor de las largas puestas de sol reflejadas en las aguas pesadas de las lagunas, intempestivos torbellinos de arena, tormentas eléctricas secas y tempestades devastadoras, yacarés extraviados en un muelle cerca de Santa Fe, y en las proximidades de Bahía Blanca, maras brincando entre los matorrales de pastos duros; garzas y flamencos en los bañados del este, mulitas y pumas en los médanos y espinales del oeste (Gaignard, 1979: 1).

La mirada sorprendida, característica de aquellos andantes internados en la llanura, no ha podido ocultarse tampoco en Gaignard. Afortunadamente, si bien esa obsesión en algunos casos es una lente errática que puede enturbiar el compendio de observaciones que se pueden generar sobre la llanura, Gaignard realiza:

> [un análisis que da] lugar, también, al asfalto, al tractor, incluso el avión, al semillero de chacras de las zonas chacareras, a los edificios de esas pequeñas ciudades activas, donde los talleres lindan con los comercios de lujo, bancos y colegios, y en las que, en elegantes casas, se repliegan los productores que acuden al campo en potentes vehículos [...]. Imágenes que no alcanzan a dar cuenta de la complejidad y de la diversidad del espacio pampeano. Diversidad física primero, bajo la aparente uniformidad de la llanura y de los pastizales, pero también complejidad de una historia de la ocupación del suelo y de su valorización, que está lejos de aparecer lineal (Gaignard, 1989: 1).

Romain Gaignard en su extensa tesis de más de mil páginas, recorre desde los primeros momentos de la ocupación del espacio en el siglo XVI, hasta el periodo del 1970 cuando fue redactada la tesis. El análisis es muy extenso y cuenta con una recopilación de documentos, que quizás solo en su tesis se encuentren. La obra se explaya analizando las vaquerías, el nacimiento de la estancia, la organización de los transportes, la colonización en el centro de la región pampeana, la utilización del suelo, la producción, y el análisis social de la vida cotidiana urbana, con un énfasis relevante en el uso de la cartografía temática e histórica comparativa, las normativas legales y datos estadísticos de incontables fuentes.

Respecto a los cambios en la estructura del espacio pampeano en la segunda mitad del siglo XX, Gaignard dice:

> [...] la imagen de una agricultura, que se ha transformado y modernizado, pero tardíamente de acuerdo a las normas que tienen en las estructuras agrarias dominantes. Ahora debería captar el efecto de estos cambios en la vida rural y la organización del espacio pampeano. Los cambios significativos debido también a la introducción del automotor que posibilitó los desplazamientos cotidianos, las máquinas que requieren reparaciones, los productos fitosanitarios, las vacunas, las semillas seleccionadas son casi imposibles de acceder sin tener contacto con el banco, el acopiador y la cooperativa o la agencia del INTA[15] y, a veces los eventos culturales, constituyen los servicios se han convertido en esenciales y que solo la pequeña ciudad ofrece (Gaignard, 1979: 981) (Traducción propia).

---

[15] Instituto Nacional de Tecnología Agropecuaria.

En este sentido, para el autor el cambio en el paisaje y la dinámica cotidiana de la llanura pampeana se vincula con las normas, la tecnificación, las velocidades de traslado cotidiano propiciadas por la expansión del automotor, la camioneta y la flexibilización de técnicas de cultivos, comercio y acceso a actividades culturales. Cuando se refiere a las pequeñas localidades (con menos de 2000 habitantes) no lo hace como "pueblos", sino como *caseríos*. Desde el punto de vista del autor, los centros de servicios se ubican en las *pequeñas ciudades activas*. La *pequeña ciudad activa*, es referida a aquellas cabeceras de partido, ciudades de entre 10.000 y 40.000 o 50.000 habitantes que poseen un abanico de servicios dispuestos para la actividad rural, financiera, cultural, sanitaria y educativa. Esta ciudad en efecto concentra todas las nuevas instituciones del productor agropecuario pampeano "modernizado": su cooperativa, el banco local, la agencia de extensión, la escuela media y todos los otros servicios (comercios, administraciones, correo, etc.). Los *caseríos,* en conjunto con las *pequeñas ciudades activas* constituyen la constelación del sistema espacial pampeano.

El problema del declive demográfico en las áreas rurales de la provincia de Buenos Aires es, para Gaignard, una cuestión importante a considerar a partir del censo de 1947, y que se profundiza en 1960. Él vincula esta caída en la tasa de crecimiento a una disminución de la demanda de empleo rural, que en algunas áreas de la provincia es más profunda que en otras (Gaignard, 1979: 988-997). Igualmente, asevera que "En la provincia de Buenos Aires para el período 1947-1960, el saldo es negativo en casi todos los departamentos de las zonas rurales y en la mayoría de las ciudades pequeñas, la periferia de la capital no es inmune" (992). Resumiendo que "este estancamiento o disminución de la población rural, este bajo crecimiento de la población regional, refleja los resultados de una economía agro-pastoril que nunca ha usado una gran cantidad de mano de obra, y que luego ha expulsado a muchos" (993).

Casi al final de su tesis, Gaignard hace un aporte muy importante a tenor del tema de esta investigación. Una revisión de la obra pública (con énfasis en la reducción de los servicios ferroviarios y la introducción del asfalto y el automotor), fundamenta un cambio relevante en la estructura del espacio pampeano a partir de la "motorización".

> Esta generalización de la motorización es el fenómeno fundamental que cambió completamente la forma de vida rural en gran medida por la ampliación del rango de cada operador de la radio de barrio de cada familia. Cuando empezamos nuestra investigación, cada uno de los pueblos se define en relación con la estación de tren [...], el telégrafo y la estación de tren otorgaron la dirección postal de cada lugar. Numerosas estaciones, ubicadas de 8 en 8 kilómetros en zonas de "colonias", más espaciadas en las zonas agrícolas, 30 a 30 km y, a menudo colocadas esas estaciones en la entrada a una gran estancia. En las zonas de pastoreo, el pueblo rural ha sido y es otro como cada casco de estancia, verdadero pueblo situado junto a la casa del amo [...]. Hoy en día, estos caseríos de los trabajadores agrícolas y campesinos, los comerciantes se esfuman o desaparecen, hacia las cabeceras de partido (Gaignard, R. 1979: 1003-1006).

Como testigo del cambio, Gaignard aporta imágenes que sintetizan el cambio a mediados de la década de 1960:

> La motorización también llegó a los pequeños agricultores y chacareros [...]. Donde se solían ver un montón de sulkys y caballos, delante de un almacén o boliche, pueden verse los Modelo T de Ford y Chevrolet de los años treinta y cuarenta que han sido muy resistentes a las rutas de aquella época. Quienes compran nuevos modelos de auto, venden a los pequeños agricultores, felices de poner en una parte de los frutos de las excelentes cosechas de 1964 y 1965. En la década siguiente tomarán a su vez un nuevo coche, un Citroën 2CV para iniciarse, antes de pasar a la camioneta (Gaignard, 1979: 1005).

El capítulo 2 de la Parte C, *"L'urbanisation: routes et centres de services pour des agriculteurs citadins"*, incorpora una aclaración final del autor, donde dice que con algunos materiales recogidos durante la investigación, no propuestos inicialmente, se generó un capítulo que versa sobre los procesos de estructuración actuales.

Unos años más tarde y en la Argentina, desde estudios urbanistas, Patricio Randle (1992) agrega que las localidades con mayor contacto directo con las actividades agrícolas son núcleos subsidiarios de las ciudades intermedias pampeanas. En el marco de la planificación, sostiene que estas localidades deberían funcionar como centros administrativos y agroindustriales equipados, educacional y sanitariamente a un nivel subordinado a las ciudades intermedias. Por otra parte, hace hincapié en que es preciso articularlos a la red urbana, logrando su integración en subsistemas organizados en torno a las ciudades intermedias, rompiendo la absoluta e indiscriminada dependencia de las metrópolis regionales. Este análisis resulta interesante quizás para su aplicación en poblaciones mayores de 10.000 habitantes, pero con respecto a poblaciones menores existe escasez de información. Tanto desde las perspectivas de Gaignard como la de Randle, los centros de servicios se ubican en localidades con más de 2000 habitantes, lo que estaría hablando de la dependencia de las localidades menores.

Desde la sociología, Roberto Cittadini, en su tesis *L'articulation entre les organismes de recherche et de développement et les collectivités rurales* en un estudio sobre la localidad de Lezama (provincia de Buenos Aires) dice que *el paraje*, que agrupaba en la primera organización del espacio agrario a algunas familias alrededor de un comercio-bar y de una escuela, ya no tiene la vida social de antes y los pueblos son en su mayoría concentraciones que pierden población, que ven su economía decaer así como sus principales instituciones (clubes, cooperativas cuando tuviesen, etc.) (Cittadini, 1992: 316).

La geógrafa Marcela Benítez elaboró un proyecto de acción basado en una incipiente investigación estadística, desde donde interviene en "pueblos" (con menos de 2000 habitantes) que –según la autora– se encuentran en "riesgo de desaparición". Entre las causas que enumera Benítez, se encuentra el despoblamiento y éste, a su vez, se haya ligado a una serie de otros problemas relacionados, como el cierre de ramales ferroviarios, la falta de pavimento, la disminución de fuentes de trabajo y el éxodo de población joven hacia las ciudades. Tal vez el problema del enfoque de la autora resida en no contemplar a los "pueblos" en el contexto de un territorio dinámico y vivo. Es decir, no evaluarlos a escala regional y obviar la influencia que reciben de distintos niveles de desarrollo de las aglomeraciones urbanas con variable peso demográfico. La tesis de Benítez considera al problema del despoblamiento como un problema social de desintegración comunitaria, basándose en los conceptos de Robert Merton (1968) –citado por la autora–; quien desde la sociología plantea que "los individuos actúan dentro de un sistema social de referencia suministrado por los grupos que forman parte" y que "los individuos se orientan con frecuencia hacia grupos que no son el suyo para dar forma a su conducta y sus valoraciones". Para evaluar el problema del despoblamiento, Benítez tomó una *muestra-listado* de cuatrocientas treinta localidades diseminadas por todo el país, con un criterio que no se hace muy explícito dentro de la tesis. Aparecen, por igual, localidades inmersas en el conurbano bonaerense (como Open Door) y otras localidades rurales de la Puna salteña. De esa muestra, ciento seis localidades formaron parte del trabajo de campo, para las cuales fue posible tomar mayor cantidad de variables. Por último, dentro de la metodología, Benítez realizó un trabajo de recopilación histórica de cada localidad afectada al trabajo de campo, realizó encuestas y entrevistas relacionadas con la prestación o no de servicios públicos y realizó tomas fotográficas y filmaciones (Benítez, 2000: 51). A juzgar por lo analizado en la publicación de la tesis de Benítez: *La Argentina que desaparece. Desintegración de comunidades rurales y poblados en vías de desaparición*, el trabajo demuestra voluntad y empeño, no obstante que carece de un enfoque geográfico, más allá de la simple ubicación y enumeración de localidades en un listado. Su reflexión final es tajante en cuanto a acabar "con la desintegración comunitaria y posterior despoblamiento" (Benítez, 2000: 72) cuando dice que "no estamos proponiendo que parte de los objetivos económicos del Estado sea el mantener empresas deficitarias [...] pero condenar al aislamiento y la marginación económica a centenares de comunidades no debería tampoco formar parte de sus decisiones", refiriéndose claramente a la empresa Ferrocarriles Argentinos y su publicitado déficit previo a su concesionamiento y desafectación en el año 1992. Finalmente, la autora remata su tesis postulando:

> [...] la única posibilidad de revertir esta situación de desintegración comunitaria y posterior despoblamiento, sería a partir de la llegada de organizaciones no gubernametales que suplieran con la implementación de pequeños proyectos y una transferencia adecuada de tecnología, el vacío de acción que dejan para todos ellos, los sucesivos gobiernos (Benítez, 2000: 72).

Quizás quede preguntarse desde dónde llegarán esas ONGs[16] que señala la autora y si realmente esa es la única posibilidad de emprender

---

[16] Vale aclarar que la autora fundó la ONG Responde (Recuperación Social de Poblados Nacionales que Desaparecen) en 1999, según la autora, "cosechando importantes respaldos en diferentes sectores de la sociedad" (Benítez, 2000: 78). Entre esos respaldos, pueden mencionarse las empresas Cargill, American Express, Lan Chile, The Boston Colsuntig Group, el estudio de abogados Marval, O´Farrell y Mairal (que asesora a

uno de los problemas más complejos de la dinámica territorial del espacio pampeano.

Uno de los trabajos que inspiró inicialmente esta investigación fue *Los espacios de la crisis rural. Geografía de una pampa olvidada*, donde el geógrafo Marcelo Sili (2000) analiza la fragmentación, el despoblamiento y la marginación del territorio rural, tomando como casos a tres localidades del sudoeste de la provincia de Buenos Aires. Para el autor el crecimiento de pueblos de más de 3000 habitantes ocurre en detrimento de los parajes y de las zonas rurales. Con la modernización iniciada en los años 1960, la pequeña ciudad se transformó en una "agro-ciudad", centro social y económico del productor y nuevo polo de organización local de los espacios rurales pampeanos (Albaladejo y Bustos Cara, 2008), sin que todas las actividades dependan necesariamente del agro ya que siempre ha estado presente una pequeña industria rural no siempre relacionada con el campo (fábricas de indumentaria o de muebles, etc.). Marcelo Sili (2000), señala que muchos autores argentinos como Sábato, Barsky, Gilberti Ferrer, Flichman, Murmis, Schultz y otros "han trabajado en la temática de la producción agropecuaria pampeana, especialmente en lo que se refiere a la producción agrícola ganadera. En cambio las investigaciones sobre la organización del espacio rural y la dinámica de los pueblos, en general, es todavía muy escasa" (21). En su trabajo, incluye un interesante análisis del mundo rural pampeano, asociado a cambios político-económicos relacionados con los cambios en el uso de la tecnología que afectaron a la dinámica de los territorios rurales. A su vez, se profundiza en el análisis de las asociaciones locales y la estructura de la vida local. Sili arriba a la conclusión de que los pueblos con menos de 3000 habitantes pierden población "inexorablemente" en los últimos 30 años (133); debido a una serie de procesos entre los que indica: la migración de los productores hacia la ciudad, una constante crisis del sector agropecuario, una deslocalización de la demanda por parte de los productores a partir del "mejoramiento en los transportes y las comunicaciones" y una disminución o cancelación de

---

acreedores de la deuda externa argentina) y Telecom, entre otras. http://www.responde. org.ar/aliados/index.html (consulta en diciembre de 2009). Los aliados de la ONG y la conclusión a la que la autora llega, dejan al lector pensando en qué tipo de respuestas se esperan desde el lado de la construcción de territorios a partir de la racionalidad hegemónica.

la prestación de los servicios estatales. De este modo, el autor recala en tres escenarios territoriales futuros posibles: a) un modelo de concentración urbano-rural polarizado; b) un modelo de concentración urbano—rural dual, en el que habría una permanencia de población relativa en las localidades rurales aunque con dificultades de sostenimiento del sistema y; c) un modelo de articulación territorial y endogeneización del desarrollo, en el cual se cumple el deseo local de permanencia en sus localidades con una gran dependencia de las capacidades locales de producir proyectos de desarrollo que satisfagan las "diversas lógicas presentes, con sinergia en los proyectos individuales y colectivos" (Sili, 2000: 135-145).

También, Marcelo Sili, en *La Argentina rural*, libro editado por el Instituto Nacional de Tecnología Agropecuaria, se pregunta: ¿será este el futuro rural de la Argentina, un territorio en subasta, un territorio sin futuro más que la siembra de trigo, soja o la extracción de madera y lana?, ¿será posible construir un futuro rural con mayor dinamismo, sin pobreza, con mayor capacidad de innovación y con mayor diversidad? (Sili, 2005: 6). El trabajo realiza un extenso análisis de los cambios acontecidos en la organización del territorio rural en todo el país. Sili recalca que a partir de las reformas del estado de los años 1960 hasta la actualidad, se generaron cambios en la estructura productiva, de servicios, en la técnica, las comunicaciones y los valores, que modificaron la vida rural y profundizaron el proceso de urbanización. Sili enfatiza que en los últimos años se experimenta un cambio de discurso,

> [que] refleja claramente la diferencia entre lo agrario y lo rural; el espacio agrario y su desarrollo hacen referencia al crecimiento de las actividades agrícolas y ganaderas. El concepto de territorio rural y su desarrollo, en tanto, hace referencia a la problemática de los pueblos, la cultura y la identidad rural, el medio ambiente, las diferentes actividades productivas en las áreas rurales, la problemática de las infraestructuras y el equipamiento, entre otros (Sili, 2005: 11).

El autor, trabaja sobre la hipótesis indicando:

> mientras el proceso de modernización agropecuaria sin visión ni gestión territorial integral llega a su clímax, especialmente a partir de la devaluación del peso en Argentina en el año 2002 y el auge agrícola, están emergiendo las condiciones para construir otro paradigma de desarrollo

rural de base territorial, más sistémico, diversificado e integrado que hemos denominado modelo de desarrollo territorial rural. Ambos modelos podrían convivir durante un tiempo, de acuerdo con las iniciativas económicas y políticas que se pongan en marcha para consolidar un modelo u otro (Sili, 2005: 11).

Finalmente, distingue nuevas formas de ruralidad, entre las que se encuentran los "nuevos rurales" los "inversores externos" y los "turistas residentes secundarios", convivientes con las formas más tradicionales. En este sentido, profundiza en propiciar y trazar un nuevo modelo de desarrollo territorial rural, a partir de la puesta en valor de estrategias que tengan en cuenta las nuevas racionalidades actuantes, el consenso de proyectos, la puesta en marcha de programas de acción y sistemas de gestión más flexibles que componen el modelo de desarrollo rural que propone el autor. En sus palabras:

> trata de dar respuestas a las demandas de equilibrio social, económico y territorial generadas por el conjunto de la sociedad nacional, su puesta en marcha no es una tarea menor. Al contrario, este modelo no depende de los impulsos del mercado internacional de un producto (como sucedió históricamente en la Argentina), sino de la capacidad de organización de una sociedad, y exige un alto compromiso político y social (Sili, 2005: 100).

En un trabajo poco difundido, Claudio Flores (2005), analiza las redefiniciones territoriales en los espacios rurales de la Provincia de Buenos Aires (en particular en el partido de Las Heras) y sus resistencias sociales a los cambios ante el proceso de la globalización, en el marco del despoblamiento de las localidades rurales. El trabajo profundiza en los procesos de despoblamiento, cierre de empresas estatales, la introducción de las empresas multinacionales y su lógica hegemónica en el espacio pampeano, y los cambios en las demandas de empleo en las últimas décadas del siglo XX, "junto con la 'atracción' ejercida por la demanda de trabajos urbanos desde mediados de los sesenta, generó un constante éxodo de población sobre todo en aquellas aglomeraciones que no pudieron adaptarse a las nuevas condiciones impuestas por el mercado". Agrega que su consecuencia directa, el despoblamiento, se agudiza a partir de la imposición de políticas neoliberales a escala nacional, que afectan directamente a estos espacios locales a través del levantamiento de ramales ferroviarios, la desaparición de cooperativas y el incremento de la desocupación. Sin embargo, algunas de estas localidades, sobre todos las que se encuentran en emplazamientos más beneficiosos, logran desarrollar estrategias de subsistencia redefiniendo el espacio hacia nuevos usos "neo-rurales" como el turismo rural, las actividades recreativas o como espacios residenciales (Flores, 2005).

Los trabajadores sociales Alfredo Carballeda y Mariano Barberena (2003) plantearon la necesidad de evaluar los problemas sociales y económicos que sufren las pequeñas localidades, como paso previo a la instrumentación de políticas paliativas a partir de la intervención del Estado como garante de la equidad social. Para Carballeda y Barberena, el diseño de políticas públicas que incluyan dentro del sistema de producción a las pequeñas localidades es indispensable para pensar en un orden del territorio que las incluya. De este modo, proponen la generación de empleos no agropecuarios, facilidades para la conectividad y la comunicación entre las "pequeñas localidades" y las ciudades intermedias y la creación de un "Programa de fortalecimiento de comunidades rurales en la provincia de Buenos Aires".

Las propuestas de estos autores resultan relevantes para esta investigación, teniendo en cuenta el vínculo establecido con ellos en la creación de políticas públicas concretas, el trabajo desarrollado en la promulgación de la Ley provincial 13.251, de promoción de pequeñas localidades y en la intervención como coautores en el proyecto de instalación de un sistema ferroviario de coches motor para pequeñas localidades en la provincia de Buenos Aires.

El problema del despoblamiento puede verse in extenso en el Informe de Desarrollo Humano (IDH) de 2003. Para ese año, el IDH formulado por la fundación del Banco de la Provincia de Buenos Aires incluye un importante apartado donde se agregan textos de autores como Arroyo, Sili, Carballeda, Barberena y Craviotti entre otros. En este sentido, que el IDH haya tomado al problema del despoblamiento en pequeñas localidades en su composición, habla de un interés en situar al tema en la agenda política, tomando trabajos académicos que detectaban el problema con antelación.

En un trabajo realizado por Albaladejo y otros en 2008, aseveran:

los pueblos son simultáneamente, en algunos casos, el lugar de manifestación de un deseo de la población rural de seguir viviendo y trabajando en el espacio rural y dan lugar a nuevos procesos de organización y acciones colectivas y hasta procesos de desarrollo local, llamativos. Por supuesto mucho depende también, para la interpretación de estos fenómenos, de la dinámica del espacio rural en la cuál están insertos por una parte y por otra parte de su inserción en una infraestructura urbana mayor. El problema del análisis del pueblo puede residir también en que este objeto geográfico no puede ser interpretado en forma aislada de su contorno espacial (Albaladejo y otros, 2008).

Por otra parte, algunos trabajos (Bidaseca y Gras, 2008, citado en Albaladejo y otros, 2008) muestran que, hasta en el corazón del proceso de sojización a cien kilómetros de Rosario, estas pequeñas ciudades activas (que sus propios habitantes llaman "pueblos"), tal vez no son más las agro-ciudades organizadoras de la actividad agropecuaria y de su territorialización local. El productor pierde protagonismo en ellas y la actividad agropecuaria (la soja en particular), no parece más estar articulada con la vida económica de estas concentraciones, que inclusive muestran idénticos índices de pobreza que la propia Rosario. Además, el productor independiente pasó a representar en los tres pueblos estudiados por Karina Bidaseca y Carla Gras (2008) apenas el 37% de los hogares que tienen ingresos agropecuarios. En todos los casos se evidencian nuevas articulaciones entre estos centros (pueblos y pequeñas ciudades activas) y el campo.

Desde el enfoque etnográfico-antropológico Hugo Ratier, en *Poblados bonaerenses, vida y milagros*, describe la situación de la *otra geografía* de las localidades del interior de tres partidos de la provincia de Buenos Aires. En este trabajo, Hugo Ratier y sus colaboradores realizaron una extensa tarea de observación participante donde se analizan las formas de sociabilidad (los clubes, las fiestas tradicionales, los almacenes de campo), territorialidad y modos de intercambio comercial propio de lo que denominan "poblados". El trabajo versa principalmente sobre las formas de reproducción de la identidad, la defensa de la tradición rural local y modos de resistencia ante los cambios contextuales extra locales. En relación con los impactos más notables que recibieron estas localidades del centro de la provincia de Buenos Aires, Hugo Ratier menciona a dos etapas recientes: la liberalización de la economía a mediados de la década de los 70 y las reformas del Estado de los 90. Ratier hace hincapié en el efecto nocivo en la economía local provocado por las privatizaciones de las empresas públicas y el llamado "ajuste del agro" de los años 1990, con la consecuente liquidación de entes reguladores como la Junta Nacional de Granos, la Dirección Nacional del Azúcar y los institutos que fiscalizaban los mercados de Hacienda.

En un artículo publicado en el libro *Pequenas cidades e desenvolvimento local* (organizado por Angela Maria Endlich y Márcio Mendes Rocha), Daniel Cárdenas y Jorge Sutil abordan con un enfoque descriptivo el tema de las políticas públicas aplicadas a las pequeñas localidades, tomando como ejemplos actuales a la Ley 13.251 de la provincia de Buenos Aires y el Programa de promoción de pequeñas localidades que se desprende de dicha Ley (Cárdenas y Sutil, 2009).

Hernando y Cortés en un artículo publicado en la revista *Patagonia Agropecuaria* indican que existen graves problemas en los pueblos rurales patagónicos. Así "hay lugares donde la estación de servicio está pronta a quedarse sin gas oil, donde la central telefónica está más allá de su obsolescencia, descompuesta, donde el único centro de salud cercano carece de instrumental básico", y se preguntan "¿Quién va a querer criar a sus hijos en un medio así?" (Hernando y Cortés, 2006: 9). El trabajo sirve de referencia entre muchos otros extrapampeanos que toman el tema del despoblamiento y la provisión de servicios asociado a políticas públicas, como marco que le otorga relevancia al tema en el orden nacional.

También en 2007, en un trabajo que toma tres localidades del norte de la provincia de La Pampa, Oscar Folmer y otros (2007) consideran que "las problemáticas actuales de la mayoría de las pequeñas localidades se concentran en sus escasas posibilidades de desarrollo económico. Estas afrontan problemas como migraciones, abandonos de producción, poca iniciativa gubernamental, concentración del empleo público, etc., que no fomentan un crecimiento importante que sirva de motor para el desarrollo local". El análisis inicial plantea revisar la situación de interconexión de las localidades de estudio a partir del transporte terrestre.

Desde un enfoque teórico cercano al geógrafo anarquista Kropotin, Facundo Hernández afirma que "las pequeñas localidades tienden a desaparecer de los proyectos políticos de desarrollo porque representan la antítesis demográfica de una economía de mercado, a mayor concentración poblacional, mejor es el mercado (no importa el poder adquisitivo siempre hay 'algo' para vender a 'cualquiera')". Sostiene que "En ellos existe, como en todos los territorios, una combinación de variables únicas que le otorga singularidad y sentido de pertenencia [...]. Cada vez que estamos frente a una pequeña localidad, estamos en presencia de un sistema singular, puramente contingente a diferencia de las ciudades cada vez más asimétricas" (Hernández, 2007). El autor hace un análisis de políticas de integración territorial en países que han experimentado procesos revolucionarios socialistas. En este marco, propone una mirada más allá del sistema capitalista hegemónico, citando para su análisis y recomendaciones a autores como el anarquista ruso Piotr Alekséyevich Kropotkin.

En el marco político normativo, en 2002 el ex Diputado Nacional Acavallo (Alianza), presentó un proyecto de ley nacional "Ley de Pueblos Rurales", donde se prevé generar estrategias en el marco de la problemática del éxodo rural. En dicho proyecto, se plantean las capacidades de prestación de servicios como un tema fundamental a tratar, teniendo en cuenta que "la ausencia de posibilidades de desarrollo, expulsa a la escasa población estable [...] apuntamos a consolidar las posibilidades de desarrollo de los pueblos más pequeños, evitando que continúe su creciente empobrecimiento y la migración de su gente hacia las grandes ciudades". Este proyecto se concretaría más tarde en el seno del partido político opositor. En 2004 se sanciona la Ley 13.251/04 de Promoción de Pequeñas Localidades, que dentro de sus objetivos apunta a generar estrategias para incentivar proyectos productivos para las localidades con menos de 2.000 habitantes. Esta ley impulsada por el exdiputado provincial Mariano West (Frente Para la Victoria), fue asesorada por Alfredo Carballeda y Mariano Barberena. Y posteriormente se crea el "Régimen de Promoción de Pequeñas Localidades" con las observaciones que se desprenden del Decreto Provincial 2.629/04. La Ley entiende como pequeñas localidades a "todo pueblo, paraje o nucleamiento poblacional que, según el último censo [se refiere al censo 2001], registre una población estable inferior a los dos mil habitantes. Excepcionalmente y a solicitud del Municipio interesado, la Provincia podrá incluir en el presente Régimen de Promoción a poblaciones que no se encuadren en la definición precedente" y tiene como objetivos:

> a) Articular acciones interjurisdiccionales en las áreas de desarrollo humano, empleo, educación, cultura, infraestructura, vivienda,

producción y asuntos agrarios, entre otras. b) Promover una instancia de planificación estratégica para el seguimiento y monitoreo del presente Régimen de Promoción. c) Mejorar la accesibilidad de las pequeñas localidades a la salud, educación, vivienda, bienes culturales, infraestructura, producción, trabajo y desarrollo sustentable. d) Facilitar el surgimiento, la radicación o la reactivación de emprendimientos productivos de pequeñas y medianas empresas, generando las condiciones de receptividad de nuevos pobladores. e) Fomentar el uso de energías alternativas y la apropiación de nuevas tecnologías. f) Propender a la recuperación del patrimonio histórico y la revalorización del acervo cultural, como instrumentos dinamizadores de procesos de integración, promoción y consolidación de la identidad local. g) Dar respuesta apropiada al déficit habitacional existente o que puedan generar los nuevos emprendimientos, coadyuvando a la regularización dominial (Régimen de promoción de pequeñas localidades, PBA, 2004).

En el sentido del interés de esta investigación, la Ley provincial Nº 13.251, ha desplegado una serie de acciones tanto locales como por parte de instituciones nacionales, provinciales y municipales (Programas Pueblos I y II, Organización Pueblos que Laten, la creación de los Consejos de Apoyo Local, entre otras) que forman parte de la Tercera Parte de esta investigación.

Como antecedente a esta norma, puede mencionarse al Plan Volver, dependiente del Ministerio de Desarrollo Humano de la Provincia de Buenos Aires (2002-2006), que apuntaba a frenar el éxodo de población de localidades con menos de 15.000 habitantes, incentivando el repoblamiento y fomentando actividades productivas y micro emprendimientos.

En el ámbito latinoamericano, un estudio del Consejo Nacional de la Población de México (CONAPO), que apunta a generar estrategias para atender la dispersión de la población –en localidades con menos de 2500 habitantes– agrega: "la emergencia de una vigorosa sociedad civil que desde los años ochenta está modificando las relaciones políticas y el marco institucional de la acción pública, expresada mediante el fortalecimiento de los gobiernos locales y las organizaciones sociales en la planeación del desarrollo regional". Luego, con relación a las políticas sociales, apunta: "la política social procura una mayor coordinación de acciones del sector privado y social; impulsa el fortalecimiento de los gobiernos regionales y locales y formula estrategias integrales de recuperación productiva sustentable en las regiones donde las privaciones se viven con mayor intensidad" (CONAPO, 1999).

Angela Endlich trabaja sobre los municipios del Noreste del estado de Paraná en Brasil. Su investigación se basa sobre nuevos procesos de emprendimientos locales que podrían ser indicios de nuevas acciones situadas en localidades con pérdida de población asociadas a la crisis de la producción de café.

> *Entre 1991-2000 de 156 municípios, 95 apresentaram perda demográfica em relação à população total, sendo que 36 apresentaram decréscimo de população urbana, além da total. Esse processo foi decorrência das transformações econômicas e socioespaciais ocorridas com a decadência da economia cafeeira. Contudo, os processos que desencadearam tal fato não afetaram todos os espaços da mesma maneira ou com igual intensidade. Por que em meio ao pertinaz declínio da população total e, em alguns municípios até mesmo da população urbana, outros se mantêm estacionários ou apresentam crescimento demográfico? (Endlich, 2007: 1).*

La pregunta de la autora se vincula estrechamente con la pregunta de investigación, ya que la revisión de su trabajo ha proporcionado un contacto más personal en el que se pudieron intercambiar nociones, conceptos e información para la construcción de esta investigación.

En estos últimos cinco años, muchos otros autores han tomado el tema con el modo de análisis de localidades específicas como Cecilia Aranguren (2010), Daniel Intaschi (2010), Sergio Cabo (2010), Mónica Scatizzi (2007), S. Shmite (2006), Raquel Lareu (2007), Daniel Alonso (2007), Hugo Antonena (2007) y Elina Rosso (2010) en un importante trabajo sobre San Agustín y Mechongué que se citará más adelante, entre otros; y a modo de incursión en el tema como Mariano Íscaro (2010).

Finalmente, incluyo en esta revisión a mi propia tesis de licenciatura, titulada *Despoblamiento y acción de Estado en el sudeste bonaerense* (Diez Tetamanti, 2006)[17], de donde se pueden rescatar datos graficados y procesados, que componen una parte de esa tesis. La metodología utilizada se indica en el capítulo "Métodos y técnicas del trabajo de campo y análisis de datos", dado que su información también ha sido fuente de datos para esta investigación.

---

[17] Acceso digital a la tesis en http://fci.uib.es/Servicios/libros/veracruz/tetamandi/

3. Teorías, conceptos e interpretaciones para navegar los pueblos de la llanura

Para responder a las preguntas y ajustar la hipótesis se ha intentado revisar, particularmente, las teorías con génesis cercanas al área de estudio. Con esto se quiere decir, que fue fundamental, desde el inicio, revisar conceptos y construcciones teóricas, a partir de autores próximos al contexto histórico y geográfico del problema que interesa.

Para tratar de conceptualizar el tema, tal vez sería conveniente definir lo "rural" y, posteriormente, el término "localidad".

Lo rural y lo agropecuario prácticamente fueron sinónimos hasta principios de la década de 1990, cuando comienzan a multiplicarse los interrogantes acerca de los límites entre ambos. La identidad entre lo sectorial agropecuario y lo territorial rural, está desdibujada. Muchos de los empleos rurales no-agrícolas son considerados como sin ninguna relación significativa con la actividad agropecuaria (Carballo González, 2004). Se podría abordar el concepto de lo rural, solamente desde lo geográfico físico o lo económico. Pero también son relevantes de la misma manera, los aspectos culturales y la propia vida diaria que se desprende de la vida rural; cuestión que en las pequeñas localidades juega un papel particular porque va mucho más allá. En este sentido, Echeverri y Ribero definen lo rural como:

> el ámbito en el cual se desarrollan un conjunto de actividades económicas que exceden en mucho a la agricultura. El espacio rural y los recursos naturales que están contenidos en él, son la base de crecientes actividades económicas y sociales. Es evidente que la actividad agrícola (incluyendo la ganadería y las actividades forestales) son las principales. No obstante, hay un conjunto de otras actividades que tienen (cada vez más) una gran importancia relativa en general, están asociadas a búsquedas de un mayor nivel de desarrollo. Entre éstas, las actividades vinculadas a la agro-industrialización, el turismo y las artesanías regionales son tal vez las de mayor trascendencia. Adicionalmente, la forma en que se organizan y desarrollan todas estas actividades económicas incide en la capacidad para cumplir importantes funciones vinculadas a la conservación de los recursos naturales y a la construcción del capital social incluyendo el funcionamiento social y político de las comunidades (Echeverri y Ribero, 2002: 25).

Desde una perspectiva histórica productiva territorial Echeverri Perico y Ribero introducen como factor distintivo de lo rural al "papel determinante de la oferta de recursos naturales que determina patrones de apropiación y permanencia en el territorio, en procesos históricos".

Por su parte, Villalvazo Peña y otros introducen al tema desde el problema de definir rural y urbano afirmando:

> El tratar de definir la ciudad de un modo universal ha conducido a un eurocentrismo, es decir, que la evolución urbanista de Europa es la pauta que siguen otras regiones, con los consecuentes riesgos, al no considerar las condiciones tan disimiles en términos de desarrollo sociocultural y económico de otras partes del mundo, sobre todo en países subdesarrollados; además, la distribución de los asentamientos y su naturaleza dificultan cualquier definición. Al respecto, el *Anuario Demográfico de las Naciones Unidas* de 1952 concluye que "no existe un punto en el continuo que va desde la gran aglomeración a los pequeños agrupamientos o viviendas aisladas donde desaparezca lo urbano y comience lo rural; la división entre la población urbana y rural es necesariamente arbitraria" (Villalvazo y otros, 2002: 19).

El CONAPO, señala que lo rural se identifica con una población distribuida en pequeños asentamientos dispersos, con una baja relación entre el número de habitantes y la superficie que ocupan, así como predominio de actividades primarias, niveles bajos de bienestar y de condiciones de vida (CONAPO, 1994: 4). En este sentido, es interesante lo que la CONAPO entiende por despoblamiento como:

> el proceso de reducir o disminuir la población que habita en un poblado en un tiempo dado, incluida la posibilidad de la desaparición completa de la población [...] destacando a esta despoblación como fenómeno que es atribuido a los contextos demográficos, sociales y económicos, para diferenciarlo de aquel despoblamiento que aduce a razones naturales o físicas como las inundaciones, o de corte político como las causadas por guerras, persecuciones o genocidios. En términos demográficos, la población de una localidad puede aumentar o disminuir según su dinámica demográfica, esto es, aumenta con los nuevos nacimientos y/o con los nuevos inmigrantes y disminuye por la mortalidad y/o la emigración en un periodo. De esta forma, se reconoce el proceso de despoblación cuando las salidas de habitantes de un poblado por mortalidad y/o emigración superan a las entradas, ya sea

por nacimientos y/o por inmigración, en ese tiempo dado (Mojarro y Benítez, 2010: 188).

Las principales ideas en la Argentina referentes al término "localidad" pueden hallarse en la documentación técnica del Instituto Nacional de Estadística y Censos (INDEC). En este sentido los censos tienden a separar la población en urbana y/o rural –como en el censo de 1980– o en población aglomerada en localidades o dispersa en el campo abierto –para el censo de 1991– (Mantobani, 2004: 88-89).

El Instituto Nacional de Estadística y Censos define concretamente que "la población rural comprende a la población rural agrupada, aquella que reside en localidades de menos de 2.000 habitantes, y a la población rural dispersa[18]". Los términos "pequeñas localidades" y "población rural agrupada" se sintetizan como sinónimos, a juzgar por los documentos de INDEC, Dirección Provincial de Estadística de la Provincia de Buenos Aires (DPE) y los textos de la Ley "de pequeñas localidades" de la provincia de Buenos Aires N° 13.251.

Para delimitar localidades rurales se pueden tomar tres criterios excluyentes: el jurídico (municipio), el funcional o interaccional (comunidades) y el físico (localidades o aglomeraciones). Los censos argentinos han utilizado el criterio físico (Mantobani 2004: 89). El criterio físico desarrollado por Vapñarski no resulta convincente para el problema de trabajo, ya que en una publicación del INDEC define a una localidad como "una porción o varias porciones cercanas entre sí de la superficie de la tierra, delimitada cada una por una envolvente y configurada como mosaico de áreas edificadas y no edificadas" (Vapñarski, 1998: 4). Con relación a la delimitación de diferentes tipos de localidades, el censo de 2001 toma como localidades urbanas a las que poseen más de 2000 habitantes y como localidades no urbanas o población rural agrupada cuando la población no supera el umbral de los 2000 habitantes (DPE, 2004).

Estas indicaciones de carácter técnico con fines de utilidad estadísticos, poco aportaron para la elección de las localidades de estudio. El criterio físico es poco abarcador con relación a los objetivos de la investigación. Dentro de la estructura de las localidades hay elementos como signos constitutivos de un sistema que interesan desde su interacción

---

[18] Aquella que reside en el "campo abierto", en parajes o caseríos.

o bien dentro del esquema funcional. Son elementos a los que abstrayendo el análisis, puede considerárselos aisladamente. La interacción entre estos elementos es, en definitiva, lo que le otorga su propia razón de ser. Los elementos pueden también otorgar una idea de la magnitud de la localidad y hablar sobre su comportamiento social, económico, histórico en el espacio. La propia reproducción de la edificación, el estado de abandono o cuidado de sus estructuras físicas, las cooperativas o pequeñas empresas actuantes, la relación con lo agropecuario y las ciudades próximas o lejanas, la circulación de personas y mercaderías, de información, la instalación de grandes empresas, la obsolescencia de organismos de aplicación de servicios o las nuevas tecnologías puestas en acción, entre otros elementos, hacen a la interaccionalidad, la funcionalidad y la vida misma de la localidad.

El *objeto* procurado, es entonces, el de las "pequeñas localidades", "pueblos", "pequeños pueblos"[19]. Se toman estas pequeñas localidades como concentraciones de población, centros de servicios activos en el pasado o el presente, que pertenecen al espacio rural. Allí la vida posee un cierto grado de concentración en un espacio físico limitado no solo por el amanzanamiento, sino por las actividades sociales que son parte de la vida diaria. Estas pequeñas localidades no son cabecera de partido y constituyen una parte esencial del espacio rural y del desenvolvimiento de la vida del Hombre en sociedad.

Con respecto a la observación del intelectual sobre "lo rural" José Carpio Martín, citando a Miguel Delibes en la novela *El disputado voto del señor Cayo,* afirma que el intelectual no se ha acercado al campo, no lo conoce. El modesto intelectual que se acerca a la cultura campesina queda patifuso (Delibes, 1989, citado por Carpio, 2000: 86). La cita, es más que acertada en muchas oportunidades, advirtiéndose múltiples análisis y conceptualizaciones de intelectuales que poco aportan a la comprensión de la cuestión rural, confundiendo, más que esclareciendo.

Las definiciones y conceptos utilizados, requieren ser beneficiarios de una mirada que absorba la *totalidad y contexto* del periodo histórico,

---

[19] Se toman estas denominaciones como indistintas. Así se atiende a una homogeneización del lenguaje técnico utilizado en las agencias de gobierno, en la academia y principalmente en la cotidianidad de lo local. No obstante se prioriza la utilización del término "pequeñas localidades" o "pequeña localidad".

de la situación de América del Sur, de la Argentina, de la provincia de Buenos Aires como Estado, y en particular de las pequeñas localidades de la provincia. Allí donde se encuentra nuestro objeto de análisis. En el *método* y el *concepto* se realiza un esfuerzo para poner, al menos tímidamente, lo que según Norberto Galasso intenta transmitir del sociólogo argentino Arturo Jauretche: "Tratar de ver el mundo pero desde aquí [...] ver la Argentina desde aquí" (Galasso, 2006: 21). Es esencialmente generar "nuestra visión global del mundo" utilizando también recursos propios "locales" conceptuales, a veces opacados, quizá involuntariamente, por la academia europeizada.

Así, teoría, ideología y metodología van de la mano. Con el aporte de Milton Santos, se visualiza la "realidad a partir de la óptica de nuestra ideología, de nuestra metodología, de nuestra visión global del mundo. Por eso, la realidad misma, puede prestarse a diferentes interpretaciones" (Santos, 1978: 1). La ideología, como "conjunto de ideas fundamentales que caracteriza el pensamiento de una persona o grupo", (RAE, 2010), utiliza el lente de la teoría para hacer *operable* el marco de conceptos utilizables en función de brindar una *interpretación* de esa realidad. Por eso se debe poner en claro que el camino ideológico-político optado, otorga un gran valor a la gestión desde el Estado, como gran garante del bien común, con facultades para intentar homogeneizar justicia social y la igualdad de posibilidades.

Ante el problema del lenguaje, Santos advierte que "los progresos en las disciplinas conexas, imponen una utilización en Geografía, de sus instrumentos de pensar, como así también un vocabulario particular que no para de complejizarse y especializarse" (Santos, 1978: 45). La Geografía enfrenta el problema de que su vocabulario científico, es utilizado cotidianamente en el vocabulario cotidiano o vulgar. María Laura Silveira y Santos advierten esta cuestión en el uso de los términos *territorio* y *espacio*, que genera de este modo ambigüedades en la interpretación en múltiples textos, inclusive académicos (Santos y Silveira, 2001: 19).

La propuesta es construir este marco teórico con el aporte de otras ciencias sociales, y con énfasis en los textos de Milton Santos. A continuación, intentaré en primer lugar exponer con detalle la teoría y conceptos que se utilizan para visualizar, definir y analizar el problema; y en segunda instancia procuraré interpretar el problema bajo los conceptos propuestos que componen el apoyo teórico.

3.1. Espacio geográfico

Para la definir el concepto de *espacio* se tomó la teoría de Milton Santos y particularmente se profundizó en las ideas de: *técnica, espacio derivado, sistemas de objetos y acciones, flujos y fijos, espacios de mando y espacios de hacer y racionalidades / contra-racionalidades*, entre otras construcciones teóricas que aportan al tema.

Santos, interesado en calificar los términos utilizados en la Geografía como ciencia, repara en que "la palabra *espacio* es una de esas que contiene una multiplicidad de sentidos" (Santos, 1994: 89). Esta multiplicidad de sentidos, según Lobato Corrêa, puede llegar a aparecer asociada a simples marcas de localización, siendo su uso en muchas oportunidades, indiscriminado para diferentes escalas (global, barrial, la calle e incluso el interior de la propia casa) (Lobato Corrêa, 1995: 17). Volviendo a Santos, "el *espacio* es concebido en su propia existencia, como una *forma-contenido*, es decir como una forma que no tiene existencia empírica y filosófica si la consideramos separadamente del contenido, y por otro lado como un contenido que no podría existir sin la forma que lo sustenta" (Santos, 2000: 21) A su vez, para el autor "la esencia del espacio es social [...] el espacio no puede estar formado únicamente por las cosas, los objetos geográficos, naturales o artificiales, cuyo conjunto nos ofrece la naturaleza. El espacio es todo eso más la sociedad: cada fracción de la naturaleza abriga una fracción de la sociedad actual" (Santos, 1986).

Esta conceptualización inicial del *espacio* como contenedor y contenido, lo ubica en una situación que por su carácter evidentemente social lo constituye como dinámico, cambiante.

A partir de la obra de Santos, se entiende al *espacio* "como un conjunto indisociable *sistema de objetos y de acciones*" (Santos, 1994: 90). Estos objetos técnicos con mecánica y funcionalidad propias son capaces de invadir cualquier sistema instalado, siendo la base de la dinámica y el substrato de la dialéctica del espacio (Santos, 1994: 91).

Un elemento constitutivo del *espacio* es la *técnica*. Con frescura, el mismo Milton Santos en *La naturaleza del espacio* afirma que "las técnicas constituyen un conjunto de medios instrumentales y sociales, con los cuales el hombre realiza su vida, produce y al mismo tiempo, crea espacio" (Santos, 2000: 27). La *técnica*, tal como la concibe Santos, resulta una variable relevante a tener presente, con respecto al objeto de las pequeñas localidades de la provincia de Buenos Aires.

Para Milton Santos, la *técnica* puede ser la "agrícola, la industrial, la comercial, cultural, política, de difusión de información, de los transportes y comunicaciones, de distribución [...] que presentes o no en un paisaje, componen uno de los *datos* explicativos del espacio".(Santos, 1994: 61) De este modo, se entiende que incluir a la *técnica* como un dato explicativo, permite acceder a la construcción de variables en el espacio pampeano íntimamente vinculadas a las *técnicas* arriba mencionadas.

En las pequeñas localidades, la *técnica* trazó y traza huellas concretas y palpables –visibles casi a primera vista o bien selladas en la memoria– sobre las relaciones humanas, el trabajo y los cambios espaciales en la historia.

Con respecto a la *técnica,* el sociólogo y filósofo francés Jaques Ellul ha dedicado parte de su obra a analizarla sistemáticamente en el mundo moderno, como el fenómeno más importante del siglo XX (Peralta, 2003: 94). Ellul comienza el capítulo I de *La Technique ou l'enjeu du siècle* afirmando que "Ningún hecho social, humano, espiritual, tiene en el mundo moderno, tanta importancia como el hecho técnico. Ningún dominio es a su vez, tan poco conocido" (Ellul, 1974: 1). Para el autor, "la *técnica* absorbe hoy en día, la totalidad de las actividades del hombre" (2) Surge así una pregunta: ¿cómo inciden obsolescencias *técnicas* afectadas por normas, los intereses de las grandes corporaciones y los usos en la dinámica del *espacio*?

Otro concepto que se toma como central para el análisis es el de *espacio derivado*. Esta es una idea tomada de Maximilien Sorre y retomada por Milton Santos. *Espacio derivado* es, en palabras de Santos, la organización y desorganización en relación directa a intereses distantes, en función de necesidades externas con parámetros y órdenes importadas (Santos, 1978: 104). En el *espacio derivado* la organización y reorganización del espacio se lleva a cabo a partir de intereses distantes, en función de necesidades exógenas. Para Santos, esta es una de las características de los países subdesarrollados. El concepto de *espacio derivado* permite emplear la idea de dependencia al espacio pampeano, y a partir de esto comprender los comandos de construcción y deconstrucción. La afección de la historia a los espacios es sin duda un problema que plantea Santos, y que en esta investigación es tomada para comprender la acción de las influencias y fuerzas externas en el espacio. Finalmente, el concepto de *espacio derivado* implica que "si el impacto de un sistema temporal no fuese duradero, cada sistema temporal podría imprimir por completo sus propias marcas en una porción de espacio considerada [...] la acción de un sistema temporal deja siempre rastros" (Santos, 1997: 33). La cuestión desprendida de este concepto, yace en la existencia de objetos con funcionalidades latentes o no. La pampa bonaerense es un mar de espacio derivado. Desde rieles oxidados, galpones, incluso objetos con referencias de fabricación británic, postes de telégrafo y ex caminos principales hoy invadidos por el yuyal, son solo algunos de los más visibles en el marco del paisaje bonaerense.

A partir de lo anterior, es que interesa la idea de *espacios de hacer* y *espacios de comando*. La definición es simple e indica que "los espacios comandados por el medio técnico científico son los espacios de comando, los otros son los de obedecer" (Santos, 1994: 106). Para el autor, es esta una nueva relación, que anteriormente se denominaba dependencia regional. La idea de comando y obediencia resulta interesante a los efectos del concepto de *espacio derivado,* y de cómo actúan estas diferencias espaciales en el conflicto social y las tensiones entre diferentes racionalidades.

La noción de *fijos* y *flujos* como elementos instalados en el espacio, podrían dar cuenta de la dinámica espacial con intencionalidades externas al lugar de aplique. Lo que interesa de este concepto también en el marco de la teoría de Santos, reside en la existencia de esos *fijos* que hoy condicionan *flujos* en las nuevas trazas de infraestructura, diseño y proyectos en el espacio. Desde el sistema de transporte y comunicaciones, hasta la disposición de las localidades, hoy subsisten más allá de la obsolescencia. "Los *fijos* nos muestran el proceso inmediato de trabajo [...] son los propios instrumentos de trabajo y las fuerzas productivas. Los *flujos* son el movimiento, la circulación [...] Un objeto geográfico, un *fijo,* es un objeto técnico, pero también un objeto social, gracias los *flujos. Fijos* y *flujos* interactúan y se alteran mutuamente" (Santos, 1995: 75). En estado de abandono, o refuncionalizados, esos componentes *fijos* del *espacio* (objetos localizados: galpones, fábricas, escuelas, salas de salud, etc.), forman gran parte del área de estudio, sobre todo, por la versatilidad que posee el espacio rural ante la introducción de nuevas *técnicas*, objetos y acciones resultantes del campo hegemónico, de las decisiones políticas y económicas a escala global.

El *espacio* se encuentra indisociable de lo que Santos denomina como *sistema de objetos y de acciones*. La *acción* como parte de un *sistema de acciones* "no es un comportamiento cualquiera, sino un comportamiento orientado en el sentido de alcanzar fines y objetivos" (Rogers, 1961: 302, citado en Santos, 2000: 67). El *espacio* al plantearse como no permanente, se encuentra en constante transformación y dinámica. Para Santos "los *objetos* son fabricados por el hombre para ser luego éstos la fábrica de la acción [...] los *objetos* contemporáneos surgen bajo un comando único y aparecen dotados de intencionalidad" (Santos, 1994: 90-91). Las *acciones* "son movidas por una racionalidad conforme a los fines o a los medios, obedientes a la razón del instrumento, a la razón formalizada" (Santos, 1994: 91). Así *objetos* y *acciones* no funcionan aisladamente, sino en sistema que precisa de un discurso que los avale, los imponga o deponga. La existencia de *objetos* útiles u obsoletos depende ampliamente de un discurso aval, de un conocimiento de sus utilidades que se renueva constantemente y entra en conflicto permanentemente. De esta forma, se comprende que en el *espacio* existen *objetos* fabricados por el hombre a partir de los que se produce la *acción* y estos vuelven a su vez a producir *objetos*. Santos vincula estos conceptos en toda su obra y ellos constituyen un pilar para el análisis del *espacio*.

En opinión de Santos, la *acción* está subordinada a las normas formales y no formales, vinculándose las prácticas como actos regularizados, como rutinas que forman parte de un determinado *orden* (Santos, 2000: 67). En el sentido del *orden*, se rescatan los tres tipos de orden que propone Santos. Así, distingue un *orden* de la técnica, un *orden* de la forma jurídica y un *orden* de lo simbólico. En esos tres órdenes se traza lo cotidiano. Lo que se recupera para esta investigación, es que justamente tanto el orden *técnico* como el jurídico se imponen como datos, pero "la fuerza de transformación y cambio, la sorpresa y el rechazo al pasado vienen del actuar simbólico, donde lo importante está en la afectividad, en los modelos de significación y representación" (Santos, 2000: 70).

Así, el *espacio (e)* se configura como un contenedor y contenido social, y la suma indisociable de *sistema de acciones (sA)* y los *sistemas de objetos (sO)*. El *espacio total (E)* se obtiene a partir de la suma de los *sistemas de acciones* y los *sistemas de objetos,* influenciándose éstos, mutuamente (Santos, 1994). Entonces, la construcción del *espacio* y la del *espacio total* podría advertirse parcialmente a partir de la siguiente fórmula:

$$e=(sA+sO) \rightarrow E=(sA \Leftrightarrow sO) \cdot$$

El concepto de *racionalidad* se vincula de acuerdo con Santos con la racionalidad capitalista. El espacio racional "supone una respuesta rápida a la demanda de los agentes, de modo que permita el encuentro entre la acción pretendida y el objeto disponible" (Santos, 2000: 254). En este sentido, la racionalidad no es otra cosa que el imperio de los designios hegemónicos del sistema capitalista y sus modos de comandar y ejecutar. *Racionalidades* que moldean espacios signados por los sistemas de tecnología, la ciencia, y la información. Pero "frente a la racionalidad dominante, deseosa de conquistarlo todo, se puede desde el punto de vista de los actores no beneficiados, hablar de *irracionalidad*" (Santos, 2000: 262). A partir de esto se toma la idea de *contra-racionalidades*. Esas *contra-racionalidades* se hallan en espacios donde la *racionalidad* no se encuentra absolutamente subordinada a los intereses foráneos, *comandada* por objetos cuyas acciones obedecen al poder de *comando hegemónico*. Son otras áreas, donde la racionalidad encuentra contra-racionalidades. Para Santos, esto sucede en las "áreas menos modernas [...] donde desde el punto social, las minorías se definen por su incapacidad de subordinación completa a las racionalidades hegemónicas" (Santos, 1994: 107 y 2000: 262). Así, surge un punto importante que convoca al análisis de los procesos sociales en pequeñas localidades, que en muchos casos, como se verá más adelante, llevan al encuentro de *racionalidades hegemónicas* y contra-racionalidades de carácter local. Para Milton Santos, el espacio rural modernizado donde la racionalidad se instaló en objetos y actividades, las grandes empresas pueden comandar directamente los procesos, a despecho del Estado (Santos, 2000). Para reafirmar el la idea, se confirma lo que en muchas oportunidades es un "drama", en el ámbito de la implementación de los proyectos de desarrollo o de la aplicación de políticas públicas en el espacio rural y en particular en las pequeñas localidades. "Cuando el campo es marcado por el nexo de la ciencia, tecnología e información, el Estado aparece con menor fuerza de intervención, con la excepción de que se anticipe a las llamadas leyes de mercado" (Santos, 1994: 108). Esta llamada de atención resulta muy interesante al análisis. Los conceptos de *racionalidad, contra-racionalidad* y la esperanza que supone en esta última, la denominada *acción transformadora* como producto del conflicto que producen la exclusión, el aislamiento y la desigualdad, otorgan un paño que completa la posibilidad de teorizar sobre el problema de estudio.

El concepto de *territorio,* se recupera como nominal a lo político del espacio. "Un Estado, un espacio, una nación o muchas. Este 'espacio territorial' está sujeto a transformaciones sucesivas, pero en cualquier momento la ecuación mantiene sus términos: una o más naciones, un Estado, un espacio" (Silveira, 2001: 20). El *territorio* en uso, en transformación, convoca al concepto de *territorio usado.* Este *territorio usado* incluye la materialidad, la vida humana, la huella de la técnica, la infraestructura y las obras en ejecución, y las acciones e intencionalidades. Territorio usado como síntesis totalizadora concreta en el lugar. En palabras de Santos: como trazo de unión entre pasado y futuro y entre materialidad y vida social, el *territorio usado* es una forma-contenido porque es la realización de la sociedad (contenido) de manera particularizada en los lugares (forma) (Santos, 1996; Silveira, 2008: 4).

Así, "el lugar es el marco de una referencia pragmática al mundo, del cual le vienen solicitaciones y órdenes precisas de acciones condicionadas, pero es también el escenario insustituible de las pasiones humanas, responsables, a través de la acción comunicativa, por las mas diversas manifestaciones de la espontaneidad y de la creatividad" (Santos, 2000: 269).

La *dinámica espacial,* es un concepto que se define en el marco de una *periodización,* para de este modo facilitarnos el trabajo con variables a lo largo de un periodo temporal determinado. Esta *dinámica espacial* se vincula con los cambios funcionales de las regiones en un contexto de *regiones de hacer* y *regiones de mando* donde una "nueva lógica del sistema de objetos y acciones" (Santos, 1994: 114) comandada por la racionalidad hegemónica de las grandes corporaciones, que dominan a los sistemas técnicos desde diferentes puntos del planeta, conforman un "espacio en permanente organización y desorganización". La organización de la vida del hombre en el *espacio,* y la *dinámica espacial y* los elementos de un área determinada, ha ido cambiando en los últimos cien años, pasando de relaciones directas a funciones y organizaciones que son foráneas al sitio donde se implementan. En palabras textuales de

Santos: "Antes, la organización de la vida era local, cercana al hombre. Hoy, esa organización es cada vez más lejana y extraña" (115).

La pregunta que deja Santos, acerca de la planificación regional: ¿cómo luchar adecuadamente para recuperar algo del comando de la evolución y si esto es como rehacer la planificación regional?, es un cuestionamiento recurrente tanto las organizaciones locales de las localidades rurales como en los propios organismos de gobierno. También es una pregunta a la que se recurre en esta investigación, y que sugiere repensar los métodos con los que se interviene en el *territorio*.

Cuando se ve cómo en pocos años, se pasó de reclamar por el regreso de los servicios ferroviarios de pasajeros, a mendigar en el municipio una combi para los traslados, mientras interminables trenes de carga privados sirven a las corporaciones; cuando las políticas públicas por un lado propiciaron el cierre de escuelas rurales y por otro intentan frenar el éxodo rural; cuando se observa que las grandes corporaciones empresarias privadas se apoderaron del comando de la infraestructura energética, de los transportes y simultáneamente se permitió la erosión de las dinámicas sociales regionales; cuando en algún pequeño pueblo rural surgen acciones que pretenden ser transformadoras o reintegradoras, desde las minorías: ahí se toman y aplican los conceptos de *territorio usado y espacio social dinámico*, separando en fracciones sus componentes, los *sistemas de objetos y acciones*, con sus lógicas diversas entre las *racionalidades y las contra-racionalidades*, deconstruyendo y reconstruyendo el análisis de la *totalidad*.

En el marco de los autores nacionales, se ha mencionado a Scalabrini Ortiz y a Arturo Jauretche como insistentes perseguidores de la construcción de un pensamiento propio y crítico. En este sentido, Élido Veschi, ingeniero mecánico en ferrocarriles, reconocido gremialista y luchador que ha obrado incansablemente en los últimos 40 años por la recuperación nacional de la energía, las comunicaciones y el transporte, es de alguna manera, el promotor actual de las ideas de Raúl Scalabrini Ortiz. En *Relato sobre el saqueo del sistema ferroviario nacional*, Veschi afirma que "Deberíamos aceptar que el diseño de un Proyecto Nacional requiere analizar herramientas idóneas que motoricen las energías sociales, económicas y culturales sobre los ejes refundacionales".

Por tanto, la partida del consenso implica visualizar aquellas herramientas definidas como *variables instrumentales* de dicho proceso. En función de determinar que estas *variables instrumentales* deben utilizarse para obtener grados crecientes y armónicos de bienestar social, se explicitarán con bastante precisión los roles a cumplir por las *variables instrumentales*.

Como aproximación a la definición de *variables instrumentales*, "aquellas estructuras de actividades y servicios que tienen un altísimo potencial de reproducción y diversificación económica, social, cultural y geopolítica, impulsando a un conjunto de actividades y servicios que actuarán como variables subordinadas a aquellas *Variables Instrumentales*" (Veschi, 2009: 13).

La idea de *variables instrumentales* resulta compatible con algunas de las variables que se han tomado en el marco de la periodización metodológica. Estas *variables instrumentales,* que para Veschi se resumen en el transporte, la energía y las comunicaciones, forman parte de la base herramental de los imperios hegemónicos para dominar territorios lejanos, a partir de fines del siglo XVIII queda claro que el moderno imperialismo empezaba a basar su poder y su desarrollo en el manejo directo de esas tres *variables instrumentales* a través de grupos empresarios fuertemente vinculados a los gobiernos o las coronas de los respectivos imperios. Es así que Inglaterra dominaba los mares para monopolizar el transporte que le permitía desarrollar su economía o saquear las riquezas de las distintas regiones que dominaba como colonia administrativa o economías dependientes. "El desarrollo del medio ferroviario vino a reproducir, en el transporte terrestre, lo que el 'buque o vapor' significaba en el comercio mundial" (Veschi, 2009: 13). La propuesta de Veschi, resulta inclusiva al marco teórico, al tiempo que se retomará parte de su obra para el análisis.

Con respecto a las infraestructuras, para Marcelo Sili resultan un "factor de reducción de las desigualdades [...] las infraestructuras rurales han permitido también reducir drásticamente la perdida de tiempo de los habitantes de las zonas rurales [...] lo que permite que muchos habitantes rurales puedan dedicarse a actividades más productivas, por ejemplo al estudio" (Sili, 2010: 45).

Se estima llegar así, a conclusiones que sean útiles para hilvanar una traza que permita tener parte del comando en las problemáticas, y de este modo poder arribar a conclusiones y resultados convergentes que aporten a posibles soluciones del problema planteado y a un mayor conocimiento del tema.

Rescatamos las palabras de Milton Santos, cuando en su libro *El trabajo del geógrafo en el tercer mundo* recalca: "Para un geógrafo que trabaja para o en un país subdesarrollado [...] un estudio sin interés para los pueblos de esos países encierra el riesgo de echar a perder el prestigio del país y de la propia geografía, donde el geógrafo es originario" (Santos, 1978: 59).

3.2. Volver a la pregunta para enmarcarla teóricamente

Cuando formulé la pregunta y planteé el problema, apenas estaba incursionando en la elección del enfoque teórico. Como sucede con frecuencia, el inicio de la investigación, estuvo compuesto por mucho entusiasmo y menor reflexión. Problema, preguntas e hipótesis, estuvieron signados, sobre todo, por lo observado en las primeras salidas de campo, en las primeras incursiones en la constelación de pueblos de la llanura pampeana. Es así que en los inicios del proyecto de esta investigación, surgió el siguiente planteo:

Consideramos que a partir de 1976 hubo cambios en torno a las políticas oficiales relacionadas con la prestación de servicios públicos –privatizaciones y liquidación de empresas– al tiempo que el Estado fue tomando un nuevo rol en términos de políticas sociales. Estas políticas sociales, sobre todo a partir de los años 90 se presentan como planes específicos, dependientes de acciones oficiales y destinados a grupos y actividades sociales y económicas. Así, los planes sociales de los 90 no fueron dirigidos hacia territorios, sino a grupos focalizados compuestos por grupos sociales marginados. Paralelamente, desde el punto de vista demográfico y en particular en localidades con menos de 2000 habitantes, se registra un proceso de despoblamiento que impacta a estas localidades tanto en lo territorial, como en lo social y económico. Ante este panorama, la población de algunas localidades llevó adelante iniciativas, acciones o formación de organizaciones –acciones endógenas– tendientes tanto a resistir el proceso de cambio, el despoblamiento, como a insertarse en espacios incluidos dentro del nuevo esquema funcional económico, social y territorial. Ejemplo claro de esto lo representan las localidades que participaron de las jornadas "Pueblos que Laten" en La Niña a fines de 2005. Estas consideraciones nos convocan a hacernos preguntas: ¿existen alternativas para el desarrollo en los territorios de exclusión?, ¿qué peso releva el Estado en la búsqueda proposición de alternativas y soluciones?, ¿qué importancia para el cambio representan las acciones endógenas?, ¿cómo actúan las manifestaciones de resistencia a la marginalidad que se gestan desde los territorios excuídos?, ¿existe un piso para el despoblamiento rural?

A partir de esto, sugerí esta hipótesis:

A partir de 1976 se han producido cambios en la estructura de la prestación de servicios públicos y políticas sociales que han impactado de modo heterogéneo en las localidades con menos de 2000 habitantes. Por un lado existen localidades en las que se ha experimentado despoblamiento, aislamiento territorial, clausura de servicios financieros, minimización de las prestaciones de salud, abandono de la infraestructura productiva instalada, etc. Sin embargo, en otras localidades se observa continuidad en el crecimiento demográfico, surgimiento de acciones colectivas endógenas para el desarrollo, ampliación o recuperación de servicios públicos e inclusión territorial, social y económica en el marco regional. Es decir que existe margen para la acción del desarrollo en la medida en que haya innovación y articulación territorial, económica y social.

En el sentido de *política pública*, se entiende al concepto como "la gran política estatal" que a su vez contiene a la política en vivienda, salud, educación, transporte, obras y provisión de suministros. Las definiciones de *política pública* se remiten a Laswell, Simon y Lindblom en el contexto del fin de la Segunda Guerra Mundial. Estos autores introducen conceptos como el diálogo entre las ciencias sociales y la acción de gobierno (Laswell, 1936); la racionalidad limitada de los decisores públicos/políticos (Simon, 1957); y el poder en relación con las decisiones burocráticas y los partidos políticos, la acción del Estado y las elecciones (Lindblom, 1959). Las *políticas públicas* a partir de Celina Souza son entendidas como la "política del gobierno en acción" y como el campo de conocimiento que tiene por objeto poner al gobierno en acción y/o analizar esta acción y, simultáneamente y cuando sea necesario, proponer cambios en la dirección o en el curso de estas acciones. A su vez, para Souza, la política pública puede distinguir entre lo que el gobierno quiere hacer y lo que realmente hace, involucra a muchos actores y niveles de decisión, y aunque se materializa a través de los gobiernos, no necesariamente esta limitada a los participantes oficiales ni a las leyes y normas escritas. La *política pública*, a pesar de que sus impactos en algunas ocasiones ocurran a corto plazo, es una política a largo plazo; implica procesos posteriores tras la propuesta y la decisión, es decir, también implica la implementación, ejecución y evaluación (Souza, 2006: 36).

De las preguntas y el problema que condujeron a la hipótesis, hoy se deberían realizar muchos cambios. Cuando se menciona *políticas sociales* se hace en referencia a las *políticas públicas* con incidencia social, es decir a grupos y poblaciones, tengan o no que ver con "sectores" de la economía o la producción. Dentro de estas *políticas públicas y sociales* se incluyen a las normas que afectan a los servicios públicos como los transportes, comunicaciones, energía y educación, dado que se las considera como parte de un *acto político* institucionalizado, indicado como norma, pero que en su aplicación efectiva se convierte en política pública. No se dice que norma y política pública sea lo mismo, pero se entiende a la aplicación efectiva emergente de una norma, como política pública. Pública, en el sentido de su impacto social y común.

Como resulta imposible relevar todas las normas existentes, se toman para el análisis las más relevantes y de aplicación directa sobre el espacio. También se eligieron como *políticas públicas* a aquellas que se han referido directamente en su campo de aplicación a "las pequeñas localidades". Todas estás políticas públicas y sociales emergen desde la gestión interna del Estado a la forma de proyecto, programa, ley, decreto, acción de promoción, gestión o delegación empresarial estatal.

Desde el marco de las *políticas públicas* se desprenden los *servicios públicos*, como instrumentos de acción tangibles y físicamente perdurables de la *política pública*. De la diversidad de definiciones de "servicio público" que pueden encontrarse en la bibliografía de las ciencias sociales y del derecho, la gran mayoría coinciden en que los *servicios públicos* emergen de las administraciones públicas estatales con la finalidad de proveer de prestaciones esenciales a la población. Se conciben a los *servicios públicos* como la actividad prestada por el Estado que afecta, participa, atiende al bien público. En síntesis, se enmarcan a los *servicios públicos* como lo que *hacen* y *ejecutan* las agencias y los agentes del

Estado, o privados bajo regulación o concesión del Estado, con fines de interés público. Tal como dice Jorge Calafell, "la expresión de servicio público evoca a la idea de una actividad dirigida al interés público; por lo general se intenta suministrar prestaciones al público, como puede ser la distribución de agua potable en una ciudad o la enseñanza pública" (Calafell, 1988: 194). En el sentido del anclaje de los servicios públicos, interesan sus existencias e inexistencias, su distribución en el espacio, la administración y comando de sus acciones. Se trabaja concretamente sobre los servicios de energía, comunicaciones y educación, profundizando sobre los dos primeros.

En este contexto se repara en la "administración" del espacio que el Estado y las corporaciones, han ejercido sobre el espacio en el que ejercen poder. La dinámica con las corporaciones ingresa dentro de las categorías de *racionalidades hegemónicas* y las *contra-racionalidades*, que se fundan tanto en el *territorio usado*, como en lo simbólico y administrativo de la discusión y lucha de poderes políticos y económicos.

Lo *endógeno* es lo que porta una cuota relevante de gesta local. No siempre lo endógeno es absolutamente local, ni propiamente se opone a lo racional hegemónico. Lo endógeno tiene que ver con lo nacido en el lugar. Para ello cuenta con parte de un sistema de objetos y acciones que lo aferran o estaquean al lugar, rescatando al lugar en el sentido de Horacio Bozzano cuando dice que "Todos los lugares son parte de nuestro concreto real; pero esto no alcanza para entender nuestro mundo. Todos los lugares pueden ser pensados como una compleja síntesis del concreto real y del concreto pensado, como una dialéctica empírico-teórica. Desde hoy, desde cada momento, todos los lugares son posibles. En la medida que continuamente los lugares son cruzados por la flecha del tiempo, cambian, se transforman, se redefinen" (Bozzano, 2003: 3). Lo endógeno, a su vez, posee intereses y fines locales con acciones del lugar y próximas. Así, lo endógeno dialoga o entra en conflicto con la racionalidad hegemónica que traza en muchas oportunidades, *espacios derivados*.

En el sentido de la transformación del espacio y la dinámica del movimiento de objetos y acciones, se ha intentado trabajar en esta investigación en el concepto de *vertebramiento inercial*. El concepto obrado se compone de influencias de las ideas de *espacio derivado, totalidad, sistemas de objetos y acciones, racionalidades y contra-racionalidades*.

El *vertebramiento inercial* es el concepto que se pretende introducir en esta investigación, y que responde a la necesidad de incorporar conceptos útiles para el análisis del espacio rural pampeano. Estrictamente, se relaciona con la dinámica del *territorio usado* (pasado, presente y proyecto), la construcción del territorio a partir de la actividad humana y los elementos dinámicos que lo constituyen. Se aplica para la construcción de esta idea aquello que Milton Santos denomina *desfase* entre *lo nuevo* y *lo viejo* a partir de la noción de *tiempo espacial*. Esta noción implica que cada variable "pueda presentarse en diversos lugares a partir de diferentes edades. La edad es calculada en función del momento en que la misma variable se presenta, ya sea en el mundo entero o en el país" (Santos, 1997: 78). En este sentido, se presentan iguales variable situadas en diferentes lugares, con momentos de instauración diferentes. Ello constituye para Santos el *tiempo espacial*. Se parte también de que el *espacio* se configura donde las "partes" de un sistema solo son en virtud de las características que componen el "todo" la totalidad. De esta forma, las "partes" no pueden funcionar sin estar en relación entre sí, porque precisamente ellas *son* en función otras y de la totalidad. Volviendo a Santos, es el "todo" quien les otorga funcionalidad, pero integrado por sus "partes". Entonces, se acuerda en que el espacio es mutante, móvil, con constantes construcciones, deconstrucciones y reconstrucciones de partes; y está permanentemente atravesado por flujos simbólicos y concretos (información, coyuntura económica política y social, traslados en rutas y ferrocarriles, movimiento de mercaderías, la aplicación de determinadas políticas sociales, la promoción del desarrollo de actividades dispersas, la acción de las corporaciones, la introducción, cambio o abolición de técnicas a partir de normas, conveniencia, superación, obsolescencia...). Estos flujos actúan como creadores, destructores y reconstructores de un esquema del espacio que es mutante infinito en el tiempo, que puede observarse desde sucesos (*eventos*) y mapas a la forma de fotogramas (placas superpuestas) implantados en el espacio. En este sentido, los elementos mutantes que se instalan en el espacio (por ejemplo: galpones, rieles, rutas, estaciones de servicio, oficinas, escuelas, etc.) son recordados por la población a través de sus representaciones dentro del sistema (movimiento de personas y trabajo en los galpones, paso de trenes, dinamismo a partir de la llegada del asfalto, posibilidad o no de cargar combustible, acceso o no a beneficios, posibilidad de acceder o no a la educación). Estas representaciones, un escenario pasado, componen una idealización del orden del pasado que en ocasiones se asocia a la integración de la sociedad, organicidad y justicia. La forma de recomposición del orden memorizado es simbólica y resuelve el conflicto ante nuevos escenarios, cambios o mutaciones a través de representaciones pasadas que compusieron el espacio. Esas representaciones reconfiguran hacia el pasado una imagen simbólica deseada y añorada del lugar por parte del imaginario social. Pero concretamente ese orden es resemantizado con otras normas y racionalidades, nuevas relaciones laborales, de producción, consumo y vinculación territorial, que poco tienen que ver con las grabadas en la memoria del orden pasado. A su vez, existirían objetos viejos y latentes del *espacio derivado*, que podrían provocar inercias[20] en nuevos procesos, innovaciones en el sentido de nuevas *acciones*. Esa inercia contenida en los *objetos latentes* puede ser aprovechada para la búsqueda de nuevas tramas para el desarrollo o no. Se habla de *vértebra* en el sentido de objetos del proceso histórico espacial, articulados con una totalidad del presente. Objetos que no tienen sentido fuera del marco de la totalidad. En otras palabras: aquello que los *sistemas de objetos y acciones* dinamizaron en el espacio con un orden basado en una *racionalidad hegemónica*, en un periodo determinado, queda grabado en la memoria y plasmado en los objetos existentes. La existencia o subsistencia de esos *sistemas de objetos* y *sistemas de acciones,* se los asocia con bienestar o malestar, certidumbre o incertidumbre, de modo que son los objetos mismos como portantes de contenido simbólico, de memoria, los que se configuran como potenciales de inercia.

Retomando la movilización de conceptos del marco teórico con relación al tema, se encuentra que ligado a este posible proceso de *vertebramiento inercial,* emanados tanto desde las políticas públicas como desde las acciones endógenas, se halla siempre como concepto rondante el *desarrollo.*

---

[20] La idea de *vertebramiento inercial* podría vincularse desde los *flujos* con la idea de *rugosidades* planteada por Santos (2000 y 1994) donde los "establecimientos humanos se definen por una combinación local de variables de la que obtienen su originalidad [...] algunas resultan de *flujos* actuales y otras brotan de *flujos* antiguos ya transformados en el propio lugar" (Santos, 1994: 228).

Retomando a Rodolfo Kusch, se alude al *desarrollo* impulsado por el desarrollismo eufórico de la década de 1960, como lo que está *arrollado* o *enroscado* y que debe desarrollarse en el sentido de *desenroscarse*. Esta idea de desarrollo desde arriba, como parte de un "plan" que implica que una cosa se desarrolla y es "más desarrollada" que la anterior, advierte al desarrollo en sus aspectos exteriores, por lo que Kusch afirma que para los impulsores del desarrollismo y sus teóricos, es natural pensar en "mutar el ethos"[21] del pueblo (Kusch, 2007).

Milton Santos, en *Naturaleza del espacio* dedica un capítulo entero al tiempo, donde hace especial hincapié en los acontecimientos y el espacio. Para Santos, los acontecimientos son los vehículos de posibilidades existentes, es decir, el resultado de una serie de ocasiones, de instantes que finalmente se depositan obligatoriamente en el lugar. Para Schaltembrand, citado por Santos (2000), los acontecimientos crean tiempo como portadores de acción presente. Es decir, el acontecimiento es la síntesis y escena del proceso de desarrollo, entendido como desenrosque, ocasiones y sucesos. A partir de lo anterior, se puede decir que se comprende al desarrollo como la sucesión de acontecimientos-acciones vivido a cada paso en el conflicto de su propia creación de nuevas posibilidades. No teniendo la intención de ingresar en la discusión del término desarrollo, se prefiere entenderlo en un doble sentido. Por un lado a partir de la idea de crecimiento, como superación de un estado anterior. Este concepto, utilizado por los economistas y base de las corrientes keynesianas, toma ampliamente en consideración aspectos de bienestar estacionados sobre aspectos económicos. En ese contexto, el *desarrollo* es asociado al crecimiento o la superación de situaciones que terminan siendo indefectiblemente cuantificables.

Lo que interesa del concepto de *desarrollo* es avanzar sobre su idea de desenvolver, desenrollar. El significado del concepto desde la palabra con hegemonía, ha ido mutando, sobre todo en lo que concierne a los organismos multinacionales de financiación como el Banco Mundial, JICA[22] u ONGs (en muchos casos financiadas por esos organismos) que accionan en territorios rurales. Desde las definiciones que implican mejoras en la calidad de vida o saneamiento e incremento de los ingresos, hasta la

---

[21] El término griego *ethos*, se entiende –a partir de la lectura– en el sentido de un hábito, un modo de ser.

[22] Japan International Cooperation Agency.

más recientes con la incorporación del concepto de desarrollo sustentable como la idea de "satisfacer las necesidades de las generaciones presentes sin comprometer las posibilidades de las del futuro para atender sus propias necesidades"

El sociólogo polaco Piotr Sztompka, en *Sociología del cambio social*, establece una íntima conexión de la idea de progreso a con la de *desarrollo* del desarrollismo. "La idea de *progreso* en su formulación original, está firmemente situada dentro del modelo de transformación direccional, dentro de alguna versión de desarrollismo" (Sztompka,1993: 50). Sztompka dice que "la explicación de esta carrera [refiriéndose a la búsqueda de progreso] ha de buscarse probablemente en las características fundamentales de la condición humana: el abismo perenne entre las realidades y las aspiraciones, la existencia y los sueños [...] el concepto de *progreso* alivia esta tensión existencial proyectando la esperanza de un mundo mejor, y afirma que su venida está asegurada, o es al menos probable" (47). Sin embargo el mismo autor recalca que las ideas de *desarrollo* para finales del siglo XX, se separan del evolucionismo y el materialismo histórico y se vinculan con el enfoque del cambio social. Para Sztompka el concepto de *progreso* fue reemplazado por el de *crisis* como consecuencia "de un clima intelectual y un ambiente popular en el que la experiencia social es cada vez menos parte de una épica, y cada vez más parte de una comedia" (57). La prosa de Sztompka es ácida y cala profundo cuando afirma que tiene "razones para pensar que la idea de progreso es demasiado importante para el pensamiento humano, demasiado fundamental para el alivio de las tensiones como para eliminarla por las buenas" (58).

Desde una narrativa cercana al cambio social, José Carpio Martín redefine *desarrollo* refiriéndolo a las personas y no a los objetos, a la construcción de relaciones horizontales entre lugares (Carpio, 2000: 90).

Con respecto al *desarrollo local*, para Alburquerque (1997) hay varias concepciones. A veces se entiende el desarrollo exclusivamente de un nivel territorial inferior, como puede ser el desarrollo de un municipio. Otras se utiliza para resaltar el tipo de desarrollo endógeno, que es resultado del aprovechamiento de los recursos locales de un determinado territorio. En otras ocasiones, como una forma alternativa al tipo de desarrollo concentrador que se basa en un enfoque vertical de "arriba-abajo" en la toma de decisiones. Pero en líneas generales se coincide en que el desarrollo local debe orientarse a asegurar mejores condiciones de vida de la población local, tratando de centrarse en la mejor utilización de los recursos locales para promover nuevas oportunidades. Oportunidades en materia económica y organizacional, que se corresponderán con mejoras en las condiciones de vida generales, venga el crecimiento desde arriba o desde abajo, por parte de los gobiernos/administradores o de corporaciones/empresas privadas. Pero no hay que perder de vista a estas ideas, en países como los latinoamericanos y más aún en las áreas con más urgencias dentro de ellos, han servido como justificación del traspaso de ciertas responsabilidades hacia los estamentos menores, a partir de la descentralización, justificándose la responsabilidad absoluta de los mismos para "salir" de múltiples padecimientos sociales. (Alburquerque, 1997 citado en Diez Tetamanti y otros, 2009).

El desarrollo local es definido como la posibilidad de las comunidades de desarrollarse, en el sentido explicitado anteriormente, aprovechando sus recursos y potencialidades endógenos, esto es, de la totalidad de los elementos del espacio.

Cuando Walt Withman en "Canto de mí mismo" dice:

Hoy, antes del amanecer,
subí una colina y contemplé
el estrellado cielo,
Y dije a mi espíritu:
—Cuando hayamos abarcado todos los orbes
y saboreado el placer y la ciencia
de todas las cosas que contienen,
¿nos sentiremos colmados y satisfechos?
Y mi espíritu contestó:
—No,
habremos alcanzado esas alturas
para sobrepujarlas
y continuar nuestra marcha.

refleja la idea del retorno, una categoría que sin duda aporta en ablandar la noción *desarrollo* en el sentido de romper con su estructura de avance y crecimiento absoluto (en relación a los *logros, progreso, aumento, de desenroscar lo enroscado*). La idea del retorno permitiría poder caminar en el proyecto mirando el pasado y el futuro como una entidad única constituida en la propia acción social, plasmada en la misma dialéctica y el movimiento de los elementos de modo sincrónico y diacrónico.

A modo de aclaración, cuando digo *desarrollo*, en referencia a la apertura de posibilidades de comandar parte del desenvolvimiento, del devenir cotidiano, los eventos que construyen y constituyen el espacio. Entiendo así que el concepto de desarrollo es definido desde la racionalidad hegemónica, con connotaciones asociadas íntimamente a la idea de progreso, de acumulación de capital y de mejoramiento de las condiciones de vida. Esto implica, sin lugar a duda, la persecución de una *escalera* que muchas veces está construida con condiciones gestadas en lugares foráneos y con ideas foráneas, determinando porqué no, *desarrollos derivados*. Estos *desarrollos* derivados de la racionalidad hegemónica que aplican en *espacios derivados* no son los que interesan específicamente en relación a la pregunta de esta investigación, pero sí como criterios resultantes y visibles en el espacio total. El *desarrollo* que interesa es el que se crea en relación con todo eso, sumando además los fines e intereses de la población local. Por supuesto, se entiende a estos fines e intereses como no exentos de la influencia de las definiciones de la racionalidad hegemónica, pero por qué no pensar también en otras posibles definiciones de *desarrollo* contra-hegemónicas, o contra-racionales. Esas que se hallan allí, en los territorios de las minorías, en los márgenes de la racionalidad abrasiva y dominante.

Finalmente, en referencia a la hipótesis, se trabaja sobre los "cambios", variables en un proceso periodizado, que acontecieron en las *políticas públicas* con relación directa o indirecta a las pequeñas localidades. Allí, por supuesto, se incluyen como variables a las normas escritas y los elementos fijados que ya se han descrito (energía, educación, comunicaciones, transporte, etc.). Los *cambios* en la normativa legal de la nación y la provincia, se remarcan de sobremanera, desde el punto de vista en el que inciden en sus modos de prestación o aplicación. Se entiende que la medida que puede hacerse del impacto, no es solo cuantitativa, en relación a la cantidad de prestaciones, existencias o no, o datos demográficos, sino que como dato, además se incluyen a los cambios técnicos, las resistencias a usos y aplicación, y el resultante del trabajo de campo en entrevistas y encuestas. A partir de allí, se conceptualiza al *aislamiento territorial* como la dificultad para comunicarse, para conectarse en el marco de la totalidad en la constelación de pueblos. Sencillamente, la dificultad se evidencia en las entrevistas y en trabajos anteriores, y de modo concreto en las complicaciones de comunicación física colectiva en el espacio pampeano. En definitiva, se espera que los aportes teóricos que se han expuesto resulten útiles para el análisis del tema propuesto por su carácter totalizador, que permitan el estudio de diferentes variables componentes del espacio periodizado. De este modo se podrá avanzar en un enfoque interesante, con aportes que provienen de autores gestados también en el contexto latinoamericano, como es el caso del presente trabajo.

4. Métodos y técnicas del trabajo de campo y análisis de datos

Se parte de la idea de que interesa desarrollar la tarea de investigación con una multiplicidad de enfoques metodológicos y herramientas técnicas y de trabajo, que permitan obtener diferentes puntos de vista sobre el objeto de estudio.

Coincidiendo con Hammersley y Atkinson, se considera que la construcción del diseño de la investigación debe ser un proceso *reflexivo* operando en todas las etapas del desarrollo de la investigación (Hammersley y Atkinson, 1994: 42) Así, si bien esta investigación comienza con una dificultad dada, la ausencia de bibliografía vasta sobre el tema, esto ha incentivado a generar planteos propios que no solo parten de la teoría, sino del propio trabajo de campo, de las vivencias en las localidades, las entrevistas y la observación participante.

La problemática abordada desde la geografía humana, tiene como finalidad la comprensión de la relación dinámica entre las acciones sociales y los elementos del espacio: normas, objetos, funcionalidades y sus efectos demográficos, las acciones locales para la integración de lugares entre sí, la aplicación de políticas públicas y servicios públicos en las pequeñas localidades ubicadas en espacios rurales.

El método de investigación es *dialéctico,* de modo que si se considera al *espacio*, los fenómenos históricos, económicos y sociales en continuo movimiento y como componentes de una totalidad. A partir de allí, se toman elementos del espacio como variables y periodizaciones temporales para analizar dinámicas y cambios en las funcionalidades, acciones y conformación de los sistemas técnicos y de acción humana. De este modo, se coincide con la interpretación de Juan Samaja sobre Milton Santos, entendiendo al "hombre concebido en su incesante proceso de totalización, y cuyo fin supremo es la realización de su ser social y de su ser libre, en tanto soberano de su destino" (Samaja, 2003: 107).

Siguiendo a Milton Santos, se entiende al espacio en *una totalidad* "como ejemplo de la propia sociedad que le otorga vida. Considerarlo así [al espacio] es una regla del método, cuya práctica exige que se encuentren, paralelamente, a través del análisis, la posibilidad de dividirlo en partes" (Santos, 1985: 5).

La investigación se basa en el estudio de las *políticas públicas, la aplicación de servicios públicos y las acciones sociales locales vinculadas al problema del despoblamiento en pequeñas localidades rurales* situadas en un espacio-tiempo que abarca desde mediados del siglo XX hasta la actualidad, aplicando entrevistas y el análisis de la documentación y datos. Esto ha permitido establecer relaciones y comparaciones entre los elementos del espacio, es decir *normas, técnicas implementadas, infraestructura, instituciones* de acción sobre el espacio y las *acciones sociales,* pudiendo así reconstruir un escenario de normas, procesos sociales y objetos técnicos que inciden en la configuración territorial, social y funcional de los pequeños pueblos de la provincia de Buenos Aires.

4.1. *Inmensidad, extensión y el viaje del investigador.*

La inmensidad, la extensión y el viaje son recurrentes elementos ilustradores de nuestra literatura pampeana, tal como se ha descripto más arriba. La sensación de espacio abierto e infinito es más intensa al alejarse de los centros urbanos. Lejos de los lugares donde puedan editarse, imprimir y presentar estas palabras...

–Mirar el horizonte transcurrir por la ventana desde el transporte– también es parte de la tarea del investigador. Si los elementos del espacio están compuestos por los hombres, las empresas, las instituciones, la infraestructura, el medio ecológico (Santos, 1985: 8), entonces en ese transcurrir del investigador y del otro, no se puede dejar de ejercer esa tarea que parece obvia, pero a veces casi censurada por la tarea del laboratorio: la de *observar transcurriendo* como parte del método.

Se podría decir, que casi en un comportamiento de evasión al sedentarismo, esta investigación tuvo su escena de trabajo de campo en un constante transitar por la provincia de Buenos Aires. Viajes lentos y extensos, alternados con estancias breves y pacientes, entre San Agustín, Patricios, Bavio, Mechongué, La Dulce, La Plata, Buenos Aires, 25 de Mayo, Magdala, Olavarría, Magdalena... Los lugares podrían completar más de una página si los se los enumerase solo por mencionarlos en un listado. Traslados en tren, en ómnibus, en auto y en moto, se sumaron a los viajes *a dedo*. Así, y parafraseando a Rodolfo Kusch en su *Viaje a la Puna*, en la llanura se también transita en las propias entrañas de las simultaneidades temporales. Hay algunos kilómetros de diferencia entre años de vestigios y relictos, que no son otra cosa que marcas de yuxtaposiciones temporales y espaciales en un mismo lugar. Los pueblos de la provincia de Buenos Aires –aunque podríamos decir que esta idea es extensible a todo el país– conservan esa sensación de viaje en el tiempo de ida y vuelta constante. Un poblador tomando cerveza *Quilmes* en una estación ferroviaria abandonada y que hace poco se convirtió en bar, con cuchillo en la faja y un *iphone* en la cintura, mientras de fondo subsisten dos tanques de chapa que alguna vez fueron depósito de combustible para las maquinarias. –*Apoye el segundo plan quinquenal*– se lee con su pintura original, en los galpones del ferrocarril ya hace tiempo abandonados, desguazados o alquilados a quien sabe quién, con el permiso de algún "adelantado en negocios inmobiliarios". En el traqueteo infinito de las eclisas[23] y ruedas de hierro, durante la noche un hombre muestra al inspector su recibo de jubilación con un *ticket* impreso por un banco transnacional, con la intención de evitar que le cobren el boleto o la multa que debería abonar mientras viaja "colado"[24] en Ferrobaires[25]; la empresa estatal provincial que operó[26] los trenes de pasajeros en la provincia de Buenos Aires. Es el mes de agosto de 2005, el tren viaja lento y hace menos de *0º C* de temperatura en los destrozados habitáculos de los vagones de *clase turista* que transitan, hace más de 40 años, entre Buenos Aires y Bahía Blanca. Boerr, Las Flores, Pardo, Olavarría y, cerca del atardecer, Krabbé, mientras se divisa Sierra de la Ventana. Más allá de Pringles

---

[23] En vías férreas se denomina eclisas o bridas a los elementos utilizados para la unión de rieles.

[24] Introducirse a escondidas o sin permiso en alguna parte.

[25] Liquidada en 2017 por el gobierno de Cambiemos.

[26] Ferrobaires fue disuelta en 2017.

se divisa una casa en venta con un teléfono de contacto escrito con pintura en aerosol en su pared. Tres mil pesos, es el precio de algunas viviendas en Morea, Valdéz o El Pensamiento.

Al costado de la ruta se abren caminos de tierra que han sido profundizados y maltratados por el paso de inmensas cosechadoras y sembradoras. En enero, al costado de un monte en las cercanías de Pedro Luro, descansan los contratistas oyendo *cumbia villera*. Hace cuatro meses que vienen viajando desde el norte de la provincia de Santa Fe sembrando soja.

Una soledad abrumadora invade el campo abierto que se abre al Oeste Patricios. Un puente de dos líneas ferroviarias ya no está más, pero quedan aún sus columnas. Al sur del puente, el monte que parece abandonado, alguna vez fue vivero del Ferrocarril Provincial de Buenos Aires. A siete kilómetros, en el cruce con la ruta nacional número 5, una estación de servicio *Esso* cobija a los camioneros que atraviesan la provincia en inmensos camiones *Volvo,* llevando pescado congelado desde Puerto Deseado, en la Patagonia, hasta Buenos Aires.

Sin dudas, el viaje incorporado al método de observación forma parte de la interacción entre lo emocional, lo personal y lo intelectual. En opinión de Hammersley, la reacción personal se transforma a través del análisis reflexivo del conocimiento público personal (Hammersley y Atkinson, 1994: 183). El viaje constituye también un elemento del *estar allí* remarcado en las técnicas etonográficas. Para Rosana Guber lo emocional está presente en los relatos etnográficos. El "temor, ansiedad, vergüenza, atracción, amor, seducción caben en una categoría sistemáticamente negada por la investigación social [...] Según la lógica académica para la cual la razón es el principal vehículo y mecanismo elaborador de conocimientos, la pasión, los instintos corporales y la fe "no tienen razón de ser" (Guber, 2001: 108-109). Así se mantiene el análisis reflexivo, ante la reacción personal, la descripción del transito configura un elemento que otorga visibilidad, textura y cuerpo al objeto de estudio. Volviendo a Guber, se coincide en que "la participación es la condición *sine qua non* del conocimiento sociocultural" (66). Las herramientas son la experiencia directa, los órganos sensoriales y la afectividad, que lejos de empañar, acercan al objeto". Así, el viaje se denominó como: *observación del territorio vivido*[27], entendido como un proceso de observación cercano al cotidiano de los habitantes del lugar, aunque en realidad, no es más que la experiencia vivencial donde se sucede lo *emocional* que relata Guber.

El trabajo de campo se llevó adelante en las cinco localidades de estudios de caso: Bavio (partido de Magdalena), Patricios (partido de 9 de Julio), San Agustín (partido de Balcarce), Mechongué (partido de General Alvarado) y La Dulce (partido de Necochea). A esto se le suma el trabajo desarrollado en las municipalidades, dependencias anexas, el ministerio de Desarrollo Humano de la provincia de Buenos Aires, la Legislatura de la provincia de Buenos Aires, el Congreso de la Nación Argentina, la Federación de Asociaciones de Centros Educativos para la Producción Total, la asociación Pueblos que Laten, y otras organizaciones que se mencionarán más adelante.

4.2. Las localidades estudios de caso

La selección de las localidades de estudio de caso, tuvo un proceso de búsqueda donde analicé varias alternativas. Intentaba encontrar localidades que tuvieran particularidades que permitieran analizar el problema de la investigación en su totalidad. Así, los factores de declive demográfico en los diferentes censos, la presencia de organizaciones sociales activas o no, la aplicación de políticas públicas y la accesibilidad a la localidad, jugaron papeles fundamentales en la selección. Para Schatzman y Strauss es "aconsejable aproximarse a varios posibles lugares de investigación para calcular su idoneidad" (Schatzman y Strauss, 1973: 19). Por lo tanto, se podría decir que antes de decidir qué localidades tomar, se deambuló por muchas, hasta que finalmente se logró

---

[27] En el marco del trabajo de Campo del Taller 2 de la Maestría PLIDER, llevado a cabo en Bavio en 2008, se realizó un trabajo de entrevistas con un grupo de 4 alumnos. Los resultados del trabajo de campo no satisfacían por completo el objetivo planteado, al incluir solamente las entrevistas semidirigidas que componían la metodología. En el recorrido por Bavio y otros 4 pueblos del partido de Magdalena, se decidió incorporar las vivencias y observaciones que se situaron "al margen" de lo estrictamente metodológico; así, se anotó aquello observado al ingresar a un almacén, al preguntar por una calle, al dialogar con el playero de una estación de servicio. Fuera del rol como "investigadores", interesaba rescatar aquello que hacía sentir al grupo como seres cotidianos. El hecho de estar en un constante tránsito no permitía ubicar al grupo en la categoría de "observadores participantes", así decidimos llamarlo *observación del territorio vivido*.

hacer una selección que incluye tres localidades del sudeste bonaerense y dos localidades del centro de la provincia de Buenos Aires.

Las localidades son las siguientes (datos demográficos tomados del INDEC, censo 2011): San Agustín (partido de Balcarce), con 539 habitantes; Mechongué (partido de General Alvarado), con 1374 habitantes; La Dulce (partido de Necochea), con 1978 habitantes; Bavio (partido de Magdalena), con 1684 habitantes y Patricios (Partido de 9 de julio) con 743 habitantes. Se encuadran dentro de la población rural agrupada (DPE, 2004), localidades con menos de 2000 habitantes. La selección de este techo poblacional no es estricto, pero esta relacionado con la fuerte dependencia de otros núcleos urbanos mayores para la provisión de servicios y la dependencia del espacio rural en lo económico (Randle, 1992). Se tomó este parámetro poblacional para la construcción de la problematización, igualmente resulta importante también, que estas localidades no son cabecera de partido, poseen delegación municipal (por lo tanto no están dentro de la categoría de *parajes*) y tienen alta dependencia económica de sus cabeceras municipales (en el sentido presupuestario) y de las actividades agropecuarias (en el sentido laboral). Para el caso de Patricios, resulta relevante su pasado ligado profundamente a la actividad ferroviaria (talleres de locomotoras, desvío de ramal y cabecera de operaciones), la cual pasó por una etapa temprana de actividad, despidos y desafectación de servicios. El caso de Bavio otorga la posibilidad de trabajar en una localidad rural, cercana a la ciudad de La Plata (menos de 40 km.) y por ende al conurbano bonaerense. La Dulce, San Agustín y Mechongué se encuentran en el sudeste de la provincia de Buenos Aires, con particularidades que las distinguen en la sub-categoría de localidades rurales. Así, La Dulce y Mechongué cuentan con cooperativas relevantes en la vida social de la localidad. A su vez, La Dulce posee una fundación cultural con una vida activa en proyectos locales, mientras que Mechongué ha generado múltiples proyectos surgidos de la población local y ha recuperado/creado algunos nuevos espacios públicos. San Agustín por su parte, se muestra como una localidad más dependiente de la actividad agropecuaria y de sus vínculos de servicios públicos con Balcarce, su cabecera.

Existen algunas interrelaciones sociales y políticas entre las localidades seleccionadas, que se verán más adelante, mientras que la variación de la población ha sido diversa. Algunos de estos pueblos han decrecido en su población, mientras que otros han experimentado un crecimiento.

Lo mismo ocurre con la implementación de políticas públicas asociadas al problema del despoblamiento: algunas localidades han sido beneficiadas con subsidios estatales, mientras que otras han creado sus propios recursos y proyectos.

Es posible dividir a las localidades del área de estudio en dos grandes grupos, por su ubicación geográfica, aquellas ubicadas en la región sudeste, que son La Dulce, San Agustín y Mechongué; y las ubicadas fuera de esta región, Patricios y Bavio.

Así se encuadra a las localidades de la región sudeste dentro del concepto de "lugar central" de Christaller (1933), en el sentido del área de influencia inmediata "espontánea" proveedora de bienes y servicios. La centralidad admite órdenes diversos, desde los que acumulan bienes y servicios complejos y numerosos, hasta los limitados por un restringido repertorio esos bienes y servicios (Randle 1992). En la región del sudeste de la provincia de Buenos Aires, la ciudad de Mar del Plata (614.350 habitantes, según censo 2010) se configura con una relevante centralidad tanto en la provisión y acumulación de servicios como en la de bienes. Algunos aspectos concretos pueden observarse en su propio peso demográfico, la existencia del hospital interzonal, la jefatura zonal de Policía, las delegaciones zonales sindicales y ministeriales, la presencia de universidades públicas y privadas, la existencia de un nodo de interacción de transporte terrestre, marítimo y aéreo que dibuja un *hinterland* en una extensa área de la provincia de Buenos Aires y la interacción entre la población residente en Mar del Plata con la de poblaciones del resto de la provincia. Mar del Plata es la segunda ciudad de la provincia, después de La Plata, teniendo en cuenta su peso demográfico y exceptuando al conurbano bonaerense, lo que le otorga una centralidad evidente.

De acuerdo con Milton Santos, esta región también está sujeta a *segmentaciones* del espacio en el sentido de que existen constantes cambios en su dinámica económica, demográfica y social, en la que se "imponen constantemente nuevos mapas de un mismo territorio [...] un importante proceso de entropía, hace y deshace contornos y contenidos de los sub-espacios a partir de las fuerzas dominantes (Santos, 1994: 93).

Las dos localidades ubicadas fuera de la región sudeste de la provincia: Patricios (situada en el centro de la provincia) y Bavio (situada en el centro este de la provincia y muy cercana al conurbano bonaerense) se encuentran emplazadas en dos espacios geográficos relevantes para el análisis, donde, en los últimos años se han llevado a cabo numerosas acciones locales como la creación de organizaciones con el objetivo de promover el desarrollo social de las pequeñas localidades, la creación de grupos de teatro comunitario que paralelamente son activos en la participación política, una constante militancia en favor de la integración territorial a través del transporte público, el asfalto y los servicios públicos y una marcada presencia central en la participación política del sistema de pueblos rurales de la provincia. A su vez, estas localidades, han sufrido grandes mutaciones demográficas, de actividad económica y de funcionalidades, sobre todo en los últimos cincuenta años.

Respecto a las tipologías, se intenta ser precavidos ante las comparaciones o analogías. Para Milton Santos las tipologías pueden llevar al investigador a un ejercicio superador, pudiéndose descubrir en estas, importantes variables. No obstante, para el autor debe realizase con cautela de que estas comparaciones no tengan una vocación precisa (Santos, 1978: 17).

Consideramos que las localidades seleccionadas engloban en buena medida, una representación relevante de los pueblos de su tipo en la provincia. Tanto en sus dinámicas demográficas, como en sus funcionalidades, sus niveles de articulación con otras localidades y ciudades, sus grados de participación social local, así como en el sentido de ser escenarios de aplicación de políticas públicas a través de programas y servicios, las localidades seleccionadas brindan un tablado interesante para profundizar el análisis que se propone la investigación.

4.3. *Variables de Análisis y Periodización*

Para el análisis de las *políticas públicas, la aplicación de servicios públicos y las acciones sociales endógenas vinculadas al problema del despoblamiento en pequeñas localidades rurales* se tomaron las que se expondrán en los párrafos subsiguientes.

Como políticas públicas se tomaron aquellas que fueron emitidas con el propósito de atender el problema del despoblamiento rural. A su vez, se entienden a las políticas públicas como aquellas producciones que emergen de los gobiernos (municipal, provincial o nacional) de modo unilateral, co-gestivo o consensuado como resultante de las normas formales, leyes, programas o resoluciones gestadas en el seno del Estado. De este modo, se incluyó la dinámica y la función de los servicios públicos, como las prestaciones de educación, salud, energía, transporte, comunicaciones e infraestructura, como derivados de esas políticas públicas y en relación con las tensiones que existen entre los actores involucrados: sindicatos, empresas privadas, cooperativas. Las políticas públicas resultan variables relevantes como componentes influyentes en el espacio. En este sentido, su aplicación como política pública constituye la materialización del texto, de la idea, de la propuesta, el postulado, la ideología.

Los servicios públicos, materializados en el espacio en la forma de infraestructura y funciones específicas, se presentan como variables relevantes de la dinámica y mutación del territorio. Son altamente dependientes de la demanda de la población, la existencia de sistemas técnicos, del sistema hegemónico y de las políticas públicas que los implementan, los administran o los concesionan a terceros. Los servicios públicos se enmarcan como una actividad humana y/o técnica que satisface necesidades colectivas en un territorio determinado. La aplicación o no de estos servicios, su distribución espacial, la administración de la infraestructura, el vínculo con las políticas públicas y las acciones sociales locales, constituyen variables a analizar en el espacio de las pequeñas localidades.

Las acciones sociales endógenas constituyen uno de los puntos más relevantes analizados en el trabajo de campo. Como refiere Milton Santos el *lugar* "vincula a los hombres, con las instituciones y las empresas donde cooperación y conflicto son la base de la vida en común" (Santos, 2000: 274). Allí se incorporan a las *acciones colectivas endógenas*: aquellas acciones que emergen de lo local, en el pueblo, en la localidad, como respuesta a lo global. En este sentido, interesa observar y analizar que procesos llevaron a ejecutar acciones sociales de carácter colectivo, por qué fueron implementadas, con qué sentidos y en qué marco histórico de la dinámica del territorio.

La cuestión demográfica es tomada tanto desde variables cuantitativas estadísticas, como las correspondientes a los censos y datos de población de otras instituciones (como los municipios), y también mediante la utilización de técnicas que otorgan resultados cualitativos, como las entrevistas, el trabajo en talleres y la cartografía social.

La importancia de la periodización se enmarca en la dinámica de los objetos, las técnicas y las acciones. Para Santos, "el comportamiento de los sub-espacios del mundo subdesarrollado está generalmente determinado por las necesidades de las naciones que están en el centro del sistema mundial [...] algunos elementos ceden lugar [...] otros resisten a la modernización y en muchos casos elementos de diferentes periodos coexisten" (Santos, 1997: 21-22). En este sentido la dimensión histórica es importante para poder analizar las variables *variando* en el tiempo y en el espacio. María Laura Silveira (2005) en la introducción de *Continente em Chamas* presenta al espacio como un "prisma" para analizar la producción histórica. Aquí se pretende también un análisis sobre la construcción del espacio conformado por las pequeñas localidades, yuxtaponiendo diferentes placas semitransparentes donde el espacio es el lente que proyecta conformaciones diacrónicas en sincronía presente (Diez Tetamanti, 2009).

Así la periodización que contempla el análisis del problema, posterior a la década de 1960 y hasta nuestros días, se justifica en: el inicio de transformaciones estructurales en la Argentina relacionadas con leyes de ordenamiento de la propiedad privada, los inquilinatos, acceso de los organismos de crédito internacional al juego cotidiano de la economía nacional, el proceso de automotorización del territorio, el aumento de la tasa de urbanización, el desguase del sistema ferroviario y el cambio en los usos de técnicas de trabajo rural.

Alfred Whitehead dejó en 1938, una noción de la "causalidad" cuando dice que "ningún acontecimiento es por entero y exclusivamente la causa de otro acontecimiento. Todo el mundo anterior, conspira para engendrar una nueva ocasión. Pero ciertas ocasiones, condicionan ampliamente la formación de las que siguen" (Whitehead, 1938, citado en Santos, 2000: 135). En este sentido, es difícil estar seguro de que las variables seleccionadas, los datos movilizados, el trabajo de campo en entrevistas, talleres y encuestas, ha sido el acertado. No obstante, se intenta a partir de ellas, poseer la mayor amplitud posible en la búsqueda de la totalidad. Vale preguntarse como lo hace Rosana Guber "¿De qué depende que el investigador adopte una u otra modalidad? De él y, ciertamente de los pobladores" (Guber, 2001: 74).

4.4. Entrevistas, encuestas y talleres

El trabajo de campo, constituye una de las partes más extensas de esta investigación. A su vez, en la propia elaboración del proyecto que dio curso a esta investigación, el trabajo de campo constituyó un derrotero a veces confuso, pero del que emergieron interesantes resultados y productos.

Las entrevistas, las encuestas (realizadas en momentos previos) y los talleres, no resultaron de un trabajo pasivo y solo observante, sino que emergieron de lazos que desde el rol de investigador hubo que cuidar con la cautela y respeto que merece la labor.

Los primeros avances sobre estas localidades se iniciaron en 2004, con motivo de la realización de mi tesis de licenciatura en Geografía, defendida en 2006 en la Universidad Nacional de Mar del Plata. En ese marco se trabajó sobre la relación entre las políticas sociales aplicadas en las pequeñas localidades y los proyectos de la población local. Por ende, ese trabajo de campo es afluente al de esta investigación.

Desde los primeros viajes a San Agustín y Mechongué en motocicleta, durante el invierno de 2004, hasta las últimas jornadas de trabajo de campo extendidas a otras localidades en 2008, nos topamos con un vasto material de entrevista y archivo, recopilado entre las amables mesas de bar que prestaron su horizontalidad para anotar estas líneas.

Desde el Grupo de Estudios de Ordenamiento Territorial, en la Universidad Nacional de Mar del Plata, se trabajó con alumnos de la carrera de Geografía y colegas de las Universidades del Centro de la Provincia de Buenos Aires y de la Universidad Nacional de La Plata. Con ellos, se trabajó en talleres con jóvenes de las localidades de Mechongué, San Agustín y La Dulce. A partir de allí, cómo ya se dijo en la introducción, se editó el libro *San Agustín y Mechongué, los pueblos cuentan desde su lugar* (2007) y el film documental *Pueblos en Resistencia* (2008) que intenta sintetizar el trabajo de tres años en el sudeste bonaerense, con el apoyo del Programa de Voluntariado Universitario de la Nación. También en 2007, entre las universidades de La Plata, Mar del Plata, el grupo de teatro comunitario "Patricios Unido de Pie" y el colectivo Uniendo Pueblos, se organizaron las "Primeras Jornadas de Pequeñas Localidades". Esas jornadas surgieron en buena medida como parte del proceso de trabajo de esta investigación. Lograron reunir en la localidad de Patricios a más de 300 personas de la provincia, el país y otros lugares latinoamericanos, para debatir sobre el estado de las localidades rurales, los proyectos implementados, el apoyo del Estado y otras organizaciones, y las perspectivas para el futuro. El encuentro tuvo una importante convocatoria y logró reunir a personalidades relevantes de la ciencia, la política y el arte, interesados en los problemas de los territorios rurales.

Por otra parte, además del trabajo de campo en las localidades del área de estudio, se participó de numerosas reuniones, jornadas y eventos como observador participante: "Jornadas de Pueblos que Laten" (La Niña, 2005); "Jornada de Espíl" (Espíl, 2008); "Jornadas del Programa Pueblos I y II" (Paraje El Salado, CEPT Nº 1, 2007); "Avecinarte II" (Patricios, 2007); "Aniversario de Magdala" (Magdala, 2008) y "Aniversario de Pipinas" (Pipinas, 2007). De estos eventos se tomaron notas, grabaciones y documentos que sirven a esta investigación como información relevante.

Parte del trabajo desarrollado puede catalogarse dentro de la denominada *investigación-acción*. En este sentido, Albaladejo afirma que la investigación acción "se basa en un proceso conjunto de investigación con la gente, partiendo de los problemas y de sus experiencias [...] supone que el resultado de la acción colectiva para el cambio social y que la gente pueda tener, después de la investigación, un mayor control sobre sus propias existencias" (Albaladejo, 1997, citado en Lorda, 2005: 88). Siguiendo a Albaladejo, la investigación acción "presenta dos características esenciales para resolver una situación problemática, formulada en un intercambio recíproco entre investigadores y actores involucrados: por un lado encontrar una voluntad de cambio y por el otro una intención para realizar la investigación" (Albaladejo, 1997, citado en Lorda, 2005: 90). Los años de trabajo de campo, se generaron compromisos con la población, se establecieron vínculos personales muy fuertes.

4.5. El acceso al campo

El acceso a las localidades se vincula con la técnica de entrevista. Los primeros días fueron más dificultosos. A través de quién ingresar, cómo, con qué frecuencia, qué tiempo permanecer, fueron preguntas que acompañaron la labor desde sus inicios.

Así, las primeras entradas a las localidades las realicé en lugares públicos. Una estación de servicio, el conocido de un referente en otra localidad, un bar o una charla en un almacén, alcanzaron para comenzar ese deseado *acceso*.

Como afirman Hammersley y Atkinson, el acceso no solo depende de una cuestión práctica ni de una comprensión teórica. Lograrlo también depende de hallar los obstáculos y los medios para sortearlos, por sí mismos, estos otorgan información del lugar (Hammersley y Atkinson, 1994: 69).

4.5.1. En campo

El lenguaje es para los etnometodólogos, el vehículo de reproducción de la sociedad. Para Harold Garfinkel las normas, las estructuras, las reglas no vienen del mundo significante exterior, sino de las interacciones mismas. Los actores interpretan la realidad y crean contextos en los cuales los hechos cobran sentido (Garfinkel, 1967, citado en Guber, 2001: 44). Para Coulon la reflexividad supone que las actividades realizadas para producir y realizar actividades en la vida son idénticas a los procedimientos empleados para describir esas situaciones (Coulon, 1988, citado en Guber, 2001: 46). En este sentido, el relato no es solamente importante como descripciones de situaciones, sino como productors de esas situaciones.

Consciente de que no solo la reflexividad de los entrevistados está en juego, sino también la de uno como investigador, nunca se dejó de tener en presente que "la reflexividad del investigador X produce un contexto que no es igual al contexto que produce como miembro del campo académico, ni tampoco al que producen los nativos cuando él está presente que cuando no lo está" (Guber, 2001: 50); se intentó llevar adelante el trabajo de campo con lo que ello implica, alternando múltiples herramientas.

4.5.2. *La entrevista*

La *entrevista* fue la herramienta que se utilizó en Patricios, San Agustín, Bavio y Mechongué, con informantes de otras organizaciones para acceder a lo que, en palabras de Spradley, la gente sabe, piensa y cree (Spradley, 1979: 9). En este sentido se optó por la realización de entrevistas *semi-dirigidas*. Las entrevistas semi-dirigidas, fundan en parte su método, en facilitar una mirada del investigador dentro de la sociedad en la que habita cotidianamente. Para Hammersley y Atkinson la diferencia sustancial entre las entrevistas semi-dirigidas y las de cuestionario, es que las primeras son reflexivas y las últimas estandarizadas (Hammersley y Atkinson, 1994: 128). Así se generó una guía de entrevista en la cual se incluían los grandes temas a tratar. Teniendo en cuenta las características de los entrevistados y sus historias de residencia o no en las localidades, se guiaron las entrevistas sobre la base de sus actividades y acciones presentes y pasadas; los vínculos institucionales, personales, con otras localidades y dentro de la localidad; el uso de los servicios públicos; la mirada de las políticas públicas aplicadas; recuerdos de dinámicas cotidianas del pasado; ideas sobre el futuro y las esperanzas o deseos puestos en la localidad, éstos últimos no solo desde lo individual sino desde lo colectivo.

Las entrevistas semi-dirigidas no colocan al entrevistador en un papel de oyente pasivo, sino como oyente activo. Para Hammersley y Atkinson el investigador "debe escuchar lo que se dice para ver cómo se relaciona con el tema de la investigación y cómo puede reflejar las circunstancias de la entrevista [...] minimizando la influencia del investigador en lo que el entrevistado dice" (Hammersley y Atkinson, 1994: 129). Aunque esta cuestión fue tenida en cuenta desde que se inició el proceso, se advirtió que a medida que el proceso de entrevistas fue avanzando se fue mejorando el manejo de esta herramienta.

Las entrevistas realizadas, se presentan en un cuadro más adelante en esta introducción. (Tablas 1 y 2)

4.5.3. *Las encuestas*

Las *encuestas* tomadas en consideración no fueron efectuadas exclusivamente para esta investigación, se las realizó en el marco de un trabajo previo en la tesis de Licenciatura en Geografía en el año 2005.

Sin embargo, considero esta fuente de datos como muy importante para lo que constituye este trabajo de investigación, y partiendo de una misma autoría se las retoma como una fuente más y se las incluye como sustento de algunos fundamentos. El proceso de realización de las encuestas surgió durante el proceso de entrevistas a funcionarios municipales en Balcarce en 2004. Allí se tomó contacto con el "Censo Municipal de Comunidades Rurales", el cual fue realizado en 2004 en la localidad de San Agustín por personal del municipio de Balcarce, con el objetivo de recabar datos en el marco de establecer políticas para pequeñas localidades del municipio. Los datos fueron proporcionados por la Dirección de Comunicación y Planificación Institucional de esa municipalidad, de modo crudo, en sus tablas de carga directa. Según el director de la Dirección de Comunicación y Planificación Institucional del municipio "en entrevista realizada al momento de la solicitud de estos datos" el censo se realizó encuestando a todos los hogares de la planta urbana de San Agustín con personal de la municipalidad. Los datos están divididos en los siguientes aspectos: a) demografía; b) vivienda y estructura; c) seguridad; d) salud y planes sociales y; f) movilidad territorial, demandas sociales y opinión sobre el despoblamiento. La totalidad de estos datos, acompañan el texto a lo largo de esta obra, con su cita a la fuente correspondiente.

A partir de la existencia del denominado "Censo Municipal de Comunidades Rurales", el cual lamentablemente solo se llevó a cabo en San Agustín, se inició el proyecto de diseño de una encuesta representativa similar para Mechongué, con el objetivo de establecer comparaciones en ambas localidades cercanas geográficamente.

Decidí realizar también un censo para Mechongué con los mismos aspectos utilizados en San Agustín, de modo que pudieran efectuarse comparaciones. Para este objetivo (no planificado inicialmente) se entrevistó al Delegado de Mechongué y a la Directora del Instituto Juan XXIII de Mechongué. El trabajo se planificó para ser llevado a cabo en dos meses e incluyó: (a) determinación de la metodología de trabajo y división de áreas y secciones territoriales de trabajo; (b) realización del operativo; y (c) tratamiento y procesamiento de los datos. Finalmente, analizando los recursos disponibles para la realización del planificado "censo", se decidió hacer una encuesta a modo de muestreo.

Para la puesta en marcha del operativo, la Delegación Municipal propuso a dos personas a disposición para el relevamiento de datos. Paralelamente, el Instituto Juan XXIII puso a disposición a los veinte alumnos del 3er año de Polimodal. Posteriormente la Delegación depuso su participación por estar el personal abocado a nuevas funciones.

Se llevaron a cabo tres talleres de trabajo (en horas de clase) con los alumnos del Instituto Juan XXIII, donde se pusieron a prueba los aspectos y variables creadas, se realizaron ensayos y se revisó en conjunto la cédula de la encuesta; además de que se discutieron aspectos, preguntas y variantes. Paralelamente, la directora del Instituto supervisó las tareas de los alumnos y solicitó autorización para la realización del operativo fuera del establecimiento a la Dirección Provincial de Educación de Gestión Privada (DIPREGEP) del distrito del partido de General Alvarado.

Como método de trabajo de campo, se estableció una división de áreas territoriales para la realización del operativo. Teniendo en cuenta que la dirección del Instituto Juan XXIII y la Secretaría de Inspección de la DIPREGEP autorizaron la salida de los alumnos fuera del establecimiento por el término de un día, con una carga horaria de tres horas; se decidió trabajar con la metodología de la *Encuesta Probabilística de Hecho*. Así, se dividió la planta urbana de la localidad en nueve zonas de aproximadamente nueve manzanas cada una. Cada zona se encuestó con una pareja de *alumnos encuestadores voluntarios*. La metodología en el terreno para el levantamiento de datos fue la siguiente: cada pareja comenzó desde la primera manzana indicada de su zona; luego, desde la esquina Norte y con el brazo derecho del lado de la pared, la pareja comenzó a encuestar la primera vivienda. Ante una encuesta efectiva, se saltearon dos viviendas para proseguir; ante un rechazo o vivienda deshabitada, se prosiguió con la inmediata. Al culminar la primera manzana se prosiguió con la segunda en la esquina Norte, y así sucesivamente hasta finalizar la serie de manzanas. Se tomó una muestra de 39 (treinta y nueve) encuestas, es decir treinta y nueve hogares, lo que resulta el 9,75% de los hogares de Mechongué, teniendo en cuenta la información del Delegado Municipal y de la Cooperativa Eléctrica de Mechongué, donde se estipula que existen cuatrocientas viviendas.

Finalmente, los datos fueron procesados y cargados en una base de datos digital. Estos datos fueron útiles para establecer las comparaciones gráficas que se muestran más adelante entre las localidades de Mechongué y San Agustín. Paralelamente, los datos fueron entregados al Instituto Juan XXIII y a la Delegación. En el Instituto Juan XXIII se realizó una jornada taller con los alumnos para discutir los resultados, compararlos con los previamente existentes en San Agustín, y realizar un debate del que se obtuvieron notas de investigación.

4.5.4. Los talleres

A partir de los informantes clave que se entrevistaron en San Agustín, Mechongué y La Dulce, se decidió realizar *talleres participativos y abiertos*, con habitantes de las localidades. Estos talleres se desarrollaron entre 2005 y 2008 con la metodología que a continuación se describe:

Las entrevistas realizadas permitieron establecer vínculos de confianza con los informantes calificados de las localidades del sudeste bonaerense del área de estudio. A partir de ello, se planteó la necesidad de realizar talleres de debate para intercambiar recuerdos, observaciones y miradas sobre las preguntas presentadas:

- ¿Cómo era hace diez, veinte, treinta años la vida en estos pueblos?

- ¿Cuáles fueron los momentos críticos, de quiebre más recordados, tanto en la actividad rural como dentro del pueblo?

- ¿Cómo era la comunicación con los otros pueblos diez años atrás, y cómo es ahora?

- ¿Cómo observan al pueblo en el sentido social, en cuanto al trabajo?

- ¿Participan en proyectos de desarrollo local?

- ¿Cómo son esos proyectos?

- ¿Cómo se vinculan con las políticas públicas?

- ¿Qué demandas de servicios tienen?

- ¿Piensan quedarse en el pueblo?

- ¿Por qué?

- ¿A dónde emigran los que se van?

- ¿Por qué se van?

- ¿Qué esperanzas hay para el futuro?

La coordinación de los talleres se realizó, como las entrevistas, con libertad de intercambio y semi-dirigiendo los aspectos que interesaban. Estos talleres tuvieron una participación de entre 10 y 15 participantes en cada localidad, y fueron registrados en audio y video. Algunos de los pasajes de estos talleres fueron utilizados luego, para la realización del documental *Pueblos en Resistencia*.

La realización de estos talleres fue desarrollada en el marco de encuadre la *investigación-acción*. Con la participación de alumnos de las carreras de Geografía de la Universidad Nacional de Mar del Plata y de Antropología de la Universidad del Centro de la Provincia de Buenos Aires, enmarcados en el proyecto "Territorio, sociedad y ambiente en el sudeste de la provincia de Buenos Aires" (UNMDP), financiado por el Programa de Voluntariado. Desde allí, además de trabajar los temas específicos que plantea esta investigación, se apuntaba a colaborar en llenar vacíos de conocimiento en torno a la problemática rural de las localidades con menos de 2000 habitantes en el sudeste de la provincia de Buenos Aires. Finalmente, se propiciaba un acercamiento de la universidad y las escuelas a las problemáticas locales.

Tabla 1: Trabajo de campo según áreas

	Área Sudeste Bonaerense			Área Centro Bonaerense		Otras áreas
Localidades	San Agustín	Mechongué	La Dulce	Patricios	Bavio	Instituciones de gobierno, participación en eventos de otras localidades.
Acceso	Entrevista con Secretario de Gobierno del municipio y Delegado Municipal.	Entrevista con Secretario de Gobierno del municipio y Delegado Municipal.	Entrevista con Delegado Municipal y Director de Fundación La Dulce.	Entrevista con coordinadora del Grupo de Teatro Comunitario.	Entrevista con referente del Grupo Por Nosotros.	
Trabajo de campo (dispositivos)	Entrevistas. Encuestas. Talleres. Notas de viaje.	Entrevistas. Encuestas. Talleres. Notas de viaje.	Entrevistas Talleres Cartografía Social Notas de viaje	Entrevista. Observación participante. Notas de viaje.	Entrevistas. Notas de viaje.	Entrevistas. Observación participante Cartografía social. Notas de viaje.

Tabla 2: Puesta en marcha de dispositivos de talleres, encuestas y entrevistas.

Fecha	Talleres	Dispositivo	Fundamento de dispositivo
Nov -05	Mechongué (instituto Juan XXIII) (convocatoria pública).	El taller se llevó a cabo con 21 jóvenes de tercer año de Polimodal y durante cuatro jornadas: 1–presentación del proyecto de trabajo y presentación de los jóvenes. 2- trabajo sobre los problemas locales, el trabajo local, proyectos de desarrollo, proyectos de emigración. Puesta en común sobre dinámica del pueblo. 3- Presentación de un modelo de encuesta y discusión sobre variables y aspectos, ajustes en común. 4- Realización grupal de 41 encuestas en hogares del pueblo. Evaluación del trabajo al final de la jornada.	*El dispositivo fue diseñado para acceder a la localidad a partir de los jóvenes. Por un lado se obtendrían datos sociocualitativos y por otro lado se trabajaría en la creación con participación local de las entrevistas. Además, quedaría para la institución local un material útil como información y didáctica escolar.*
Jun -07	Mechongué (instituto Juan XXIII) (convocatoria pública).	El taller se llevó a cabo con 24 jóvenes del tercer año de Polimodal y 5 adultos durante una jornada. Se trabajó con una dinámica de presentación en ronda y de preguntas clave disparadoras del debate con 2 coordinadores de la UNMDP. Se indagó sobre modo de vida, servicios públicos, trabajo, expectativas grupales e individuales en la adultez, organización social en la localidad, participación de los jóvenes, desarraigo, percepción de proyectos de gobierno, el pasado, sueños y proyecciones sobre la localidad de los sujetos participantes... En este marco se compartió una mesa de merienda y se reflexionó sobre lo trabajado.	*El dispositivo afirmó el trabajo de dos años anteriores en la localidad y sirvió para reingresar a la comunidad y establecer marcos de trabajo en las encuestas personales realizadas en Mechongué. Por otro lado, se realizó una publicación como devolución local del trabajo desarrollado en el marco de un proyecto de Voluntariado Universitario en el que participaron cuatro alumnos de la UNMDP.*
May -07	San Agustín (convocatoria pública).	El taller se llevó a cabo en la Escuela primaria de San Agustín. A partir de la escuela y de este proyecto asociado a un Programa de Voluntariado Universitario, se convocó a la población a participar de un taller sobre el "Historia del desarrollo en San Agustín". Allí concurrieron 12 habitantes locales y se trabajó en ronda con preguntas disparadoras del debate acerca de los proyectos locales de desarrollo exitosos, en procesos y fracasados; sobre el modo de vida, vinculación con otras localidades, emigración, el pasado en la vida local.	*Dado que en San Agustín se había iniciado un trabajo en 2005 con entrevistas personales, se decidió poner en común los problemas y temas planteados por la población, pero en formato de taller. Desde allí luego se tomaron referentes clave a los que se les realizaron nuevas entrevistas personales. Por otro lado, se realizó una publicación como devolución local del trabajo desarrollado en el marco de un proyecto de Voluntariado Universitario en el que participaron cuatro alumnos de la UNMDP.*

Fecha	Talleres	Dispositivo	Fundamento de dispositivo
Jun -08	San Agustín (convocatoria pública).	Se realizó en la Escuela 11 en San Agustín, un taller de dos jornadas con 10 habitantes locales para profundizar la información recopilada en el año 2007, tomando imágenes de video del mismo. El taller trató la temática de la emigración, el trabajo, la prestación de servicios públicos, el pasado y la vida cotidiana, sueños y proyecciones sobre la localidad de los sujetos participantes. Para este Taller se trató de incorporar nuevas voces y a partir de ello se realizaron nuevas entrevistas personales.	*La obtención de mayor material y el intento de capturar nuevas voces que escaparan a las de los referentes sociales, motivó la nueva convocatoria al taller. A su vez su obtuvieron registros fílmicos con lo que, a partir de un programa de Voluntariado Universitario y con la participación de alumnos de grado de la carrera de Geografía, se creó un video documental. Este video posteriormente se entregó a los participantes a modo de devolución y en su proyección se propició el debate entre 50 personas sobre los temas planteados.*
Oct -07	La Dulce (jóvenes rurales).	Este taller fue convocado por la Fundación de la Cooperativa La Dulce, dado el presente trabajo de investigación. De este modo, la fundación, en el marco de un encuentro de Jóvenes Rurales organizó este taller para abordar los problemas de emigración de jóvenes para cursar estudios superiores y posibilidades laborales locales. Se trabajó con 20 jóvenes locales, con papelógrafos, se debatieron ideas y proyectos de vida en la localidad.	*El taller se llevó a cabo a partir del pedido de la Fundación La Dulce, y se considera de valor tangencial para el objeto de esta investigación.*
May -08	La Dulce (convocatoria pública).	Se realizó en el centro de Convenciones de La Dulce, un taller de dos jornadas con 15 referentes locales para profundizar la información recopilada en el año 2007 mediante entrevistas, tomando imágenes de video del mismo. Se trabajó en ronda con preguntas disparadoras del debate acerca de la temática de la emigración, el trabajo, la prestación de servicios públicos, el pasado y la vida cotidiana, sueños y proyecciones sobre la localidad de los sujetos participantes. A partir de este taller se realizaron nuevas entrevistas personales. La convocatoria se hizo pública a través de los medios de comunicación y mediante convocatoria directa de la Fundación Cultural La Dulce.	*El taller se realizó para expandir el trabajo de campo focalizado en Mechongué y San Agustín y en menor medida en La Dulce. A partir de este taller se realizaron entrevistas personales. A su vez su obtuvieron registros fílmicos con lo que, a partir de un programa de Voluntariado Universitario y con la participación de alumnos de grado de la carrera de Geografía, se creó un video documental. Este video posteriormente se entregó a los participantes a modo de devolución y en su proyección se propició el debate entre 200 personas sobre los temas planteados.*

Fecha	Entrevistas	Dispositivo	Fundamento de dispositivo
2005 a 2008	San Agustín	Se realizaron 8 entrevistas semi-dirigidas a la población local, entre ellos referentes políticos y sociales.	
2005 a 2008	Mechongué	Se realizaron 7 entrevistas semi-dirigidas a la población local, entre ellos referentes políticos y sociales.	
2007 y 2008	La Dulce	Se realizaron 5 entrevistas semi-dirigidas a la población local, entre ellos referentes políticos y sociales.	
Abr 2008	Bavio (anexo: Vieytes, Payró).	Se trabajó sobre 4 localidades ubicadas en el centro del partido de Magdalena: Bavio, 1684 habitantes (Censo 2001. INDEC), Vieytes, 295 habitantes (INDEC, 2001). Payró, 70 habitantes (Indec, 2001) y Arditi, 30 habitantes.1. Allí, se realizaron 16 entrevistas semi-dirigidas, proceso de observación cercano a la participación vivida de los habitantes del lugar. El trabajo se desarrolló en el marco del Taller 2 de la Maestría PLIDER, UNLP. Cursado como "curso de Posgrado" y acreditado en la UNS. El taller consiste en "la puesta a prueba de una investigación en el medio rural"; así los autores de este trabajo, realizado durante tres semanas, se basaron sobre una metodología de acceso al campo que involucra la puesta en valor de conceptos teóricos desarrollados durante la maestría y aspectos de práctica en el trabajo de campo, desarrollados en el T2. Durante la primer semana se realizó una entrevista de acceso al campo y se consolidaron elementos metodológicos de trabajo de campo, el diseño de dispositivos de recolección de datos y observación. Durante la segunda semana se desarrolló el trabajo de campo. Finalmente en la tercer semana, se realizó un profundo análisis y recuperación de los datos en función de las preguntas e hipótesis de trabajo. Por último se elaboró una interpretación sencilla de las tareas desarrolladas.	*El fundamento de este trabajo de campo tiene que ver con la búsqueda de experiencias fuera del área sudeste de la provincia. Teniendo en cuenta la hipótesis de esta investigación resulta relevante encontrar acción endógena en pequeñas localidades. Por ello, se eligieron dos casos paradigmáticos en la provincia: Bavio y Patricios. Para ello se tuvo en cuenta el nivel de acciones, eventos y emprendimientos realizados y dados a conocer por las organizaciones intervinientes. En el caso de Bavio: la organización "Por Nosotros"*

Fecha	Entrevistas	Dispositivo	Fundamento de dispositivo
2007 y 2008	Patricios	Se realizaron aproximadamente 40 jornadas de observación participante.	*Tal como se explica en el cuadro anterior, la elección de trabajar en Patricios, como en Bavio, tiene que ver con la búsqueda de experiencias promotoras del desarrollo fuera del área sudeste. Por otra parte, el fundamento del método de observación participante tiene que ver con dos puntos: 1 que probablemente Patricios sea una de las localidades con mayor asistencia de investigadores externos (dado el "fenómeno" del Teatro Comunitario); por ello, el insistir con nuevas entrevistas se consideró hasta molesto para la población. Por otra parte, la asistencia a Patricios derivó en la organización de las Jornadas de Pequeñas Localidades, por lo que se tomo ese marco para trabajar con las organizaciones, los referentes y la población a partir de la "observación participante"*

Fecha	Encuestas	Dispositivo	Fundamento de dispositivo
Oct 2005	San Agustín	Encuestas sobre traslados a localidades vecinas y la zona. Periodicidad, distancias, motivos. Se realizó en forma individual con método probabilístico con una muestra de 15 hogares.	*En la localidad de San Agustín, el Municipio de Balcarce realizó una encuesta sobre vivienda, emigración, origen de la población, deseos de emigrar y destinos de la emigración. La realización de esta encuesta se relaciona con equiparar aspectos tomados en la encuesta de Mechongué, para los cuales en la realizada por el Municipio de Balcarce se habían omitido.*
Nov 2005	Mechongué	Se trabajó en la encuesta socio-cualitativa de Mechongué en la que se incluían aspectos de: vivienda, trabajo, migración, educación, expectativas futuras de vida en la localidad, demanda de servicios. Se tomó el modelo de encuesta probabilística. Se dividió la planta amanzanada de la localidad en 9 zonas de aproximadamente 9 manzanas cada una. Cada zona se encuestó con una pareja de alumnos (encuestadores). La metodología en el terreno para el levantamiento de datos fue la siguiente:	*Para establecer comparaciones con San Agustín y evaluar inicialmente la hipótesis de este trabajo se realizó esta encuesta con un factor de representatividad relevante. A su vez, en el marco de los talleres de Mechongué, se trabajó con el propósito de generar un "acercamiento" del investigador a los habitantes de Mechongué. Los resultados de este trabajo fueron puestos a disposición total de la delegación municipal, el instituto secundario y los alumnos participantes. Finalmente, los datos de esta encuesta, fueron de gran importancia*

Fecha	Encuestas	Dispositivo	Fundamento de dispositivo
		Cada pareja comenzó desde la primera manzana de su zona; luego, desde la esquina norte y el brazo derecho del lado de la pared, se comenzó a encuestar la primera vivienda. Ante una encuesta efectiva, se saltearon dos viviendas para proseguir; ante un rechazo o vivienda deshabitada, se prosiguió con la inmediata. Al culminar la primera manzana se prosiguió con la segunda y así sucesivamente. Se tomó una muestra de 39 encuestas, es decir 39 hogares, lo que resulta el 9,75% de los hogares de Mechongué (según información de la Delegación Municipal existen 400 hogares aproximadamente).	*para la elaboración de las guías de entrevista en esta y otras localidades.*

4.6. *El apoyo de la cartografía social para el trabajo en talleres*

En el año 2008 comencé a practicar la herramienta con alumnos de la Cátedra de Trabajo Social I de la Universidad de La Plata. Dado que la cátedra siempre estuvo muy abierta a innovaciones y ensayos de nuevas ideas, con un grupo de docentes a cargo de los *talleres de cátedra* se puso en práctica la herramienta para evaluar el trabajo de campo grupal, que los alumnos desarrollan todos los años como parte de su cursada. Las expectativas fueron cumplidas y el trabajo se retribuyó en mucho entusiasmo por parte de los decentes colegas y los alumnos. A partir de ello, se decidió realizar esta práctica en La Dulce y en la localidad de Barrow (Partido de Tres Arroyos). La actividad realizada en La Dulce, se enmarcó también como parte de las actividades del Programa de Voluntariado Universitario, Grupo de Estudios de Ordenamiento Territorial, de la Universidad Nacional de Mar del Plata junto con un grupo de alumnos de la carrera de Geografía, coordinados por quien escribe. En ese contexto, y en el marco de la realización de los talleres anteriormente expuestos, se realizaron dos jornadas de actividad de cartografía social con alumnos del 2° y 3er año de polimodal del Instituto Nuestra Señora de Luján. Para la localidad de Barrow, se estableció una jornada de trabajo en conjunto con el área de extensión de INTA Barow y la Fundación Cultural La Dulce. En ese momento, se convocó al grupo de trabajo para desarrollar esta técnica, visto su éxito en La Dulce. En

Barrow, se pudo realizar el taller con jóvenes de 2º y 3er año de escuelas polimodales públicas y privadas de las localidades de Copetonas, Oriente, San Francisco de Belloq, San Cayetano y La Dulce.

La cartografía social se constituyó en este momento inicial como "un apoyo" teniendo en cuenta que las tareas fueron realizadas tardíamente dentro del trabajo de campo. No obstante las variables utilizadas para la construcción y debate de los mapas resultantes, así como sus imágenes, resultaron de utilidad esta investigación.

La metodología que se implementó se basó en las experiencias previas y ensayos de la tarea, así como en la bibliografía consultada de Andrade y Santamaría (1997), García Barón y Colombia (2003), Habegger y Mancilla (2006), Caravajal (2005), Montoya Arango (2007) y Carballeda (2008)[28].

Se trabajó con grupos de no más de diez integrantes; cada uno con papelógrafos y fibras de diferentes colores. La tarea se dividió en tres grandes etapas. Una primer etapa de introducción y explicación de la tarea; una segunda etapa de construcción del mapa y una tercer etapa de socialización de la construcción y debate.

Para la construcción del mapa se solicitó que se elaboraran capas que implicasen diferenciar los aspectos por referencias de libre construcción. Los aspectos de guía más relevantes planteados fueron:

a) el pueblo, ubicación, formas y paisaje;
b) instituciones, lugares de recreación, recursos notables;
c) lugares cotidianos, del día a día;
d) lugares relevantes del pasado (subsistentes o no);
e) vínculos con otros pueblos, vínculos migratorios, y
f) lugares, instituciones, lazos, imaginados en el futuro.

De esta manera se logró construir colectivamente una serie de mapas sociales que hacen de texto. Estos mapas están acompañados de las notas tomadas durante la etapa de socialización. A partir de esto, se pudieron corroborar parte los resultados enmarcados en las conclusiones, a los cuales se arribó a partir del resto de la metodología mencionada.

---

[28] Este trabajo inicial aporta los primeros avances que luego me permitieron profundizar en el estudio y práctica de la Cartografía Social, plasmados integralmente en *Cartografía social. Teoría y método, estrategias para una eficaz transformación comunitaria*, de Editorial Biblos (2018).

4.7 Material de archivo, datos documentales y estadísticos

El material de archivo recopilado en el marco del trabajo de laboratorio y de campo es vasto y se compone de documentos históricos, notas periodísticas de diarios locales, revistas, anuarios, publicaciones de centenarios, panfletos, filmes y microfilmes, fotografías y mapas.

Los datos crudos y procesados se desprenden de los elaborados por los municipios o instituciones gubernamentales y no gubernamentales, como el Ministerio de Desarrollo Humano de la Provincia de Buenos Aires, la Dirección Provincial de Estadística de la Provincia de Buenos Aires, el INDEC y la Dirección de Tráfico de Ferrocarriles Argentinos. A esto se les suman datos extraídos de las fuentes de la Federación Argentina de Cooperativas Eléctricas, de la Federación de Asociaciones de Centros Educativos para la Producción Total, de la Empresa Buenos Aires Gas, Trenes de Buenos Aires, Dirección Nacional y Provincial de Vialidad, Ferrobaires, la ONG Uniendo Pueblos, Unidad de Gestión y Operación Ferroviaria UTE –línea General Roca– y Trenes Especiales Argentinos.

En síntesis, los datos que presento son en su mayoría el resultante de una construcción de investigación que posee un gran espacio otorgado a la recopilación de material archivado, datos crudos y procesados.

En el marco de la búsqueda de esta información, se encontraron dificultades en torno a la recopilación y análisis de datos estadísticos, entre las que se pueden enumerar:

- Difícil acceso a datos específicos de población en localidades de menos de 2000 habitantes. Solo existen datos provisionales para 1970. Los datos que comparten el INDEC y la DPE difieren en algunos casos, en relación con los censos de 180, 1991 y 2001. El censo de 1947, que se encuentra solamente en papel, fue fotografiado en su totalidad de los archivos de INDEC y posee una base con diferente toponimia, lo que demoró la tarea de actualizar más de 360 registros censales.

- No fue posible obtener datos de población en grupos etáreos quinquenales para localidades de menos de 2000 habitantes.

- Fue preciso trasladarse en reiteradas veces a las dependencias centrales de Buenos Aires y La Plata, para la obtención de los datos por parte del INDEC y la DPE.

- Las municipalidades, en muchas oportunidades, no disponen de datos censales actuales o históricos, para las localidades del área de estudio.

4.8. Sistemas de información geográfica y digitalización de la información

Los mapas no solo representan el territorio, lo producen y cumplen la función de familiarizar al sujeto con el entorno; además *naturalizan* el orden de las relaciones que le son permitidas con el espacio, cumpliendo una función ideológica (Montoya Arango, 2007). Dentro de la cartografía digital, herramientas que se disponen desde los sistemas de información geográfica (SIG) de licencia libre, proponen un interesante desafío al momento de integrar los datos que se poseen en tablas para luego analizarlos en el laboratorio. La tarea del geógrafo consiste también en el análisis de estos mapas cargados de datos, para aportar a ideas, teorías y planificaciones que excedan a la simple construcción del mapa repleto de datos. Esta tarea, quizás constituya la labor más importante vinculada a la cartografía actual, el propósito de dar sentido al trabajo monótono de carga de datos que da forma y textura a estos mapas. Para Montoya Arango (2007),reconocer al mapa como un mensaje social, implica una labor de descomposición de la retórica y las metáforas cartográficas y un alejamiento del pensamiento positivista para adentrarse en la teoría social, prescindiendo por principio de la *neutralidad* y la *objetividad* con que se ha revestido hasta ahora el *saber científico*.

Se utilizó esta herramienta de "sistemas de información geográfica" (SIG) con el propósito de ordenar, georreferenciar y sobre todo analizar los datos, a partir de la lectura del mapa. Así, se propone traficar ciertas dinámicas periodizables con variables que parten de datos poblacionales, de infraestructura y servicios. A partir de esto, se han elaborado una serie de coberturas (*shapes*) con datos de los censos nacionales de 1947, 1960, 1970, 1980, 1991 y 2001 y las prestaciones de algunos servicios públicos construidas diacrónica y sincrónicamente, para poder establecer cruces de datos y variables en el tiempo y el espacio, con la finalidad del analizar de las dinámicas territoriales. Para completar el trabajo fue necesario georreferenciar imágenes proporcionadas por organismos públicos a las que se les agregó información georreferenciada de gasoductos, escuelas rurales, cooperativas eléctricas, líneas ferroviarias, localidades y parajes rurales, con el fin de actualizar y completar la información existente, proveniente diversas fuentes de datos[29] que en muchos casos se encontraba incompleta. Posteriormente se agregaron datos a las tablas de atributos y se estableció una simbología con el propósito de establecer comparaciones y visualizaciones que apunten a comprender las dinámicas territoriales en la provincia de Buenos Aires. A partir del trabajo realizado, se ha logrado un importante ordenamiento de datos y su correspondiente georreferenciación; a su vez, al establecerse coberturas diacrónicas y sincrónicas se presenta como un avance en el mapeo de datos indicadores de dinámicas territoriales en el interior bonaerense, contemplado un período temporal de 63 años (entre 1947 y 2010).

Los mapas resultantes tienen el propósito de acompañar el trabajo de entrevistas y análisis del espacio geográfico, entendido desde la perspectiva miltonsantiana como la integración de los hombres, las empresas, las instituciones, el llamado medio ecológico y las infraestructuras. Siguiendo la línea teórica elegida, se utilizó la periodización como dinámica para evaluar las variables, centralizadas en las acciones, la tecnología funcional implantada en el espacio y las normas que lo median (Santos, 1986). A partir de ello, se ha intentado generar los cruces de variables, construir las periodizaciones, y presentar los productos finales que se detallan de modo parcial en este texto.

Objetivo del trabajo en SIG

Construir coberturas espaciales con datos censales, de servicios públicos y de instalación de infraestructura, actualmente dispersos en diferentes soportes y formatos, para poder establecer comparaciones y análisis periódicos territoriales que permitan aportar insumos cartográficos utilizando exclusivamente software de GNU (Licencia Pública General), que permita publicar los resultados sin inconvenientes legales.

---

[29] Los orígenes de las fuentes de datos utilizados pueden verse en la bibliografía. No obstante, cabe resaltar la extraoficalidad de múltiples datos utilizados, sobre todo en el caso ferroviario. Esto se observa sobre todo a partir de la década de 1990. La inexistencia o el desorden de los datos en muchos organismos oficiales como la Comisión Nacional de Regulación del Transporte o el Organismo Nacional de administración de Bienes del Estado, constituye un tema preocupante si se tiene en cuenta que es el Estado quien elabora las políticas de intervención con mayor impacto.

Objetivos particulares del trabajo en SIG

- Recopilar, reordenar y cargar en coberturas de SIG, los datos censales de población para localidades en la provincia de Buenos Aires entre 1947 y 2001.

- Recopilar, reordenar y cargar en coberturas de SIG, los datos de frecuencias semanales de trenes de pasajeros en la provincia de Buenos Aires entre 1960 y 2009.

- Generar coberturas de establecimientos educativos de alternancia, cooperativas eléctricas, y gasoductos troncales y secundarios instalados en la provincia de Buenos Aires.

- Generar coberturas y bases de datos, que permitan sistematizar la información y realizar comparaciones en distintos períodos, como modo de contribución a la gestión y el análisis del territorio.

Cartografiar una parte del problema

La elección de las variables constituye al mismo tiempo un problema y un método. En este sentido, las elecciones de coberturas a crear, basadas en variables que conforman el compendio de gasoductos, cooperativas eléctricas, Centros Educativos para la Producción Total y transporte ferroviario que conforman las coberturas, se vinculan con:

1. La red de gasoductos fue construida por el Estado (Gas del Estado) hasta 1992 y posteriormente por BAGSA (empresa estatal bonaerense de provisión y distribución de gas). En este sentido, se configura como una evidencia territorial en política de Estado.

2. La red ferroviaria de transporte de pasajeros por ferrocarril fue administrada por el Estado Nacional hasta marzo de 1993[30] y luego la administración provincial —y en casos puntuales concesionarios bajo regulación y subsidios estatales— se hizo cargo de los servicios interurbanos. En este sentido la provisión de este servicio constituye un elemento graficable de intervención estatal en el territorio.

3. Las cooperativas eléctricas en muchos casos han sido creadas para abastecer de energía a pequeñas localidades que no disponían de

---

[30] Decreto del PEN 666/89.

este servicio. En este sentido, la existencia de cooperativas de energía eléctrica constituye la presencia de acción social local interesada en la provisión de un servicio público.

4. Los Centros Educativos para la Producción Total se presentan como elementos centrales y fundadores de los programas Pueblos I y II (2007 al 2009). A su vez, la propia génesis de los CEPTS se inscribe como una acción local donde el problema del "despoblamiento rural[31]" es muy relevante.

5. Los censos nacionales se presentan como elemento central para el objetivo de este trabajo.

Metodología en Sistemas de Información Geográfica

Para lograr el objetivo propuesto, se implementaron dos Sistemas de Información Geográfica (SIG) licencia GNU: *Kosmo SIG 2.0 RC1 y QGIS Quantum GIS 1.5.0 Tethys*. Con esta tecnología se pueden administrar datos, vincular aspectos alfanuméricos y gráficos, combinar variables sociales y físicas, permitiendo una rápida generación de coberturas y mapas derivados.

Para todos las coberturas se trabajan en sistema de coordenadas planas faja 3, duatum WGS 84 y Proyección Gauss Krugger. Los formatos vectoriales o raster dependen de la necesidad de trabajo sobre cada cobertura.

Etapas metodológicas en SIG

Inicialmente trabajé en la recopilación de los datos censales, de transporte de establecimientos escolares y gasoductos. Para ello se recurrió al INDEC y la Dirección Provincial de Estadística de la Provincia de Buenos Aires. Luego de las pautas formales para el acceso a la información, se fotografiaron los datos más antiguos y se obtuvieron copias digitales de las bases disponibles. Posteriormente se trabajó relevando los datos

---

[31] En este sentido, la Federación que nuclea a los CEPTS, la ONG Uniendo Pueblos y el Ministerio de Desarrollo Social de la Nación, generaron y pusieron en práctica los programas "Pueblos 1" y "Pueblos 2" que, entre otros aspectos, se proponen "impulsar el desarrollo de las pequeñas localidades a través del financiamiento de proyectos productivos que sirvan para generar más puestos de trabajo y un crecimiento sostenido en cada localidad. Así mismo promueve espacios de capacitación que permitan aprovechar los recursos propios de las comunidades" (Diez Tetamanti, 2006).

ferroviarios contenidos en los *Libros de itinerarios* para las temporadas 1961, 1971, 1980 y 1989, en las 6 líneas ferroviarias nacionales: General Roca (GR), Domingo Faustino Sarmiento (DFS), General Mitre (GM), General Belgrano (GB), General Urquiza (GU) y General San Martín (GSM). Los libros de itinerarios fueron revisados para los ramales que cubren la provincia de Buenos Aires, contabilizando las frecuencias semanales de trenes de pasajeros en formaciones ferroviarias y *coches motor*. Para las temporadas siguientes a 1989 se tomó la temporada 2009, dada la irregularidad de prestación de servicios a partir de la Reforma del Estado. De este modo, se levantaron proporcionados por las empresas Unidad Ejecutora del Programa Ferroviario Provincial, Trenes de Buenos Aires S.A. (TBASA), Unidad de Gestión y Operación Ferroviaria U.T.E. (UGOFE) y Trenes Especiales Argentinos (TEA). Igualmente, se recopilaron y ordenaron los datos de existencia de las cooperativas eléctricas de la provincia de Buenos Aires a partir de la base de cooperativas asociadas a la Federación Argentina de Cooperativas Eléctricas; el trazado de gasoductos a partir de la información proporcionada por Buenos Aires Gas S.A. y las Escuelas de Alternancia (Centros Educativos para la Producción Total) a partir de los datos de la Federación de Asociaciones de los Centros Educativos para la Producción Total). Toda esta información se ordenó para ser cargada en coberturas existentes y/o ser georreferenciada.

En una segunda etapa y procedí a la carga de datos, integración de la información, edición, actualización y procesamiento de la información en las bases de datos georreferenciadas. Como base de las coberturas se actualizaron, editaron y corrigieron *shapes* obtenidos a partir del convenio marco entre la Ca Icia 9 – Sistema de Información Geográfica del Ejército Argentino (SIGEA) y la Facultad de Humanidades y Ciencias Sociales de la Universidad Nacional de la Patagonia San Juan Bosco, 2010. Para ello se cargaron y revisaron 3732 datos censales correspondientes a 622 localidades, 304 tramos ferroviarios para cada temporada, 139 cooperativas, 34 escuelas de alternancia. Igualmente se georreferenció la red de gasoductos trazada en la provincia.

Construcción de las coberturas

Los resultados iniciales se establecieron a partir de los datos censales registrados entre 1947 y 2001. Las capas vectoriales de puntos fueron completadas con los atributos correspondientes para cada localidad. Se utilizaron símbolos graduados y color para los rangos de población

Para analizar los ritmos de crecimiento o disminución de la población en las localidades de la provincia entre 1947 y 2001, se utilizó la fórmula de variaciones porcentuales de la población (VAAP), donde la variable real es la Población Total (para cada localidad en una fecha concreta –censo–); calculada a partir de la siguiente fórmula que permite comparaciones entre los mapas que abarcan periodos de amplitudes temporales diferentes.

$$VAAP = \left(\sqrt[n]{\left(\frac{P2}{P1} \right)} - 1 \right) * 100$$

Donde:

> $P1$ = *Población en el año inicial de periodo*
> $P2$ = *Población del año final del periodo*
> n = *Número total de años del periodo*

Para analizar la relación entre la VAAP y la prestación de servicios ferroviarios de pasajeros, se vincularon las capas de frecuencias semanales de FFCC (lineales) sobre la formula VAAP interpolada a 20 kilómetros y rasterizada.

Para rasterizar las coberturas se utilizó el módulo *Sextante* de *Kosmo 2.1* y luego se mejoró la imagen con la utilidad *Grass* de *QGIS 1.6*. Para facilitar su interpretación, véase inicialmente la referencia general de "interpretación".

Interpretación:

Léase: -8% <<<<<<<<<<<<<<<<<<<<<VAAP>>>>>>>>>>>>>>>>>>>> +15% (∞-/+∞)

Para analizar la relación entre acciones locales (como la existencia de cooperativas eléctricas y la instalación de CEPTs), las obras públicas como el trazado de gasoductos, y la variación de la población según VAAP, se combinaron coberturas vectoriales con raster, al tiempo que se logró eliminar los píxeles rasterizados con valor *null* que se encontraban fuera de la provincia.

El mapa 3 presenta un ejemplo de mapeo con el procesamiento.

Mapa 3. Provincia de Buenos Aires. Servicios semanales de trenes pasajeros y variación de población. 1990-2009

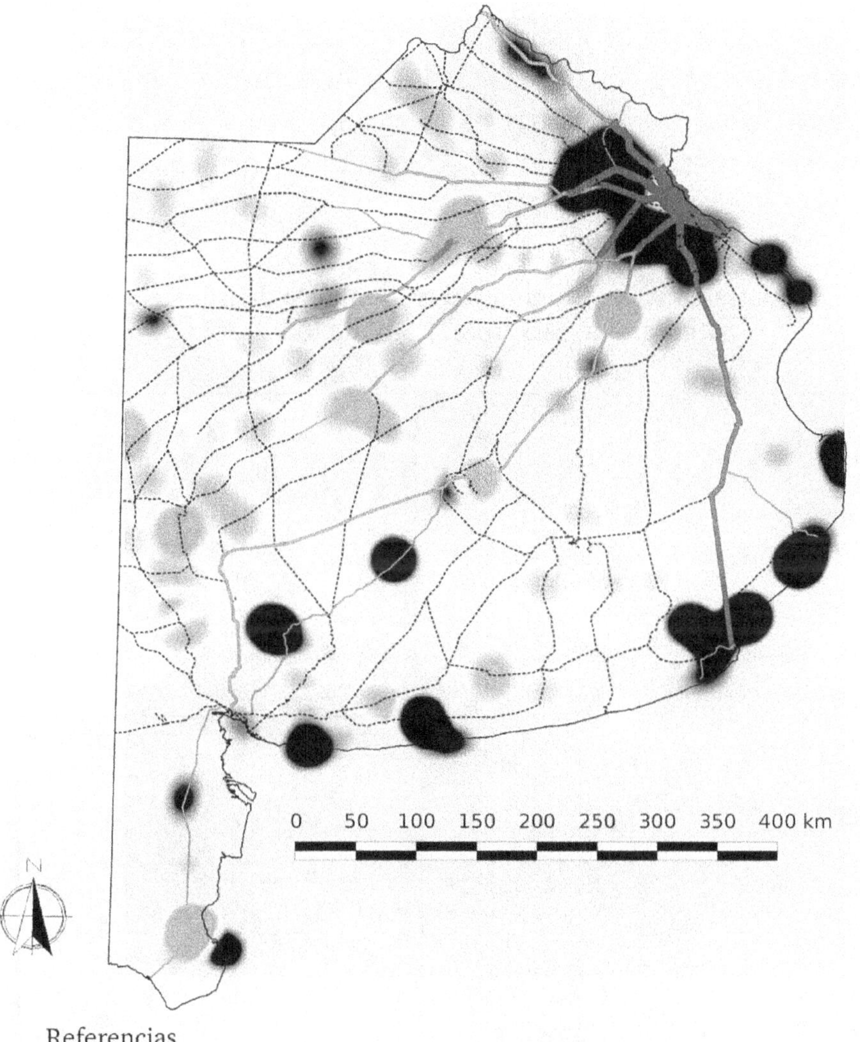

Obtención de los resultados en cartografía SIG

Los resultados obtenidos se sintetizan en una serie de mapas que asocian las variables descritas. La serie está compuesta por: 6 mapas de población para los censos 1947 a 2001; 5 mapas de la VAAP; 5 mapas de la VAAP rasterizados; 5 mapas de trazados y servicios ferroviarios; 1 mapa de cobertura de cooperativas eléctricas; 1 mapa de red de gasoductos y 1 mapa de establecimientos CEPT. A estos mapas deben sumarse las combinaciones realizadas y presentadas en los capítulos siguientes, entre los mismos y las coberturas que sirven de referencia: caminos, hidrografía, partidos y localidades georreferenciadas (sin datos de población).

Ilustración 1: evolución del tratamiento de información mediante SIG libre. Elaboración propia.

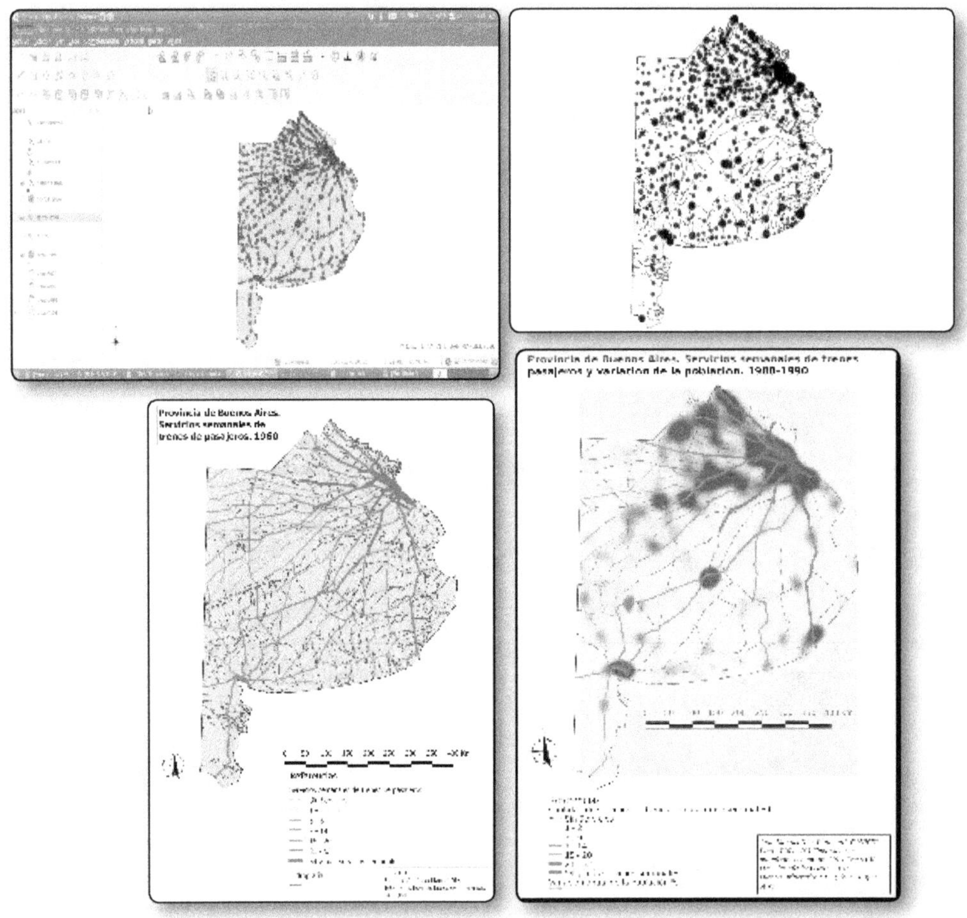

Estos resultados en mapas permiten poseer una base de datos dinámica, georreferenciada y actualizable para las variables trabajadas, lo que constituye un aporte importante para el análisis propuesto en el plan de investigación.

Recopilación cartográfica

Para el trabajo cartográfico se utilizaron las siguientes cartas, mapas y planos, sin mayores inconvenientes para su acceso:

- Instituto Geográfico Militar (IGM): Cartas escala 1: 50.000 y 1: 100.000 de los partidos de General Alvarado, Balcarce y General Pueyrredón.

- IGM: Sistema de información geográfica, en línea: http//www.sig-igm.com.ar, consultas entre junio y diciembre de 2005.

- Automóvil Club Argentino: Carta turística de la Provincia de Buenos Aires, 1970.

- Plano de la localidad de Mechongué. Partido de General Alvarado.

- Plano de la localidad de San Agustín. Partido de Balcarce.

- Plano de la localidad de Patricios. Partido de 9 de Julio.

- Plano de la localidad de Bavio. Partido de Magdalena.

- Imágenes digitales. Satélite Argentino SAC-C, en línea: *www.conae.gov.ar.*

- *Shapes* de localidades, límites, cursos de agua, caminos: Convenio entre Ca Icia 9 – Sistema de Información Geográfica del Ejército Argentino (SIGEA) y la Facultad de Humanidades y Ciencias Sociales de la Universidad Nacional de la Patagonia San Juan Bosco, 2010.

Los pueblos: una constelación de nodos entre el campo y el mundo (1880-1960)

Esta primera parte conforma una introducción al surgimiento de los "nuevos pueblos" en la provincia de Buenos Aires. Estos nuevos pueblos, son las pequeñas localidades, los núcleos urbanos de población rural agrupada. Surgen como lunares en la llanura pampeana; surcados por las vías de comunicación, se ven desde el cielo como los claros que trazan los pozos de petróleo. El análisis toma en consideración el período desde el surgimiento de los pueblos hasta la consolidación de una constelación de pequeñas localidades a mediados del siglo XX, en el marco de un espacio signado por la dependencia y las relaciones de poder externas.

5. La ocupación del espacio en el nuevo mundo agroexportrador. La extensión de la constelación

A finales de siglo XIX, la provincia de Buenos Aires estaba incipientemente atravesada y virtualmente cautiva de las empresas de capitales británicos que construían ferrocarriles, frigoríficos, tendidos eléctricos, líneas telegráficas y telefónicas[1]. El interior de la provincia era un mar

---

[1] Ya para 1875, las inversiones británicas en la Argentina, en ferrocarriles, bancos, tranvías, gas y frigoríficos concentraban £ 9.919.750, lo que representaba el 36,6% del total absoluto de la cartera de inversiones que incluía a los inversores particulares (Mulhall, *The English in South America*, 1878, en Cisneros y Escudé, 2000: 106). "En 1870, el cónsul británico Frank Parish comentaba que actividades tales como ferrocarriles, tranvías, correos de barcos de vapor, líneas telegráficas, bancos, compañías de seguros, compañías de gas y proyectos de colonización estaban creciendo rápidamente en la Argentina. Asimismo, otros proyectos de trabajos públicos –los vinculados al puerto y a las mejoras sanitarias– estaban en la etapa de planificación. La mayoría de estos trabajos eran financiados con capital británico, sea en forma directa a través de joint-stock companies o indirectamente por medio de empréstitos del gobierno respaldados por la Bolsa de Valores de Londres. La deuda argentina en manos de británicos llegaba a 12.000.000 de libras esterlinas en 1872" (Escudé y Cisneros, 2000: 106).

estático donde se habían disputado infinidad de batallas entre aborígenes, españoles conquistadores y, más tarde, criollos independentistas.

Para muchos autores, la ocupación de las tierras de la llanura, y en particular de lo que hoy se denomina Provincia de Buenos Aires, se vincula con el trazado de las líneas ferroviarias. Este postulado, nos desvía del esquema de ocupación que, de más está decir, es anterior a la expansión ferroviaria.

Tanto Gaignard (1979) como Levene (1954) coinciden en que el proceso de poblamiento posterior al indígena en la región de la Pampa (provincias de Buenos Aires, La Pampa, Sur de Córdoba y sur de Santa Fe) deviene de una eliminación del indígena que es suplantado por la tenencia de tierras otorgadas a los militares participantes de las llamadas "conquistas del desierto" y, posteriormente, con la venta de tierras situadas más allá del paralelo 35° Lat. S. y del Meridiano V. "El Estado es partícipe de la construcción de una nueva sociedad: la sociedad terrateniente y burguesa, que opera en las finanzas y en la comercialización de bienes primarios" (Gaignard, 1979: 253). Este proceso de venta de tierras es cuestionado actualmente por diferentes historiadores como Guillermo Banzato, alegando que la apropiación estuvo íntimamente relacionada con un mercado de operaciones políticas y poderes de clase en la ciudad de Buenos Aires del siglo XIX.

Hacia 1869, la población en el interior de la provincia era de 495.107 habitantes, según Ricardo Levene (1940: XXVI) basado en el Censo Nacional de 1869. Para este autor, las campañas del desierto de Alsina y Roca, sumados a la incorporación de sistemas de transporte y comunicaciones asociados a la facilidad de obtención de tierras, facilitó la instalación de los primeros pobladores en el interior bonaerense (Levene, 1940: XXVII).

Las grandes inmigraciones europeas de finales del siglo XIX y principios del XX, de más de tres millones y medio de personas, provenían principalmente de España e Italia. Al llegar al país, los destinos podían ser muy diversos, pero principalmente la inmigración se concentró en los suburbios de Buenos Aires, en las Colonias Agrícolas, o como arrendatarios de campos. Otros en cambio, compartirían con los criollos, las peonadas (jornaleros) rurales.

Para Sarmiento la dinámica de la agricultura estaba en vinculación con la división de las propiedades en un futuro. Esto, para el clásico autor, generaría en un futuro importantes conflictos, ya que los latifundios se enmarcan como una importante barrera al desarrollo y mayores riquezas. "El sistema de repartición de la tierra en la provincia de Buenos Aires [...] es una barrera inseparable a todo desarrollo [...] no hay ejemplo de poseedores de sesenta leguas de país cultivado, sin que haya príncipes, y condes soberanos, y los habitantes sean vasallos, siervos o inquilinos" (Sarmiento, 1942, en Barsky y otros, 1992: 17). La preocupación por los latifundios, vinculados al problema del poblamiento en la Argentina, es un tema que ocupó siempre a Sarmiento.

Según Jorge Sábato, el desarrollo de los saladeros a mediados del siglo XIX para la producción de conchabo, en el marco de enormes extensiones de tierra despoblada, la existencia de ganado cimarrón y la ausencia de transportes y comunicaciones, eran de los pocos recursos disponibles (Sábato, 1991: 50). Para Sábato, la introducción del ganado ovino en la provincia de Buenos Aires hacia 1840 "implica una respuesta a las posibilidades de entrar en el mercado internacional de lanas" (Sábato, 1991: 50). La introducción de ovejas, y una creciente demanda de los mercados externos, generó "un movimiento en favor del ovino, similar a la 'fiebre del oro' californiana; parte de la población porteña emigró al campo, los estancieros sin lanares vendían vacunos o campos para procurarlos [...]" (Giberti, 1974, en Sábato, 1991: 51).

Para Barsky y Posada "el primer cambio operado en el sistema productivo se hace notar a mediados del siglo XIX, cuando las explotaciones dedicadas a la ganadería ovina rodean a [la ciudad] de Buenos Aires. Esta actividad, entra en una aguda crisis de sobre producción a la mitad de la década de 1860; influye sobre ella, además, el proteccionismo imperante en los mercados extranjeros [...]" (Barsky y otros, 1992: 11). En este sentido, los autores aclaran que para contrarrestar el déficit generado por la sobreproducción, se dispone, entre otras medidas "la venta de tierras pertenecientes al Estado bonaerense [...]" (11).

El declive de la producción de ganado ovino, tiene según diferentes autores (Sábato, Barsky, Banzatto) diversas causas, que van desde la disminución en la demanda externa, hasta la caída del precio de la lana y el aumento de la demanda de carne, paralela a la aparición de incipientes frigoríficos.

Para Jorge Sábato, "el reparto de las tierras, hace al funcionamiento directo del poder, mientras el mantenimiento de una estructura de la propiedad, se vincula en primera instancia al funcionamiento de una economía" (Sábato, 1991: 53). En este sentido, para el autor, las mejores tierras fueron ofrecidas en un marco de callados y poderosos intereses, a los sectores más influyentes y cercanos al poder hegemónico, tanto en épocas de la Ley Nacional de Colonización de 1876, como luego de la Conquista del Desierto.

Es interesante notar que durante el periodo roquista de principios del siglo XX, se envió a Juan Bialet Massé a realizar un informe sobre la situación obrera en el interior argentino. Bialet Massé, uno de los precursores de la Ley Nacional 1.420 de educación gratuita, neutral y obligatoria; expresaba su visión sobre el interior diciendo: "Hay en el país, reunidos en una sola mano, hasta 15.000 kilómetros cuadrados, bien que se trate de una compañía, y hay particulares, muchos, por centenares que tienen más de 500 kilómetros cuadrados, verdaderos feudos, pero feudos muertos, inertes, improductivos, en manos de verdaderos perros del hortelano, que no comen ni dejan comer, y que ni siquiera compensan al país una parte del daño que le hacen [...]" (Bialet Massé, 1986: 125). Bialet Massé ya en 1904 se mostraba en contra de la acción de las compañías ferroviarias que aumentaban el flete ferroviario, responsabilizándolas de las pérdidas económicas en la producción para el país.

De la lectura de la tesis de Romain Gaignard, se advierte un campo explotado, que queda al servicio del ferrocarril (del Sud, del Oeste y Central Argentino) y es este ferrocarril lo que inserta al campo en el contexto de las exportaciones. La periferia de la pampa, es donde el ferrocarril se vincula con los chacareros[2] (en las colonias agrícolas), al tiempo que éstos lo hacen con los terratenientes y circularmente, éstos últimos, con las empresas ferroviarias británicas.

Para Raúl Scalabrini Ortiz, el ferrocarril constituye uno de los inventos más trascendentales de la humanidad. No por antojo gran parte de la obra de Scalabrini está orientada a la cuestión ferroviaria. Sin embargo, su pasión no yace en la mera admiración de la técnica y la invención, sino que va más allá y con mirada crítica afirma que el ferrocarril,

---

[2] En este sentido Gaignard distingue a "chacareros" de "estancieros". Los primeros son aquellos que poseen entre 20 y 30 ha. (dedicados principalmente a la agricultura), mientras que los segundos, cuentan con explotaciones que pueden superar las 3000 ha. (dedicadas a la explotación pastoril).

puede ser dueño de tantos bienes como males, según los intereses que se persigan en su traza y operación.

La obra de Scalabrini no es solo interesante por sus datos y documentos, que argumentan en definitiva, una batalla íntima con el imperio británico, sino que a su vez es un postulado que despierta preguntas acerca de lo que a veces nos parece extremadamente indiscutible.

La obra de Scalabrini es, en síntesis, esa batalla contra los intereses del imperio británico que se tradujo, a fines del siglo XIX en obras ferroviarias, frigoríficas y de comunicaciones, que han obnubilado a más de un autor y a miles de argentinos.

En esta línea de pensamiento, siguiendo a Scalabrini, la construcción del primer ferrocarril, el Ferrocarril del Oeste, en manos de la provincia de Buenos Aires y operado por ella durante 27 años, es la caricatura de la introducción de intereses foráneos en el diseño de nuestro orden territorial y, en definitiva, influyente en la dinámica espacial y el esquema de la "constelación de pueblos" de la llanura pampeana.

Según Scalabrini Ortiz en *Historia de los Ferrocarriles Argentinos* el primer ferrocarril de 1854, tiene la particularidad de haber sido auspiciado, promocionado y ejecutado, no por capitales británicos ni franceses, sino por el Estado de la Provincia de Buenos Aires. Con su prosa inconfundible el autor dice que su construcción e historia "[...] asombra e indigna. Reconforta, porque la suma de esfuerzos ordenados que se aúnan en su construcción, en su dirección y en su admiración disipan una vil leyenda que presupone a los argentinos como incapaces de toda tarea constructiva, directiva o administrativa" (Scalabrini, 1995: 25).

La indignación de Scalabrini, reside en que la obra de construcción "asiste a una conclusión desastrosa, luego de tanta energía argentina..." (Scalabrini, 1995: 27), refiriéndose a la posterior venta del ferrocarril en 1890 a la *Western Railway*.

De hecho, en tiempos históricos en los que la hegemonía británica estaba de parabienes comerciales y en el marco de recientes invasiones inglesas e independencias latinoamericanas jóvenes, el contexto político nacional, inserto en la crisis económica de 1890, se debate entre la entrega o no del ferrocarril estatal a los capitales ingleses.

En palabras de Scalabrini, desde el momento en el que el ferrocarril es *comandado* por Gran Bretaña "Ya no responderá a los intereses generales de la provincia, sino a los deseos particulares de los financistas y comerciantes ingleses" (Scalabrini, 1995: 65). Agregando que "la provincia ya no dependerá económicamente de sus gobiernos, dependerá de la voluntad imperial de Inglaterra" (68).

Aquí Scalabrini hace un aporte interesante que en pocos autores puede leerse. Mientras que para Barsky y Gelman "el ferrocarril ayudó en primer lugar la demanda interna de cereales, carne, leche y otros bienes agropecuarios [...]. Por otro lado [...] no significó la eliminación de antiguos caminos de tierra que los gobiernos provinciales continuaron expandiendo" (Barsky y Gelman, 2001: 145); para Scalabrini Ortiz la cuestión es mucho más dramática y determinante de dependencia:

> Económicamente, los productores agropecuarios y los industriales no serán ciudadanos argentinos independientes, serán súbditos coloniales de Su Majestad Británica [...] es la voluntad inglesa de impedir su desarrollo espontáneo, de cercenar sus posibilidades industriosas para mantenerlos en esa latencia impotente de la agricultura y de la ganadería, sin más perspectivas que ellas mismas. Cuando el Ferrocarril Oeste pertenecía a la provincia, toda iniciativa hallaba en él un eco protector. Cuando la Western Railway la sustituye, lo no agropecuario fue lentamente corroído y eliminado (Scalabrini, 1995: 66).

La conclusión de Scalabrini es terminante, luego continúa en el texto con más fundamentos acerca de la afirmación. La cita nos interesa como dato, como interpretación y como original aporte, que proviene de un contexto ideológico e histórico enmarcado en una exaltación de lo nacional que también se ha intentado erosionar.

Aquí es interesante conservar la cita de Scalabrini, para luego avanzar en el análisis, sin dejar de lado el creciente poder hegemónico del impero británico, que ya para principios del siglo XX tendría en su poder y comando muchos de los elementos y componentes del espacio, aquellas variables instrumentales, influyendo notablemente y en coordinación con la clase dominante argentina, en la configuración del espacio rural bonaerense.

Martínez Estrada, en *Radiografía de La Pampa*, también se postula como crítico de "lo ferroviario" alegando que las empresas (británicas) para nada se interesan en la economía nacional, sino que el tráfico es diseñado desde Londres "de allí arrancan y mueren estos ramales subsidiarios" (Martínez, 2007: 74). El autor, con impecable prosa, sintetiza el proceso de construcción de la red ferroviaria uniendo localidades afirmando:

> [...] el trazado de las líneas no obedeció a exigencias económicas ni al estudio de las necesidades del país [...] El ingeniero proyectista de los itinerarios fue el cacique, cuya toldería sitió al pueblo; el ingeniero acató al veredicto irrevocable del cacique, y llevó el riel al pueblo surgido de la discordia [...] El trazado en tal grado adventicio, equivale al dibujo de las constelaciones en el zodíaco (Martínez, 2007: 74).

La descripción de la construcción de *espacio derivado* es evidente en casi todos los análisis que se han postulado críticos al modelo territorial nacional. Tanto Scalabrini como Martínez Estrada y Bialet Massé, coinciden en el establecimiento de trazas foráneas, advirtiendo futuros peligros de desintegración e incomunicación interna.

Afirmar que la traza de pueblos nació en el contexto de las exportaciones es acertado, en el sentido de ubicarlas en un contexto

Ilustración 2: nota del diario *Ecos de San Rafael* del 19 de noviembre de 1903, donde los carreros protestan ante la llegada del ferrocarril.

La Mensajería La Guerrera y los troperos de carros y mulas están muy preocupados, pues piensan que el Ferrocarril los dejará sin trabajo y a eso se agrega que la Municipalidad ha dictado una ordenanza por la cual se les prohíbe estacionar en el Carril Nacional, considerando que entorpecen el tráfico y llenan la atmósfera de humo cuando hacen hogueras para pernoctar.

histórico-económico de la balanza comercial. No obstante, la historia de la ocupación de las tierras y el destino de las producciones en ellas engendradas, nos indica un camino ajeno y derivado de decisiones de poder externas. La misma llegada del ferrocarril a las localidades que fueron previamente fundadas, en muchas oportunidades despertó el temor y la queja de los mensajeros, carreros y otros transportistas, ante la posibilidad de la pérdida de sus trabajos, tal como se ve en la nota periodística más arriba. En este modelo de expansión de la constelación de pueblos, a fines del siglo XIX y principios del XX, los ferrocarriles aparecen, desde el discurso más conservador, como los grandes importadores del progreso y la técnica, como enaltecidos objetos del folclore nacional.

Para Martínez Estrada el ferroviario nos ayuda a ver el destino sudamericano –refiriéndose a su diseño dependentista– "A nada se parece más que a una telaraña. El problema fundamental de nuestra vida

Ilustración 3. Ferrocarriles Oeste, Midland, Sud. Año 1938

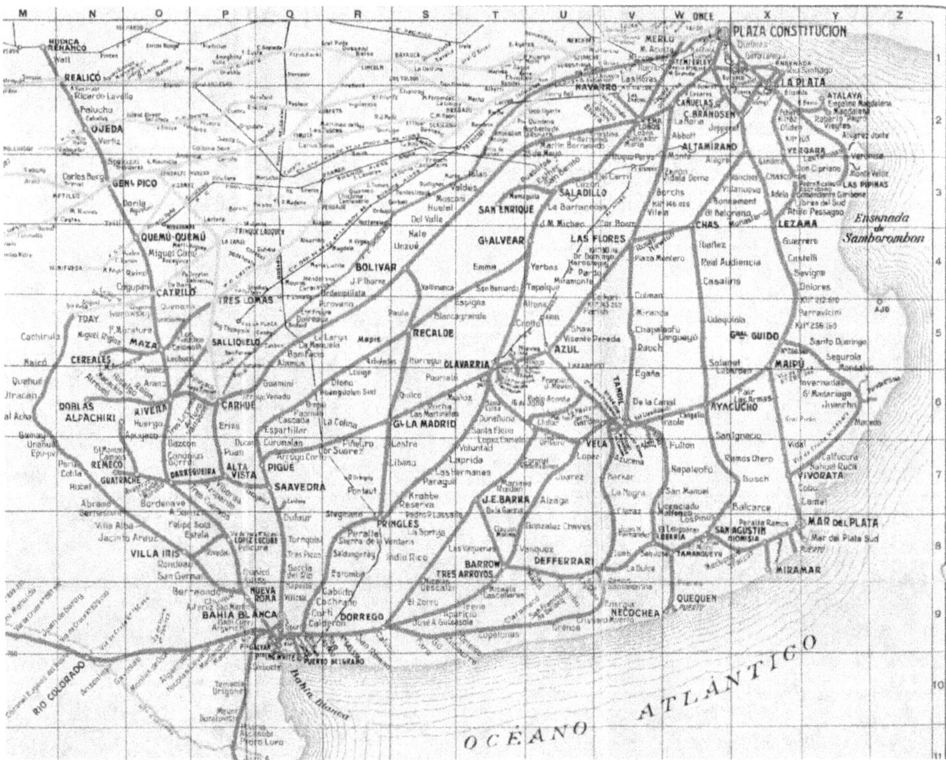

económica es el transporte, porque el problema fundamental de nuestra vida son las distancias, los tamaños, las cantidades y la soledad" (Martínez, 2007: 78) Y es en esa soledad, en la que el autor enmarca el nacimiento de los pueblos... en el aislamiento, el exterminio y la inmigración en busca de riquezas.

La expansión de esa nueva constelación de pueblos se relaciona fuertemente con los remates de tierras en el interior de la provincia, el aumento de la demanda de mano de obra rural fomentado por la agriculturización, la subdivisión de tierras y por la apertura de canales de comunicación, que favorecieron la llegada de esos inmigrantes y la salida de la producción.

En este contexto, el paralelismo entre un inmenso campo minero agricultor –término acuñado recientemente de modo casi mediático para criticar el modelo sojero de los últimos años– no es una novedad. La constelación de pueblos en el contexto agroexportador, con transportes, comunicaciones (el telégrafo) y posteriormente el teléfono (*United River Plate Telephone Company*) en manos de empresas británicas, inmersos en una llanura extensa y poco poblada, se convierten en exponentes serviles de la concentración primaria de los productos exportables y la provisión de algunos servicios básicos para sus habitantes.

> Toda la organización social y productiva, fue sostenida y estructurada por el ferrocarril [...] En las estaciones del ferrocarril, se desarrolló una vida social muy dinámica, que las transformó en centros poblados, algunos pequeños, otros más grandes, pero que con el tiempo se convirtieron en el centro de la vida social local, convocando a los habitantes del lugar a los tradicionales puntos de encuentro: el almacén de ramos generales, y el boliche. (Sili, 2000: 19).

Altamente dependientes de elementos técnicos importados y cautivos de los cuadros tarifarios externos en los fletes, la posibilidad de un trazado autóctono y genuino, se haría cada vez más compleja en el camino de los intentos de retomar el comando nacional con las "expropiaciones" de los servicios públicos de mediados del siglo XX. Hasta mediados del siglo XX, estos pueblos serían células activas y funcionales de un modelo que los convertía en elementos indispensables en el marco de un espacio derivada en el que lo local fluiría atado a los vaivenes comerciales agropecuarios externos y decisiones tomadas en Londres.

En síntesis: un periodo donde la racionalidad hegemónica externa sig-
nó la conformación del espacio del interior bonaerense, a partir de la
dinámica de implantación de infraestructura de transportes y comunicaciones y el modelo concentrado de tenencia de la tierra.

Con atención en la cita de Marcelo Sili, en los pueblos del área de
estudio, tanto el ferrocarril, como las duras condiciones del trabajo rural y la creación de las primeras escuelas, son los elementos que más se
destacan en la memoria heredada de los habitantes.

Este periodo, entre 1880 y 1912, es el periodo pre-fundacional cercano y fundacional de casi todas las pequeñas localidades de la provincia de Buenos Aires. Las fechas que las localidades han tomado para su
fundación, se vinculan, en el caso de las localidades cabecera de partido, con la firma de decretos o leyes provinciales que crean subdivisiones o "pueblos" con el objeto de promover el establecimiento de población. La creación de colonias o subdivisiones de partidos (como en los
casos de General Pueyrredón derivado de Balcarce, o Maipú derivado
de Monsalvo) también son frecuentes para el caso de las creaciones de
nuevos partidos. Sin embargo, para las nuevas pequeñas localidades,
que responden al objeto de estudio, es muy frecuente que la fecha considerada fundacional, coincida con la inauguración de la estación del
ferrocarril. En este sentido, las fechas fundacionales para las localidades
del área de estudio corresponden a San Agustín, el16 de enero de 1909;
La Dulce, el 12 de abril de 1908; Bavio, el 14 de agosto de 1901; Patricios, el 17 de marzo de 1910; y Mechongué, el 12 de mayo de 1911.
Las recientes localidades centenarias, surgieron básicamente sobre los
emplazamientos iniciales de las estaciones ferroviarias. En este sentido,
se entiende que las subdivisiones de las tierras eran preexistentes a la
llegada del servicio ferroviario. Así, las gestiones fundacionales, tuvieron su particularidad en cada lugar, siguiendo un esquema general que
se repite en toda la provincia de Buenos Aires.

Tanto en San Agustín, como en Mechongué, La Dulce y Bavio, los
inicios fundacionales se remiten a los pedidos de los tenedores de las
tierras —en general de los más grandes— a las compañías ferroviarias (en
este caso todas corresponden al Ferrocarril del Sud —*Buenos Aires Great
Southern Railway*—) para que en las cercanías de sus tierras, o dentro de
ellas, se instalase una estación. Así, apellidos como Idoyaga Molina (San
Agustín), Álzaga (Mechongué), Hernando (Bavio) y Olivera o Bullrich

(La Dulce), se leen en documentos y carpetas testigos de algún tipo de memoria, recopilados a lo largo del trabajo de campo. Posteriormente a la instalación de la estación ferroviaria, que serviría para retirar la producción de los campos aledaños en su largo camino agroexportador, los propietarios de las tierras irían solicitando a la gobernación de la provincia de Buenos Aires las autorizaciones para subdividir y/o rematar parte de las tierras con el propósito de fundar los pueblos. La localidad de Patricios tiene su origen vinculado a la Compañía Inmobiliaria Franco Argentina, quien realizó la subdivisión de las tierras lindantes a su concesión de vías férreas en manos de la Compañía General de Buenos Aires —*Compagnie Générale de Chemins de Fer dans la Province de Buenos Aires*—. La localidad de Patricios tiene la particularidad histórica de una génesis vinculada a la operación y reparación de ferrocarriles, lo que la distingue del contexto general de las pequeñas localidades bonaerenses.

En San Agustín, un entrevistado afirmó "*...el ferrocarril era lo más importante que había. Porque yo digo que el progreso aplastó los pueblos chicos*". En general, para la población de las localidades el ferrocarril encerró lo más relevante de la vida social y económica de los pueblos. Quizás el progreso, tal como lo entiende el entrevistado, represente el proceso de profundización de los problemas que más aquejan actualmente a las pequeñas localidades...

En síntesis, el problema geográfico que se presenta en este periodo tiene que ver con la constitución de un *espacio derivado* que implica la construcción de elementos *fijos* y la dinamización de *flujos* que responden más a designios externos que locales. La construcción de ferrocarriles, destinados a la exportación de productos agropecuarios por parte de capitales principalmente británicos, no deja dudas de la factibilidad de definir a la región pampeana como un *espacio derivado*. Se dijo que "si el impacto de un sistema temporal no fuese duradero, cada sistema temporal podría imprimir por completo sus propias marcas en una porción de espacio considerada [...] la acción de un sistema temporal deja siempre rastros" (Santos, 1997: 33). En este sentido, se confirma que a partir de la instauración del sistema temporal agroexportador de fines del siglo XIX y principios del siglo XX, los comandos estaban marcados principalmente por: la oligarquía nacional y su relación con los capitales británicos, y estos a su vez con el poder gubernamental que facilitaba las acciones que intervenían en el diseño del espacio pampeano.

El periodo se comprende con una lente geográfica, a partir de que se implantan los conceptos miltonsantianos a su análisis. Es decir, el periodo histórico resulta elemental para esquematizar los momentos siguientes a partir de (a) la instalación de un paquete técnico importado y sirviente a intereses foráneos y (b) la fundación de un espacio del *hacer* (a partir del sistema agroexportador) bajo los comandos de dos grandes espacios de *mandar*: en primer lugar (por cercanía) Buenos Aires como sede del gobierno nacional y concentrador del sistema de acciones, normas y objetos; y en segundo lugar: Londres, como generador táctico geopolítico y técnico.

Sintéticamente, la racionalidad hegemónica del periodo construye un esquema espacial dependiente, tanto en la técnica, como en su dinámica de esas dos ciudades comando. Entonces: ¿qué posibilidades de maniobrabilidad y autogestión podrían haber tenido las pequeñas localidades desde su génesis?, ¿podría pensarse un desarrollo local con cierto grado de independencia, teniendo en cuenta la virtud de servidumbre que poseían estás localidades?

Son preguntas que quedan para el avance en el texto. Sin embargo, invito nuevamente a reparar y pensar nuevamente en el significado geográfico de esta cita de Scalabrini, cuando afirma que desde el momento en el que el ferrocarril es *comandado* por la Gran Bretaña: "[...] ya no responderá a los intereses generales de la provincia, sino a los deseos particulares de los financistas y comerciantes ingleses" (Scalabrini, 1995: 65), y agrega que "la provincia ya no dependerá económicamente de sus gobiernos, dependerá de la voluntad imperial de Inglaterra". (Scalabrini, 1995: 68). ¿No es acaso ésta, una gráfica clarísima del concepto de *espacio derivado* y de la idea de *espacio de hacer*?

6. El contexto conservador, colonias y desalojos

Ya para el primer cuarto del siglo XX, las *pequeñas localidades*, estos pueblos bonaerenses –insertos en el contexto de las localidades pampeanas– conforman una gran región que funciona a partir de solidaridades y complementariedades trazadas en el seno del modelo agroexportador. Los conflictos rurales con más relevancia se evidenciaron en el periodo irigoyenista, sobre todo en áreas rurales del Chaco y patagónicas. Conflictos como el de "La Forestal" en Chaco o el de la rebelión Anarquista de "La Patagonia Trágica" se encuentran entre los más recordados y lamentables hechos de la historia de los trabajadores rurales, en tiempos en los que los terratenientes aliados al contexto agroexportador con socios británicos y estadounidenses, mantenían a sus obreros en condiciones miserables, llegando a apoyar y colaborar con fusilamientos y torturas de trabajadores, ante las protestas del naciente sindicalismo, importado generalmente por inmigrantes europeos anarquistas.[3]

Los trazos que llevan a la consolidación del "dibujo" del mapa bonaerense, se vinculan a la repartición de las tierras entre las familias asociadas al poder; la demanda de transporte para evacuar la producción generada; el interés de las empresas británicas en barrer con transportes y comunicaciones de las áreas de creciente valor productivo; y el establecimiento de nuevos pequeños núcleos urbanos que abastezcan de los medios de consumo y servicios a la población.

Estos centros de abastecimiento rural, para Milton Santos, o proveedores de servicios como los llaman Gaignard y Sili, son núcleos que cooperan y se complementan, desde el punto de vista del transporte de productos y personas, como los pequeños afluentes de un gran río que desemboca en un delta fragmentado en las ciudades de Rosario, Buenos Aires y Bahía Blanca.

En pocos años quedó formado en la provincia de Buenos Aires un sistema de pequeñas localidades, parajes, puertos, estaciones y ciudades (éstas generalmente preexistentes a la llegada del ferrocarril), donde para el censo de 1947 existían más de 600 núcleos de agrupamiento poblacional identificados.

Para los años 1930, en Buenos Aires se inicia un nuevo proceso de colonización. El gobierno conservador de Manuel Fresco se caracterizó por múltiples obras en el interior de la provincia. La construcción de canales para evitar las inundaciones, la construcción de caminos, puentes, aeródromos, la emblemática obra de Francisco Salamone, en la que se construyeron mataderos y delegaciones municipales; y el proyecto de colonización que según Daniel Sisti (2001) apuntaba a "romper

---

[3] Para más información sobre este tema se sugiere remitirse a *La Patagonia rebelde*, de Osvaldo Bayer, tomo I "Los bandoleros", Editorial Galerna, Buenos Aires, (1972); tomo II "La masacre", Editorial Galerna, Buenos Aires, (1972); tomo III "Humillados y ofendidos", Editorial Galerna, Buenos Aires (1974); y tomo IV "El vindicador", Editorial Booket, Buenos Aires (1997).

el latifundio" fueron, entre otras, las obras que caracterizan esa época como la del "Estado Interventor Modelo" (Longoni, Molteni y Galcerán, 2006). El Plan Vial, la acción del Instituto Autárquico de Colonización y el Instituto de la Vivienda Obrera, el impulso que se otorgó a las comunicaciones, los servicios urbanos, la continuidad de Ferrocarril

Mapa 4: Localidades identificadas por el Instituto Geográfico Nacional en la provincia de Buenos Aires

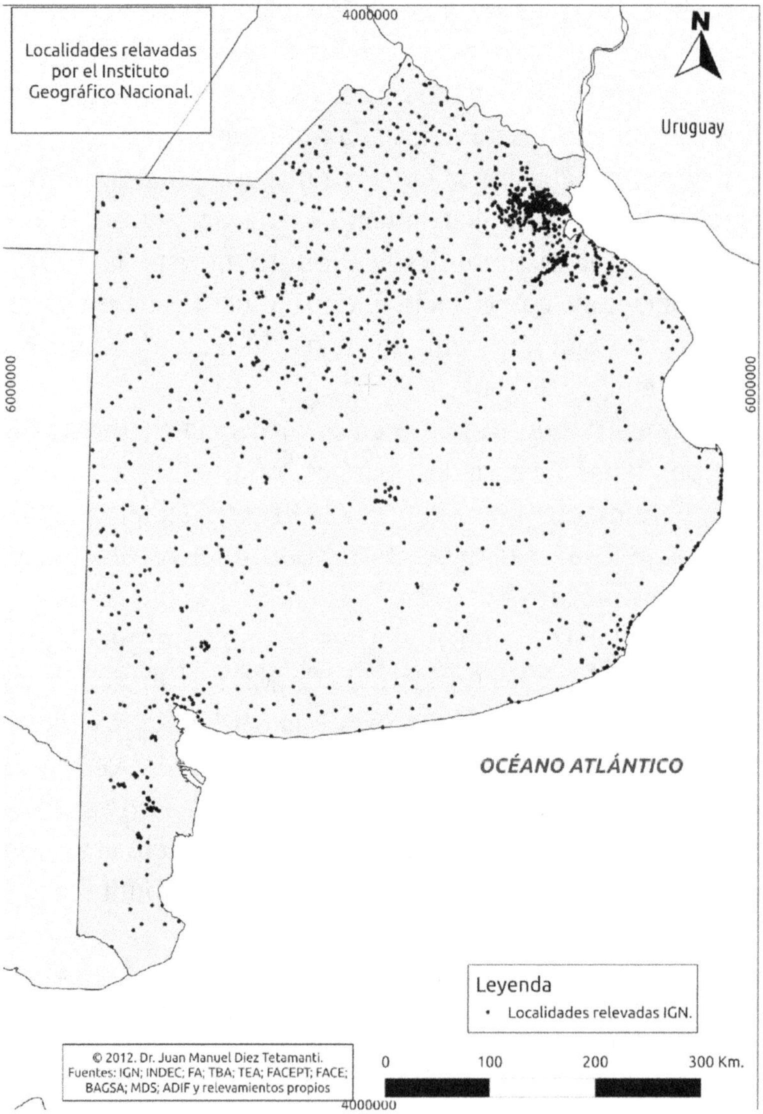

Provincial[4] y la construcción de edificios escolares y sanitarios, fueron parte de la política de obras públicas –a tono con el fascismo europeo– que para algunos sería la pantalla de grandes injusticias y avasallamientos a la libertad. La década del 30 es recordada como un periodo de mínimos derechos sociales, enmarcado en la proscripción de partidos políticos, el fraude electoral sistemático, la intervención de algunos sindicatos y el recordado "desalojo", que se extendió hasta la llegada del justicialismo, con la promulgación de la Ley de Arrendamientos, que se verá más adelante.

Para Rogelio, exdelegado municipal, jubilado de 72 años, el desalojo fue el motivo de su llegada a San Agustín, en los finales del gobierno de Manuel Fresco:

> *[...] vinimos en septiembre del año cuarenta, cuando en aquellos tiempos existía el desalojo, el desalojo urgente, no como ahora [...] por ejemplo nosotros alquilábamos diez hectáreas, o cinco o cuatro, o veinte, entonces el dueño del campo te lo alquilaba por un año, a lo sumo te lo alquilaba por ocho años, y después de ocho años te tenías que ir.*

> *Yo me acuerdo cuando a nosotros nos desalojaron de allá, de Buena Vista, en el cuarenta, antes que a nosotros desalojaron a otra gente que no quería salir. Venía el alguacil, como se le decía en aquellos tiempos, el alguacil [...] Yo me acuerdo que había una familia, un turco, que eran un montón de hijos, y en ese tiempo uno tenía cinco hectáreas, el otro siete, estábamos todos cerca, y nosotros veíamos cómo le tiraban la casa, le enganchaban con los lazos, de las chapas ¡se la tiraban abajo! Y la gente miraba, miraba y cargaba lo que tenía y se iba. Y a nosotros vinieron también, pero yo siempre me acuerdo que mi papá les hizo… mi papá salió con el arma y dijo 'acá no vengan porque al primero que venga acá lo bajo. Yo me voy a ir cuando consiga tierra (Rogelio).*

[4] En el gobierno conservador, continuó con la construcción del Ferrocarril Provincial de Buenos Aires. La obra fue iniciada en 1909 con el objetivo de bajar las tarifas del transporte en manos del monopolio británico. Esto evidencia aún más la falta de comando ejecutivo y legislativo con respecto a las ferroviarias británicas. El Ferrocarril Provincial, tuvo una corta vida y muchos proyectos de extensión fueron truncados. Partiendo de Avellaneda y La Plata, se extendió hasta Meridiano V, Azul y Olavarría. Es llamativo observar que las estaciones que componen sus ramales, en muy pocas oportunidades lograron pasar a ser pequeñas localidades. Los problemas de *hinterland* y conflictos con los ferrocarriles del Sud, Oeste y Midland, condicionaron su existencia, la cual fue una de las primeras en desmantelar, el gobierno de Arturo Frondizi.

El relato de Rogelio es más que gráfico al describir las condiciones inestables en las que se vivía en ese periodo. Irónicamente el beneficio de "ser dueño", sería mucho más que un *"inmenso beneficio"* –como anuncia el cartel (ilustración 4)– en un contexto donde la situación para aparceros y arrendatarios sería muy desfavorable.

Para Javier Balsa, en un interesante trabajo sobre el pensamiento y discurso en torno a los latifundios de la clase dominante argentina: "En el discurso de los años veinte y treinta, este 'agrarismo moralizante' se articulaba algunas veces con otra variante agrarista que se podría definir como 'anti-industrialista', pues insistía en una defensa de la economía

**Ilustración 4: Afiche promocional del Régimen
de Colonización de la provincia de Buenos Aires en 1940**

FUENTE: *MANUEL FRESCO. CUATRO AÑOS DE GOBIERNO 1936-1940.* LA PLATA. ED. GOBIERNO DE LA PROVINCIA DE BUENOS AIRES. 1940.

rural, como producción natural de Argentina, frente a una industrialización presentada como 'artificial'" (Balsa, 2008).

Para Gaignard, durante la crisis financiera de 1929 se manifiesta un cambio en la lógica agroexportadora, se vivencia una crisis relevante para aparceros y arrendatarios. Este marco no indica un nuevo proceso de concentración de las tierras. El sector pampeano, hacia la década de 1940, queda dominado por la especulación pastoril. A este suceso se le debe sumar el crecimiento demográfico generado por las inmigraciones, que propiciará como consecuencia, una disminución de las exportaciones y un aumento del consumo interno de carnes.

Buenos Aires, La Plata y Rosario, hacia el primer tercio del siglo XX, concentraban a los frigoríficos más importantes de la región y el país, que a su vez habían sido beneficiados por "las buenas épocas" para la ganadería, durante la primera guerra mundial. Hacia mediados de la década de los 40, el proceso de sustitución de importaciones y el aumento del consumo interno de carne, llevó al quiebre de los grandes frigoríficos. Paralelamente, éstos ya venían siendo reemplazados por los incipientes "mataderos" ubicados en las localidades menores (Azul, Balcarce, Tandil, Chascomús, etc.). Este cambio de destino de las carnes, o bien del baricentro de los centros de comercialización de carnes, enmarca también un refortalecimiento de las poblaciones menores allegadas al espacio rural.

La década de 1930 marcó en opinión de Aldo Ferrer, un periodo en el cual el país necesitaba cambiar su estructura económica, pero "la permanente gravitación del pensamiento económico y la acción política de este grupo –de la generación de 1880– constituyó uno de los obstáculos básicos del desarrollo nacional" (Ferrer, 1963, en Jauretche, 2008: 26). Se coincide con Ferrer en el punto de que "la propiedad territorial en manos de unos pocos, aglutinó la fuerza representativa del sector rural en un grupo social que ejerció, consecuentemente, una poderosa influencia en la vida nacional" (Ferrer, 1963). Las políticas de libre comercio implementadas casi de modo perenne entre 1880 y 1946, y la asociación de estos grupos sociales nacionales a los intereses extranjeros, opuestos a la integración nacional territorial, económica y social, se observan como producto en la esquematización del mapa y sus flujos circulatorios. Flujos que asentaron el camino de la exportación exclusiva de materias primas, la dependencia de maquinaria y la formación de una clase terrateniente acomodada.

"Inglaterra será el taller del mundo y América del Sur su granja"[5]. La Argentina iría así consolidándose como una pieza fundamental en el sueño de los industriales manchesterianos. Durante los festejos de Julio Roca (hijo) en 1934, cuando se firma el tratado Roca-Runciman en el que se acordó venderle a Gran Bretaña carnes a los menores precios del mercado mundial, otorgarle exenciones impositivas para los productos manufacturados Británicos, a lo que se le sumó la adjudicación del monopolio transportista de Buenos Aires a Gran Bretaña, entre otros actos "beneficiosos para la independencia nacional"; emanó la frase roquista "la Argentina es parte virtual del Imperio Británico" (Jauretche, 2008: 26). Quizás no sean necesarios más comentarios ni citas, para dejar plasmado el espíritu de esa "generación del 80" tan aclamada por algunos como detestada por los más independentistas. "Llegaremos a exportar manufacturas dentro de mil años" expresó Mariano Billinghurst, otro integrante de la generación del 80 e importador de material ferroviario y tranviario.

La crisis financiera de 1929 y la "década infame" también afectaron a las pequeñas localidades, dada la gran inestabilidad tanto económica como de carácter político y jurídica (de tenencia de la tierra, como se ha visto) en la que se vivía. Los gobiernos de la década del 30 se caracterizaron por grandes escándalos de corrupción y la continuidad de las concesiones de los servicios públicos a las empresas británicas. Paralelamente, desde sectores críticos en el sentido de la des-industrialización[6],

---

[5] Frase enunciada por el economista británico Richard Corben a fines del siglo XIX.

[6] Javier Balsa, comenta con respecto al discurso del agrarismo crítico del latifundo, que "incluso la vertiente liberal del conservadurismo bonaerense promovió políticas en su contra. En 1940, el ala liberal había desplazado a Fresco y sus seguidores del gobierno de la provincia de Buenos Aires y, en 1942, el gobernador Rodolfo Moreno propuso un gravamen especial a las grandes propiedades. El proyecto apuntaba a estimular el fraccionamiento de la tierra y, para ello, instituía un gravamen adicional al impuesto inmobiliario vigente sobre las propiedades de más de 10.000 hectáreas, con una tasa progresiva que comenzaba con el 6 por mil, incrementándose un 2 por mil cada 5.000 hectáreas, llegando al 14 por mil para las propiedades de más de 30.000 hectáreas. Y lo notorio no es solo que las Cámaras bonaerenses aprobaran este 'impuesto al latifundio', sino las líneas argumentales que los propios conservadores sostuvieron en los debates parlamentarios, a favor de que la tierra pasase a manos de quienes la trabajaban, quedando muchas veces en posiciones mucho más contundentes que los radicales y

se comenzaron a esbozar las ideas que denunciaban la dependencia económica y el "neocolonialismo", impulsando la nacionalización de los servicios públicos, en el seno de agrupaciones políticas como FORJA (Fuerza de Orientación Radical de la Joven Argentina), integradas por intelectuales como Scalabrini Ortiz, Arturo Jauretche y Homero Manzi, entre otros. Estos grupos, son los que años más tarde encarnarían parte del espíritu del justicialismo, donde de a poco iría acrecentándose aún más la dualidad política que subsiste hasta nuestros días entre dependencia e independencia, país agroexportador o país industrial.

El contexto de este periodo histórico es transicional entre el de la generación de 1880 y el gobierno justicialista de 1946. No es este pasaje una mera revisión histórica de acontecimientos, si no, el telón de fondo de la continuidad de un modelo dependentista tanto en el sentido económico, como político, que tiene como elementos funcionales a los componentes del espacio. Es decir, el espacio se compone de servidumbres atentas a los intereses foráneos. Paralelamente, como contraparte, aparecen las primeras cooperativas en las pequeñas localidades, se profundiza la construcción de un ferrocarril provincial y se atiende a programas de colonización. Sin embargo, todo esto no logra romper el esquema de *espacio derivado* ni la estructura de *comandos* instalada. Desde la perspectiva geográfica, el esquema de *espacio del hacer*, en conjunto con una dependencia de la *técnica* utilizada en los *objetos* que pueblan el espacio, se complementa con un sistema que va desarrollándose al compás de las exigencias de la ciudad de Buenos Aires y las exportaciones. Como contraparte, en las pequeñas localidades se potencia el *espacio del hacer.* La actividad agrícola-ganadera permite el asentamiento poblacional y su empleo rural. Los primeros servicios públicos, irán cubriéndose a partir de la llegada de las compañías británicas y luego,

---

los socialistas, quienes se centraron en cuestiones menores u objeciones de tipo general. Así, se pudo escuchar a Antonio Santamarina plantear que 'esta ley no busca sino apoyar la paulatina desmembración de las grandes propiedades, para que las tierras vayan llegando lentamente, naturalmente, a las manos de quienes, por trabajarlas con su propio esfuerzo, habrán de hacerlas producir más y mejor, en beneficio común'. El propio mensaje del Ejecutivo, que acompañó el proyecto, destacaba que casi un sexto de la superficie total de la provincia estaba en manos de solo 272 personas". Al mismo tiempo, señalaba con preocupación "los desalojos de colonos, la eliminación de la agricultura y la dedicación de los campos a la ganadería con prescindencia del poblador al cual se elimina" (Balsa, 2008: 13-14).

en otros lugares, con la aparición de cooperativas locales. No hay ni en
este periodo, ni en el anterior, una concepción del *bien común* en la
prestación de lo que actualmente se denominan *servicios públicos*. La
provisión de servicios fue otorgada a partir de negociaciones entre las
zonas rurales explotadas, el trazado de los transportes y la existencia de
núcleos poblacionales que luego formarían localidades. La demanda
de servicios, daba lugar a la existencia de servicios, más que aportar a la
cobertura de un *bien común* se abría la posibilidad de "hacer negocios"
a partir de la demanda.

7. La gambeta al modelo agroexportador. El periodo peronista

El periodo peronista, que se extiende desde 1946 hasta 1955, es uno
de los más polémicos de la realidad política, histórica y organizacional
argentina. Omitirlo constituye un pecado insoslayable, desde el punto
de vista del quiebre que este periodo generó no solo en el pensamiento
nacional, sino en casi todos los aspectos de la vida argentina. El periodo
peronista ha generado toneladas de escritos, tanto en apoyo como en su
contra, así como material analítico o de polémica. Las leyes emanadas
en este periodo (como la de arrendamientos rurales, de la que se hablará
en este capítulo), las acciones directas de nacionalización de empresas
de servicios, el acceso a beneficios sociales por parte de los trabajadores
y el voto femenino, son alguno de los aspectos más recordados de las
dos presidencias del General Perón. Es necesario recalcar que el periodo no está exento del contexto mundial, ni mucho menos del contexto
de los nacionalismos latinoamericanos como Getulio Vargas en Brasil o
Velasco Alvarado en Perú.

En el primer Plan Quinquenal, se propone "afianzar la reforma social
mediante independencia económica", lo cual según el Capítulo X del
Segundo Plan Quinquenal "no podía lograrse sin industrializar el país
y sin la nacionalización correspondiente de todos los *servicios públicos*"
(Segundo Plan Quinquenal, 1953: 163). Este punto es relevante, ya
que es la primera vez que se ejecuta una "reforma social" que implica
nacionalizar los *servicios públicos* y apunta a al *bien común* desde de la
denominada "justicia social". El esquema que se trazó en el capítulo
sobre conceptos teóricos, toma valor en este periodo. Así, los Planes

Quinquenales, componen la *gran política pública*, que a partir de obras ejecutan infraestructura para generar *servicios públicos*. A su vez, el manejo, de la tenencia, de la gestión, es decir, el *comando* es asumido totalmente por el Estado. Esto no significa una visión romántica de la gestión estatal de los *servicios públicos*, sino sencillamente, el rescate del papel estatal como garante del *bien común*.

En el texto del Plan Quinquenal se insiste en varios pasajes, en que "los países que no desarrollan su industria, no salen de la etapa económica semi-colonial". Evidentemente, si este postulado se inscribe como elemental en el discurso peronista "de la primera hora" no ha de haber hecho gracia a quienes basaban sus privilegios exclusivos, en la estructura de país que reinó desde la generación de 1880. El nuevo contexto nacional se asentaba en un contexto internacional en el que la Segunda Guerra Mundial estaba culminando, y el proceso de sustitución de importaciones se había iniciado tímidamente para contar con los objetos técnicos que habían dejado de ser importados, a causa de la guerra en el hemisferio norte. Así, la mayoría de las empresas de *servicios públicos* dependientes del Estado provienen, del primer gobierno peronista del año 1946, etapa en la cual, estas empresas fueran expropiadas y cobraran un sentido de aplicación social. Por recordar a algunas de ellas, se pueden mencionar Agua y Energía, Banco de la Provincia de Buenos Aires[7], Empresa Nacional de Transportes (posteriormente Empresa de Ferrocarriles del Estado Argentino y Ferrocarriles Argentinos), Administración General de Puertos, Dirección Nacional de Granos y Elevadores (posteriormente Junta Nacional de Granos), Marina Mercante Argentina, Teléfonos del Estado (posteriormente ENTEL) entre otras.

Estas empresas, convertidas en herramientas de *comando* no participaban solo sobre un nivel del sistema de producción, sino sobre todos los niveles, en forma total o parcial, como sistemas interconectados. Esta característica de sistema, garantizó hasta 1991 (con las particularidades de cada periodo que fue erosionándolo) el gerenciamiento

---

[7] El Banco de la Provincia de Buenos Aires, principal entidad financiera e hipotecaria de la provincia, funcionó entre 1906 y 1946 como una institución mixta, esto es, privada-estatal. En 1946 se disuelve la sociedad y surge el BPBA, como banco estatal. Esta reforma se enmarcó en la nacionalización del Banco central de la República Argentina (creado en el Gobierno de Agustín Justo con participación británica en el directorio) y de los depósitos del sistema (Bonnín, 2006: 6).

por parte del Estado de políticas de subsidios indirectos y directos. Un ejemplo lo constituye la ex Dirección Nacional de Granos y Elevadores:

> Desde el punto de vista operativo, los centros de acopio, las agencias y los elevadores, que representan sus principales herramientas, cumplieron un rol protagónico en el mercado interno y externo. En el mercado interno, la Dirección Nacional de Granos y Elevadores establecía, sobre todo en zonas marginales, centros de campaña con agencias o centrales de acopio, desde donde se administraban todas sus funciones de centro, regulación y financiación mencionados. Paralelamente, al trabajar en conjunto con Ferrocarriles del Estado y la Administración General de Puertos (ambas empresas monopólicas estatales hasta 1991), la Dirección Nacional de Granos y Elevadores establecía subsidios indirectos a la producción y el consumo. Antes de los periodos de cosecha, la Dirección Nacional de Granos y Elevadores, en conjunto con Ferrocarriles del Estado, y la Administración General de Puertos establecían programas de trenes y embarques relacionados con las demandas y la oferta de producción interna y externa. (Diez Tetamanti, 2005).

Las expropiaciones realizadas en el gobierno peronista, se relacionan con un periodo en el que las bases de comando de las empresas de servicios (en su mayoría británicas y francesas) se encontraban debilitadas por su participación en la Segunda Guerra Mundial. La Argentina, como otros países, se vio en la necesidad de cubrir la demanda de productos industriales, que hasta el momento eran importados. Sin embargo, el proceso de sustitución de importaciones ya se había iniciado durante la llamada "década infame", proceso que provocó una primera inmigración del *campo a la ciudad,* en la que la naciente industrialización atraía mano de obra hacia la ciudad de Buenos Aires.

Para Arturo Jauretche, el problema argentino referente a la configuración del territorio nacional se resume en resolver la disyuntiva de si "somos una nación o somos una granja" (Jauretche, 2007: 31) en el fragor del debate que ebullía a mediados del siglo XX, entre *industrializar o agroexportar.* Jauretche se pregunta si "producimos para la grandeza de nuestro pueblo, o producimos para la grandeza del otro" (31), poniendo sobre la mesa lo que posteriormente, autores del movimiento peronista, llamarían *nuevo colononiaje,* aludiendo a las políticas aplicadas luego de la caída de Perón. Dice Jauretche: "no necesitamos más gente en el campo, necesitamos menos, y más técnica y mejor nivel de vida.

Necesitamos la gente en las ciudades con abundante ocupación industrial. Necesitamos también la diversificación de la producción rural, que vendrá con una producción intensiva" (31). Para el autor, el logro de esa producción rural intensiva se podría alcanzar a partir de un aumento en la capacidad adquisitiva de la población en las áreas urbanas.

En este contexto, las *expropiaciones* de las empresas públicas constituyeron el primer paso del país en pasar a tener el dominio de sus flujos y producción energética, de los transportes, las comunicaciones, los elevadores de granos, además de los depósitos bancarios, el Banco Central y el comercio internacional a través del Instituto Argentino de Promoción e Intercambio.

Las reformas fueron implementadas en un contexto de altos precios de las materias primas y una fuerte demanda del mercado internacional. La mayoría de las reformas fueron incluidas en el marco del Primer Plan Quinquenal de la Nación. Las propagandas de la época mostraban al plan como la toma de posesión territorial, económica y social, tanto de los servicios públicos, como de los entes o direcciones reguladoras. (Ilustración 5)

Más allá de las polémicas que suscita el tema, tan arraigado a la sociedad argentina, como lo es la extensa puja y discusión entre peronistas y anti-peronistas, en este contexto es cuando por primera vez se tiene la posibilidad de ejercer poder sobre lo que Élido Veschi llama *variables instrumentales*. El cambio en la *dinámica espacial*, en el sentido de la posibilidad de *comando*, la existencia de un *nuevo orden,* con *normas* que se oponen en gran medida a las *racionalidades* que dominaron la construcción del *espacio,* desde la consolidación de la Argentina como *agroexportadora.*

Quizás el acto de tomar posesión de los servicios –ya que estos nunca antes habían estado en manos del Estado argentino, con la excepción de algunos casos[8]– se relacione con la pregunta de Milton Santos, cuando plantea: ¿cómo luchar adecuadamente para recuperar algo del

---

[8] Los Ferrocarriles del Estado, que luego se transformarían en la línea Belgrano Norte ya estaban en manos del Estado. Por otro lado, las líneas ferroviarias provinciales también actuaban bajo la órbita estatal. Sin embargo, se constituyeron como técnicamente dependientes de la provisión británica. A partir de 1948, emergen fábricas que tienden a disminuir esta dependencia, con la aparición de empresas privadas y públicas de construcción de material ferroviario como FADEL o Buriasco.

Ilustración 4: afiches Plan Quinquenal del primer gobierno peronista

FUENTE: ARCHIVO HISTÓRICO DE LA PBA.

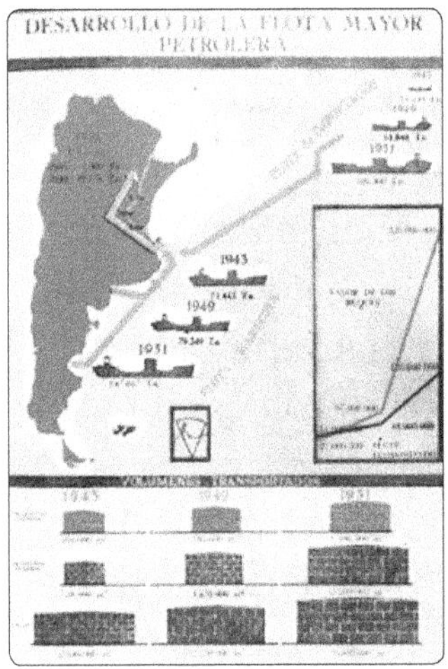

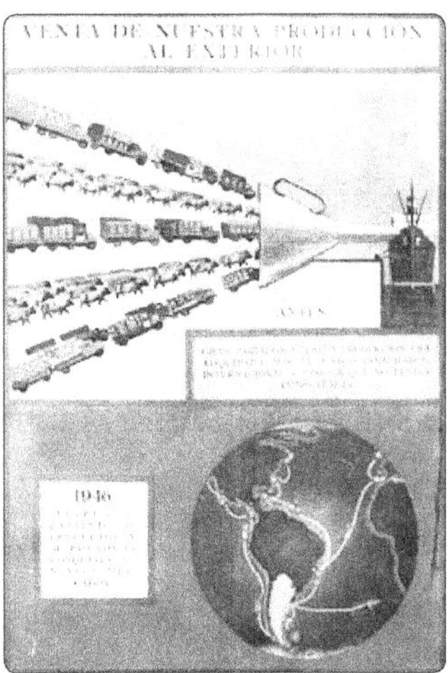

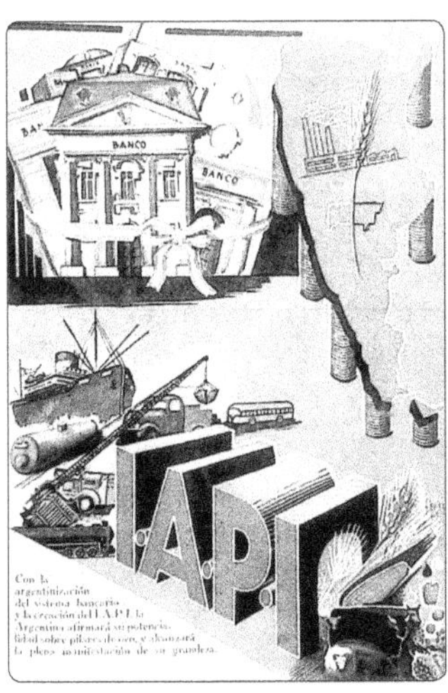

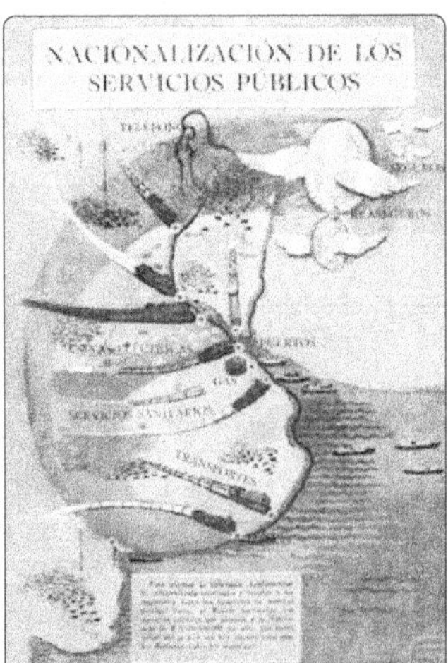

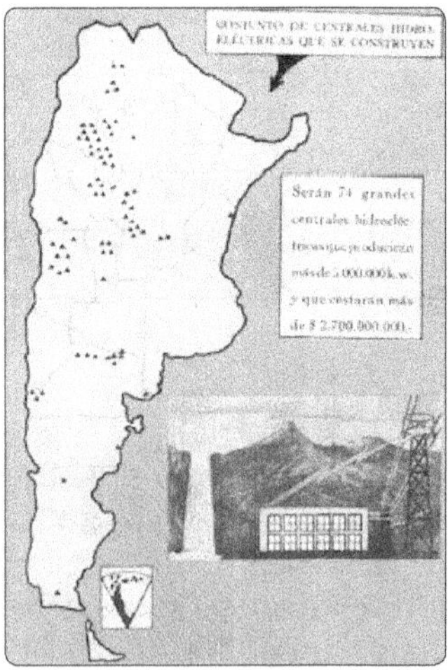

comando de la evolución y si esto es como rehacer la planificación regional? En medio de la coyuntura, quizás quede la duda sobre si el proceso se formuló de modo adecuado o no.

En torno a este periodo no se han podido rescatar grandes testimonios vividos en las localidades del área de estudio. No obstante, algunos de ellos pueden transcribirse y se presentan a continuación.

Luciana, es una docente de Mechongué de 70 años que vivió toda su vida en el pueblo. Su abuelo llegó en 1904 y toda su familia vivió allí. Recuerda que *"en el gobierno de Perón, sorprendía que mucha gente con mucho dinero, estancieros... destruyeron los palacios, con miedo a que se los expropien, ¡los mismos dueños tiraron abajo palacios, estancias!"*

En San Agustín, el Rogelio de 77 años que anteriormente comentó que llegó a la localidad en a mediados de los años 40 a causa de los desalojos a los arrendatarios que sucedían con frecuencia en el periodo de "la década infame". Recuerda que

> *nos vinimos acá porque* [mi papá] *adonde consiguió campo, fue el único lugar adonde consiguió campo alquilado. Fue casualmente para la época de Perón, cuando Perón no permitió más los desalojos. O sea nosotros vinimos en el cuarenta y pico y estuvimos hasta el año… yo me casé en el sesenta… Y hasta cerca del setenta, o sesenta y cinco, no recuerdo bien, estuvo mi familia allá. Y bueno, y después* [el campo] *se entregó.*

En la localidad de La Dulce, Hansen, de 67 años, es hijo de inmigrantes daneses. Los padres llegaron en el primer cuarto del siglo XX, y de su infancia dice: *"la mejor época que recuerdo es la de Perón, porque fue cuando pudimos* [la familia] *comprarnos el campo... mi padre alquilaba y con los créditos que se daban en esos momentos se pudo comprar el campo a los dueños. Fue una época buena porque cuando se la compara con los años anteriores, acá había mucha más pobreza y ni se pensaba en comprar un campo".*

El periodo coincide además con la construcción en La Dulce de la Unidad Sanitaria, el asfalto urbano y el acceso, la intención de instalar una sucursal del Banco Nación, y la creación de la cooperativa eléctrica, una mejora en la iluminación pública, y el otorgamiento de subsidios a entidades deportivas y educativas en la localidad. En el libro centenario de La Dulce, puede leerse para el año 1950:

> Al transcurrir la mitad del siglo XX, se encuentra al pueblo de La Dulce gozando de algunas importantes conquistas, que indudablemente vendrán a mejorar su calidad de vida y a proyectarse al futuro sobre bases más firmes [...] en solo un par de años se logró que las calles céntricas conocieran el asfalto, que la Dulce quede unida a la red vial nacional, que se pavimentara el acceso a la ruta 86, que se mejore iluminación pública, que los productores y comerciantes contaran con una sucursal bancaria, que se construyera una moderna Unidad Sanitaria, que recibieran alguna ayuda las escuelas y las entidades deportivas, y en fin, se encendiera una luz de esperanza sobre la posibilidad de un futuro con menos necesidades y mayor bienestar (Maya, 2008: 141).

Es un periodo en el que las obras se multiplican en las áreas rurales, directamente impulsadas por el Estado. En San Manuel (partido de Lobería), por ejemplo "El gobierno del Sr. Mercante, en 1946, manda a construir la actual escuela, la delegación municipal y la comisaría". (Francheschutti y otros, 2009: 6).

El periodo es relevante tanto desde lo que se puede cuantificar como lo que no. Tan relevante como la polémica que suscita. Entre 1946 y 1952 se crearon más de 365 instituciones de salud,[9] sin contar algunas de las pequeñas salas rurales de atención primaria.

En la provincia de Buenos Aires, un artículo publicado por Juan Ghisiglieri en la Asociación de Amigos del Archivo Histórico de la Provincia de Buenos Aires, rescata que "En 1948 se promulgó la Ley orgánica de Colonización que reorganizó el Instituto [...] Cinco colonias en General Pinto, General Villegas, Necochea, Tandil y Florencio Varela albergaron a 370 familias. A estas se sumó la Colonia de Carmen de Patagones. Se expropiaron 27 campos cubriendo una superficie de 147.462 hectáreas en diversos partidos de la provincia, incluidos el actual parque Pereyra Iraola y el Swift Golf de la localidad de Manuel B. Gonnet. Patrocinó esta gestión la creación de 238 cooperativas agrarias".

El Estado provincial reglamentó y ordenó la legislación referente al transporte público en especial en zonas rurales, estableció 10 estaciones zootécnicas y de inseminación artificial así como la instalación de frigoríficos con apoyo estatal.

[9] Según datos relevados en la Secretaría de Ciencia y Técnica de la Nación, http://electroneubio.secyt.gov.ar/Ramon_Carrillo_lista_de_establecimientos_creados.htm.
En algunos foros no oficiales se cuantifican en más de 4000 los establecimientos sanitarios creados entre 1946 y 1955.

La distribución de gastos en el Plan Trienal de Trabajos Públicos del período 1947-1949 aprobaba obras por valor de 836 millones de pesos en ramos como hidráulica, obras viales, viviendas económicas, arquitectura, etc.

> El Plan integral de edificación escolar comprendía la construcción de 1504 edificios escolares. En 1951 funcionaban en la provincia 3.341 escuelas frente a las 2,552 del año 1946. Trabajaban en 1951 24.337 maestros en 1946 15.466. En la administración Mercante se proyectaron más de 160 barrios obreros, En 1951, 71 estaban terminados, en 1952, 109. A esto se sumaban los préstamos hipotecarios accesibles a los sueldos de empleados y obreros. El tema vivienda se completó con la legislación de alquileres, que tomaba el principio de la función social de la propiedad. La educación contó con la creación del Ministerio de Educación, la obligatoriedad de los Jardines de Infantes y los inicios de la enseñanza superior en la provincia. (Ghisiglieri, 2011)

Lo mencionado anteriormente ilustra la magnitud de la obra pública ejecutada a partir de una planificación con fuerte base y criterio territorial. La construcción de edificios, la creación de hospitales o escuelas y la tenencia del sistema de transportes y comunicaciones no es un dato menor para el análisis geográfico. No es igualmente analizable que los telégrafos estén en manos del Estado o en manos de una compañía extranjera. No lo es, en el sentido de que la propia política interna de la empresa, sus objetivos y principalmente el objeto de *bien común,* no constituyen prioridad para la compañía privada y si es un factor de obligación para el Estado.

Lo que se resalta de este periodo, es el peso del *comando* nacional del *sistema de objetos y acciones.* Un bagaje pesado de elementos apoyado por una normativa legal, se instauran en un periodo en el que se intenta establecer independencia de los intereses foráneos. ¿No es eso una manera de construir hegemonía local (en el sentido del país) y comenzar desarmar las bases del *espacio derivado*?

En cuanto a la política agropecuaria del periodo, según Mario Lattuada el peronismo tenía dos caminos para elegir: profundizar los cambios en la estructura agraria o recurrir a incentivos económicos ortodoxos para financiar la industrialización (Lattuada, 1986: 72). Resulta evidente que no se generó una "reforma agraria" ni cambios en la estructura.

Según los entrevistados del movimiento peronista, "la reforma hubiera causado una guerra civil".

La propuesta independentista tenía que ver con el control de las exportaciones e importaciones con una fuerte intervención del Instituto Argentino de Promoción del Intercambio (IAPI). A través de la Junta Nacional de Granos y Elevadores y la Junta Nacional de Carnes, no solo se controlaban las transacciones y se las monopolizaba, sino que además se desviaban los fondos excedentes al proceso de industrialización y a la política social. Para Lattuada, "quizás una de las obras más trascendentales –además de la construcción de nuestras obras de infraestructura y comercialización como puertos, elevadores de granos, flota mercante y ferrocarriles– fue la creación del IAPI" (Lattuada, 1986: 85).

Sin embargo, el congelamiento de los precios pagados a los productores, el gran desvío de beneficios del sector rural al urbano y la presión que esto ejercía sobre la producción agropecuaria, se sumó a la finalización de la guerra y la recuperación de algunos países que habían sido devastados, con la consecuente caída de los precios internacionales de los granos. Evidentemente, el sistema de precios sostén entraría en crisis.

La Ley Nacional 13.246 también constituye uno de los puntos claves del periodo, y uno de los más discutidos tanto por la oposición del momento como por la "eterna oposición conservadora". Para Lattuada, la 13.246 es el paso para la mejora de la calidad de vida de los productores "no propietarios". En este sentido, para el autor, los productores sufrían un aumento de los salarios que debían pagar a obreros y una disminución de los precios pagados por el Estado a los productos agropecuarios, "una nueva política de asentamientos a través de la acción del Banco de la Nación Argentina (BNA), una legislación laboral que intentaba poner final a los conflictos entre el sector y los trabajadores de la cosecha nucleados en los Centros de Oficios Varios que venían desarrollándose desde 1945; y principalmente una política de prórrogas de los contratos de arrendamientos rurales, congelamiento de precios y suspensión de los desalojos (Ley de arrendamientos 13.020 de 1947, y Ley 13.246 de 1948); que posibilitó que el peso que significaba el traslado de ingresos del sector agropecuario al sector urbano industrial, pasara en su mayor parte de sus espaldas, a los bolsillos de los sectores terratenientes arrendadores" (Lattuada, 1986: 78). En este sentido, en el primer gobierno peronista, se observa un proceso de redistribución del acceso (pero no de tenencia) de las tierras. En algunos casos, el congelamiento de los arrendamientos obliga a los propietarios a vender sus tierras disminuyendo el tamaño de las explotaciones, en el caso de las ejecuciones de venta con subdivisiones. En otros casos, a partir de los créditos del BNA, fueron los arrendatarios quienes compraron los campos que anteriormente arrendaban.

Arturo Jauretche, quien se desempeño como director del Banco de la Provincia de Buenos Aires entre 1946 y 1950, señala que los chacareros se vieron obligados a trabajar con sus hijos, cuando "la miseria del suburbio pueblerino trasladó sus brazos a la industria y dejó de presionar con la oferta barata de trabajo" (Jauretche, 2007: 35). Para Jauretche, la diversificación del cultivo y la conveniencia de mecanizar se relaciona con el aumento del poder adquisitivo en las ciudades y la migración rural-urbana que desproveyó al campo de esa mano de obra que abundaba.

Evidentemente, una política de control, regulación y reordenamiento de gran cantidad de los elementos componentes del espacio, serían los generadores de los múltiples conflictos que acontecerían en la escena nacional. Los cambios en las normas del juego que habían sido mantenidas casi intactas por más de 60 años, no pasarían desapercibidas desde las corporaciones dominantes asociadas al poder. En la escena de los pequeños pueblos bonaerenses, como ya se ha mencionado anteriormente, Osvaldo Soriano supo rescatar estos acontecimientos en la novela *No habrá más penas ni olvido*.

El Segundo Plan Quinquenal de 1953 introducía reformas que profundizarían las anteriores, entre ellas: "facilidad para que los inmigrantes introduzcan sus propios elementos de trabajo, en particular los de carácter agrario" (Segundo Plan Quinquenal,1953: 47); profundización del otorgamiento crediticio a través del Banco de la Nación Argentina, destinado a "facilitar el acceso a la tierra a los hijos de productores, financiar el arrendamiento, ampliación de la superficie de explotación a los actuales productores que no posean una unidad económica, ampliación de la capacidad tecnológica en lugares con problemas erosivos y habilitar técnicos agrícolas" (Segundo Plan Quinquenal, 1953: 191). Con ese fin, se preveía la emisión de nuevas normativas y se replanificaba un sistema de colonización centralizado en "combatir el latifundio que no cumpla con la función social de la propiedad; explorar científicamente las tierras y facilitar el acceso a la tierra para los hijos de los colonos" (Segundo Plan Quinquenal, 1953: 167). En el marco de las comunicaciones, se proyectaba "abaratar los costos del transporte popular, contribuir a la descentralización industrial y promover el desarrollo demográfico social y económico" (Segundo Plan Quinquenal, 1953: 365).

En los 7 años entre 1946 y 1953, se concretó la estatización de casi todas las empresas de servicios públicos, facilitando de este modo el traspaso del domino nominal y real del diseño de sistemas de objetos que inciden directamente en la dinámica del espacio. Los sectores de la población rural que habían sido postergados por los gobiernos anteriores, fueron beneficiados con una política de obras públicas que concretó la construcción de ocho mil escuelas estatales (Perón, 1973: 59) y "se redujo el analfabetismo de un 15% a un 3% entre 1946 y 1955" (Perón, 1973: 59). Según datos de los censos de 1947 y 1960 (de los cuales es complejo deducir datos intra-periodo), la tasa de analfabetismo disminuyó de un 13,6% a un 8,5% según datos de los censos 1947 y 1960, en el caso de la Provincia de Buenos Aires la tasa de analfabetismo registrado en los censos 1914, 1947 y 1960 fue de 31,6%; 9,8% y 5,6% respectivamente. La construcción de hospitales, salas de salud y otros edificios en el territorio nacional y la política del primer Ministerio de Salud creado en la República Argentina en 1946, alcanzó logros importantísimos como terminar con el paludismo, el tifus, la brucelosis, y la reducción de la muerte por tuberculosis de un "130% en 1946 a un 30% en 1954" (Perón, 1973: 68).

En definitiva, en el marco del Segundo Plan Quinquenal se avanzó con la implementación de políticas y acciones que cambiaron sobremanera la vida cotidiana de los habitantes del país, tanto en los territorios rurales como en la ciudad, cambio que además tendría un fuerte carácter tecnológico independentista, como lo demuestran el impulso en el desarrollo de la energía nuclear (Decreto N° 10.936/50, de creación de la Comisión Nacional de Energía Atómica), y la promoción de la industria tanto ferroviaria con la construcción de locomotoras nacionales en la Fabrica Argentina de Locomotoras (FADEL) de características técnicas competitivas, como con la construcción en serie del Rastrojero, a través de la Fábrica de Automóviles del I.M.E. (Industrias Mecánicas del Estado) que en 1954 completó su fabricación con la totalidad de sus auto-partes nacionales.

En el marco legislativo, uno de los primeros indicios de una política pública nacional atenta al despoblamiento rural, se encuentra en la página 46 del Segundo Plan Quinquenal en "Dinámica de la Población y equilibrio urbano-rural", que prevé medidas que apunten a "disminuir la población de las grandes ciudades a través de la descentralización industrial; aumentar la población rural, arraigando al agricultor a su tierra; y posibilitar el incremento de habitantes en pequeños núcleos poblados, auspiciando en particular el desarrollo de las ciudades del interior cuya población se dedique primordialmente a actividades industriales de características regionales", aseverando que vivir en pequeñas ciudades "humaniza al hombre poniéndolo en contacto los unos con los otros, al contrario de las grandes ciudades, que lo deshumanizan" (Segundo Plan Quinquenal, 1953: 46). Debe señalarse que para el censo de 1947 se registraban 338 localidades bonaerenses con menos de 2000 habitantes, y el correr de los censos demostraría que esa intención plasmada en el Segundo Plan Quinquenal jamás pudo ser alcanzada.

En los mapas ubicados en las páginas siguientes, puede observarse el proceso de urbanización concentrado en Buenos Aires y Gran Buenos Aires, y en las localidades medias del interior de la provincia de Buenos Aires. La *población rural agrupada* denota un incremento de concentraciones, disminuyendo por ello la existencia de pequeñas localidades. Entre 1947 y 1960, las localidades con más de 10.001 habitantes se incrementan de 26 a 36 (exceptuando el Gran Buenos Aires), con una concentración en el norte de la provincia y distribución más homogénea en el centro y sur (ver mapas 5 y 6).

El periodo peronista, es uno de los más impactantes de la vida social y política argentina, como referente concreto del *Estado Benefactor*. En este sentido se inscriben los logros en beneficio de los trabajadores y su participación en la construcción del Estado. La gambeta al modelo agroexportador se produce en un momento en el que haber reformado el régimen de tenencia de la tierra hubiera sido determinante para el curso del país. Pero ello no sucedió y los cambios en la normativa, las leyes y decretos que proporcionaban beneficios para el acceso a la tierra serían derogados luego de la Revolución Libertadora —o Fusiladora,

Mapa 5: Serie. Población por rangos. 1947. PBA

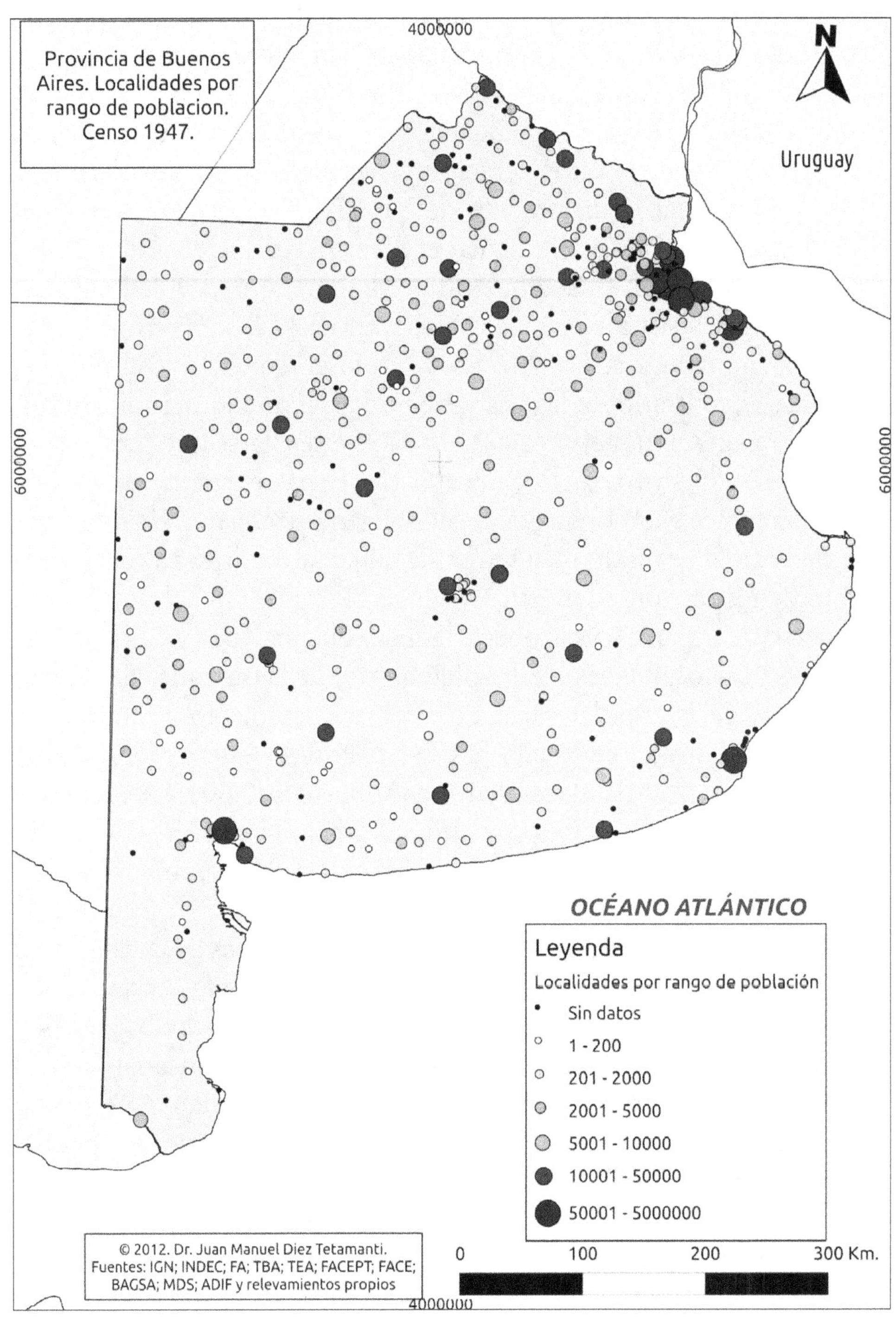

Mapa 6: Serie. Población por rangos. 1960. PBA

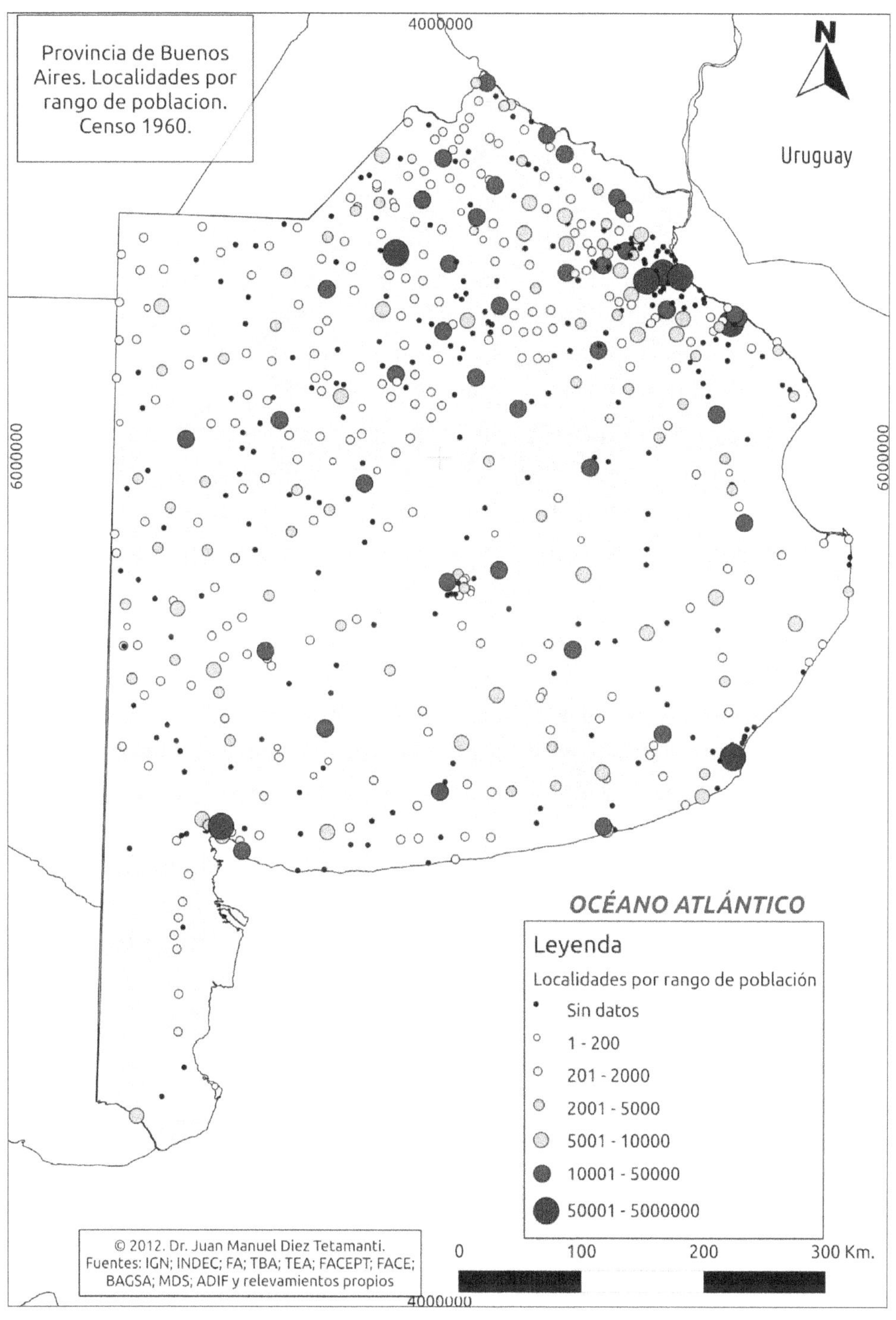

según diferentes autores y posturas ideológicas– que se perpetró días antes de la primavera de 1955.

Los avances técnicos independentistas, que ya no se reducían a una mera sustitución de importaciones, se promulgaron en el marco de una naciente industria independiente, acompañados de técnicos formados en las universidades nacionales y en los institutos de investigación y desarrollo.

El área rural, que subsidiaba a través del IAPI el proceso industrializador, continuó expulsando población hacia las ciudades. Sin embargo, el marco legal instituido, favoreció a los arrendatarios que se convirtieron en nuevos dueños, al tiempo que los avances en bienestar social, lograron mejoras en la calidad de vida –respecto a la prestación de los servicios públicos– también en las pequeñas localidades. El periodo de "tecnificación del agro" que regularmente alega la literatura a la década de 1960, se amplía sin lugar a duda a la más temprana década de 1945-1955. Como dato, las existencias de tractores ascendieron de 25000 unidades en 1946 a 45000 unidades en 1954, con el agregado de que para 1954 el 67% de los tractores poseían menos de 5 años de antigüedad, mientras que para 1946 solo el 9% de los mismos estaban en ese rango de antigüedad[10].

A partir del segundo quinquenio de la década de 1950, el país entero pasa a vivir un proceso de enfrentamientos políticos que se inician con el tristemente recordado bombardeo de la Plaza de Mayo del 16 de junio de 1955, donde perdieron la vida 364 personas a causa del intento golpista militar. Los enfrentamientos sociales constantes, los sucesivos golpes de Estado, sumados a la introducción de los conceptos de "racionalización", "competitividad", "eficiencia", muchas veces mediante el uso de la fuerza, dieron indicios del inicio de un largo proceso de mutilaciones del espacio pampeano y de los bienes de la producción instalados con autonomía, originando un nuevo orden espacial, un cambio de funcionalidades, cada vez más digitado por las racionalidades hegemónicas del mercado y sus demandas y necesidades.

Se ha denominado a este capítulo "la gambeta al modelo agroexportador", no solo en el sentido económico y de directriz política, sino

---

[10] Informe anual de la Sociedad Rural Argentina, 1954 (en Jauretche, 2007: 36).

en uno más amplio ya que se relaciona con todo el modelo espacial argentino, y particularmente el que nos interesa, la pampa bonaerense.

Los cambios en las políticas públicas y el gran viraje hacia un paradigma del *bien común* (que pudo cumplirse o no), asociados al proceso de industrialización, generaron por un lado: una profundización de la urbanización[11], y en otro sentido un cierto grado de independencia tecnológico en lo que concierne a la fabricación de maquinarias.

El inicio de procesos independentistas técnicos, no es una cuestión mínima, dado que gracias a esto se potenciaron en el interior bonaerense numerosos talleres ferroviarios como los de Junín, Bahía Blanca y Mechita.

La dinámica de *espacio derivado* que implica un flujo de mandos externos que operan sobre el interior bonaerense, comenzó a debilitarse, sobre todo a partir del surgimiento de las cooperativas en las pequeñas localidades (que ya venía de años anteriores). Si bien existen numerosas críticas acerca del funcionamiento de los *servicios públicos* bajo la órbita estatal, lo que no puede discutirse es la posibilidad de comando local. Esto, sumado a la participación sindical y obrera en el sector público-político, también aportó cambios en los derechos de los empleados rurales y por ende, en las posibilidades de movilidad social ascendente. Así, la dinámica espacial, hasta ese momento estática, tanto desde un punto de vista social como de estructura económica, encontró puntos de quiebre y cambio: el incremento de derechos sociales, los accesos a servicios públicos y el surgimiento de empleos estatales que erosionarían la figura del patrón privado.

Cambiadas las relaciones de poder, se trocaron los esquemas de organización de *objetos* y *acciones*. Remarcado nuevamente, para Santos "los *objetos* son fabricados por el hombre para ser luego éstos la fábrica de la acción [...] los *objetos* contemporáneos surgen bajo un comando único y aparecen dotados de intencionalidad" (Santos, 1994: 90-91) y las *acciones* "son movidas por una racionalidad conforme a los fines o a los medios, obedientes a la razón del instrumento, a la razón formalizada" (Santos, 1994: 91). De modo que *objetos* y *acciones* no funcionan aisladamente, sino en sistema que precisa de un discurso que los avale,

---

[11] En 1949, el Sistema Universitario Argentino, comenzó a ser "no arancelado", cuestión que también incidió con peso en el proceso de concentración urbana y la creación de empleos calificados.

los imponga o bien deponga. En este sentido, el cambio de discurso y *orden* normativo generaron una fuerte intención de mutar la organización de los *objetos*. Las intenciones desde el comando ya no serían unificadas por los objetivos de compañías privadas de servicios. El Estado, entraría en conflicto con criterios patronales privados, a partir de la clase obrera. Esto, trasladado al campo de la geografía, transformó una *dinámica espacial* estática en una *dinámica* con mayores posibilidades de maniobrabilidad. Por ende, mucho más cercana al conflicto.

Dadas muchas de las condiciones para crear un espacio no derivado con *comandos* propios y una dinámica interna con vida local incidente en el "proyecto" colectivo de la población, la situación no logra afianzarse. Los nueve años de reformas no alcanzaron a mutar la estructura espacial devenida del modelo agroexportador y su centralidad en Buenos Aires. De este periodo quedó parte de la infraestructura y casi nada de la técnica local. En el periodo siguiente, como se verá, muchas de las reformas del periodo peronista serían revisadas, anuladas o modificadas.

SEGUNDA PARTE

El fin de un destino común para los pueblos pampeanos (1960-2004)

La década de 1960 es para muchos autores, el periodo que marca un cambio en el proceso de urbanización, automotorización del espacio y descentralización del Estado en sus funciones. Las políticas públicas afianzadas en el periodo anterior se sumergirán en profundos cambios y desguaces, mientras el país ingresa en un periodo de enorme inestabilidad institucional. Los pueblos de la provincia de Buenos Aires, no ajenos al contexto, serán referentes claros del ingreso de nuevos capitales extranjeros, la expansión del automotor y la decadencia ferroviaria. Las políticas "de ajuste", el fin de un periodo regulador e interventor y el triunfo del libre mercado en el espacio pampeano, cambiarán el mapa, la estructura demográfica y las funcionalidades de los elementos componentes del espacio. Nuevos objetos y acciones surgirán tanto desde la racionalidad hegemónica, como desde las contra-racionalidades.

> *Lo que le ha pasado a nuestro proletariado rural no está en los libros, pero lo ha visto desarrollarse cualquier hombre que ande entre los 50 y 60 años y haya mirado sin anteojeras el drama de su pueblo.*
>
> "Los profetas del odio y la yapa". A. Jauretche. 1957.

8. Políticas del alejamiento del Estado de las pequeñas localidades

8.1. Los años de la automotorización y el pavimento

Luego de la Revolución Libertadora, se inicia el retorno de la subordinación y el alejamiento paulatino del Estado del comando de la planificación territorial. Entre 1955 y el final del siglo XX se suceden –como se verá en este capítulo– múltiples normas, convenios, acciones, resoluciones y, por sobre todo, un sistema de acciones que actúa sobre elementos y objetos mutando la dinámica espacial hacia un nuevo esquema. Ese esquema, el designado por las racionalidades del mercado e influenciado fuertemente por intereses extraños al área de estudio, terminan de dar forma y firma al actual espacio derivado sobre el que se asienta la provincia de Buenos Aires. Simultáneamente, el crecimiento demográfico consolidado luego de la década de 1960 que establece una sólida red de ciudades medias en la provincia de Buenos Aires –como Junín, Pergamino, Tandil, Balcarce, Coronel Suárez, por nombrar solo algunas– actuará de concentradora urbana de la población vinculada con la actividad rural (ver mapa 7).

La década de 1960 marca en la literatura un hito de cambio en la cuestión demográfica rural, en la llamada *tecnificación del agro* y en un proceso de urbanización que se incrementa también, debido a la industrialización de algunas áreas urbanas como Bahía Blanca, Buenos Aires, La Plata y Mar del Plata. En la literatura, se marcan tres momentos principales: la década de 1960, con la tecnificación del agro y una profundización del éxodo rural; mediados de la década de 1970, con la apertura económica al libre mercado y la valorización financiera; y la década de 1990, con un marcado orden signado por la racionalidad del libre mercado, acompañado por normas y acciones sobre los elementos del espacio y objetos fijos, que re-acomodan el sistema de ordenamiento espacial, las reglas del trabajo y la relación entre territorio y Estado.

Con respecto al proceso de urbanización, como puede verse más abajo en el gráfico 1, el aumento de la población urbana para el periodo intercensal 1947-1960 es el que mayor crecimiento acumulado presenta para el lapso 1914-2001.

Teniendo en cuenta que los censos no se realizaron con los mismos intervalos temporales, se elaboró el gráfico 2 para analizar el comportamiento anual estimativo para cada periodo.

El gráfico 2 "Variación de población urbana. Puntos porcentuales anuales" (VPU-PPA) evidencia que el mayor incremento anual de la población urbana aconteció en el periodo intercensal 1947-1960 con +1,2 *VPU-PPA,* seguido por el periodo anterior de 1914 a 1947 con +0,5121 *VPU-PPA,* y en tercer lugar, el periodo entre 1960 y 1970 con +0,43 *VPU-PPA.* Este incremento de la población urbana en el periodo 1947-1960 se vincula por supuesto con el proceso intenso de

Mapa 7: Ciudades medias. PBA

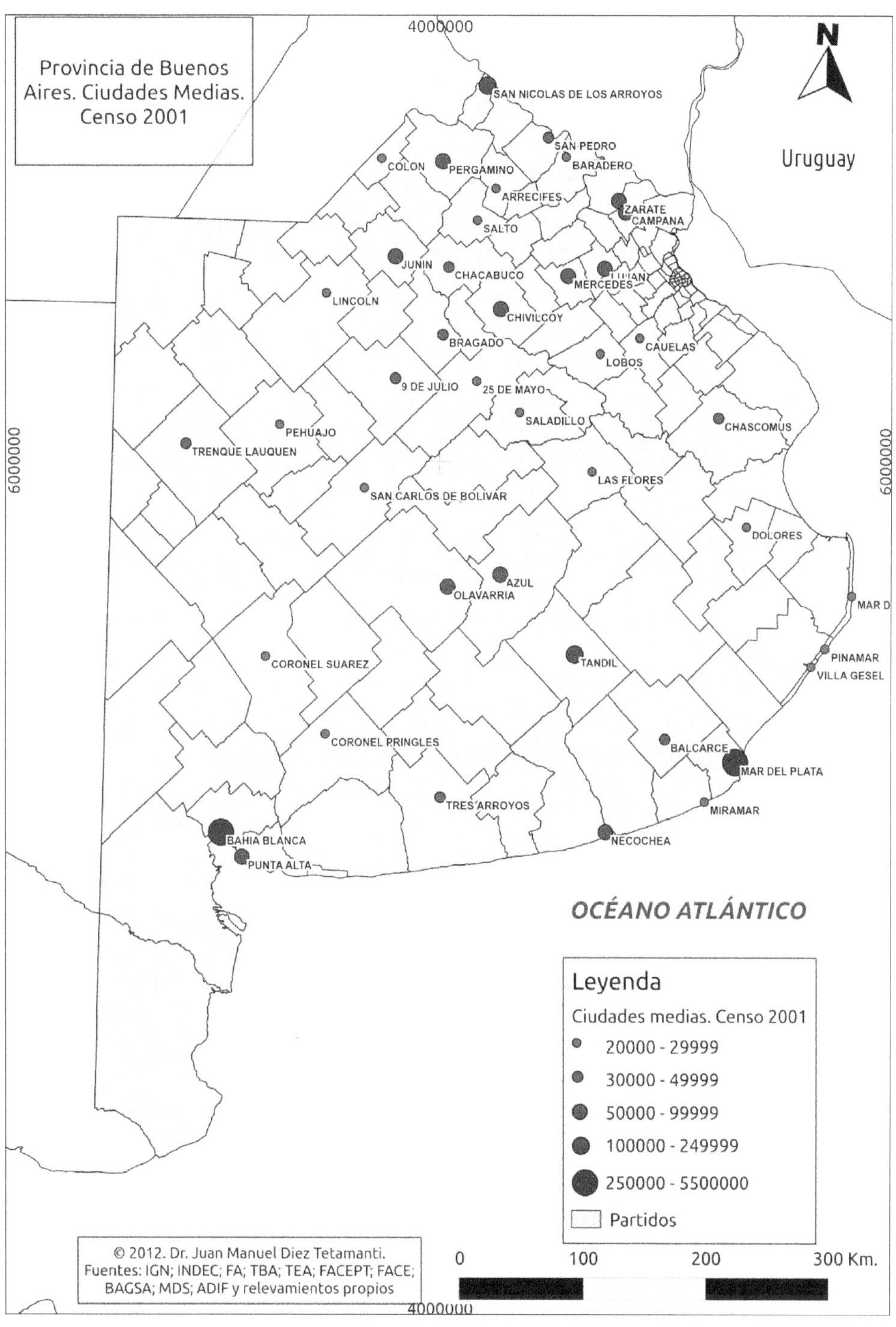

industrialización del periodo 1946-1955, las mejoras en la prestación de los servicios en las ciudades, y una política dirigida que favorecía la radicación de la población en las ciudades con actividades industriales, el fortalecimiento del sector obrero industrial y un creciente reemplazo de la mano del hombre por la máquina en el trabajo rural.

El mapa 8 muestra cómo se inicia en el periodo 1960-1970, el

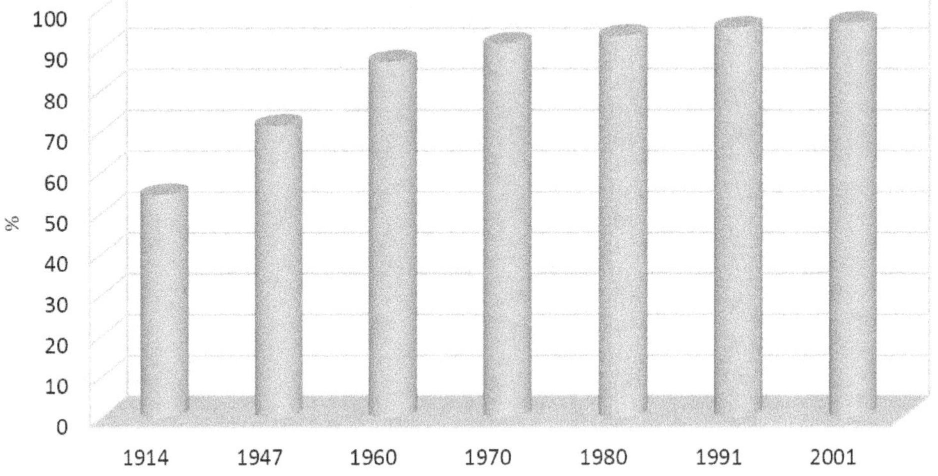

Gráfico 1: Evolución de la Población Urbana de la Provincia de Buenos Aires. 1914 - 2001

Gráfico 2: Variación de la población urbana en puntos porcentuales anuales. 1914 - 2001. PBA

proceso de despoblamiento más agudo para el interior de la provincia de Buenos Aires que se profundiza entre los años 1970 y 1980[1] (mapa 9).

El gráfico 3 muestra como entre 1950 y 1954 se produce el mayor descenso de consumo de maquinaria importada y se impulsa el consumo de maquinaria nacional, que continúa en aumento hasta 1961. Evidentemente, este aumento del consumo de maquinarias y su correlación

Gráfico 3

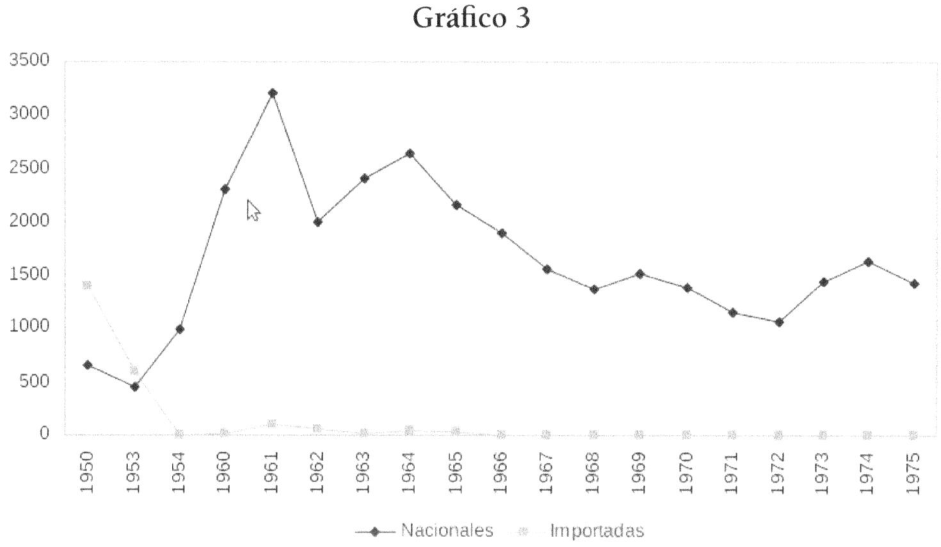

Gráfico 4: Comparación de parque automotor nacional existente y extensión de la red ferroviaria existente entre 1940 y 2002.

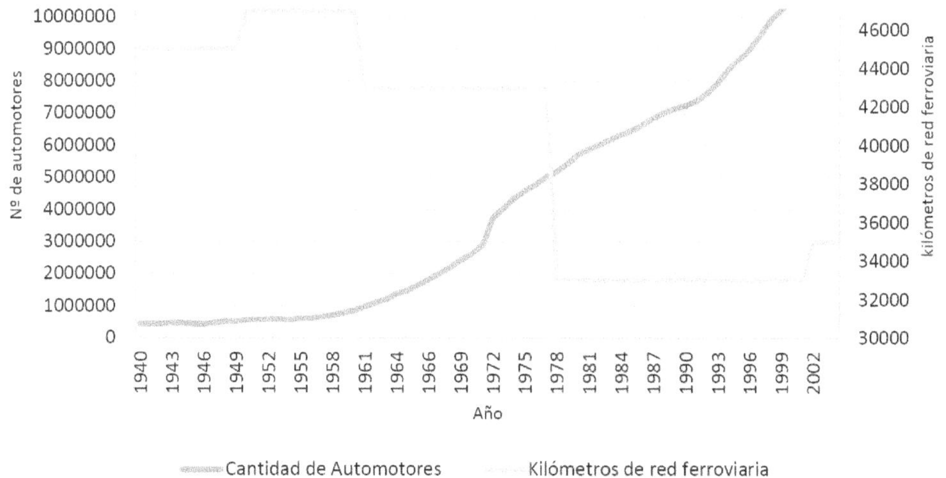

[1] Se debe aclarar que para el armado de estas digitalizaciones se experimentaron problemas derivados de la ausencia de datos de origen para el censo 1970.

Mapa 8: Variación anual porcentual de la población 1960-1970. PBA

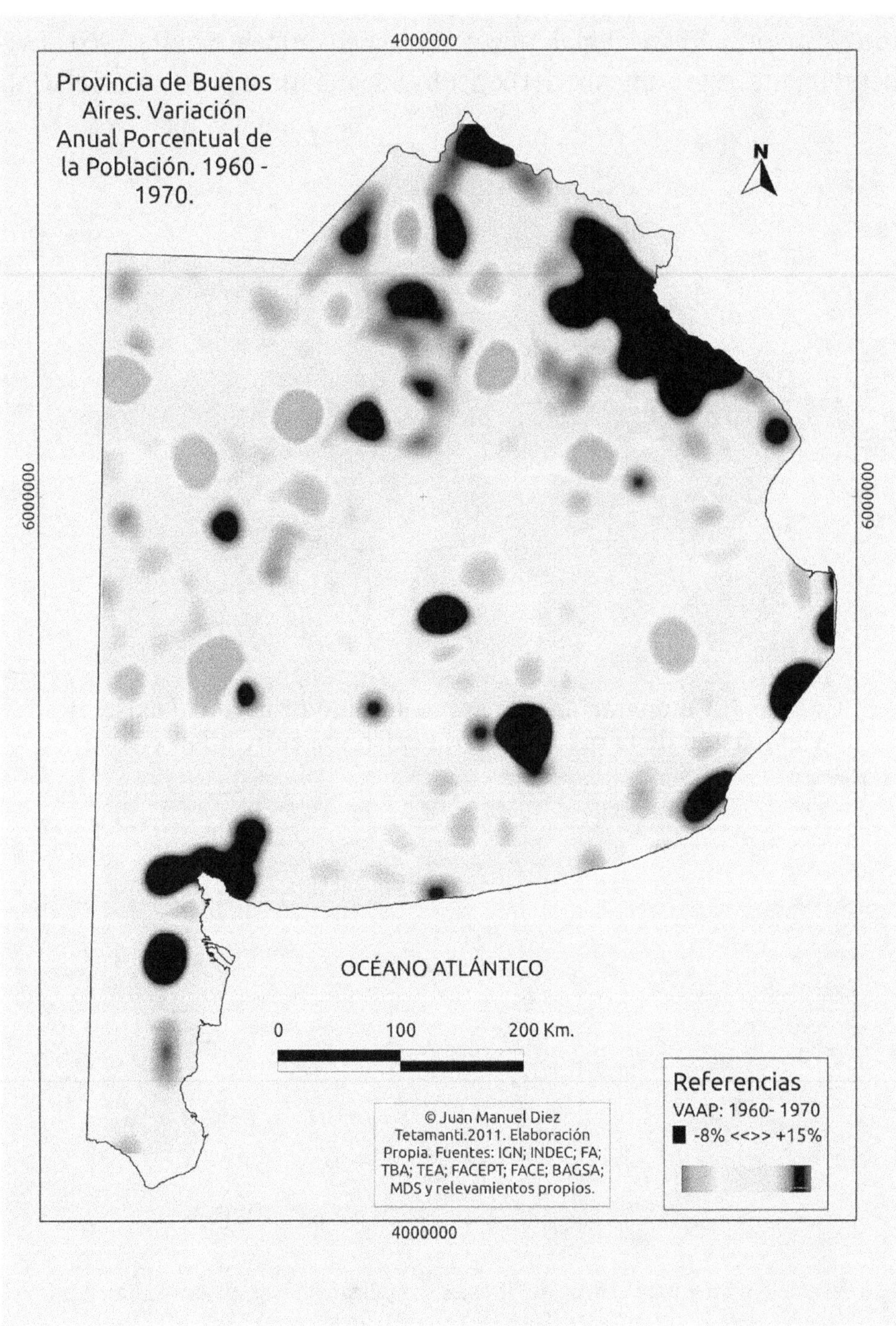

Mapa 9: Variación anual porcentual de la población 1970-1980. PBA

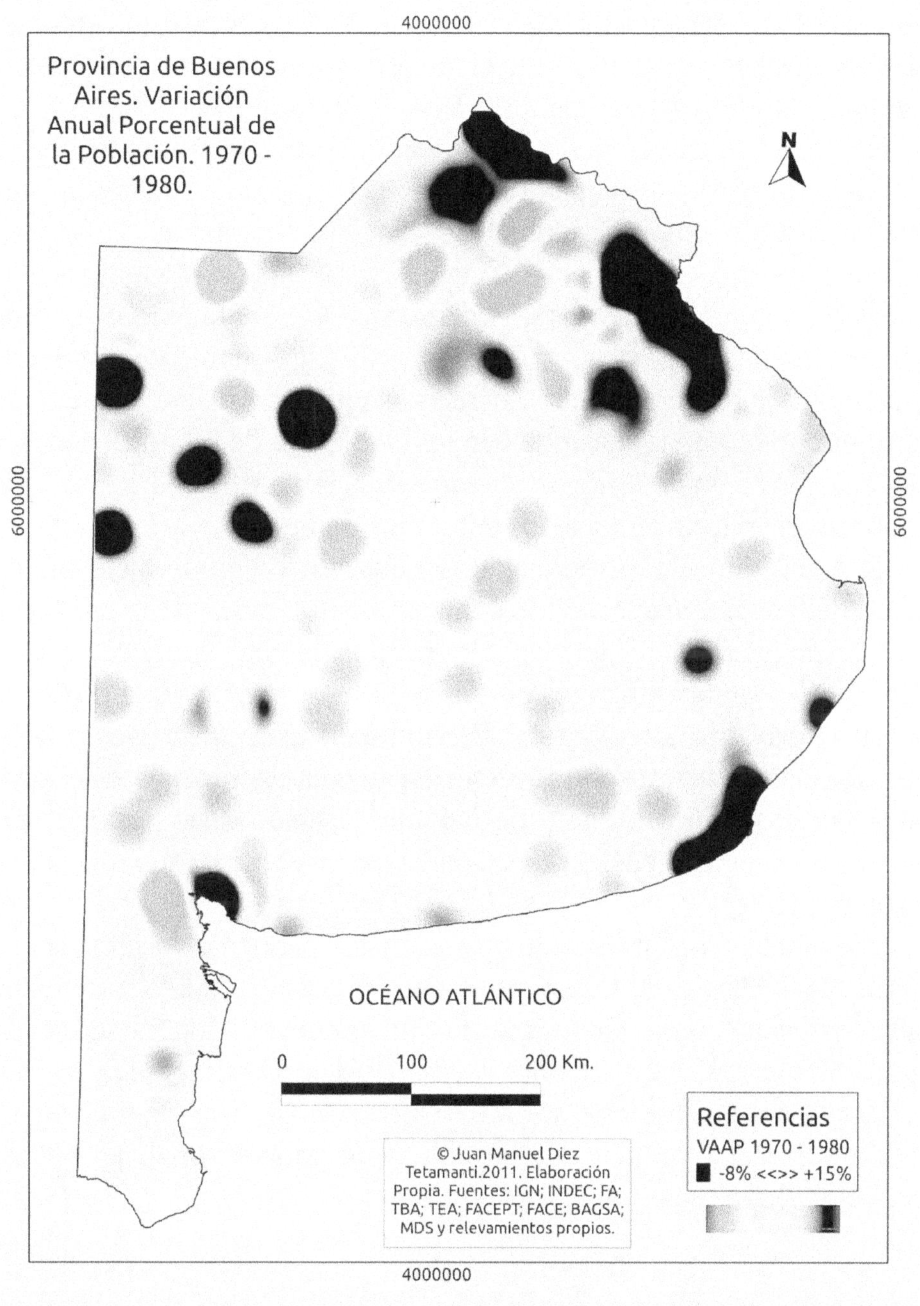

con el incremento en la fabricación de máquinas nacionales, impactó en la técnica implementada para el trabajo rural.

Los años 60 constituyen la década de la "automotorización" del espacio. Así lo señala Romain Gaignard en su tesis, tal como ya se ha mencionado, y así puede observarse en el gráfico 4 sobre "Parque automotor y kilómetros de extensión de la red ferroviaria existente", elaborado comparativamente para el periodo 1940-2002.

El gráfico denota cómo en la década de 1960 es la primera vez en que el parque automotor argentino supera el millón de unidades. El año 1961 marca ese millón de vehículos, y al mismo tiempo que se observa el primer periodo de descenso de la red ferroviaria existente, pasando de 47.000 kilómetros de vías de extensión, a 43.000 kilómetros. Como puede verse a lo largo del periodo hasta 2004, los momentos de decrecimiento de la red ferroviaria coinciden con políticas de fuerte ajuste del gasto público como la adelantara en los Gobiernos de Frondizi, Videla y Menem, y los segmentos de incremento de la red ferroviaria únicamente se observan en los primeros dos gobiernos de Perón.

Con relación a la introducción del automóvil como objeto individual-familiar de transporte y la simultánea mutilación de la red ferroviaria o de los servicios ferroviarios (principalmente los de pasajeros), el resultado implica una erosión de los accesos colectivos al transporte y una privatización[2] de esta accesibilidad. Esta privatización de la accesibilidad y el transporte puesta en manos en millares de individuos, fue dejando a lo largo de los años, librada a las posibilidades individuales de cada cual, la capacidad de transportarse, sus costos y su mantenimiento.

Este punto es central dado que para las pequeñas localidades, la ausencia o presencia de transporte se inscribe como un dato extremadamente relevante, teniendo en cuenta que la movilización, la accesibilidad, el ir y el venir, son acciones necesarias determinantes para acceder a servicios como educación y salud, o bien para llegar hasta un banco y cobrar el sueldo, comprar e intercambiar mercadería o trabajar en una localidad vecina.

---

[2] Se entiende aquí por privatización la individualización en la accesibilidad, al transporte y la posibilidad de trasladarse en el espacio, sintetizada en la tenencia o no de un vehículo privado.

Por otra parte, la autonomía de los vehículos, se vería incrementada a medida que se avanza hacia el fin de siglo XX, como se observa en la siguiente tabla de elaboración propia.

Tabla 3: Autonomía promedio de los automotores comerciales

Década de 1950	Década de 1960	Década de 1970	Década de 1980	Década de 1990
150 km	200km	350km	400km	650km

FUENTE: ELABORACIÓN PROPIA SOBRE LA BASE DE DIVERSOS INDICADORES.

Esta autonomía de los automotores aumentó sistemáticamente, sobre la base del mejoramiento del consumo de los motores a combustión en la relación litro de combustible/kilómetro. El aumento de la autonomía y la disminución del consumo, favoreció además el cierre de estaciones de servicio menores, ubicadas en las pequeñas localidades. En Patricios, por ejemplo, existió una estación de servicio con expendio de combustibles hasta mediados de la década de 1990. Según el testimonio de su dueña, los consumidores lentamente fueron dando preferencia a abastecer sus tanques de combustible en 9 de Julio, situada a 21 kilómetros de Patricios. Las modernas estaciones de servicio comenzarían a cobrar un sentido de lugar público para el encuentro, la recreación y los negocios, además de diversificar sus ventas hacia muchos otros productos que nada tienen que ver con los combustibles fósiles.

La automotorización individual y no colectiva del espacio, que se incrementa luego de 1960, significó el cercenamiento de las posibilidades de desplazamientos rutinarios de la población imposibilitada de acceder a un vehículo propio. Estas circunstancias, favorecidas por la pavimentación de la red vial (solo durante el gobierno de Frondizi se pavimentaron más de 10.000 kilómetros en todo el país) y la inexistencia de alternativas colectivas, impidió también el desarrollo de una población residente en pequeñas localidades dedicada a empleos no agropecuarios.

Las principales normas que avalaron el levantamiento de los ramales son las siguientes: (a) Decreto PE 4061/1961 sobre congelamiento del déficit ferroviario", en donde se suprimen 4.000 kilómetros de vías para el total nacional; (b) Decreto PE 547/1977 sobre autorización de clausuras, que autoriza el cierre y/o levantamiento de 5.000 kilómetros para el total nacional; (c) Decreto PE 2294/1977 sobre clausuras y levantamientos de vías ferroviarias, que también autoriza la desafectación de los servicios y/o levantamiento físico de la infraestructura por otros 5.000 kilómetros para el total nacional. Ya hacia finales de la década de 1980, el Decreto PE 666/1989 y el Decreto 44/1990 autorizan la clausura de más de 20.000 kilómetros de servicios ferroviarios de pasajeros, basándose en la Ley Nacional de Reforma del Estado y Emergencia Económica 23.696. Los últimos dos decretos, además provincializan los servicios de pasajeros y, paralelamente, en el marco de la Ley 23.696 se concesionan los servicios de cargas y se disuelve y liquida la empresa Ferrocarriles Argentinos, desmembrándola y segmentándola sobre la base de los límites provinciales. Las nuevas concesiones de carga son entregadas a compañías privadas[3]. En síntesis, el *comando* de un sistema nacional de transporte deja de caer en un sitio de organización y gestión específico y centralizado, y es reemplazado por una multiplicidad

---

[3] Quizás sea ilustrativo comentar que la mayoría de las nuevas concesiones privadas ferroviarias recuperaron los nombres de las antiguas empresas de capitales británicos, expropiadas a mediados de siglo XX. Así FerroSur, del Grupo Fortabat (antiguamente llamada FC del Sud); Ferroexpreso Pampeano, del Grupo Techint (ex Rosario – Puerto Belgrano); Nuevo Central Argentino, del Grupo AGD-RBC & Associated inc – Corporación Financiera Internacional (ex Central Argentino); Buenos Aires al Pacífico, Grupo Pescarmona (ex Buenos Aires al Pacífico) y FC Mesopotámico, ambos del Grupo Pescarmona. Estos dos últimos concesionarios según Jorge Schvarzer (1999) son los únicos que aparecen como "independientes, es decir que no operan, a su vez, como cargador de los servicios prestados por el ferrocarril [...] En cambio, en los otros tres se observa cierto interés de esos propietarios locales por usar los servicios de la línea controlada para otras actividades propias que requieren de transporte masivo. Los dos casos más relevante son los del FerroSur y el Nuevo Central Argentino. El primero, que toma buena parte de la red del antiguo Ferrocarril Sur, está relacionado con el grupo propietario de la empresa de cemento Loma Negra que es uno de los mayores cargadores de la línea, tanto para recibir materia prima como para enviar el producto final hacia la ciudad de Buenos Aires, que es su mayor mercado de consumo. El segundo, cuya red abarca buena parte de la provincia de Córdoba y su salida hacia los puertos del río Paraná, está relacionada con la aceitera General Deheza; está empresa ha integrado gracias a este servicio sus operaciones de producción de aceite (que están centradas en Córdoba) con sus exportaciones a través de un puerto privado sobre el Paraná en el que también participa como asociada. El último es el Ferroexpreso Pampeano, que toma buena parte de la pampa húmeda y sus conexiones con los puertos de Rosario y Bahía Blanca; ésta empresa está relacionada con el grupo Techint, que lo utiliza para transportar parte de su producción de acero, aunque la intensidad de relaciones recíprocas entre ambos resulta mucho menor que en los otros dos casos".

de decretos, resoluciones y leyes, en algunos casos incoherentes y absurdas[4].

El proceso de mutilación, levantamiento y racionalización ferroviaria, tiene su origen en el Decreto PE 6198/1960 (georreferenciado en mapa 10), firmado por el presidente Frondizi y el ministro Álvaro Alsogaray, en el cual se firma un acuerdo con el Banco Internacional de Reconstrucción y Fomento (BIRF, integrante del Banco Mundial) para financiar con 100 millones de pesos un estudio tendiente a mejorar las infraestructuras, prestaciones y condiciones de los servicios ferroviarios y las redes viales. En ese momento se contrató a dos consultoras: La holandesa NEDECO[5] y la italosuiza RENARDET[6]. Ambas consultoras con participaciones en proyectos actualmente financiados por el Banco Mundial en países como Kuwait, Etiopía, Ghana, Gambia, Afganistán, entre otros. El corolario del Decreto PE 6.198/1960 se plasma en la homologación de la Carta Convenio entre el Banco Internacional de REconstrucción y Fomento (BIRF) y la República Argentina (más conocido como el Plan Nacional de Transportes o el Plan Larkin), publicado en el Boletín Oficial 19.391 el 24 de noviembre de 1960. En ese acuerdo el Gobierno Nacional se compromete a pagar la totalidad de los gastos locales[7] que insuman los expertos (elegidos y designados por el

[4] A partir de la promulgación de la Ley nacional 23696, se observa un proceso normativo, con respecto a los *servicios públicos* que es concretamente caótico y contradictorio. Al liquidarse los organismos de acción, las empresas públicas y el Ministerio de Obras Públicas, creándose al mismo tiempo los entes de regulación, los sistemas proveedores de servicios públicos quedan a la deriva en un mar de normas complejo en donde no quedan explicitados límites y alcances físicos, nominales y de prestación de cada uno de los servicios. Como gran absurdo entre los intentos de descentralización, puede mencionarse que en 1992 se promulgó la Ley Nacional 24.092 (luego vetada) que proponía la "municipalización de los servicios ferroviarios". Vale la pena tomarse un tiempo para imaginarse solamente, el grado de desmembramiento del sistema y los conflictos que podría haber generado una administración de red nacional, municipalizada...

[5] Creada en 1951, NEDECO es una fundación independiente sin fines de lucro que promueve conocimientos y habilidades en el área de tierra y agua, transporte, infraestructuras y medio ambiente. En estrecha cooperación con el gobierno holandés, NEDECO inicia las estrategias de pre-competitiva para proyectos y asistencia técnica para el desarrollo sostenible y proyectos de infraestructura en países de todo el mundo (extraído de http://www.nedeco.nl/organisation, en noviembre de 2010)

[6] Renardet SA & Partners es parte de la SA Grupo Renardet en Ginebra, Suiza, propiedad privada e independiente. El Grupo de Renardet inició sus actividades en 1952 (extraído de http://www.renardet.net, en noviembre de 2010).

[7] Resulta interesante revisar el BO 19.391 ya que el trato con el BIRF resulta desfavora-

Mapa 10: Ramales ferroviarios levantados. PBA.

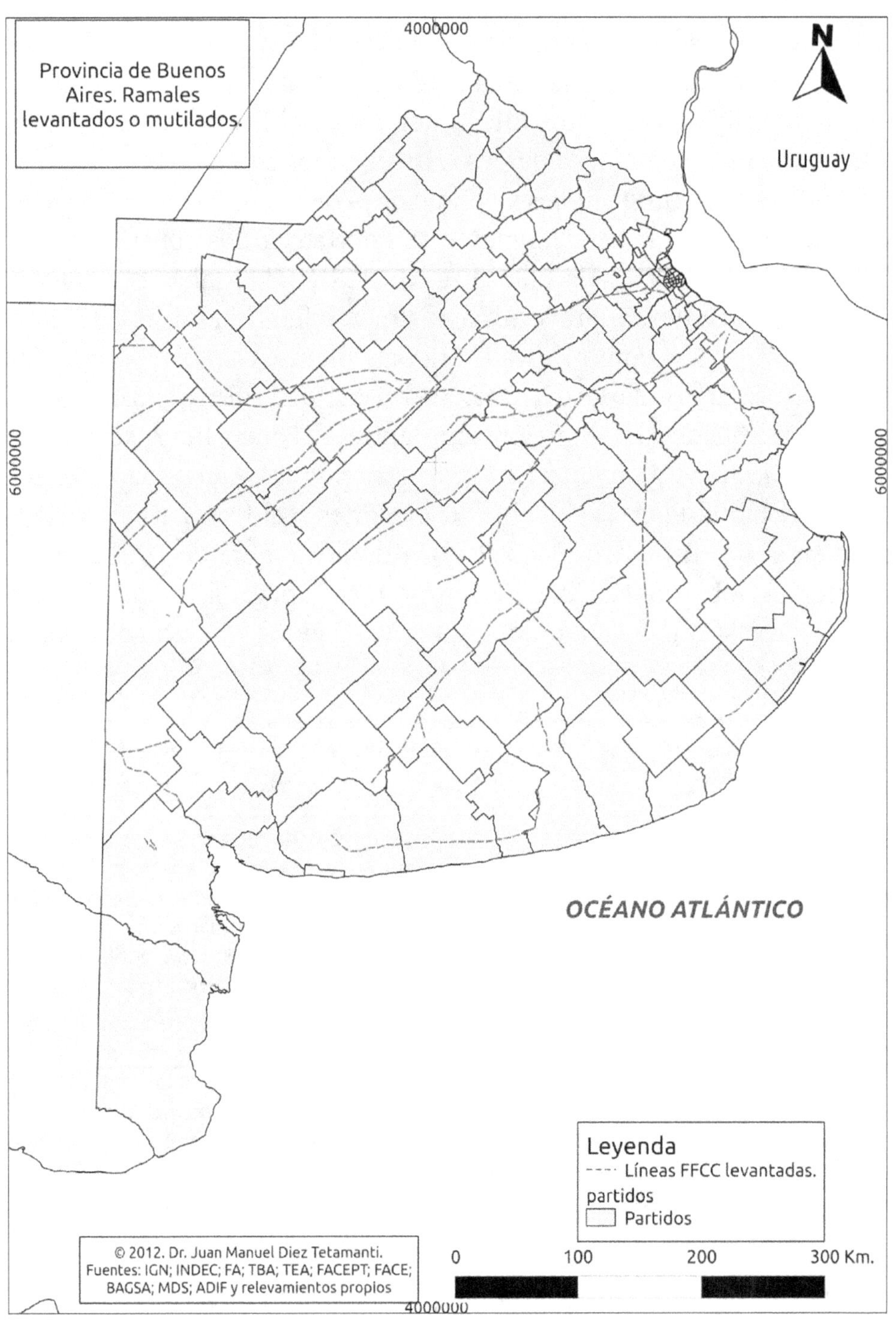

BIRF) y las consultoras (NEDECO y RENARDET). Como "finalidad" del "proyecto" el gobierno argentino requiere la elaboración de tres informes sobre el estado de los transportes, con recomendaciones de políticas a seguir. El resultado anticipado de esos informes se materializa en el Decreto PE 4.061/1961 de racionalización ferroviaria (clausura de 4.000 kilómetros de vías y privatización de servicios internos del ferrocarril). El mencionado Decreto afirma que "estas medidas no afectan las que surjan de las conclusiones preliminares del estudio" refiriéndose al convenio con el BIRF y que "apuntan a poner en condiciones de eficiencia el servicio". El Decreto sostiene que las condiciones de prestación de los servicios son inadmisibles para los viajantes de los pueblos del interior y desfavorables para los productores agropecuarios. Sin embargo, en lugar de planificar una mejora en la infraestructura, se opta por el camino de la clausura, el cierre y desmantelamiento[8].

En una entrevista a Raúl, de 67 años y exempleado de la Empresa Nacional de Ferrocarriles Argentinos (EFEA), cuenta con qué metodología se determinaba la rentabilidad de los ramales:

> *El Plan[9] estaba pensado para desmantelar el ferrocarril, venían técnicos de Estados Unidos y nos decían: esto es así... Vos tomá este ramal y saca los costos operativos y los ingresos... Entonces tenían una tabla con fórmulas preparadas y si la ecuación, por ejemplo, daba menos que 1, entonces había que clausurarlo. Y así se clausuraron muchísimos ramales. El problema era justamente que se tomaban segmentos, un suponer, 200 kilómetros y por ahí 5 o 6 pueblos chicos en el medio, entonces nunca iba a dar como rentable, siempre daba pérdida!!! Fue terrible lo que se hacía, se destrozaban los esquemas con los que trabajábamos, pero había que hacer caso porque sino te rajaban.*

Al respecto, se incorpora la serie de datos sistematizados referidos a la prestación de servicios de trenes de pasajeros entre 1960 (momento

---

8 ble para el Estado argentino, en la media en que este termina pagando la totalidad de los sueldos y gastos de los "expertos" en Argentina, para la realización del Plan Nacional de Transporte.

8 Paralelamente se incrementa la fabricación de automotores nacionales, y se toman medidas normativas como el Decreto 6.216/1960, que incrementa los impuestos para la fabricación de automotores en la Argentina.

9 Se refiere al Plan Nacional de Transporte o Plan Larkin.

pico de prestaciones) y 1980, luego del proceso de racionalización de los servicios[10].

Como puede observarse a simple vista en los mapas de servicios semanales de pasajeros por ferrocarril (ver mapas 11, 12 y 13), el desmantelamiento de la prestación de servicios, fue gradual y sistemática, comenzando desde los ramales de menor tráfico y prosiguiendo con los de mayor tráfico. Este proceso tuvo continuidad luego, con la Reforma del Estado (Ley 23.696) en 1990, con resultados aún más profundos.

Según Silvestre Damus (1966) se conocen tres reformas relacionadas con el sistema ferroviario: el llamado "Plan Larkin" del año 1961; el "Plan de transporte ferroviario", del Consejo Nacional de Desarrollo, concebido como capítulo especial del plan nacional de desarrollo, 1965-1969, publicado en abril de 1965; y un último "Plan de reestructuración de los ferrocarriles argentinos", alternativo al anterior, elaborado por el Consejo Nacional de Desarrollo, y técnicos de la empresa de ferrocarriles del Estado argentino (Damus, 1966). El Plan Larkin, según la Fundación de Investigaciones Económicas Latinoamericanas (FIEL) (1998), recomendaba entre otras medidas el levantamiento de 14.000 kilómetros de vías por tener los mismos una demanda insuficiente y existir otras alternativas modales.

Los 4.000 kilómetros de vías levantados durante el gobierno de Frondizi fueron centralizados principalmente –en lo que respecta a la provincia de Buenos Aires– en las líneas del Belgrano (sur), líneas del centro de la provincia de Buenos Aires de trocha angosta que afectaban a localidades como: Mirapampa, La Niña, Gobernador Ugarte, M. Hirsch, Velloso, Loma Verde, entre otras que suman más de cien y líneas del ferrocarril Roca como la línea sur de Energía y Coronel Dorrego o la línea Azul (La Pastora-Tandil). (Mapa 10).

El Plan Larkin, no completó el asfaltado de caminos que irían reemplazando al ferrocarril. Numerosas localidades quedaron aisladas por extensos caminos de tierra que quedan intransitables en épocas de lluvia, generando deducibles problemas concretos de abastecimiento, accesibilidad e integración.

---

[10] La elaboración de estos gráficos se realizó sobre la base de la revisión, cargado en SIG y sistematización de 1216 datos en segmentos, para cada una de las líneas férreas identificadas.

Mapa 11: Ferrocarriles. Servicios semanales de pasajeros. 1960. PBA

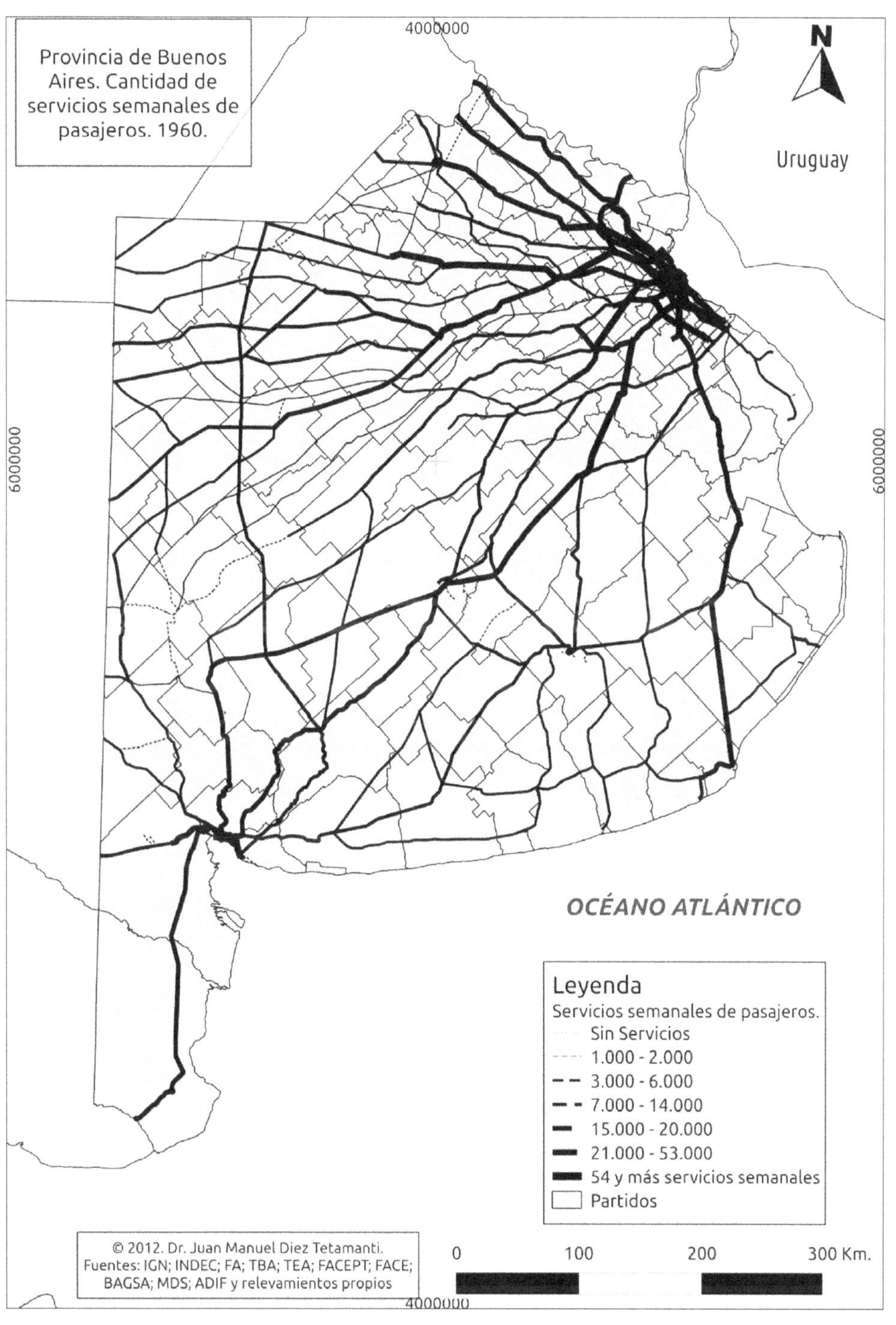

Mapa 12: Ferrocarriles. Servicios semanales de pasajeros. 1971. PBA

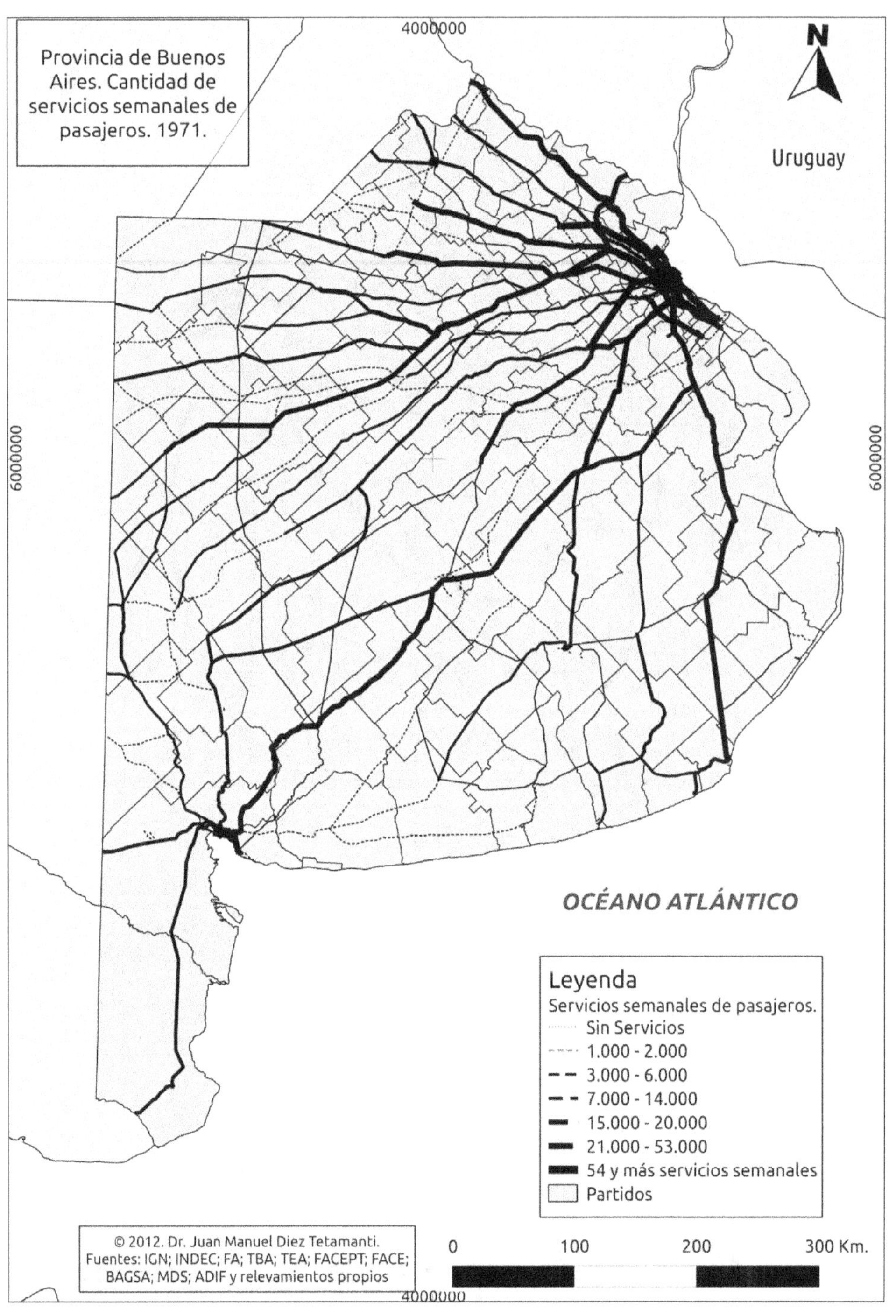

Mapa 13: Ferrocarriles. Servicios semanales de pasajeros. 1980. PBA

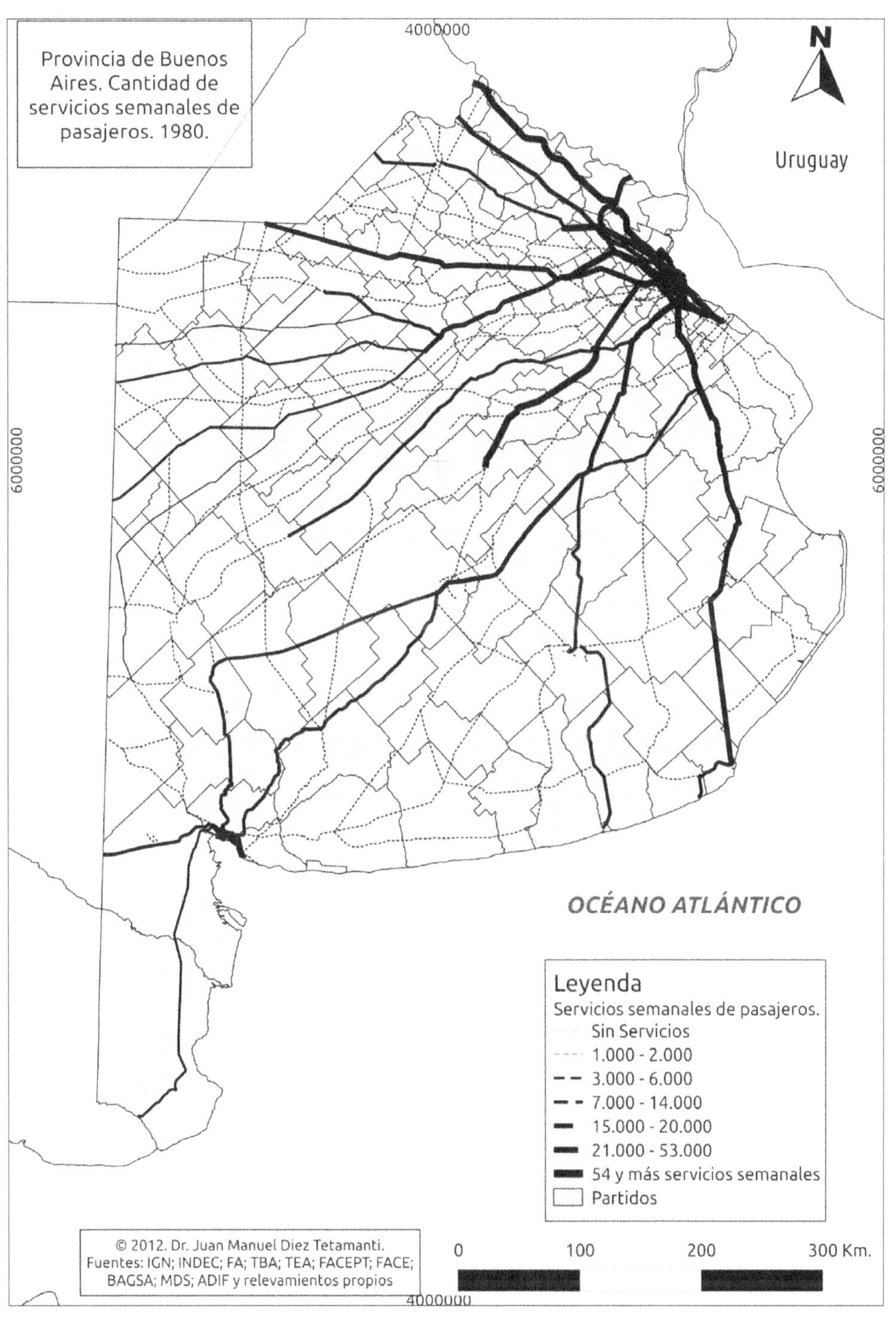

Por otra parte, como puede observarse en el cruce de datos entre la variación anual de la población entre 1960 y 1970 –visible en el mapa 14, se denota una correlación entre los ferrocarriles apartados de servicio y las zonas de la provincia con declive poblacional.

En Patricios, se recuerda la gran huelga ferroviaria de 1961 motivada por la oposición al Plan Larkin. Mediante la observación participante, conversando con dos exempleados ferroviarios de Patricios, recuerdan que en 1961, más de 200 mil ferroviarios se sumaron a la huelga ferroviaria en todo el país.

> *A muchos compañeros les ofrecían dinero para que se reintegraran a trabajar [...] En esos días el gobierno le ofrecía a los maquinistas y foguistas dinero adicional por trabajar durante la huelga. Se obligaba a los trabajadores a presentarse a trabajar o de lo contrario, quedar detenidos por la policía. Durante la huelga llegó a despacharse, hacia Patricios, un tren con militares para obligar a los hombres a trabajar [...] Frondizi ofrecía pagar 5 mil pesos por retiro voluntario por cada año de servicio, además de facilidad para conseguir viviendas con créditos. Lamentablemente el que no tenía capacidad de lucha se fue sumando a esto y muchos aceptaron las indemnizaciones y los retiros voluntarios...* (Entrevista a Roberto Alberqui, jubilado ferroviario y habitante de Patricios).

En este sentido, en un trabajo titulado *Patricios, empalme de la resistencia*, de Mabel Hayes y otros (2007), sobre la base de entrevistas realizadas sostienen:

> en la estación y en los talleres, en los que se reparaban las locomotoras, trabajaban 49 equipos de maquinistas y foguistas. Sin embargo, aquella época de apogeo se vio interrumpida por la llegada de la auto-proclamada "Revolución Libertadora" que permitió que el "Fondo Monetario Internacional" ingresara a nuestro país y sugiriera la venta o concesión de los ferrocarriles bajo la justificación de que éstos daban pérdidas [...] En 1977 Patricios vio pasar el último vagón. De seis mil habitantes quedaron [se refiere al año 2001] setecientos. Familias enteras fueron desarraigadas y desmembradas[11]. La sombra de la desocupación

---

[11] Durante el trabajo de campo en Patricios, la viuda de un exempleado ferroviario recordaba –antes del ensayo de la obra de teatro comunitario– que muchos empleados fueron destinados a trabajar a Salta o Jujuy en el Ferrocarril Belgrano, y a más de 2000 kilómetros de sus familias. Estos traslados, recordaba la mujer, eran terribles para las familias, y provocaron la ruptura de muchas de ellas, favoreciendo en gran medida el despoblamiento inicial de Patricios (entre los años 1960 y 1980).

Mapa 14: Relación entre ramales levantados y variación anual de la población entre 1960 y 1970

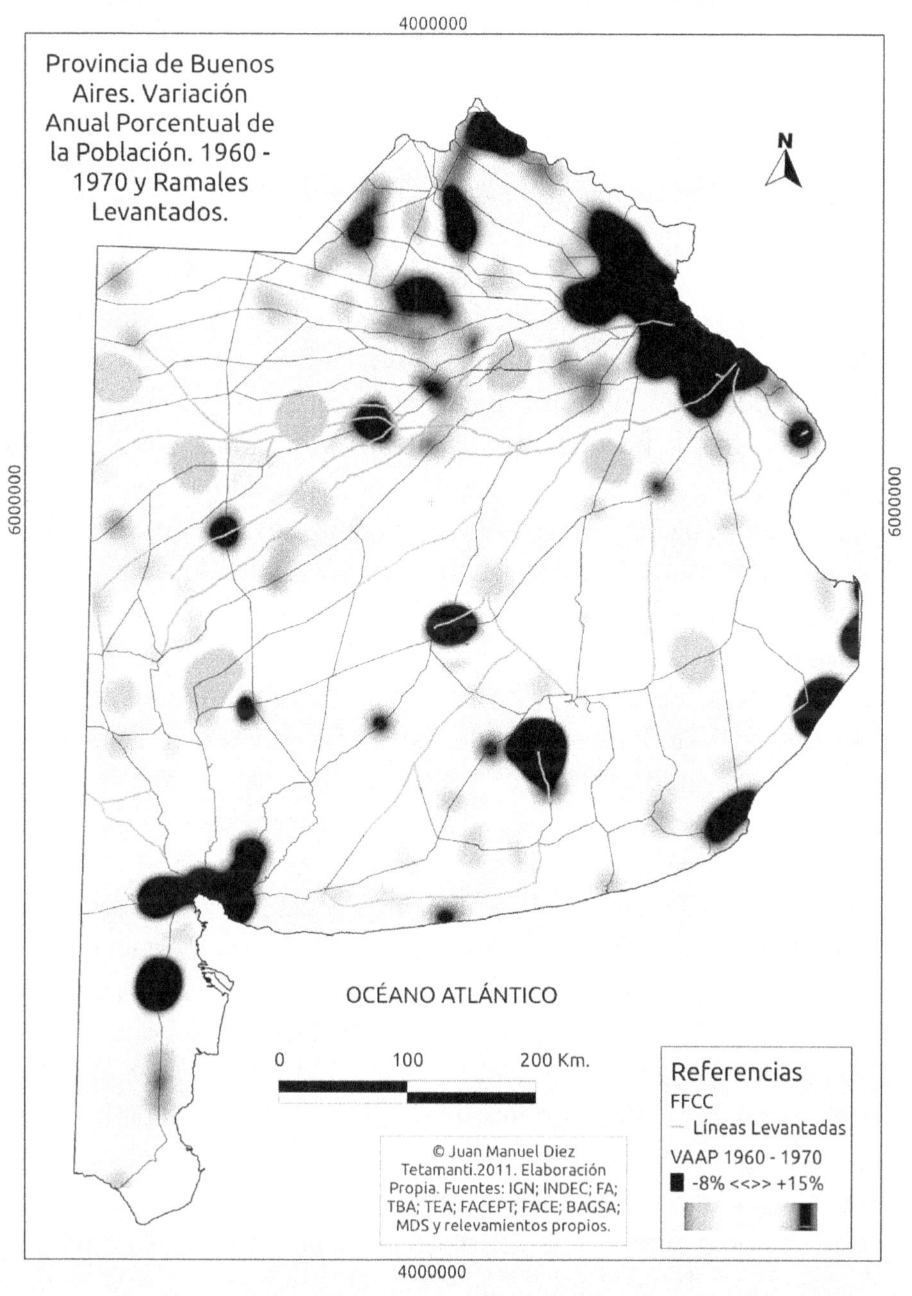

oscureció repentinamente al pueblo, se cerraron comercios y hoteles; mientras que el cine, testigo de niños que se hicieron adolescentes y de adolescentes que se convirtieron en adultos, levantó sus butacas y guardó el proyector. Las calles de tierra y los alrededores de la estación, antes transitadas a toda hora, quedaron vacías (Hayes y otros, 2007: 4).

8.2. *Oficinas de planificación, normas de cambio y nos vamos yendo del pago*

La introducción de *nuevos objetos* y la *eliminación de viejos*, en la dinámica territorial en lo concerniente a la accesibilidad a las pequeñas localidades, fueron acompañados y avalados, como se ha visto, por *normas* (Decretos, Leyes) que asistieron a este nuevo proceso. Existen una serie de acciones político-normativas que denominadas aquí como: de "alejamiento del Estado de las pequeñas localidades" plasmadas en un marco ideológico, la normativa legislativa y las acciones concretas. Este sistema de acciones se articula, a lo largo del periodo, como nuevo dinamizador del espacio pampeano de pequeñas localidades. Una nueva dinámica fragmentadora de los sistemas y acompañada de un proceso de privatización de la movilidad, de la accesibilidad a transportarse, acompañada por la erosión del accionar del *Estado de Bienestar* plasmada en el desarme del aparato Estatal y sus herramientas de acción directa, como lo son los sistemas de transporte, la energía, la educación y la salud.

En particular, en la provincia de Buenos Aires, a partir de 1966 se crea el Sistema Provincial de Planeamiento y Acción para el Desarrollo, por el cual según Marenco y Pascale la provincia "adopta el método de planificación sectorial, introduciendo complementariamente la orientación por áreas geográficas" (Marenco y Pascale, 1998: 175). Entre 1966 y 1973, tanto desde el Consejo Provincial del Desarrollo como por normas del Poder Ejecutivo, se crean lineas estructurantes para el ordenamiento de "polos de crecimiento provincial" y la "distribución espacial de actividades económicas". Así lo destacan Marenco, Bustos Cara y otros cuando aseveran que "de esta época puede rescatarse una profusa documentación y propuestas metodológicas para estudios en distintas escalas: provincial, regional y local. Para llevar a cabo estos estudios se crearon oficinas de planeamiento urbano municipales, encargadas del ordenamiento territorial de los municipios de la provincia" (Marenco, Bustos Cara y otros, 1997: 3). Sin embargo, más allá de la creación de organismos estatales encargados del ordenamiento territorial, el periodo correspondiente a los gobiernos militares de la denominada *Revolución Argentina* se destaca principalmente por provocar un desgaste en las obras de infraestructura, beneficios sociales y demás herramientas de integración que existían previamente.

Así, la promoción de los "polos de crecimiento" en el interior de la provincia, como facilitadores de un "desarrollo autosostenido" –según postulaban los documentos de la Asesoría Provincial de Desarrollo (ASPRODE)–, en opinión de Marenco y Pascale "no resultaron tan acertados en la práctica, donde las ciudades o núcleos beneficiados por las inversiones, absorbieron capital y población de las zonas aledañas… Se acentuó el éxodo de las pequeñas poblaciones hacia estos núcleos" (Marenco y Pascale, 1998: 175).

Para el agrónomo Alberto Lapolla, la década de 1960 posee singular importancia desde el punto de vista normativo. En un artículo titulado el "Impacto Social de la Biotecnología Transgénica en la Argentina" señala que en el "año 1967, fecha en que el dictador Onganía promulgara la "Ley Raggio"; modificando así la Ley Nacional de arrendamientos rurales 13.246, expulsando a decenas de miles de productores pequeños y medianos de las tierras que trabajaron honestamente desde 1945, momento en el cual Perón promulgó una ley de congelamiento de arriendos en lugar de una Reforma Agraria como propiciara al comienzo de su gobierno, la política del poder económico ha sido expulsar chacareros" (Lapolla, 2005).

Según Lapolla desde la "Ley Raggio [Ministro de Agricultura durante el gobierno del presidente de facto Onganía] en 1967 hasta el 2001 se perdieron 260.000 productores. Mientras tanto el sector terrateniente recuperó y amplió sus tierras: el 49.6% de la tierra del país pertenece a 6900 propietarios [cita del autor al Censo Nacional Agropecuario 2002]. Si pensáramos en términos de una familia tipo –cosa no del todo cierta ya que 'nuestros' terratenientes suelen ser muy prolíficos– hablaríamos de menos de 28.000 personas dueñas de la mitad de las tierras cultivables de la nación" (Lapolla, 2005).

Para comprender la lógica base de las modificaciones de la Ley de Contratos de Arrendamientos y Aparcerías Rurales –Ley 13.251 del 8 de septiembre de 1948– podría ser interesante prestar atención a las fechas, gobiernos y contextos en los que fueron promulgados los decretos y leyes modificatorios. Ellos son: en primera instancia el Decreto 638/63 (Boletín Oficial de 7/3/63), el Decreto 1.639/63 (Boletín Oficial del 7/3/63) y la Ley 17.181 (Boletín Oficial del 28/2/67), que en el artículo 1° contempla: "Decláranse disueltas la Cámara Central y las Cámaras Regionales de Conciliación y Arbitraje Obligatorio de Arrendamientos y Aparcerías Rurales" haciendo desaparecer un espacio de conciliación entre inquilinos y propietarios. Posteriormente se dicta la Ley 21.452 (Boletín Oficial del 11/11/76), que restringen las obligaciones del arrendador a contribuir en el control de malezas y a proveer de un maestro de escuela cuando "el número de arrendatarios exceda de veinticinco (25) y no existan escuelas públicas a menor distancia de diez (10) kilómetros del centro del inmueble". Y finalmente, se promulga la Ley 22.298 (Boletín Oficial del 9/11/80) que, entre otros puntos deroga los siguientes artículos: el artículo 5° de la Ley 13246 que facultaba al Poder Ejecutivo "para proceder con medidas de carácter general a la revisión del precio de los arrendamientos, cuando exista desequilibrio entre el costo de producción y el valor de los productos obtenidos debido a causas de índole general o regional"; el artículo 6° que declaraba que "El arrendatario tendrá derecho a la remisión proporcional del precio del arrendamiento, por pérdida total o parcial de cosechas, en el porcentaje y condiciones que establezca la reglamentación, debida a caso fortuito o fuerza mayor que implique riesgos no asegurables, excepto si la pérdida resultara compensada con el producido de las cosechas precedentes"; el artículo 10° que se enmarcaba como un logro social de los arrendatarios rurales, en el que se enunciaba que "El arrendador deberá proveer a cada parcela arrendada, en las condiciones y plazos que fije la reglamentación, de las siguientes mejoras: a) Una casa habitación, construida con materiales estables y en condiciones higiénicas, compuestas como mínimo de tres piezas, cocina, galería, retrete con ducha, y pozo o bomba que asegure agua a la población, siempre que el arrendatario se radique en el predio; b) Cerco perimetral (alambrado); El valor de estas mejoras exigibles al arrendador no podrá exceder del 20 % de la valuación fiscal de la superficie arrendada para el pago de la contribución territorial. Si el propietario no ejecutara las mejoras a que se refiere este artículo, dentro de los plazos pertinentes, podrá efectuarlas el arrendatario a costa de aquél, quedando facultado para retener el precio del arrendamiento hasta cubrir su importe. A tal efecto podrá hacer uso de los créditos previstos en el artículo 13º"; el artículo 13º que otorgaba créditos a través del Banco de la Nación Argentina para realizar las mejoras; el artículo 16º que determinaba que "Cuando los arrendatarios de un predio sean varios y siempre que lo exploten en parcelas por separado que constituyan unidades económicas, cada uno de ellos tendrá los derechos especificados en la presente ley, aunque en el contrato figuren como arrendatarios conjuntos". En definitiva, se derogaron más de 30 artículos y se modificaron otros 15, entre los que se preveían descuentos del los gastos de siembra ante los dividendos finales de ganancias entre arrendador y arrendatario, amparos legales ante desalojos en conflicto y otros derechos de los arrendatarios.

Las fechas de estas normas, 1963 (marzo), 1967 y 1976 a 1980, corresponden a los gobiernos de Guido, Onganía y Videla respectivamente. Periodos de grandes perdidas relacionadas con las conquistas sociales y laborales. Es evidente que estas modificaciones tuvieron un impacto en la estructura de arrendamientos rurales, al tiempo que debieron realizarse en periodos anticonstitucionales para instaurarse sin oposición. En este contexto, los arrendatarios expulsados se quedaron solo con sus maquinarias y sin tierra para la ocupación de las mismas. Muchos de estos arrendatarios pasaron también a conformar el universo de los "contratistas" que ofrecen sus servicios en épocas de siembra y cosechas. Los Gobiernos *de facto* de Onganía, Guido, Videla y Viola terminaron derogando los principales artículos de la Ley 13.243. Así, se avanzó en la destrucción *de hecho* de muchos derechos que los arrendatarios tenían al configurar sus contratos con los dueños de la tierra. Refiriéndose estrictamente a este tema, el diario *Hoy* del Partido Comunista Revolucionario apunta en mayo de 2005 que "el fundamento esgrimido fue que, con el desarrollo económico del campo ya no había una parte débil a la cual proteger legalmente (el arrendatario), sino que la relación era entre iguales".

A principios de la década del 70 se crea un servicio que continúa en funciones en la actualidad. Comienza a operar en la provincia de Buenos Aires el Servicio Provincial de Agua Potable y Saneamiento Rural (SPAR), creado con la por finalidad de ejecutar en la provincia el Plan Nacional de Abastecimiento de Agua Potable y Saneamiento Rural, estimulando la organización comunitaria y creando las condiciones necesarias para tal fin. El SPAR como organismo descentralizado con capacidad de derecho público y privado y dependiente del Ministerio de Obras Públicas, fue creado en 1969 y ha desarrollado una extensa red de obras de provisión de Agua Potable. En este marco, las localidades de estudio de caso fueron provistas por este servicio elemental para garantizar la provisión de agua potable en las pequeñas localidades.

En las entrevistas realizadas, se recuerda el periodo de mediados del siglo XX como un momento de muchísimo dinamismo, trabajo y vida social. El éxodo es recordado como parte de la demanda de trabajo en las ciudades y la mecanización del trabajo rural. A su vez, el caso paradigmático de Patricios como localidad ferroviaria y la racionalización del transporte marcan hito importante. Se presentan a continuación algunos testimonios de los entrevistados.

> *Cuando empezó a llegar la tecnología para la papa, para todo ese tipo de cosas, ahí fue cuando la gente se empezó a ir porque cada vez había menos trabajo. Aparte que era un trabajo muy bruto, también empezaron que no había la cantidad de… Empezaron a venir santiagueños, no, primero tucumanos… Pero la gente de acá se fue mucha"* (Rogelio, exdelegado de San Agustín, entrevistado en 2007).

También en San Agustín, Leonardo de 72 años, jubilado de Ferrocarriles Argentinos, recuerda que en el pueblo hasta mediados de los años sesenta

> *¡Había catorce almacenes acá! "Algunos acá en el pueblo, otros acá cerca en el campo nomás, cerca. Después había tres tiendas, tres fruterías, tres peluquerías, dos bicicleterías grandes… Porque después la gente que trabajaba en la papa en el campo se iba en bicicleta al campo, y venían en bicicleta, y trabajo de bicicleta había cantidad, capaz que habían cien bicicletas a la mañana y cien venían de noche otra vez, porque había muchas cuadrillas que trabajaban en la papa, algunas salían para allá, otras para allá [señala diferentes direcciones], a lo mejor diez personas para allá, veinte para este otro lado y así, a la mañana era como un hormiguero que se veía […] escuela había dos nacional y provincial, una casa que está toda rota por allí; y había médico, estaba Samasota, un polaco, un médico muy bueno, había enfermero, estaba el correo, ahora hay correo pero hay una empleada sola y, antes había ¡siete empleados en el correo! ¡No, más! Había cuatro carteros, un jefe, un telegrafista y dos guarda-hilos había, que recorrían las líneas del telégrafo,*

> *revisaban las líneas, muchas veces iban con nosotros en las zorras en las vías, los llevábamos cuando tenían que ir a Mechonguè, y los muchachos de acá iban en la moto, ponían la moto arriba de la zorra y se iba con nosotros (risas) después se venían en la moto. ¡Y nosotros alcanzamos a haber hasta veintiuno acá en la cuadrilla en el ferrocarril, veintiuna personas! se trabajaba mucho [...] La gente empezó a irse en el tiempo en que… marchaban los tejidos en Mar del Plata, por ejemplo, las tejedoras se iban para allá todas, y empezó el asunto de la construcción también en Mar del Plata, mucha construcción, la gente se iba… pero a otros lados también se iba, algunos a Necochea, otros a Lobería, otros a Miramar. [...] Y… [en San Agustín] había trabajo, pero trabajo de sacar la papa y esas cosas, y… la gente que tiraba la maleta[12], vamos a decir, no… ya no quería tirar la maleta, bueno, me voy a trabajar de albañil, de peón de albañil o lo que sea, entonces la gente se entró a ir* (Leonardo, 2007).

Horacio tiene 41 años y es funcionario público de la Municipalidad de General Alvarado, en Mechongué. Con referencia a la situación demográfica de la localidad dice:

> *Y yo me puedo acordar desde el año… que empecé a venir al colegio. Y… era un pueblo muy pujante. Había tres o cuatro empresas de productores locales que yo te puedo decir que allá por el año ochenta lo que era la siembra y cosecha de papa acá cada productor tenía entre cinco y seis cuadrillas de gente de la provincia. Mechongué llegó a tener tres mil habitantes… [La gente] venía a trabajar en la cosecha de papa sobre todo que era el fuerte de Mechongué, porque había tres o cuatro empresas grandes, productores grandes que tenían durante el año más o menos entre cinco y seis u ocho cuadrillas, generalmente de Santiago de Estero o Córdoba, los cuales muchas de esas personas de las que vinieron en ese momento se radicaron acá [...] Cuadrilla se le llama a la cantidad entre quince y dieciocho personas que venían a tirar la maleta en ese momento donde no era tecnificado toda la cosecha de papa; hoy ten que tener en cuenta que de esa gente… hoy es poca la gente que viene a tirar la maleta* (Horacio, 2007).

En Patricios, el recuerdo se vincula más con la actividad ferroviaria, ya que hasta mediados de la década de 1970 fue la actividad central del pueblo, concentrada en sus talleres de locomotoras y el desvío de dos ramales. Las referencias tomadas del trabajo de observación

---

[12] Tirar la maleta es la mención al trabajo de cosecha de papa no mecanizado, el cual se efectúa manualmente, encorvado y tomando las papas de a una para meterlas en una maleta (bolsa), que se llevaba arrastrando entre las piernas.

participante en Patricios, señalan el ocaso demográfico del pueblo a partir de la "racionalización" de los servicios ferroviarios de 1961, hasta su cierre en 1977. *–¡Que vuelva el tren!* –grita y reza el final de la obra de teatro comunitario, titulada *Nuestros Recuerdos* en la que participa cerca del diez por ciento de la población de la localidad (sesenta personas). Al respecto, se verá en la Tercera Parte de la investigación, que las cuestiones preocupantes, emergentes en los guiones teatrales colectivos de las dos obras de teatro comunitario en Patricios, se vinculan con la posibilidad de comunicarse y el aislamiento. Particularmente, el cierre del ramal ferroviario, el acceso de tierra sin asfaltar y las concurrentes inundaciones que aislaron a la localidad.

8.3. Los años de facto

El año 1976 es un momento de quiebre del sistema keynesiano, reemplazándose este por el advenimiento del neoliberalismo. El fin de este sistema impone la necesidad de continuar con la asistencia a los sectores socioeconómicos postergados bajo la utilización de otros métodos (Manzanal, 2000). Si antes de 1976 se utilizaban las herramientas directas del Estado (empresas), a partir de 1976 se inicia un proceso nebuloso y mutante de la asistencia. Estos programas o planes, generan un contrato entre el gobierno, el Estado, y sus beneficiarios con un fuerte contenido simbólico y político. La simbolización de la asistencia es un hecho extremadamente relevante, dado que en oportunidades se carece de herramientas concretas para ejercer la acción del desarrollo, la producción, o la movilidad social.

Analizando el último discurso del exministro de Economía Martínez de Hoz en 1981, se puede tomar nota de las siguientes medidas de intervención/desintervención estatal que afectaron directamente las pequeñas localidades:

- Las empresas de servicios públicos fueron transformadas en sociedades de capital, obligándolas a pagar impuestos al igual que las empresas privadas y eliminando las excensiones impositivas. A su vez se eliminaron los subsidios a las empresas públicas con excepción de Ferrocarriles Argentinos, donde se redujeron.

- Se clausuraron 10.000 kilómetros de vías y 1000 de 2400 estaciones del ferrocarril, se redujeron el 50% de los servicios ferroviarios de pasajeros –que en 1976 eran 30.500 trenes/hora– y se redujo el personal de 156.000 a 96.000 operarios.

- Se realizó una privatización periférica de los servicios públicos (en general) en los lugares en donde no hubo oferentes, mediante "tercerizaciones".

- Se incorporó el concepto de "rentabilidad" para las operaciones de las empresas públicas.

- Se transfirieron a las provincias y a los municipios algunos servicios públicos (sobre todo la energía eléctrica y la salud) "incorporando el concepto de subsidariedad", con el argumento de "incrementar la participación local y promoviendo la participación democrática" (cita textual del audio)

- Se restringieron los alcances de las Juntas Nacionales de Granos y de Carnes y se eliminaron las retenciones a las exportaciones de origen agropecuario.

- Se redujeron los aranceles a las exportaciones.

- Se eliminó el control de arrendamientos y de alquileres.

- Se estimuló el uso de los agroquímicos, aplicando reducciones arancelarias. También se redujeron los aranceles a las importaciones de maquinaria agrícola, con el objetivo de reducir los costos de la producción agropecuaria.

- Se apuntó a "reducir vicios estructurales como *el minifundio*" (cita textual del audio).

En este contexto, el exministro de Economía, expresaba que las medidas fueron efectuadas con el objetivo de favorecer la producción agropecuaria, "generando un cambio fundamental" porque –según palabras de Martínez de Hoz– de 1930 a 1975 el sector agropecuario subsidió a la *industria* mediante el tipo de cambio diferencial, retenciones u otros procedimientos. Mientras que el gobierno de Videla, promociona que "toda la comunidad" beneficie a esa *industria* y no solamente el sector agropecuario. En este sentido, decididamente declara a la política económica llevada adelante como "en contra de la autarquía industrial" ya que "el país no debe producir todo de todo" (Martínez de Hoz, discurso del 12/03/1981. Canal 7).

Dos entrevistados se expresaron acerca del periodo 1976-1983 y pidieron absoluta reserva referencial y textual. Para ellos, el periodo fue el más provechoso para *"la actividad agropecuaria por los beneficios a la actividad de ese momento"*. El tema ingresa aquí en un suelo escabroso, donde resulta evidente que el periodo de Martínez de Hoz impulsó medidas tendientes a reducir los costos de la producción agropecuaria —entendiendo las enunciadas más arriba—. Paralelamente, la reducción de los salarios, el aumento de los insumos nacionales, el beneficio a las agroquímicas y la disminución de derechos de los arrendatarios, serían los pilares fundamentales sobre los que se asentaría un accionar perverso, asesino y siniestro de la historia nacional. *"Creo que hemos logrado mucho, pero tal vez estemos solo a mitad camino de lo necesario"*, afirmó el exministro, en su discurso, como un adelanto de los ajustes de los años posteriores. Quizás desde lo más siniestro del seno de ese gobierno militar, el mismo ministro finalizó una entrevista con Bernardo Neustad diciendo: *"Queremos que el país crezca en forma armónica, equilibrada, que haya justicia para todos los sectores, y lo que queremos fundamentalmente es que este esfuerzo que le estamos pidiendo a todos los argentinos sirva de una vez por todas y para siempre para algo: para que nunca más volvamos a repetir circunstancias como la que hemos pasado"*.[13]

Contrariamente a lo que se propone en las iniciativas de gobierno, los datos georreferenciados muestran resultados muy poco armónicos y equilibrados...

Las páginas del libro *Centenario de La Dulce* (Maya, 2008), rescata escasas obras públicas durante el periodo 1955-1976. En general, estas obras tienen que ver con el mantenimiento de las infraestructuras a costo de cooperadoras de las escuelas o la Sociedad de Fomento. Paralelamente, se distinguen algunos comentarios en donde se destaca que algunos subsidios destinados al mantenimiento de escuelas no fueron efectivizados.

[13] "Martínez de Hoz y Su Verdad", entrevista con Neustad. Revista *Extra*, año XII, n° 139, enero de 1977.

En Mechongué, un trabajo de recopilación periodística realizado por alumnos de la Escuela Nº 9 rescata que para el periodo se fundan: el servicio eléctrico (a través de una cooperativa) en 1966; la enseñanza secundaria (escuela católica con fondos privados) en 1967; el servicio telefónico se inauguró en 1968 con la totalidad de los fondos[14] aportados por la Cooperativa Telefónica formada a tal efecto; en 1970 se inaugura el Registro Nacional de las Personas y, al igual que en La Dulce, es clausurado en 1976.[15]

El periodo posee una alta inestabilidad política que alternó gobiernos civiles, golpes de Estado y gobiernos *de facto* militares. Tal como indica Ciappina, luego de 1955 y hasta 1966 se inicia la etapa de la "transnacionalizacion económica", impulsada por el Estado desarrollista que propició el crecimiento económico, incentivó la inversión extranjera, postergó el Estado Benefactor e instauró una administración técnica burocrática (Ciappina, 2003: 6-8). A partir de 1966 el Estado intenta garantizar un "crecimiento económico" tecnicista en el marco de un periodo en donde la racionalización, la exclusión política y la represión política, social y cultural se incrementaban.

Fotografía 1: Ferrocarril Belgrano. Levantamiento del ramal (antiguo Midland) en 1977

FUENTE: REVISTA *TODO TRENES*. AÑO 7. Nº 40. ABRIL DE 2006.

[14] En nota del 31 de marzo de 1968, se enfatiza que no se recibieron apoyos del Estado y la obra fue "financiada 100% con fondos de la cooperativa, por un monto de 5 millones de pesos".

[15] Se reabre en 1984 con el retorno de la democracia.

> En *Historia del pueblo de Nicanor Olivera* (La Dulce), también se encuentra una cita gráfica para el año 1977: Ante la difícil situación por la que pasa la Unidad Sanitaria Local, que presta un servicio deficiente, no cuenta con director y el edificio se encuentra seriamente deteriorado, corriendo el riesgo de clausura definitiva [...] se resuelve entonces, en vista de la escasa ayuda prestada por el intendente, solicitar una entrevista al Comandante de la zona militar 15 [para plantear el problema] [...] Se inicia un movimiento de resistencia ante el rumor del traslado de la oficina del Registro Nacional de las Personas (Maya, 2008: 280).

Posteriormente, para los años 1978 y 1979 se pueden leer testimonios acerca del cierre del Registro Provincial de las Personas, la rebaja de categoría de la Subcomisaría, el pésimo estado de la carpeta asfáltica, problemas edilicios en la escuela primaria, en el Instituto Secundario, problemas en la provisión de energía eléctrica... y una lista extensa de problemas que quedaron asentados en las actas de la Sociedad de Fomento como reclamos persistentes sin acuse recibo. Los años finales de la década de 1970 y principios de los 80, tal como se ha visto, se caracterizan por un agudo abandono en la capacidad operativa de los servicios públicos, agravado por la no renovación de infraestructuras ni maquinarias.

Desde el punto de vista demográfico, tal como puede observarse en el Mapa 15, el impacto de la continuidad de estas políticas públicas observa a partir de un proceso de urbanización y despoblamiento rural. Se distinguen zonas afectadas en toda la provincia, con localidades que denotan tener mayor variabilidad.

En relación con los programas, planes y acciones de gobierno con alcance nacional, Manzanal (2000) indica como primer antecedente de programa rural al Programa de Reconversión de Áreas Minifundistas (PRAM) en 1973, con escasa duración, debido a los constante, conflictos políticos de la época. Recién en 1984 –según la autora– el Programa Nacional Agropecuario (PRONAGRO) fue diseñado por la Secretaría de Agricultura Ganadería, Pesca y Alimentación (SAGPyA). El mismo tampoco logró implementarse; para Manzanal, las causas de esta falta de implementación estuvieron dadas por la oposición de medianos y grandes productores agropecuarios de la región pampeana, sumado a los impactos del plan económico Austral. En la década de 1990, además de otros planes o programas localizados en el noroeste y noreste argentino,

Mapa 15: Variación anual porcentual de la población 1980-1991

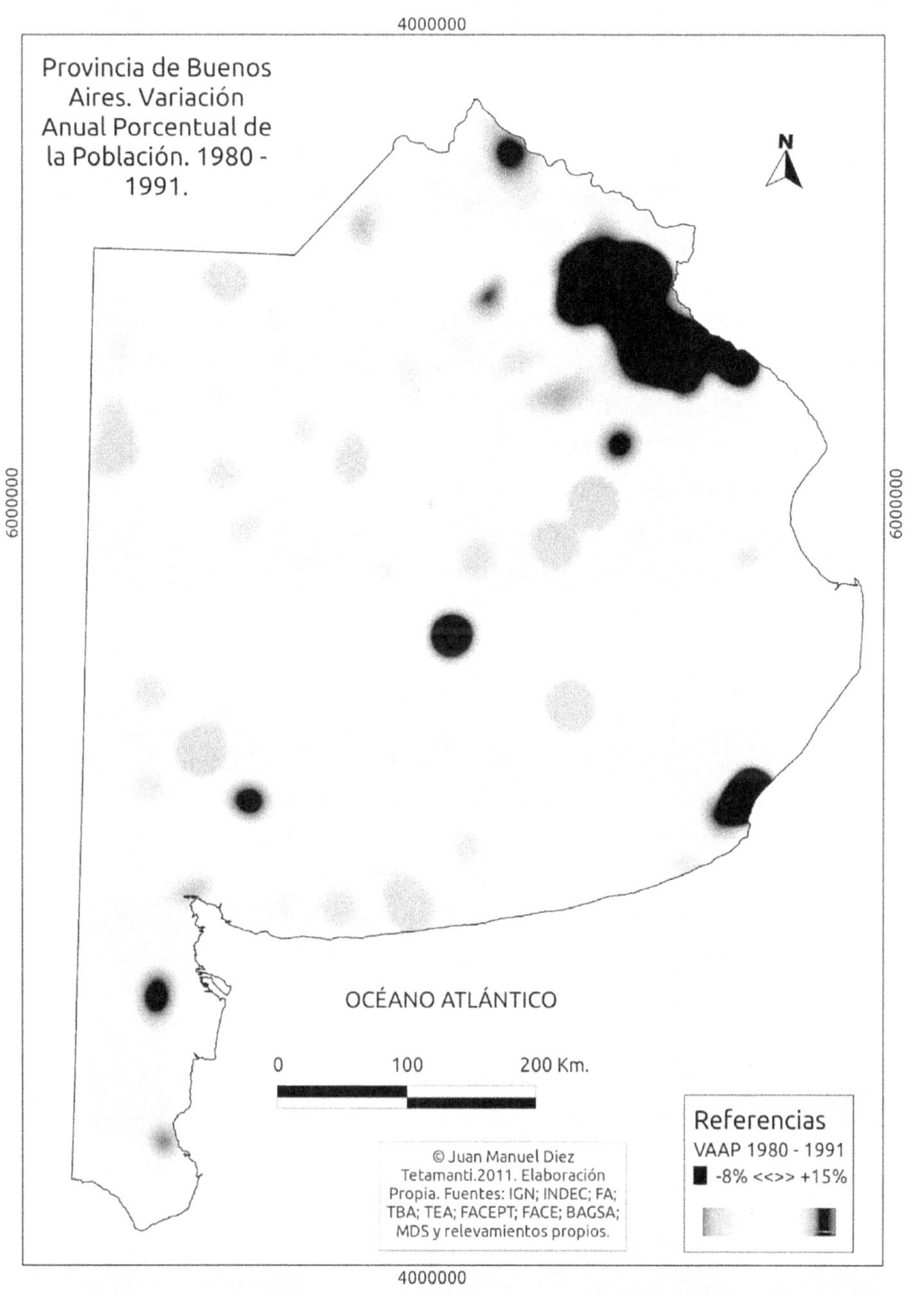

se implementan dos de los más relevantes: el Programa Social Agro-pecuario (PSA) y el Proyecto de Iniciativas Rurales (PROINDER). El primero con aportes del presupuesto nacional y el segundo, financiado por el Banco Mundial.

El PROINDER, también aplicado como una extensión del PSA, tra-bajaba con productores, pero extendido a la población sin prejuicio de que se dedicara al agro o no. Por esta razón dejaba de lado a los traba-jadores que, si bien podían ser beneficiarios indirectos de estos subsi-dios, quedaban aislados si no se encontraban dedicados a tareas agro-pecuarias. En este punto el PROINDER avanza al incluir a la "población que se dedicara al agro o no". El problema reside en que dentro de los objetivos se contemplaba a nuevas actividades productivas, calidad de la producción, autoconsumo, posicionamiento en el mercado, etc., por lo que la población no dedicada a actividades productivas quedaba excluida. El PSA se emplea en un momento de recesión de la actividad de pequeños productores en el ámbito nacional. Esto no se observa aisladamente sino en un contexto de vaciamiento del Estado, vinculado al beneficio de los grandes productores o fondos comunes de inversión bancaria destinados al agro. Con respecto a estos programas, Manzanal (2000) menciona al problema del clientelismo como un factor negativo y de impedimento de movilidad social:

> dividir poco dinero entre muchos y llegar a más beneficiarios tiene que ver con los intereses políticos de los gobiernos, con su falta de recursos resultante del ajuste y con su escaso interés por la problemática de la pobreza. Para estos, lo más importante es alcanzar una masa mayor de la población, ya que es una meta que opera favoreciendo el consenso político [...] El ajuste y la desregulación han implicado para los peque-ños productores que muchos de los servicios sociales que durante el Estado de bienestar recibían, ahora deban proveérselos privadamente (Manzanal, 2000).

A finales de los años 90 se implementan en el área de estudio, a la vez que en otros sectores del país –urbanos y rurales–, planes y pro-gramas de empleo destinados a población desocupada, tales como el Plan Trabajar o, posteriormente, el Plan Jefes y Jefas de Hogar Desocu-pados (Ministerio de Trabajo de la provincia de Buenos Aires). Estos planes fueron adoptados por los municipios y aplicados ajustando las necesidades de cada municipio. En esos años fue muy común, aunque en la actualidad esto persiste pero en menor medida, que exempleados rurales, estatales o despedidos de las empresas privatizadas se dedicaran al mantenimiento de parques y jardines municipales, a la limpieza y mantenimiento de edificios públicos, de veredas, etc., bajo el marco de estos "planes" y con remuneraciones mínimas que en muchos casos no alcanzaban al 40% de un salario mínimo. Esto implicó para el universo laboral, un "parche" en el problema que, al no emplearse en proyectos productivos con incremento de valor, se sumó a una baja capacidad de reinserción del desocupado en el mercado del trabajo.[16]

De todas formas, más allá de posibles inacciones concretas del Estado, éste no llega a desaparecer en el comando de algunos instrumentos (como el control y la recaudación impositiva, los ductos de gas y petróleo, ferrocarriles y energía otorgados en concesión pero no vendidos). La debilitación de las posibilidades de acción del Estado a través de herramientas directas encarnadas en las exempresas o entes estatales, promovió otro sistema de aplicación de sustentos, ayudas, subsidios, entre otros, que terminan siendo las políticas sociales. Las mismas van acompañadas de un plan o proyecto de desarrollo o sostenimiento de una actividad, situación económica en particular o paliativos.

Ya a principios de la década de 2000, programas como el Servicio Alimentario Familiar (SAF), Huertas Bonaerenses o Pro-Hábitat, se comenzaron a implementar en el ámbito de la provincia de Buenos Aires a través del Ministerio de Desarrollo Humano y el Ministerio de Trabajo. Estos programas y sus derivados, surgidos de un contexto de crisis social y económica asociado a la recesión económica de fines de los años 90 son aplicados actualmente en San Agustín, Mechongué, Patricios, La Dulce y Bavio. Estos programas funcionaban asociados entre sí, y tenían entre sus objetivos:

- SAF: "Disminuir el impacto de la pobreza, contribuyendo a asegurar los derechos básicos de la alimentación y la salud",

- Huertas Bonaerenses: "Contribuir a la producción de alimentos, como estrategia para complementar la dieta y atenuar los efectos producidos por la pérdida de ingresos de las familias que están bajo

[16] Algunos grupos, como los afectados a planes sociales de empleo de edades cercanas a la de jubilarse, se vieron con mayores dificultades para regresar a empleos formales.

la línea de indigencia, preferentemente beneficiarios de los programas sociales: Más Vida, SAF, Barrios Bonaerenses, Capacidades Diferentes, Tercera Edad, y Jefes y Jefas de Hogar Desocupados".

- Pro-Hábitat: "Contribuir al mejoramiento del hábitat en comunidades vulnerables teniendo una intervención flexible e integral".

Estos programas, que son solo algunos de los aplicados, constituyen un conjunto de aplicaciones a filas de la población, tanto de carácter urbano como rural. Las críticas que pueden realizarse acerca de los segmentos o aplicabilidades –al margen de la coyuntura económica y social nacional– están dadas a partir del poco ajuste a los problemas locales.

Los programas y planes que se citan, no se ajustan a características, problemas o necesidades locales, sino que generalmente son aplicados de modo universal dirigidos a filas o núcleos sociales o bien a categorías grupales beneficiarias. Generalmente, programas como Jefes y Jefas de Hogar Desocupados son utilizados en servicios al sector público (mantenimiento de plazas y parques, limpieza de escuelas, mantenimiento de obras como postes, puentes, pintura, zanjas etc.). Los municipios, de esta forma, así como algunas instituciones mixtas (escuelas subvencionadas) emplean estos aportes al sector desocupado en el ahorro de empleo formal. Esta característica es notable en las localidades del área de estudio, involucrando al beneficiario en el empleo de mano de obra, percibiendo a cambio un subsidio mínimo –en vales de alimentos, mercadería, dinero en efectivo o bancarizado– que, en definitiva no permite ninguna movilidad social.

8.4. *Servicios públicos, obras públicas y la dinámica en el territorio*

De la diversidad de definiciones de *servicio público* que pueden encontrarse en la bibliografía de las ciencias sociales y del derecho, la gran mayoría coinciden en que los *servicios públicos* emergen de las administraciones públicas y de las cooperativas con la finalidad de proveer de prestaciones esenciales a los ciudadanos. En el marco normativo la Argentina, la referencia más concreta a la pertenencia estatal de los servicios públicos puede encontrarse en la Constitución Nacional de 1949, art. 40 (derogada en 1955), donde se declara que "Los *servicios públicos* pertenecen originariamente al Estado, y bajo ningún concepto podrán ser enajenados o concedidos para su explotación. Los que se hallaran en poder de particulares serán transferidos al Estado, mediante compra o expropiación con indemnización previa, cuando una ley nacional lo determine" (Constitución Nacional Argentina, 1949, art. 40). Posteriormente, existen referencias a servicios concretos como la energía eléctrica, el gas, la educación pública, etc., plasmados en normas específicas.

Lo que interesa aquí, a partir del concepto de *racionalidades hegemónicas,* es la dinámica que los servicios públicos generan en el territorio, al tiempo que son constructores de *espacios derivados* y no derivados.

En este sentido, y a partir del concepto de las *racionalidades hegemónicas* como constructoras de espacio, los *mapas* hacen de rico texto para interpretar parte de los esquemas de construcción de esos espacios y sus resultantes.

La relación más gráfica lo constituye la construcción de los ferrocarriles a través de capitales y empresas británicas, entre el último cuarto del siglo XIX y la primera mitad del XX.

Como ya se mencionó más arriba, la construcción de esta red de hierro y su aglutinamiento de núcleos poblacionales, centros de servicios y de acopios de mercaderías, es en gran parte el resultante de la dinámica entre el comando hegemónico de las empresas de transporte británicas, y las influencias y convenios ejecutados con las gestiones de gobierno en los periodos de construcción de ramales.

Como se puede observar en el esquema de desenvolvimiento y ocupación del espacio, ferrocarriles y telégrafos, no solamente incidió en el diseño de las principales carreteras, sino que también lo hizo en el trazado de la red de gas (ver mapa 17).

Finalmente, se puede trazar un esquema que vincula las mismas trazas que establecieron principalmente los capitales británicos y la lógica agroexportadora. En ese esquema, las principales carreteras asfaltadas corren en sentido diagonal, conectando los puertos más importantes y existiendo rutas menores que posteriormente fueron asfaltadas para comunicar las cabeceras de partido en la provincia de Buenos Aires. Muchas de las pequeñas localidades continúan conectadas a partir de caminos de tierra, tal como se puede observar en la relación inversa del mapa 16.

La dinámica de establecimiento y construcción de redes de comunicación y transporte (casi en paralelo con el establecimiento de los núcleos poblacionales menores, tensionados por la macrocefalía de la capital, afirman el trazado de *espacio derivado*[17] en la provincia de Buenos Aires que se proyecta como una unidad/continuidad del espacio pampeano. El legado de organización espacial, derivado de las empresas británicas y la lógica agroexportadora, aún persiste en el diagrama bonaerense. La vigencia es reeditada por nuevas tecnologías y logísticas diferentes, que concentran la producción primaria ya no en "pequeñas localidades" sino en las ciudades intermedias. La característica de la traza ferroviaria va más allá de la provisión de un servicio: se constituye como un elemento *fijo* que obligó a que otras infraestructuras se acondicionaron al inicial trazado.

Definitivamente cabe resaltar la importancia de rescatar el comando del ordenamiento del espacio a partir de las infraestructuras que dinamicen un espacio regional, emancipándose lentamente de los elementos derivados. En este sentido, las trazas constituyen un elemento más de la reforma. Así, en la organización regional concentradora industrial-portuaria y su contrapeso monoproductor primario persisten elementos característicos de una geografía dependiente.

8.5. *El desguace del aparato funcional estatal*

El término *desguace* se relaciona con el de desbaratar y deshacer, concretamente significan: arruinar algo; disipar, malgastar los bienes; cortar, impedir, estorbar algo inmaterial.

Desguace implica una imagen clara del desarme, tal como sucede con un gran barco al que se le quitan sus partes lentamente, hasta que deja de servir para navegar. Como comparación, el complejo de normas, instrumentos e instituciones que funcionaban con el comando del Estado y alrededor de fines productivos y de servicios, fue desarmado, deshecho. Tal como mencionan las leyes y decretos privatizadores: "liquidado".

---

[17] Característica que se repite con variaciones en el resto de América Latina.

Mapa 16: Relación entre pequeñas localidades y rutas asfaltadas. PBA

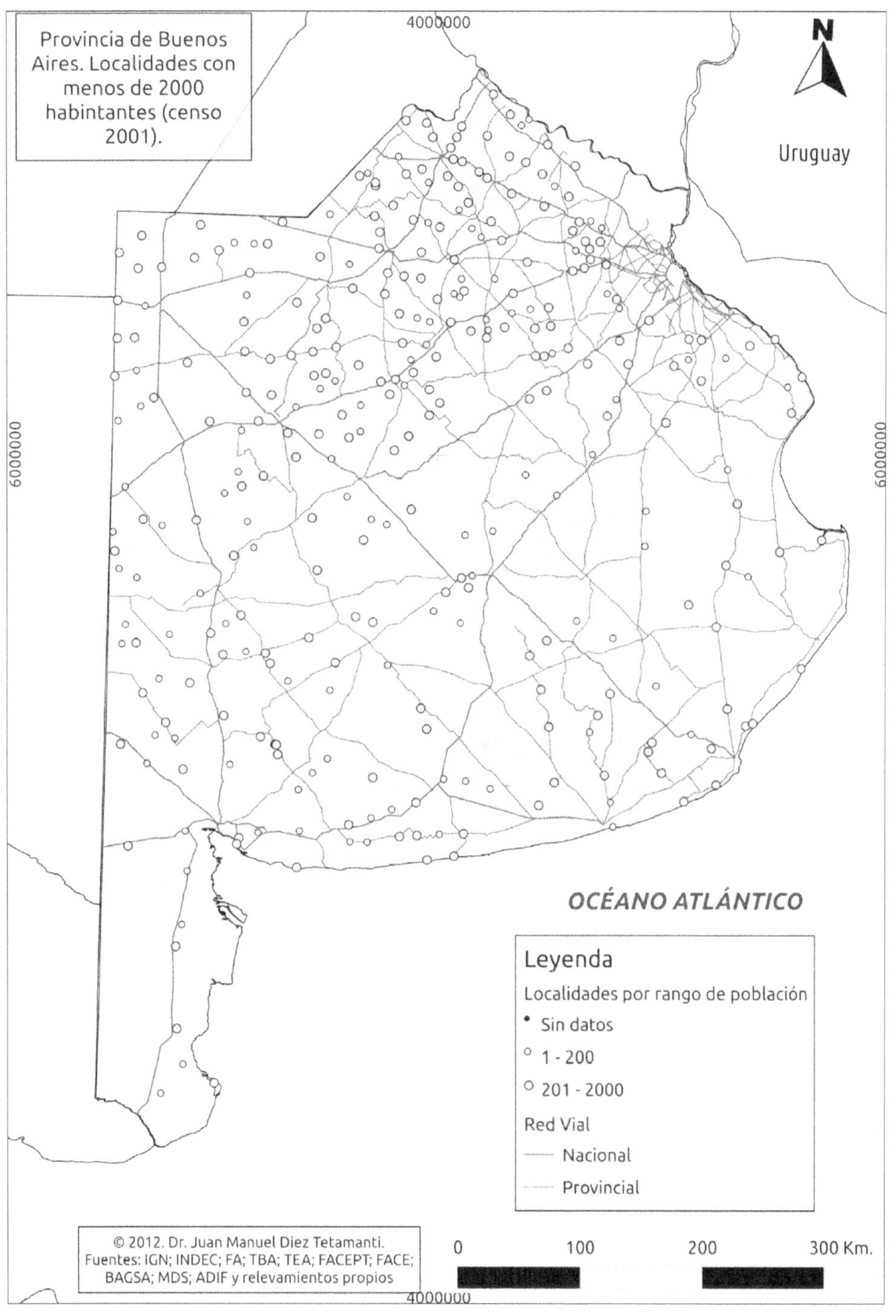

Mapa 17: Tendencias de desenvolvimiento y ocupación del espacio

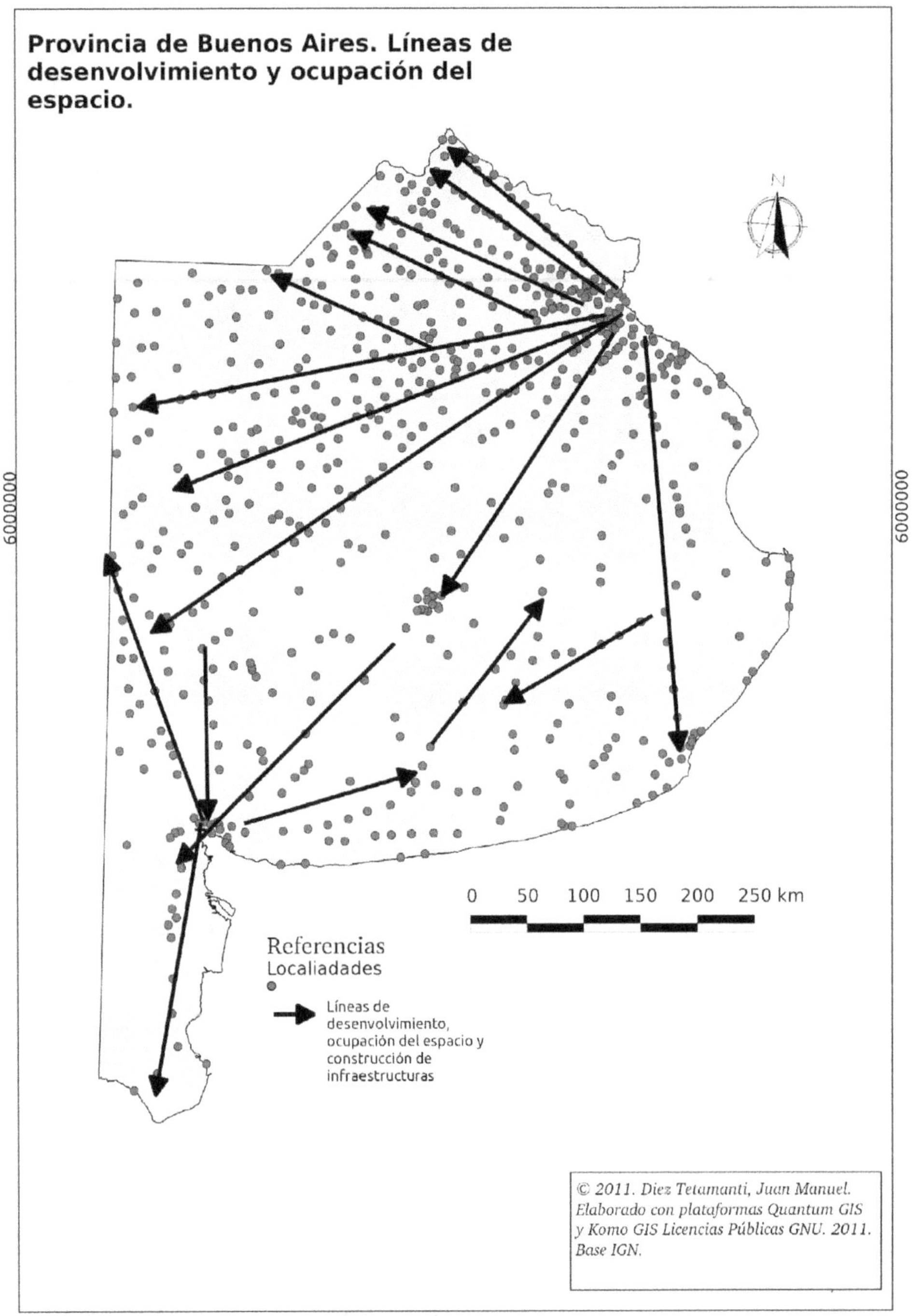

Como se ha visto en esta parte de la investigación, a partir de la segunda mitad del siglo XX se producen cambios en los paradigmas de gestión de Estado, reflejados en las políticas públicas y la prestación de los servicios públicos. Aquellas ideas independentistas del neocolonialismo de principios de los años 40, no prosperaron mucho más allá del fin de la Segunda Guerra Mundial. El impulso de independencia tecnológica e industrial queda truncado ante la importación de nuevas tecnologías y la destrucción de emprendimientos autóctonos (como las fábricas de locomotoras, de aviones, de barcos). Paralelamente, al cambio en las técnicas aplicadas a la producción agropecuaria, acontecen cambios de técnicas en los acopios, en la logística; al tiempo que se produce una automotorización del espacio. La introducción del automóvil, de la camioneta, del camión y del ómnibus produce una privatización de las posibilidades de trasladarse y una celularización de los vehículos. El ómnibus, que se presentó como el reemplazo del transporte ferroviario, no accedió a los pequeños pueblos en donde solamente la tierra y el polvo cubrían el camino.

Para Belini y Rougier (2008), a partir de 1945 se inaugura un "Estado empresario" que toma el comando de los servicios públicos y de la producción (en muchos casos, como la siderurgia, o los casos de SIAM, Swift). A su vez, para estos autores, el Estado toma características de participante mixto, en conjunto con los privados, incluso en la fabricación de calzado o en la producción de vinos (como los casos de Trejo –calzados– y Cavic –vinos–). A partir de 1976, ese Estado empresario entra en crisis y reversión,[18] "el cuestionamiento se centró en la crítica a los procesos de industrialización sustitutiva, y a los instrumentos estatales destinados a ese impulso (planificación, protección, regímenes de promoción y otros estímulos)" (Bellini y Rugier, 2008: 40).

Es destacable que, a pesar del impulso privatizador, para 1981 todavía las empresas públicas participaban del 15,5% del PBI (Nielsen, 1981). De esta manera, y tal como se lee en nota del 26 de julio de 1981 del diario *La Nación* con cierto desagrado: "El Estado opera, por lo menos 30 hoteles y hosterías, y empresas aéreas (Aerolíneas Argentinas, Austral y LADE), dos empresas de turismo y un elevador de

---

[18] El término *reversión* se vincula con el regreso a un estado anterior. Los autores se refieren al momento anterior del modelo de Estado del periodo 1945-1975.

Fotografía 2: Plato giratorio de locomotoras en 1939

Fotografía 3: Plato giratorio de locomotoras en 1995
Dos imágenes de un mismo sitio

esquiadores, un centenar de emisoras de radio y TV, una enlatadora de tomate [...] construye barcos y aviones, además de material militar de todo tipo, produce acero y productos químicos y es armador marítimo y fluvial, opera el comercio de granos y opera ferrocarriles. Produce madera, opera frigoríficos bodegas" (*La Nación*, 1981, 26/7, citado en Bellini y Rugier, 2008: 271). La política de privatizaciones y venta de participaciones de la dictadura militar, no alcanzaba para satisfacer a sus aliados como la Sociedad Rural Argentina que, en su solicitada del 24 de marzo de 1977 y como apoyo al gobierno de facto, reclamaba "desarmar el andamiaje creado por casi 35 años, de una lenta pero sistemática estatización socializante" (Sociedad Rural Argentina, 1977).

Años oscuros, que no escaparían tampoco a la vida diaria en los pequeños pueblos. Así como se relata en *Cuarteles de invierno*, esa soledad silenciosa y a veces cómplice del exterminio, Rogelio, entrevistado en San Agustín, recordaba que en momentos de gobiernos militares,

> *por ejemplo a los comunistas, los que tenían ideas comunistas, tiro a tiro los llevaban presos, los tenían dos o tres meses, después los largaban por ahí (sic), por ahí volvían otra vuelta, les quitaban los libros, bueno… Esas cosas no me gustaban a mí, o sea no me simpatiza decirte a vos qué es lo que tenés que hacer* (Rogelio, 2007).

Los gobiernos *de facto* optaron por la aplicación de decretos y normas que, en muchos casos, cercenaron derechos y, en otros, directamente mutilaron y destrozaron herramientas que poseía el Estado para intervenir. En las pequeñas localidades el cambio fue condicionante entre continuar integrados a los servicios públicos o no. La dictadura militar entre 1976 y 1983 liberalizó la economía, cerró empresas públicas y animó a la especulación financiera. A la fila de desaparecidos humanos se sumó el comienzo de un desguace sobre las capacidades operativas públicas, reemplazándolas por la *libre libertad individual*[19], la tercerización, la privatización, la liquidación y el abandono.

El cierre de oficinas de correo, de los Registros de las Personas, la reducción de personal en dependencias públicas, el abandono de las instalaciones sanitarias y educativas, formaron parte también de ese desguace.

---

[19] Perverso concepto utilizado en el discurso final de Martínez de Hoz en 1981.

Una época signada por la muerte no podría haber estado escoltada por otras normas y acciones que no fueran las de la "des-socialización" y la privación de las posibilidades de crear un territorio más independiente. Sin duda, ni tolerancia ni apertura social, caracterizan a este periodo, en el que desaparecerían miles de personas a partir del terrorismo del neoliberalismo totalitario.

Concidiendo Bellini y Rugier, esta política continuó incluso con el regreso de la democracia en 1983, "no por las convicciones ideológicas de los funcionarios de ese gobierno, sino por encarar de alguna manera, el fuerte déficit fiscal provocado por el endeudamiento externo, durante la política económica de Martínez de Hoz" (Bellini y Rugier, 2008: 41).

Los años 90 profundizaron las reformas del Estado a partir de la Ley 23.696. El quiebre final del Estado benefactor y el ocaso de sus herramientas disponibles, se plasman en el cuerpo de esa Ley que entrega el comando de forma casi definitiva a las compañías multinacionales y al *libre mercado*.

Detenerse en el análisis de la Ley 23.696, puede resultar interesante para quien no haya indagado en ella. La ley de reforma del Estado de 1989 es una obra de ingeniería del desarme del Estado. Una ley completa que otorga facultades extraordinarias para ejercer reformas al Poder Ejecutivo y reglamentada en casi todos sus protocolos de acción, que liquida, privatiza, concesiona y fusiona empresas públicas con privadas. La figura del *interventor* aparece con inmenso peso para la puesta en marcha de lo que para muchos autores es la concreción del modelo impuesto durante el gobierno militar de 1976-1983.

En este sentido, uno de los tantos decretos que se apoyan en esta Reforma del Estado es el 2.740/90 del Poder Ejecutivo Nacional, el cual aprueba un "Memorándum de entendimiento para la reestructuración ferroviaria". El decreto establece que:

> [...] la actual Empresa Estatal Ferroviaria quedará notablemente reducida en sus funciones y en su dimensión, pero no así el sistema ferroviario argentino en su conjunto, cuyas posibilidades de expansión correrán acordes con las de la reactivación productiva y el crecimiento económico que el Gobierno y el Pueblo Argentino persiguen. Que, además, en base al programa de que se trata, la Misión del Banco Mundial participante del entendimiento en el cual aquél está comprendido, ha asegurado el apoyo técnico y financiero de dicha Entidad para el proceso de

reestructuración ferroviaria (Decreto PEN 2740/90). El Anexo 1 de este decreto, contiene el programa de acción del Convenio.

Es trascendental el impacto al sector público generado en la década de 1990, en el sentido de sus instituciones, al tiempo que tuvo tangibles manifestaciones en los elementos constitutivos del espacio. Por nombrar algunas: la población rural que en 1970 ascendía al 21%, para 1991 disminuyó al 13% (INDEC); la extensión de ramales ferroviarios con servicio de pasajeros, que ya había sido reducida en las décadas de 1960, 1970 y 1980, para 1993 fue *mutilada* entregándose su administración a las provincias y, en el caso de la provincia de Buenos Aires, la Unidad Ejecutora del Programa Ferroviario Provincia (entidad estatal a cargo de la concesión de trenes de pasajeros) solamente dio continuidad a escasos servicios y con pésimas prestaciones. En el sector agrario, entre 1990 y 2001 según declara Lapolla (2005), desaparecieron cerca de 160.000 productores (35% de ellos del sector pampeano). En el mismo sentido, desaparecieron o fueron liquidadas cuantiosas instituciones o empresas públicas como la Junta Nacional de Granos, Junta Nacional de la Carne, el Instituto Nacional de Vitivinicultura, el Instituto Nacional del Algodón, la Administración General de Puertos, Ferrocarriles Argentinos, entre otras que pertenecían a la órbita de la administración del Estado nacional.

El resultado de un *espacio derivado* por las lógicas agroexportadoras, dominantes y hegemónicas, dejó centenares de localidades con accesos a los servicios limitados, caminos en mal estado e infraestructura obsoleta o inservible. Así como una compañía minera abandona sus instalaciones y las poblaciones satélites construidas a su entorno, los cambios en los sistemas técnicos y las normas aplicadas liberaron a los pequeños pueblos a la suerte del mercado y los comandos hegemónicos. Alternativas como la autogestión, el autogerenciamiento, la promoción de proyectos microproductivos y la arenga de las famosas evaluaciones de *potencialidades y oportunidades*, colocaron en el mismo plano a la propiedad privada, instituciones públicas y localidades enteras.

En el mapa 18 se observa para el período 1991-2001, un proceso de concentración de la población en áreas costeras y la continuidad del despoblamiento en localidades del interior. Mantienen el crecimiento, entonces, las ciudades cabecera, las localidades turísticas de la costa y

Mapa 18: Variación anual porcentual de la población 1991-2001

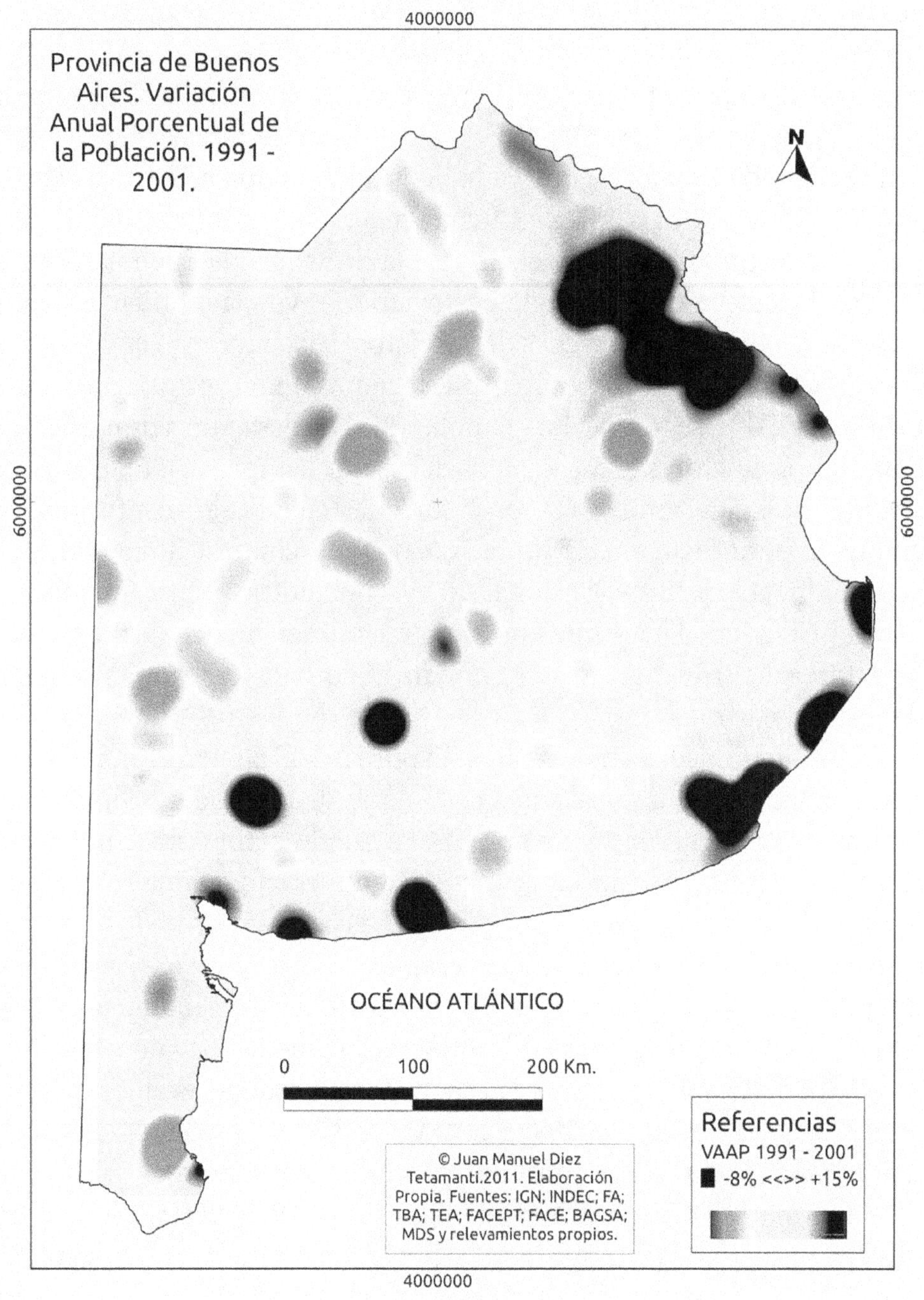

Buenos Aires incluyendo el conurbano. Las localidades más pequeñas experimentan declives demográficos.

9. Obsesión y mito ferroviario en los pueblos

El título de este punto surge a partir de una nota hallada entre muchos papeles acumulados en la estación ferroviaria de Patricios, publicada el 2 de enero de 1964 en *La Voz de Pehuajó*.

Según se lee en la nota periodística, el Tren Especial 5171, partió de Patricios un 26 de diciembre de 1963, llegando a Mones Cazón en Año Nuevo de 1964 y habiendo recorrido solamente 148 kilómetros. El sentido del despacho de ese tren se alude en la nota: "[...] la recuperación del Ferrocarril Belgrano, paralizado hace más de dos años, provocando como en otras zonas del país pérdidas importantes al dificultar el traslado de la población, inconvenientes y molestias en el servicio de pasajeros y un

Ilustración 6: Nota periodística *La Voz de Pehuajó*, 2 de enero de 1964

aislamiento de los pueblos verdaderamente inconcebible en la época que vivimos" (*La Voz de Pehuajó*, 1964: 1). Las imágenes del texto quizá sean dignas de pertenecer a un film del absurdo, un absurdo del opuesto a las racionalidades de ese contexto, en donde comenzaban a extirparse de la llanura, kilómetro tras kilómetro los rieles que unían a las localidades.

> El tren partió a las 10 de la mañana del 26 de diciembre, pudiendo marchar el primer día 40 km. bajo la lluvia, pero el siguiente solo 11 kilómetros en veinte horas y media. Las dificultades se hicieron cada vez mayores pero allí también comenzaron las pruebas de solidaridad entre el personal del tren y hombres sensibles de distintos pueblos [...] las líneas desatendidas desde el 28 de octubre de 1961, ofrecían dificultades difíciles de imaginar. Cardos como árboles [...] líneas telegráficas cortadas [...] en un momento determinado, el tren se quedó en medio del campo y solo había tres kilos de carne, dos botellas de vino y unos pocos panes. Eran 26 personas [...] ¡Adelante! Era la consigna, ellos sabían que estaban haciendo realidad una esperanza (*La Voz de Pehuajó*, 1964: 1).

Luego del gran paro de los trabajadores ferroviarios en 1961, el Gobierno logró llevar adelante el plan de racionalización ferroviaria. En el marco de las racionalidades, el déficit, el servicio ineficaz e ineficiente y el estado obsoleto, obligaba a reformular la política de transporte en el país. En paralelo, los habitantes de los pueblos rurales comenzarían a sentirse aislados, incomunicados.

Así lo expresó un entrevistado, jubilado ferroviario de Patricios, Roberto Alberqui:

> *Cuando sacaron el tren acá se murió todo, la gente se empezó a ir porque no había más trabajo. Algunos fueron destinados al norte, a Santiago del Estero, a otros lados... ahí como también era del [Ferrocarril] Belgrano, los destinaban al norte. Entonces muchas familias se rompieron, imaginate... Después bueno, el pueblo siempre fue ferroviario, estaban los sindicatos, entonces eso era la vida acá... Los clubes se fueron cayendo, se cerró el cine y así quedamos todos viejos porque la juventud que va a hacer!* (Roberto Alberqui, 2007)

Para Rogelio en San Agustín:

> *[...] el ferrocarril era lo más importante que había. Porque yo digo que el progreso aplastó los pueblos chicos. ¡Los camiones! Antes, todo, el trigo, la papa, todo, hacienda, todo iba por tren. Estaban los vagones de hacienda, los vagones de papa, las chatas playas que cargaban la piedra, que esas no tenían*

techo, y vos veías pasar el tren y veías todas las piedras que sobresalían de las chatas playas (Rogelio, 2007).

Horacio, exdelegado en Mechongué, recuerda:

[El tren] *funcionó hasta el año setenta y cinco, setenta y seis más o menos, el cual fue uno de los otros grandes problemas que tuvo esta ciudad porque, si bien el ferrocarril era tanto de pasajeros como de carga, tenía mucha actividad en la parte de carga porque el cereal se trasladaba mucho en el ferrocarril a través de la estación, lo que también daba mano de obra, que eso desapareció. Y ahora es museo la estación del ferrocarril, el museo de Mechongué* (Horacio, 2007).

Para la directora de la escuela primaria en Mechongué, la presencia del servicio ferroviario también representó un hito relevante "[...] *desde que se fue el ferrocarril se fue cayendo el pueblo. Cuando se fue, se siente que se pierde 'algo'. No había otras cosas. Hoy, lo que sostiene al pueblo es la cooperativa de electricidad...*" (María, 2007).

Con *obsesión* se hace referencia a una idea que es persistente y continua. Así, tanto en las entrevistas, como en las charlas durante la observación participante, en la memoria la gente entrevistada, ahí está esa obsesión, esa idea firme de regreso ferroviario deseoso, tan presente en algunas localidades. En Patricios, la obra de teatro comunitario *Nuestros recuerdos* que se estrenó en 2002, se desarrolla enteramente sobre el andén principal. La estación parece estar detenida en el tiempo y sus instalaciones están casi intactas. Con mucha frecuencia algunos vecinos del pueblo se dedican a ordenar y limpiar la estación para los ensayos de la obra teatral. El texto de la obra es claro y sencillo. La llegada del ferrocarril, el pueblo. El pueblo y el mundo unidos por esos rieles. Hacia el final, ese tren se va, pero nadie quiere perder la esperanza. Un *personaje cartero* sintetiza el mensaje creado por los propios habitantes –actores de la obra–: "los de patricios tenemos todo, el alma alerta y el cuerpo pronto, y entre los zurcos y los andenes... ¡resistiremos! ¡resistiremos! que la esperanza, eterna fuerza, dirija el tren de la resistencia".

Y una canción colectiva proclama:

El alma de Patricios está aquí
es evidente
por todos lados hay que transmitir
que la esperanza debe resistir

> *con Patricios resistiendo*
> *siempre unidos y de pie*
> *si luchamos todos juntos*
> *nada nos podrá vencer*
>
> *en las calles de mi pueblo*
> *siempre van a existir*
> *la alegría y las ganas de vivir*
> *el camino de los sueños*
> *deberemos transitar*
> *si queremos lograr la felicidad*
>
> *cuántas cosas han pasado*
> *cuántas cosas pasarán*
> *seguiremos siempre juntos*
> *nada nos podrá cambiar*
>
> *mi pueblo, tu pueblo pueden soñar*
> *por nosotros, nuestros chicos*
> *un futuro en que pelear*

También en Bavio, en el año 2002, un grupo de vecinos formó el colectivo *Por nosotros* para intentar solucionar el problema de la acumulación de basura del pueblo, pero posteriormente cambiaron el eje objetivo a la situación de la estación y comenzaron a trabajar en la recuperación del ramal ferroviario. Este deseo de recuperación del ramal lo declaran "como el medio de facilitación integración de las poblaciones rurales [...] sería importante para la conexión de los demás pueblos[20] con Bavio, ya que ofrece los servicios que otros no tienen".

Lo más mítico, en el sentido de la exaltación de la estima sea el caso de los Amigos de las Zorras de Vía (que funcionan en Bahía Blanca) y el de los Amigos del Ferrocarril General Belgrano (que funciona en el pueblo de Villars). Si bien los dos grupos tienen dinámicas de funcionamiento distintas, ambos se movilizan por el interior de la provincia de Buenos Aires con las zorras de vías (pequeños vehículos que se utilizan para realizar reparaciones en las vías). Los dos grupos militan sobre la

---

[20] Se refieren a los pueblos con menos población que Bavio.

vía, visitando pueblos, participando en fiestas y realizando viajes extensos con el objetivo de rescatar del olvido a los trenes de pasajeros.

Destaca así el modo desde donde se exalta al ferrocarril como objeto de *esperanza*, de *progreso*, de *proyecto futuro*. Una nota periodística de 2003 refleja no solamente el caso que se plantea en particular, sino un criterio casi institucionalizado: El diario digital de Urdampilleta tituló en septiembre de 2003:

> El tren volvió a pasar cargado de esperanza. [...] El tren volvió a unir después de muchos años a las localidades de Ibarra, Pirovano y Urdampilleta, que a veces parecen perdidas en el olvido, pero con el sueño cumplido del tren de pasajeros volvieron a tomar notoriedad y a pensar en un nuevo camino a la esperanza [...] Hoy renace la vida y la esperanza estos pueblos que vuelven a estar comunicados y piensan en un futuro de desarrollo y crecimiento [...] Su gente esperó este momento con gran alegría, algunos al ver pasar la figura imponente de la locomotora sintieron mucha emoción y volvieron a pensar en el progreso de estas localidades, a las cuales el destino les jugó una mala pasada y les tocó perder mucho de lo que con un gran esfuerzo habían conseguido (Portal de Urdampilleta, septiembre de 2003).

Una *esperanza* que pasa diseñada a la forma de tren de pasajeros, una vez a la semana a las 3:35 de la mañana y poco debe servir a las necesidades cotidianas. El mito del tren y una construcción de la memoria donde se incluye un pasado estructurado y ordenado. Interesa aquí, llevar la cuestión a Raymond Williams [21] quien dice que esta con-

---

[21] A partir de un texto de César Rogelio Zuccarino, se rescata una definición de la noción de "estructura de sentimiento" muy vinculada en Williams en la "relación entre la investigación de lo social y la temporalidad [...] En la mayoría de las descripciones y los análisis, la cultura y la sociedad son expresadas corrientemente en tiempo pasado. La barrera más sólida que se opone al reconocimiento de la actividad cultural humana es esta conversión inmediata y regular de la experiencia en una serie de productos acabados".

Desde este punto de vista, lo que se sugiere es que todo análisis descuida los procesos formadores y formativos a cambio de formas "explícitamente fijadas". Pareciera ser que cuando se habla de las cuestiones de lo social solo se puede enunciar, indicar, como objeto de estudio, formas ya en pasado, acabadas, fijadas y así, se desestimarían procesos "en presente", activos o "en solución". Son precisamente estos procesos los que Williams denomina *estructura de sentimiento*, o incluso *estructura de la experiencia*, entendiendo por esto las tensiones formadoras que existen entre la "conciencia oficial" y la "conciencia práctica". Tensiones que, en sus efectos, pueden percibirse como un tipo de "sentimiento y pensamiento efectivamente social que determina el sentido de una generación o de un período" y que, en su definición como estructura, pretende expresar

figuración de ideas y cultura, emerge de una particular "estructura de sentimiento". Se interrelacionan en ella varios componentes vinculados con la idealización de orden pasado, integración de la sociedad, organicidad y justicia.

Se puede decir que esta estructura se halla vinculada con el desarrollo de la construcción de la identidad, fuertemente arraigada en el territorio, el trabajo y el bienestar, y apoyada por un pasado ficticio o real que se relee como justo socialmente, y aparentemente anterior a las políticas deconstructoras de los bienestares otorgados por el Estado. Se genera así una idealización del pasado con *orden, trabajo, integración*, etc., bajo una misma construcción simbólica deseada y recordada: el paso del tren.

La forma de recomposición del orden es simbólica y resuelve el conflicto que genera la sensación colectiva de olvido, a través de representaciones estructurales selladas en el espacio, como la corrida de trenes de pasajeros, los servicios públicos y el paisaje que reconfiguran hacia el pasado una imagen simbólica deseada y añorada por parte del imaginario social.

El mito en la alta estima y la obsesión como idea recurrente se asocian particularmente en un pasado que figura, a su vez, como esperanza de futuro. Como se verá en la tercera parte de esta investigación, en algunos casos ese pasado es el que traza un posible proyecto futuro.

10. Una nueva dinámica territorial y demográfica en pequeñas localidades bonaerenses

A partir de mediados del siglo XX se comienza a trazar un nuevo territorio, es este *territorio usado* que implica la materialidad, la vida humana cotidiana, la huella de la técnica en objetos, la infraestructura y las obras en ejecución, y las acciones e intencionalidades.

La introducción de nuevos objetos y nuevas normas en la segunda mitad del siglo XX se produce con una intensidad impresionante. El

---

no instancias de fijación, sino la posibilidad de detectar allí relaciones internas, específicas, en proceso; es decir que el estatuto conceptual de la estructura de sentimiento correspondería al de una hipótesis cultural que intenta comprender estos elementos configuradores del presente (Zuccarino, 2007: 6).

automóvil es un objeto imposible de omitir en el análisis. La privatización celular de la movilidad en el espacio, reemplaza al medio colectivo y devuelve la resultante de diferenciación de estatus entre quienes lo poseen y quienes no lo poseen, que el caballo proporcionaba muchos años atrás. Lejos de los tiempos del caballo, el automóvil, la camioneta serán el objeto deseado e introducido para transitar la llanura y moldearla a sus necesidades. Los motores, dotados de más autonomía y los camiones con cada vez mayor capacidad de carga colonizaron e invadieron el paisaje de las pequeñas localidades.

Sin dudas, las nuevas técnicas incorporadas al trabajo y la producción rural desplazaron la mano de obra menos calificada, que se encontró atraída por la demanda de empleo industrial en las ciudades más grandes. A partir de esto, se ha elaborado un esquema sintético de dos modelos espaciales diferenciales que tuvo un quiebre a partir de la segunda mitad del siglo XX.

Hasta 1960 (aproximadamente) el esquema sintetiza el espacio derivado y diseñado por el modelo agroexportador primitivo, en el que los puertos configuran la red principal de circulación, evacuante de la producción acopiada y concentrada en la constelación de pueblos de la llanura pampeana. El esquema absolutamente funcional a una técnica, con su sistema de objetos establecidos hasta ese periodo, se ve modificado con la incorporación de unos nuevos como el automotor, el incremento de la autonomía y nuevos centros de acopio de la producción en las ciudades cabecera de partido, como centros de provisión de servicios múltiples. La pavimentación de carreteras y el desarme ferroviario, cambian las funcionalidades de las pequeñas localidades, y sus sistemas de objetos se convierten (en algunos casos) en obsoletos e incompatibles con las nuevas técnicas productivas y de logística.

El esquema que se profundiza a partir de la década de 1960 continúa con la lógica de un *espacio derivado*; donde el comando de las intervenciones espaciales y el manejo del territorio es foráneo, pero con mayor complejidad de instituciones intervinientes y una concentración urbana de los servicios de todo tipo. Las actividades comerciales y de administración de mercaderías y sociales, convoca a su vez el desplazamiento de la población hacia las ciudades más grandes. Los centros de acopio en las viejas estaciones del ferrocarril fueron desmanteladas o mudadas a ciudades intermedias. Así, en la actualidad, las actividades de acopio se concentran en las ciudades intermedias, en donde se instalan baterías de silos y concentración de la producción comandada logísticamente desde los puertos y las grandes ciudades.

La influencia de las normas en la dinámica del territorio también se grafica. Un compendio de leyes, y principalmente decretos, fueron alejando la obra pública de las pequeñas localidades. El ferrocarril, que inicialmente figuró como intercomunicador de estas localidades, fue segmentado en su función y quedó obsoleto para la prestación de un servicio eficiente.

Gráfico 5: Esquema sintético de dinamismos de objetos en dos modelos espaciales diferenciales con quiebre a partir de la segunda mitad del siglo XX. Elaboración propia

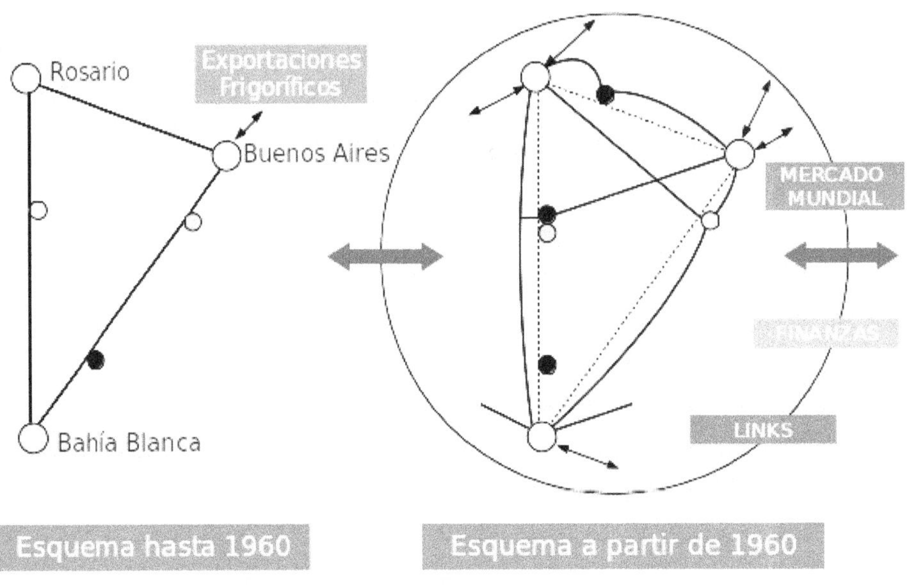

Las grandes obras públicas diseñadas a partir de la derivada traza ferroviaria, como el gas natural, se aplicaron principalmente en las cabeceras de partido, lo que dificultó el acceso al servicio mediante la utilización de gas envasado.

Se inicia un nuevo esquema de servicios públicos, signado por el surgimiento de cooperativas de servicios o por comisiones intermediarias para la ejecución de obras (en algunas localidades y en otras no). La acción estatal en el mantenimiento de escuelas y centros de salud, o bien en la construcción de caminos asfaltados, fue diversa en diferentes localidades de la provincia y en algunos casos dependió de las gestiones locales para la ejecución de las obras. Estas diferencias de la gestión del territorio trazaron caminos diversos entre las localidades que emprendieron acciones locales para instalar los servicios y las que no lo hicieron. Como ejemplo, puede citarse el testimonio de Rogelio y la comparación que él hace entre San Agustín y Mechongué:

> En San Agustín, por ejemplo, acá esto me lo hicieron los chicos, que el quincho, que hicieron la casa, y te sirve no más para crítica [...] y en Mechongué si uno hace una casa linda el otro intenta hacer una mejor, por eso Mechongué está así ¿te das cuenta? Y yo se los decía los otros días a unos muchachos y me decían: ¡es exactamente así! Eso es lo que pienso yo. Se lo comento a ustedes y a alguno por ahí dice: Ah, porque los de Mechongué son testarudos, compadrones, porque tienen asfalto. Pero el asfalto no se lo regalaron, yo siempre digo que el asfalto no se lo regalaron. Y las casas que tienen no se las regalaron. Y yo sé que gente de trabajo, de Mechongué, no gente como te digo con plata, gente que trabajaba bien, pero que se hizo su linda casa. Cuando hicieron el club, me contaba un muchacho, y hablábamos este tipo de cosas, ¡no, el club ya estaba hecho! Se hizo en mil novecientos veinticinco, me parece que es igual al de San Agustín. El de acá se creó el veintiocho de junio de 1925 y ellos me parece que tres o cuatro meses más tarde, lo hicieron allá. Pero, después lo agrandaron y en un momento dado no tenía piso, entonces el presidente que había, iba mucha gente al club, dice: tenemos que ponerle el piso al club, y empezó, dice: vamos a hacer una cosa, yo voy a rematar el metro cuadrado a diez pesos, voy a rematar uno, dos, tres, los que quieran, uno, dos juntos, yo remato uno ¿cuánto vale un metro de...? ¿Quién va a poner la plata para un metro? ¡Yo, yo pongo para uno! Listo, fulano de tal uno. ¡Yo pongo dos metros! Y el otro: ¡Yo pongo tres! Y el otro: ¡Yo pongo cinco! En una reunión juntaron todo el piso. ¿Te das cuenta? [...] Tienen un amor propio sano, que es para bien y no para mal, porque a

veces tenés amor propio para hacer las cosas mal, vas para atrás, pero si el amor propio es para mejorar las cosas (Rogelio, 2007).

En el relato, el entrevistado otorga importancia a la colaboración entre los vecinos para lograr generar obras públicas y mantener las instituciones. Durante el trabajo de campo, tanto en Mechongué como en La Dulce, se encontró esta valorización de la cooperación, tal como esta que menciona una docente en Mechongué, Luciana: *"Nosotros trabajamos en red. Nos ayudamos mutuamente, una mano lava la otra, sociedad de fomento, la otra escuela... Hacemos trueque de necesidades entre las instituciones y los vecinos..."* (Luciana, 2007).

En este sentido, parecería haber un correlato entre las localidades que poseen mayor actividad social interna, vinculada a la creación o mantenimiento de instituciones locales y el desenvolvimiento demográfico. Cuando se analiza el comportamiento demográfico entre 1947 y 2001 (ver Gráfico 5), se evidencia: por un lado una tendencia general de caída demográfica entre los años 1960 y 1970, respecto del incremento entre 1947 y 1960. Por otro lado, las localidades de referencia de dividen en dos grupos: un grupo de crecimiento y otro de decrecimiento.

Gráfico 5: Evolución de la población en las localidades del área de estudio de campo. Censos 1947 a 2001

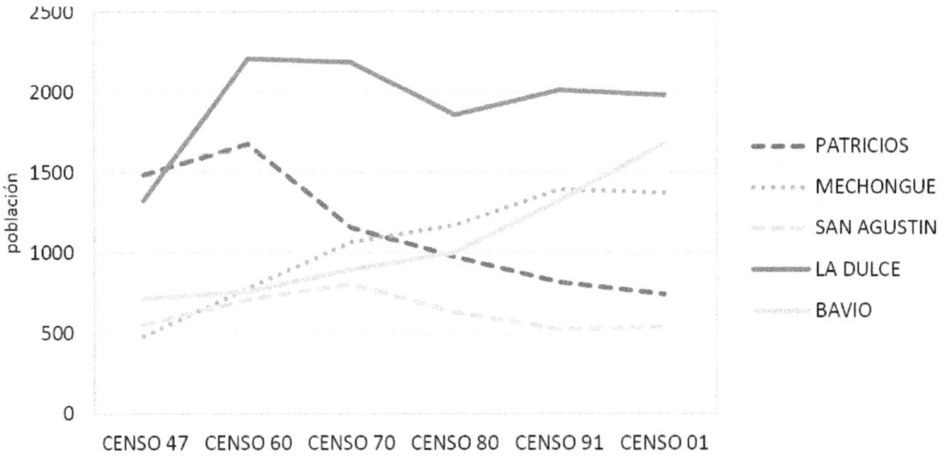

FUENTE: ELABORACIÓN PROPIA SEGÚN DATOS CENSALES 1947 A 2001.

Las primeras tres localidades: Bavio, La Dulce y Mechongué, muestran una tendencia de crecimiento o de estabilidad demográfica. Mientras que Patricios y San Agustín, pierden población, principalmente a partir de 1960-1970. En este sentido, Bavio, La Dulce y Mechongué, paralelamente poseen una historia de mayor actividad participativa en torno a los problemas locales, sobre todo en la conformación de cooperativas locales, comisiones o grupos de acción para la provisión de infraestructuras y servicios. En San Agustín, en cambio, la participación en los problemas locales es mucho más reducida y los servicios dependen principalmente de las prestadoras regionales o provinciales. En Patricios, acontece una situación similar, a lo que se agrega el impacto de la desaparición de la actividad principal (ferroviaria) a partir de la década de 1970.

En el contexto provincial, puede notarse, a partir de los mapas 19, 20 y 21, como se establece un red de ciudades de entre 10.000 y 50.000 habitantes, sobre todo en el norte y la costa este de la provincia. En el centro provincial los cambios son notoriamente menos dinámicos, prevaleciendo ciudades con más de 2000 y hasta 10.000 habitantes. A su vez, hay una notable disminución de la cantidad de pequeñas localidades en la comparación al período 1980-2001 (ver mapas 19, 20 y 21).

Mapa 19: Población por rangos. 1980. PBA

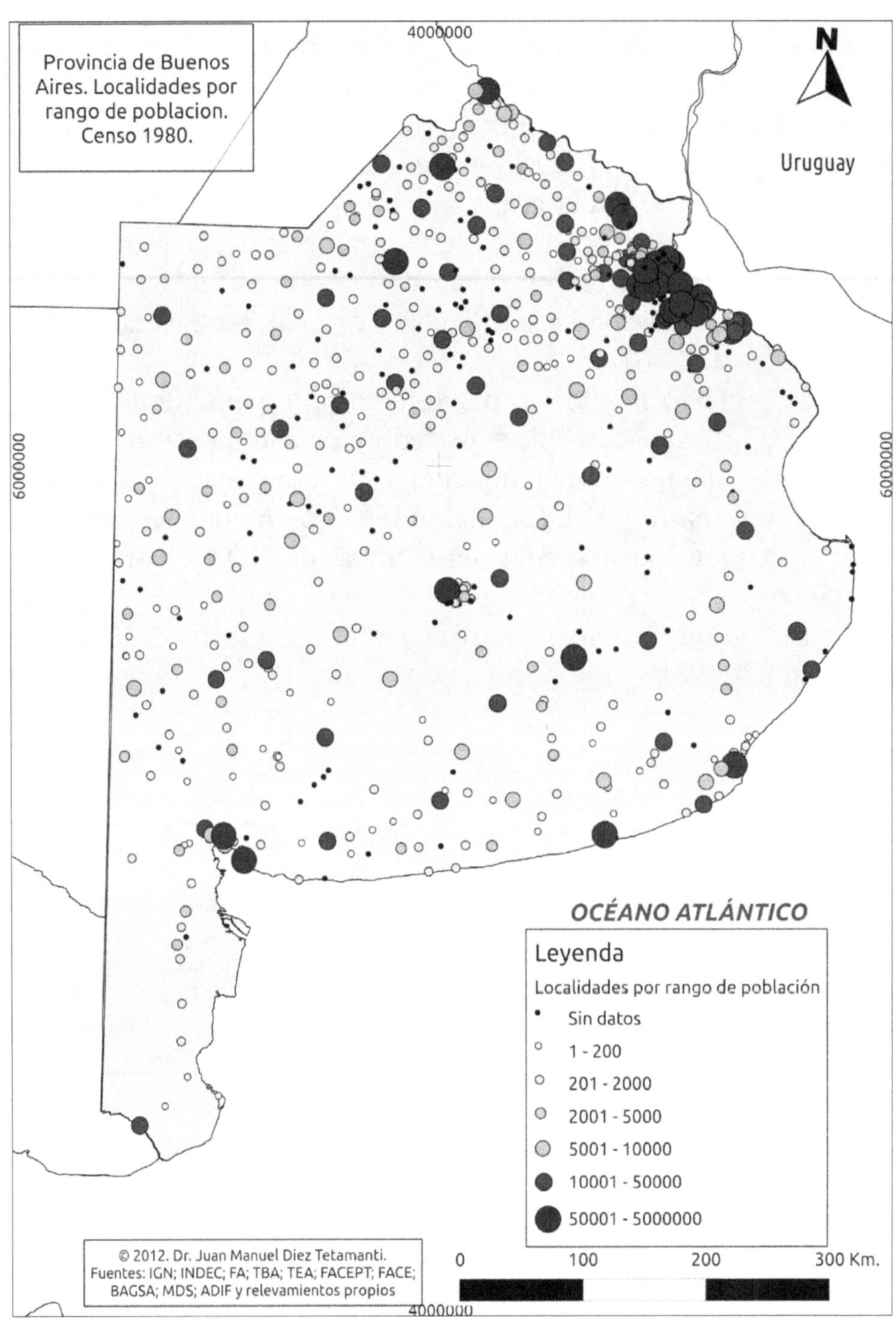

Mapa 20: Población por rangos. 1991. PBA

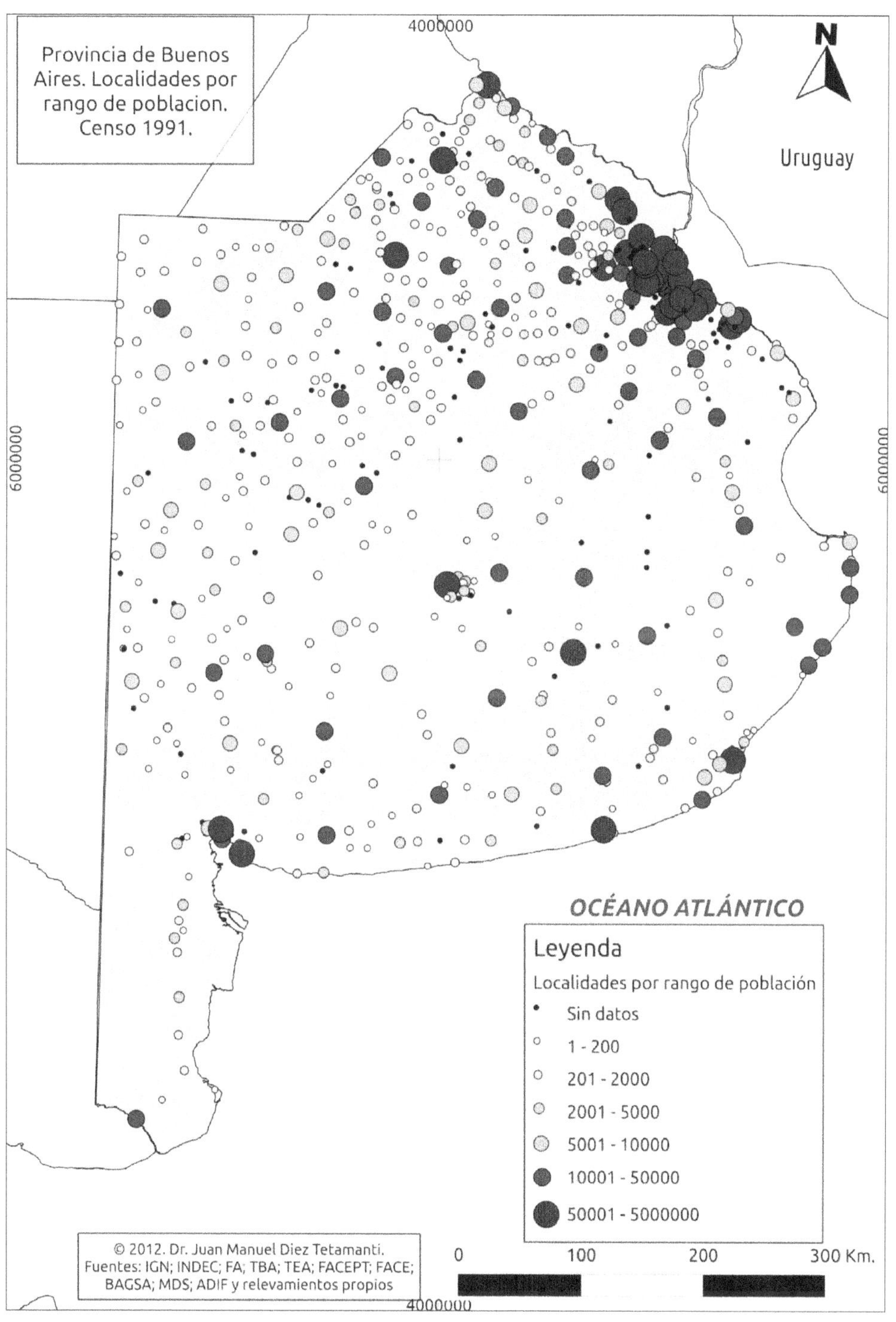

Mapa 21: Población por rangos. 2001. PBA

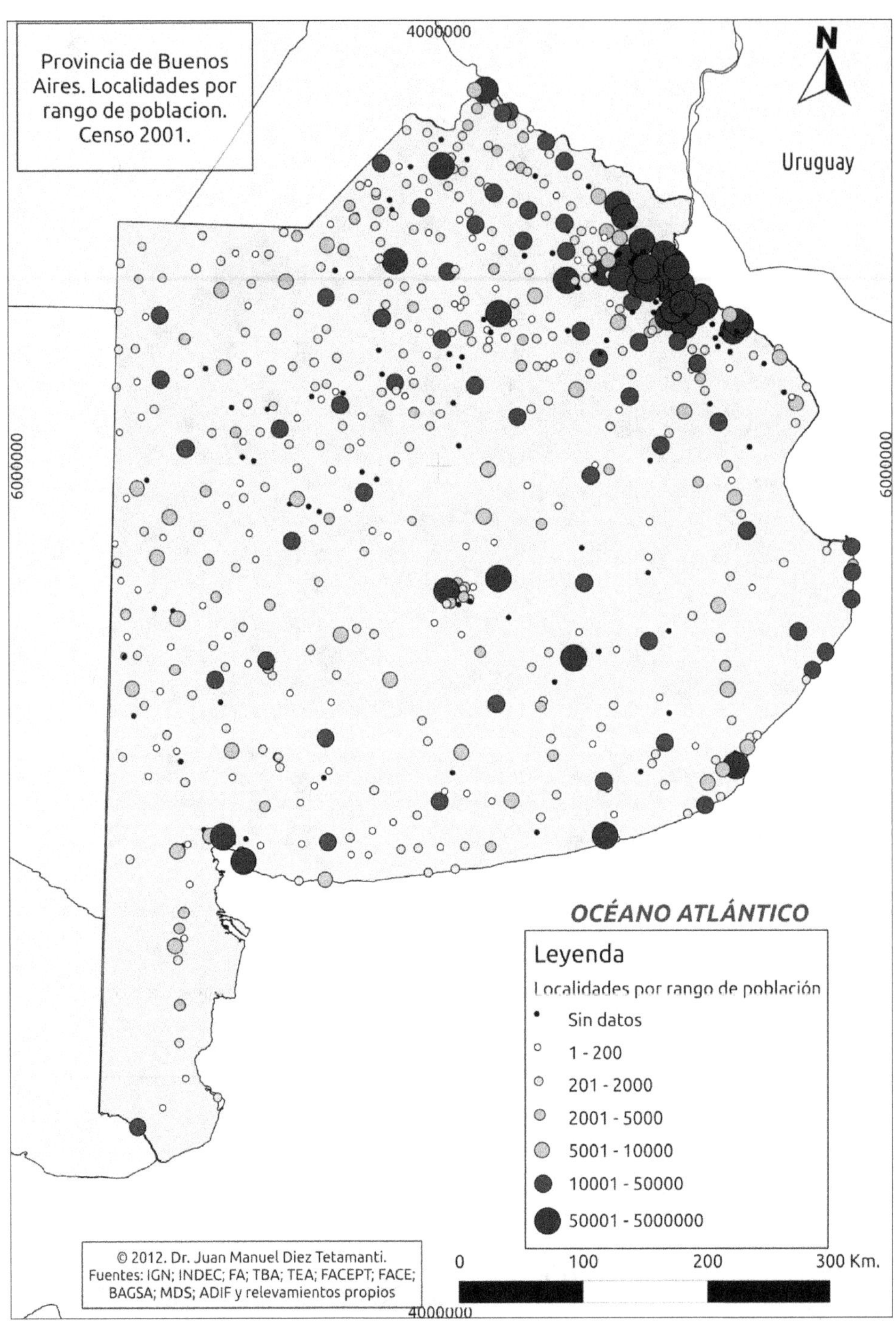

TERCERA PARTE

Intentos desarticulados de reintegración (tiempos nuestros, territorios ajenos)

Los pequeños pueblos se encuentran desfasados de esa constelación inicial que los unificó como a una orquesta. El siglo XXI sorprende a las localidades con obsoletos objetos en sus entrañas y las invade con compañías multinacionales que se enclavan sin descanso. El Estado, a través de normas y de algunas organizaciones locales, encontrará en las calles y los viejos almacenes un campo para intentar rearmar un rompecabezas que hace tiempo perdió sus piezas. Hay quienes encontrarán las piezas en el pasado y otros las encontrarán en la organización y la participación, la esperanza de integración. Pero ¿integrarse a qué?, ¿cómo?, ¿para qué? Una búsqueda en el tiempo o en el espacio, entre lo racional, lo contrarracional y a veces el absurdo.

11. Políticas de acercamiento circunstancial del Estado a las pequeñas localidades

Ya en el siglo XXI los pueblos pampeanos de esa constelación, particularmente en la provincia de Buenos Aires, se encontraron en una situación de desfase *entre técnicas y objetos nuevos y viejos*, con diferentes niveles a accesibilidades, y de integración compleja; características particulares que diferencian a uno de otro pueblo. Esto no significa que anteriormente todas las localidades fueran idénticas, del modo en que ilustraba Martínez Estrada en *Radiografía de la Pampa*, diciendo: "el pueblo siguiente es igual al anterior". Esa relativa homogeneidad que encerraban los pueblos en su conjunto hasta el último cuarto del siglo XX, fue diluyéndose con la introducción de nuevos objetos y renovadas racionalidades que influían en el ordenamiento del espacio y que estaban signadas por la racionalidad hegemónica del capitalismo y la lógica agroexportadora. En ese sentido, las huellas de cada periodo histórico fueron asentándose una sobre otra para otorgar al espacio una característica absolutamente particular y única: la del presente instantáneo.

Previamente se citó a Milton Santos, cuando dice que es en el campo (lo rural) donde las racionalidades hegemónicas pueden generar con menores resistencias mayores cambios en el espacio. Esto tiene que ver, por un lado, con la capacidad de las grandes compañías o actividades dominantes de instalarse con un mínimo de intervención y modificación de los elementos del espacio y, por el otro, se relaciona con la escasa posibilidad de encontrarse con contrarracionalidades que cuestionen el poder hegemónico, o bien, en caso de cuestionarlo, queda poco margen de acción para que las racionalidades alternativas logren generar cambios o pujar por el comando del territorio. Es más, se puede decir que en los casos controvertidos como el de la llamada popularmente *agrominería sojera* –o la misma minería en otros puntos del país–, muchas de las oposiciones provienen de gestas en las ciudades, como iniciativas colectivas, desde las universidades o en los medios de comunicación, por ejemplo.

En el marco del Estado provincial, el "problema de los pueblos chicos" –tal como se los mencionó en variados discursos[1]– resultó un tema poco abordado por la agenda gubernamental hasta 2002 o 2003. Paradigmáticamente, la tenue acción del gobierno provincial en la década de 1990, explícita y directa sobre las pequeñas localidades, se limitó a trabajos de asfaltado en algunos accesos y el mantenimiento de ciertos servicios de pasajeros en ferrocarriles. Es decir, la manutención de algunos servicios ferroviarios de pasajeros y la construcción de accesos a contadas localidades, caracterizaron parte de la política en servicios públicos, en las pequeñas localidades.

Posterior a la crisis social de 2001, comienzan a tratarse temas con enclave en las pequeñas localidades en el ámbito del Poder Ejecutivo de la provincia de Buenos Aires, en particular desde el exministerio de Desarrollo Humano y Trabajo de la provincia de Buenos Aires. Así, tal

---

[1] Se recuerda en 1995, en un discurso del ex vicegobernador Rafael Romá. En el marco de la Fiesta Nacional del Ternero en Ayacucho, el vicegobernador hacía hincapié en elaborar "políticas para los pueblos chicos, esos de los que no se acuerda nadie, pero de donde son muchos de nuestros padres". Paralelamente, el periodo de la década de 1990 fue uno de los más característicos por la ausencia de políticas o programas concretos destinados a pequeñas localidades.

como indican Barberena y Carballeda (2006), se detectaron iniciativas locales susceptibles de ser acompañadas y apoyadas por el Gobierno de la Provincia. Entre esas iniciativas –según los autores[2]– podían hallarse: una usina láctea en 25 de Mayo, que proveía con 14.000 litros mensuales de leche pasteurizada a la población de localidades de ese municipio; los planes "Manos a la Obra" aplicados en municipios del interior y los proyectos aplicados; y el emergente grupo *Por Nosotros* en Bavio, que en esos tiempos se encontraba en su etapa inicial.

A partir de 2003, se comenzaron a generar iniciativas, principalmente desde el Estado provincial, que tenían como objetivo directo su aplicación en pequeñas localidades. Empieza aquí, un proceso donde se define desde organismos del Estado *qué es* una pequeña localidad. En 2003, el Informe de Desarrollo Humano de la Provincia de Buenos Aires dedica una extensa parte y pone especial énfasis en el "problema del despoblamiento en pequeñas localidades". En este año se realizan diagnósticos y trabajos de campo puntuales con el objetivo de aplicar políticas sociales que apunten esencialmente a: "la resolución de la problemática de la integración y la fragmentación social [...] a generar condiciones de re-poblamiento en las pequeñas localidades de la Provincia de Buenos Aires, desarrollando actividades también para evitar el despoblamiento de las mismas. Es decir, mejorar las condiciones de habitabilidad de los pequeños pueblos" (Carballeda y Barberena, 2004).

Desde entonces, desde el Gobierno de la Provincia se comenzó la traza de una serie de planificaciones, proyectos e ideas con el sentido y objetivo puesto en las pequeñas localidades. Inicialmente, las características mismas de los planes y programas fueron fragmentando su acción y aplicación tanto en el territorio como en su diseño de acción. Estas herramientas de intervención del Estado, renovadas en su modelo de incursión en el territorio, dependieron en muchos casos de condiciones circunstanciales (afinidad política partidaria, afinidades afectivas, existencias o no de grupos locales de acción, intereses en participación locales, etc.). La planificación del Estado en las pequeñas localidades se caracterizó, entonces, como circunstancial y fragmentada, paradójicamente con intenciones de integración territorial y social. La propia

---

[2] Mariano Barberena y Alfredo Carballeda, además de autores del artículo citado, formaron parte de equipo de trabajo inicial que pondría, la vista del Ministerio temas referidos a las pequeñas localidades.

intervención se vio confrontada con las racionalidades imperantes, las demandas de las *contrarracionalidades* y un *espacio derivado* que intentan emanciparse de las fuerzas que lo comandan. Desde el Estado y las organizaciones participantes en el proceso de implementación de políticas públicas, el objetivo implícito puede leerse con la intención de crear *hegemonía*, en el sentido de la supremacía desde lo local, hacia niveles espaciales de mayor influencia.

11.1. Nuevas normas, planes y programas. Entre el intento de integrar y la fragmentación

Las pequeñas localidades han sido consideradas, desde la aplicación de políticas públicas, como un continuo entre la *población rural dispersa* y la *población rural agrupada*. Esto se observa tanto en los enunciados de los planes quinquenales, en la década de 1950, como en los programas y planes de los años 60 que se mencionaron anteriormente. Paralelamente, el concepto de *el interior* como gran englobador de lo que parecería un *todo* que exceptúa a las grandes ciudades, tomó el lugar de ese espacio que contiene también a las pequeñas localidades.

Tanto en la bibliografía como en las políticas públicas, resulta difícil encontrar separadas a las pequeñas localidades de la actividad agropecuaria y sus derivados. Su estrecho vínculo entre el área sembrada o ganadera, con la población residente en las pequeñas localidades, ha generado y aún genera la suposición generalizada de que cualquier política destinada a las actividades agropecuarias impactará sobre las pequeñas localidades.

El transcurso del siglo XX ha sido testigo de modificaciones importantes en torno a las técnicas y los objetos introducidos en el trabajo rural. Paralelamente no todos los residentes en pequeñas localidades dependieron directamente de los trabajos rurales. En este lugar se pueden mencionar a los docentes de escuela, los empleados públicos, los empleados bancarios y algunos comerciantes.

En 2002, luego de la crisis social en la Argentina, las pequeñas localidades fueron advertidas desde el exministerio de Desarrollo Humano y Trabajo (MDHyT) como territorios factibles de incluir en las acciones de gobierno. Así, a partir de 2002 se pueden citar, para el marco de la provincia de Buenos Aires, las siguientes políticas públicas y normas:

* 2002: *Plan Volver* (programa de fortalecimiento socioproductivo de comunidades rurales).

* 2004: Promulgación de *Ley 13.251* (Régimen de Promoción de Pequeñas Localidades).

* 2007: *Programa Pueblos.*

* 2008: *Programa Pueblos II* y Resolución 497/2008 de creación del Registro de Adhesiones Municipales al Programa de Promoción de Pequeñas Localidades de la Provincia de Buenos Aires. Y Reglamentación de la Ley 13.251 mediante decreto PE 1544/08.

El *Plan Volver*, comenzó a implementarse en 2002 por el MDHyT como una iniciativa desde la intervención social estatal, con el propósito de generar el fortalecimiento socioproductivo de las comunidades rurales con problemas de despoblamiento.[3]

El Plan, fue diseñado tomando como punto de partida dos problemas centrales. Por un lado, la iniciativa de poner en valor productivo al programa "Jefes y Jefas de Hogar" que otorgaba $150 mensuales a sus beneficiarios, promoviendo una actividad productiva. En segundo lugar, se proponía aplicar los denominados "proyectos productivos" del Plan Volver, en localidades de la provincia de Buenos Aires con problemas de despoblamiento. Sin embargo, no todos los lugares donde se aplicó el Plan, tenían problemas demográficos de pérdida de población.

El texto del Plan, explicita: "Está dirigido a los hogares con jefa o jefe de hogar desocupados, con escasas posibilidades de reversión inmediata de tal condición. Se propone el fortalecimiento de las capacidades de los miembros del hogar a través de la capacitación y la facilitación al acceso de tierras laborables y vivienda" (Plan Volver, MDHyT, 2002: 8).

> "Volver" surge de la necesidad de fortalecer el subsidio del *"Plan Jefas y Jefes de Hogar Desocupados"* y de la preocupación acerca de la viabilidad del mismo a mediano y largo plazo. El desafío es transformar la

---

[3] Para ello, en el Plan se elaboró un listado de localidades de entre 300 y 2000 habitantes para el Censo 2001 (INDEC) y se analizó su comportamiento demográfico entre 1960 y 2001.

naturaleza de subsidio del desembolso que realiza el estado nacional y tornarlo productivo (Plan Volver, MDHyT, 2002: 9).

El objetivo del Plan también indica que apunta a "contribuir al descenso de los niveles de desocupación y sub-ocupación promoviendo el surgimiento, fortalecimiento y acompañamiento de espacios productivos autosustentables con capacidad de empleo genuino" (10). En este sentido, el plan evidencia un "encaje" entre dos problemas demográficos, que intenta enlazar el Conurbano Bonaerense con las "localidades de zonas rurales bonaerenses".

Sus objetivos específicos apuntan a:

- "Recuperar capacidades materiales (tierras, maquinaria, viviendas) y psicosociales (*expertise*, oficios) ociosas o subaprovechadas en zonas rurales de la provincia de Buenos Aires".

- "Contribuir a la descompresión de demandas de servicios públicos (hospitales públicos, comedores, etc.) en el Conurbano Bonaerense a través del traslado de población" (10).

A su vez, el Plan indica que población destinataria la constituyen "las familias residentes en el Conurbano Bonaerense beneficiarias del subsidio 'Derecho de Inclusión' con bajas probabilidades de reinserción en el mercado laboral [...] .matrimonios o parejas de hecho con hijos menores, preferentemente originarios de la localidad, región o el interior bonaerenses". A esto agrega otras condiciones como preferencias para aquellas personas con experiencias vinculadas a los trabajos rurales, artesanías, construcción, comercio, etc.

El éxodo rural figura solo como una de las intenciones del Plan. Este criterio puede leerse en el informe sobre las localidades con menos de 2000 habitantes que contiene el Plan y donde se explicita que "una de las intenciones del *Plan Volver* es frenar el éxodo rural que todavía se registra en nuestra provincia, así como recobrar la densidad poblacional que muchas localidades poseyeron en el pasado" (23).

Respecto a la dinámica del Plan, se propone una "inversión inicial" por parte del Estado provincial para un *proyecto* que en "pleno funcionamiento debe lograr alcanzar: la soberanía alimentaria del parque, la eliminación de los planes sociales de subsidio y la amortización de las inversiones en capital físico" (11).

Con una metodología que propiciaba la participación y con una lógica constructivista, el Plan intentaba escapar de una característica de "plan enlatado", permitiendo variaciones en cada uno de sus puntos de intervención. Para ello se crearon Unidades de Gestión Local donde los beneficiarios de los proyectos tenían participación en conjunto con los municipios de cada localidad y equipo técnico.

En síntesis, el Plan se proponía generar, a partir de una inversión inicial de capital y con el aporte de los *Planes Jefes y Jefas de Hogar*, a lo que se sumaba un aporte de los municipios (en tierras, especies), una eliminación de los programas sociales, creando emprendimientos y agregando valor a la producción generada por residentes del Conurbano Bonaerense radicados en pueblos con menos de 2000 habitantes.

Para ello, el Plan presentaba una propuesta modelo con posibilidades de producciones *individuales* y *comunitarias* (a partir de la creación de nuevas cooperativas). Ante esto se presentaba un listado de actividades factibles de obtener rentabilidad y de ser aplicadas en los proyectos creados por la población beneficiaria, denominados "Proyectos Volver". Las actividades propuestas eran: hortícola, producción de leche, producción de conejos, producción de pollos, producción de huevos, producción de miel, producción forestal (olivicultura o fruticultura).

Entre los aportes municipales que preveía el Plan Volver, se mencionan exenciones impositivas, la cesión de tierras fiscales en comodato "con ocupación precaria" (22) y explicita para los municipios que: deberá llevar adelante

> [deberá llevar adelante] medidas de promoción para la calidad de vida: vivienda, salud, educación y seguridad: dada la descentralización de los servicios de salud en la provincia de Buenos Aires, es de esperar que el municipio receptor deba hacerse cargo de los costos que implica una mayor población en el territorio. En cuanto a las escuelas y comedores escolares, los costos serán compartidos entre el municipio y la provincia. Los servicios de alumbrado, barrido y limpieza, también significarán mayores costos para el municipio por lo que la provincia debe ofrecer un adecuado régimen de incentivos a los Municipios receptores (22).

En este sentido, el Plan no indicaba qué ministerios ni cómo se implementarán los regímenes a incentivos para los municipios.

Finalmente, en el documento del Plan se detallaba una descripción de cinco localidades piloto donde podría llevarse adelante la propuesta. Estas localidades piloto eran: Micaela Cascallares (partido de Tres Arroyos), San Miguel de Arcángel (partido de Puán), San Francisco de Bellócq (partido de Tres Arroyos), Villa Roch (partido de Tordillo) y Azucena (partido de Tandil). Para cada una de las localidades se describía características elementales demográficas, físicas, de vivienda, funcionales, gubernamentales y de accesibilidad.

Todos esos datos conforman en el Plan Volver, una matriz de fortalezas, oportunidades, debilidades y amenazas que pretendían aportar a la factibilidad o no de incluirse como "localidades del Plan", al tiempo que funcionaron como elementos para la selección de localidades.

El Plan Volver se aplicó en 11 localidades de la provincia de Buenos Aires entre 2002 y 2006 –véase tabla 4 de localidades y Mapa 22– (López, 2005) contemplándose su implementación futura en otras 6 localidades (Rodríguez Massena, 2007).

Tabla 4: Localidades Plan Volver. Montos asignados para proyectos

Localidades	Monto invertido
Cabildo	470.000
Bellocq	357.000
Indio Rico	395.000
Germania	300.000
Mechongué	297.000
Pardo	380.000
Mechita	200.000
Ramón Biaus	150.000
San Sebastián	150.000
Pila	197.000
Casalins	150.000

FUENTE: LÓPEZ, 2005: 5.

Según Eduardo López, trabajador social y agente del Plan Volver entre 2002 y 2006, la evaluación de los proyectos arribó a diagnósticos que

[...] presentan un estado de postergación general con un déficit en aspectos económicos, sociales, culturales, educativas, habitacionales, etc.

Mapa 22: Localidades de aplicación del Plan Volver y VAAP 1991-2001

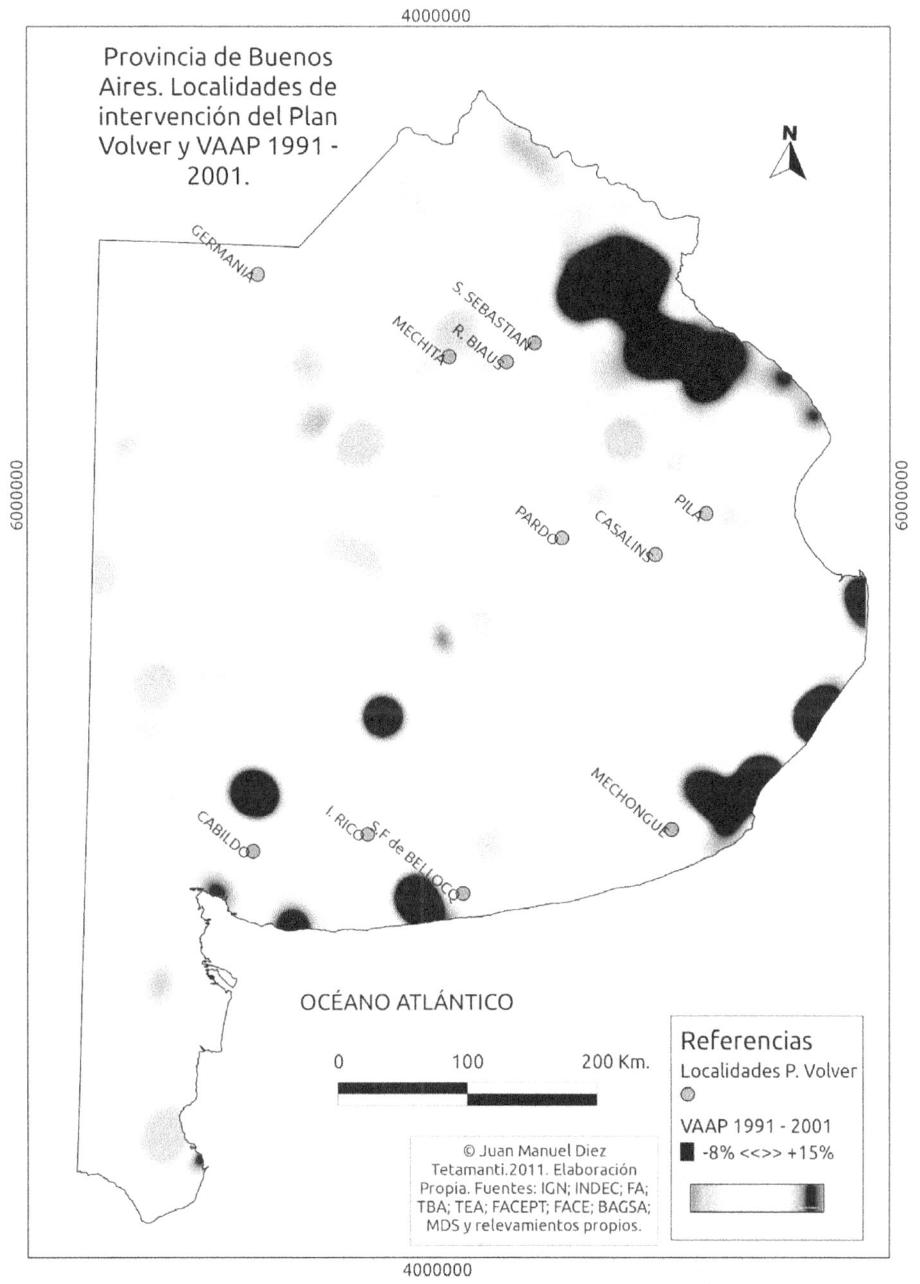

> Pero cuando se indaga sobre las prioridades de las diferentes problemáticas, en un 80% los participantes priorizan el tema laboral. Por este motivo, los proyectos aprobados por el Plan son en un 70% emprendimientos socioproductivos, como por ejemplo un tambo, un molino de harina, una carpintería, criaderos de llamas, de conejos, de pollos, incubadoras de pollitos, huertas y granjas. El otro 30% se reparte en viviendas, salones de usos múltiples o centros culturales, locales de ventas y espacios verdes, paseos, y centros recreativos o deportivos (López, 2005: 5).

Los proyectos aprobados, corresponden en su mayoría a actividades relacionadas con la actividad rural tradicional o de innovación, pero siempre rurales. En contados casos se observan apoyos a actividades no agropecuarias o de carácter eminentemente no rural: como una fábrica de ropa interior en la localidad de Cabildo, una fábrica de pavimento en Felipe Solá, y una terminal de ómnibus en Mechongué. El resto de los proyectos se correspondieron a las actividades que cita Eduardo López.

Según lo analizado en los documentos del Plan, los proyectos apuntaban principalmente a los denominados "microemprendimientos", entre los que se incluyeron actividades alternativas e innovadoras, de las cuales en muchas ocasiones la dependencia de las posibilidades de comercialización condicionaron su continuidad o no. Ejemplo de ello lo constituyen los criaderos de conejos, de llamas o de ranas, tal como describe Rodríguez Masena (2007).

En el sentido de integración de nuevos pobladores, Eduardo López hace un llamado de atención a partir del trabajo de campo efectuado, y advierte:

> [...] puede existir un alto nivel de fracasos en la inserción directa de los demandantes en los pequeños pueblos. Un alto porcentaje de ellos no manifiesta rechazo por la socialidad propia del medio urbano sino solo de sus manifestaciones más violentas, manifestando una buena adaptación a los usos y costumbres urbanas. Pocos exhiben un modo de vida compatible con el mundo rural. Por lo que se infiere que existe poca vocación agraria que le permita soportar las condiciones propias del medio rural, como los bajos niveles de densidad social, la soledad, la carencia de servicios y la hostilidad del medio rural. Un alto porcentaje de casos no desea realmente un cambio tan drástico de vida sino que reacciona por la conmoción de la sensación de inseguridad y exclusión. Por este motivo, una inserción directa en un pequeño pueblo puede

> llevar a un alto índice de fracasos. Por este motivo, se prevé que se realicen ciertas experiencias de aproximación y de reconocimiento del medio social como camino de integración social. Estas instancias podrán ser [sic] conocer a la población de cada pueblo en ocasiones de las fiestas de cada pueblo y tener varios encuentros de integración antes de pertenecer a un grupo de re-poblamiento (López, 2007: 1).

El Plan Volver funcionó con interrupciones temporarias, vinculadas a la coyuntura política interna en el MDHyT y a problemas en su aplicación debido a varios factores, entre los que pueden nombrarse las disponibilidades de fondos para el financiamiento de proyectos, la burocracia para la presentación de proyectos, la compatibilidad político-partidaria entre municipios y el gobierno de la provincia[4], las resistencias de la población local –de la cual se hablará más adelante– y las dificultades para dar continuidad a los proyectos ejecutados.

Las resistencias al Plan desde la comunidades locales, y a partir de lo que pudo analizarse en las entrevistas, estaban vinculadas a temores manifestados por la población, con relación al "tipo de personas que vendrían a vivir al pueblo"; en tanto esa procedencia generó cierto prejuicio en torno al migrante del conurbano bonaerense, a quien se le asocia a la importación de los problemas de la gran ciudad. Su criterio de aplicación adhiere a características circunstanciales y discrecionales, que dependieron de, como ya se ha mencionado, predeterminadas características locales físicas, funcionales, afinidades político-partidarias y una marcada localización puntual de su aplicabilidad. La característica del Plan Volver en su aplicación de la intervención de modo puntual y selectivo, hace que este tipo de acercamiento del Estado a las pequeñas localidades sea circunstancial y discrecional.

Este tipo de característica *circunstancial* y *discrecional* tiene implicación geográfica, en tanto es circunstancial en el sentido de que no se encuentra en el marco de un bagaje de análisis territorial previo, más allá del que se vincula con los tintes políticos de cada municipio, o bien

---

[4] Respecto a la compatibilidad político-partidaria entre los gobiernos municipales y la provincia, Eduardo López afirma: "El Plan fue más demandado en municipios gobernados por el partido Justicialista que gobernados por otras fuerzas" (López, 2005: 2). También en el trabajo de campo, se advirtió, durante una entrevista exploratoria a un funcionario del municipio de General Guido, que desde el gobierno municipal (de la UCR) se desconocía la existencia del Plan Volver y de otros programas provinciales, mientras la provincia estaba encabezada por un gobierno Justicialista.

factores demográficos duros analizados casi exclusivamente desde una planilla de datos. Por otro lado, el factor *discrecional* tiene que ver con que no hay una regularidad en la aplicación. El plan depende más de la coyuntura política, que de una intención de Estado. Por lo tanto, su acercamiento a las pequeñas localidades se asemeja poco a lo que se postula desde el concepto de política pública, ya que esta apunta al *bien común* no solo desde una perspectiva social sino también territorial. La selección por afinidades de localidades para la intervención es un problema que deberá atenderse con una mirada espacial que vaya más allá de los vínculos tradicionales.

La Ley Provincial 13.251, fue promulgada a fines del año 2004. La norma legislativa tiene como objeto la promoción del desarrollo de las pequeñas localidades de la provincia de Buenos Aires, a través de la articulación de políticas públicas (Ley 13.251, art. 3°, 2004).

En la Ley se define a las localidades que están bajo su ámbito así: "A los efectos de la presente Ley se entiende como 'pequeña localidad Bonaerense' a todo pueblo, paraje o nucleamiento poblacional que, según el último censo –2001–, registre una población estable inferior a los dos mil habitantes" (Ley 13.251, art. 2°, 2004).

Su artículo 1°, crea en el ámbito de la provincia el Régimen de Promoción de Pequeñas Localidades Bonaerenses. La finalidad que propone la Ley es la de "[...] promover el crecimiento de las pequeñas localidades a través de la formulación de *planes estratégicos de desarrollo local* y contribuir a su concreción". La promoción del desarrollo de las pequeñas localidades provinciales, se pretende llevar a cabo a través de una serie de medidas combinadas entre la acción de la Provincia y los municipios que la componen. Estas medidas apuntan a: acciones interjurisdiccionales en diferentes áreas; promoción de la realización de planificaciones estratégicas; mejoramiento de la infraestructura y servicios; facilitación del surgimiento de nuevos emprendimientos, y a la receptividad de nuevos pobladores; fomentar el uso de energías alternativas; propender a fomentar la recuperación del patrimonio histórico y arquitectónico como instrumentos de consolidación de la identidad cultural; y, finalmente, generar una respuesta al déficit habitacional, regulando las situaciones dominales. Para ello se propone la creación de *consejos de apoyo* que cumplen la función de reunir a sus habitantes

–de las pequeñas localidades– para promover la participación local y el surgimiento de proyectos. En este sentido se faculta al Poder Ejecutivo Provincial para reconocer en cada una de las localidades a un *agente de promoción local*, el cual deberá articular con el municipio la formulación del plan estratégico de desarrollo local. Cada uno de los agentes de promoción que se desenvuelva en los consejos de apoyo tendrá la función de: a) ser agente de promoción del Plan de Desarrollo Estratégico Local; b) elaborar y proponer juntamente con el municipio el Plan Estratégico de Desarrollo Local; c) efectuar el seguimiento y monitoreo de la aplicación del Plan y d) sugerir propuestas de ampliaciones y/o modificaciones que estime necesarias en miras al mejoramiento del Plan Estratégico.

Para la aplicación de la Ley 13.251, cada municipio debe generar una ordenanza municipal, en la cual "adhiere" al texto de la Ley y se compromete a apoyar las iniciativas locales.

En este sentido, desde la Ley, como norma que es, se interpreta a la pequeña localidad como subsumida al poder municipal. La adhesión o no a la Ley, además de ser un hecho político, es un factor de dependencia que la pequeña localidad establece con la cabecera de partido. Por lo tanto, la relación territorial que se establece, está íntimamente atravesada por una verticalidad de poderes políticos, que de algún modo obstaculizan la factibilidad de libre opción de cada localidad, a no ser que la ciudad cabecera, se constituya como aval.

Es importante recalcar que tanto el Plan Volver como la Ley 13.251 tienen como gestores iniciales, al equipo de trabajo del exdiputado provincial Mariano West. Una serie de caminos políticos diversos llevó a West de ministro de Desarrollo Humano y Trabajo (2002-2003) a ocupar el cargo de diputado provincial (2003-2005). Desde el mismo equipo de trabajo en el MDHyT, se creó el Plan Volver y posteriormente, una vez afuera del ministerio, el interés por trabajar en torno a las pequeñas localidades lo hace promover la Ley 13.251.

Una vez promulgada la Ley, desde el equipo gestor se intentó generar una reglamentación que le permitiera actuar sobre la base de un organismo de ejecución en el territorio. Pero esta reglamentación se vio postergada, más allá de la constante solicitud de algunas organizaciones sociales como Pueblos que Laten –organización que funcionó hasta 2008 convocando principalmente a las localidades de Espil (S.A. Giles),

Pipinas (Punta Indio) y La Niña (9 de Julio)–. En este sentido, otras organizaciones como la Federación de Centros Productivos para la Educación Total (FACEPT), entidad que nuclea a los Centros Productivos para la Educación Total (CEPT) –Escuelas de Alternancia Rural–, el Grupo de Teatro Comunitario de Patricios y otros organismos menores como Uniendo Pueblos, participaron en parte de la elaboración de la Ley, particularidad que situó al proceso de construcción y difusión de la Ley 13.251, en un espacio de mayor participación social que el Plan Volver.

A partir de 2006, desde Uniendo Pueblos, que contaba entre sus integrantes a parte del equipo de Mariano West,[5] se establecen convenios con la FACEPT y el Ministerio de Desarrollo Social de la Nación para poner en marcha un nuevo proyecto, que tendría como propósito poner en práctica los lineamientos de la Ley 13.251.

Es también en 2006, cuando se comienza a trabajar en tareas de investigación, realizando *observación participante* en el marco del Programa Pueblos.

El *Programa Pueblos* nace, en el contexto de la Ley 13.251, a partir de un convenio firmado en 2006 entre Uniendo Pueblos, la FACEPT y el Ministerio de Desarrollo Social de la Nación[6] (MDS), para la implementación del *Programa de Promoción de Pequeñas Localidades*, conocido entre sus gestores y agentes como *Programa Pueblos*.

El objetivo general del Programa Pueblos era la promoción y el fortalecimiento de la organización comunitaria a través de procesos sostenidos de planificación participativa y el financiamiento de proyectos productivos para el desarrollo local. Al mismo tiempo que preveía: celebrar acuerdos cogestivos con los gobiernos locales municipales; generar capacidad instalada para la promoción del desarrollo rural comunitario por medio de la conformación de consejos de apoyo locales como espacios de planificación y gestión (a nivel de pueblos con aval municipal); fortalecer las capacidades de los consejos de apoyo local para propiciar la gestión de una propuesta local de desarrollo con equidad,

---

[5] Para el año 2006, Mariano West se desempeñaba como diputado nacional y formaba parte de la comisión directiva de Uniendo Pueblos.

[6] Si bien en ningún momento se pudo acceder a un documento donde se especificara el monto destinado al Programa por el Ministerio de Desarrollo Social, en el trabajo de campo se pudo calcular que para el primer año se dispuso de 1,2 millones de pesos y para el segundo año, la cifra se habría reducido en un porcentaje importante.

sostenible y sustentable; difundir, articular y aplicar planes, programas y proyectos sociales específicos de nivel municipal, provincial, nacional e internacional que permitan fortalecer los planes o líneas estratégicas impulsadas por cada localidad; fortalecer económicamente y asistir técnicamente proyectos productivos o de servicios enmarcados en las líneas estratégicas de desarrollo de las localidades para el desarrollo local.

Los puntos arriba mencionados son similares a los que postula la Ley 13.251 y caen, desde la perspectiva territorial, en la dependencia del poder municipal, para formalizar el enlace entre la pequeña localidad y el Programa Pueblos.

A partir de varios documentos difundidos internamente por el Programa Pueblos y las notas de trabajo de campo que se han tomado, se puede afirmar que: para concretar la realización del Programa Pueblos, FACEPT firmó un convenio de cooperación con Uniendo Pueblos, por lo que esta constituyó la génesis del Programa, a partir de la difusión de la Ley 13.251. En este sentido, Uniendo Pueblos se comprometía a asistir a FACEPT y a los municipios –quienes también adherían al Programa mediante una ordenanza en la que se incluía la Ley 13.251– en lo que se denominaba acciones políticas. El equipo de Uniendo Pueblos, que a su vez pertenecía al equipo de trabajo de Mariano West, conformaba lo que internamente se denominaba: equipo político. Dentro de varios documentos de trabajo internos e inéditos del Programa Pueblos, este equipo político se encargaba de brindar asesoramiento y asistencia técnica en materia de capacitación de los promotores comunitarios (agentes del Programa en las pequeñas localidades); colaborar para lograr la participación de la comunidad de manera de que se constituyan los consejos de apoyo local (CAL)[7] y brindar asesoramiento y asistencia técnica a los proyectos socioproductivos que se generaran en el marco del Programa Pueblos.

En el Programa se preveía el financiamiento de proyectos para las localidades incluidas. En este sentido, la financiación para cada proyecto involucraba un monto no reintegrable de $15.000 que centralizaba y administraba la FACEPT. Cada proyecto necesitaba ser evaluado por el equipo técnico de FACEPT, el equipo político y los equipos técnicos

---

[7] Los CAL configuraron la versión concretada de los consejos de apoyo que propone la Ley 13.251.

locales; luego por el Ministerio de Desarrollo Social y, en caso de ser aprobados, se procedía a financiarlos y posteriormente a realizar su seguimiento con los promotores del Programa. Para cada localidad con un CAL constituido, podían financiarse dos proyectos: uno de carácter productivo (donde ingresaban los famosos microemprendimientos) y otro de carácter cultural-recreativo (para financiar obras en clubes, esparcimiento, fiestas locales).

La dinámica que proponía el Programa contenía un equipo de coordinadores políticos integrados por la dirección de FACEPT y el equipo de Uniendo Pueblos; luego había un Coordinador del Equipo de Capacitación con contenidos del Programa, diagnósticos participativos, economía social, etc.; un equipo de referentes del programa en los CEPT, que funcionaban como nexos entre el Programa y la comunidad, y, finalmente, un grupo de promotores comunitarios compuesto por tres representantes que son elegidos por cada uno de los integrantes sectoriales del Programa: municipio, localidad y CEPT. Estos promotores tenían una beca de \$400[8] pesos mensuales. Los promotores eran los elementos funcionales del Programa; ellos eran quienes se encargaban del trabajo en terreno para cada localidad y quienes organizaban cada uno de los consejo de apoyo local a través de los cuales se trabajaba en los proyectos locales de desarrollo.

El Programa Pueblos se consolidó en 2006 como la expresión territorial de la Ley 13.251 a partir de la incorporación de los CEPT como sus núcleos de acción en las diferentes localidades.

El Programa tuvo dos grandes eventos generales donde participé mediante *observación participante*. Una primera reunión de cierre de actividades anuales en 2006, en la Colonia Chapadmalal, y una de apertura del denominado Programa Pueblos II, en febrero de 2007.

En la reunión del Programa del 30 de noviembre de 2006 participaron más de 200 personas (promotores, referentes políticos, docentes CEPTs) con el propósito de trazar nuevas líneas de trabajo para el siguiente año. Allí, en las reuniones y talleres, se vivenciaba un exaltado entusiasmo tanto entre los capacitadores, como en los promotores y en el mismo "equipo político". Lo que más valoraban desde los promotores

---

[8] Se menciona como *beca*, ya que es como se la mencionaba entre los promotores. También estaba estipulado el pago de viáticos de movilidad.

que habían iniciado sus tareas cuatro meses antes, era la posibilidad de crear un lugar de encuentro para la organización de las "comunidades rurales".

La posibilidad de creación de los CAL y la continuidad de los pagos en las becas cada uno de los promotores en 2006 generaba una idea de seguridad en las reuniones y posicionaba a los promotores como elementos relevantes dentro del Programa.

Entre los promotores había integrantes de organizaciones sociales, algunos de ellos referentes del grupo de Teatro Patricios Unido de Pie, exalumnos de los CEPT, delegados municipales y referentes diversos, de algunas localidades del interior.

Estos promotores eran quienes portaban la información más relevante de los avances del Programa en las localidades afectadas. Una nueva posibilidad de avanzar en proyectos locales, mantenía el entusiasmo y la voluntad fuerte.

Dentro del equipo político, que había surgido con unidad de criterios en los inicios del programa, podían percibirse tensiones constantes, referidas a la construcción de hegemonía dentro del Programa. Por ejemplo, el vicepresidente de FACEPT en la reunión de cierre de 2006 en Chapadmalal nombraba repetidas veces, durante el plenario de cierre, al Programa Pueblos y al programa que contemplaba la creación de nuevos CEPTs como una sola entidad. Esta situación ponía en tensión al equipo de Uniendo Pueblos, que enarbolaba con mayor fuerza el espíritu de la Ley 13.251 por sobre la militancia de educación de alternancia que sostenía el Programa CEPT.

La extensión espacial del programa se vinculó en 2006 con los 21 CEPT instalados en la Provincia. Simultáneamente, se planificaban 24 nuevos CAL en diferentes localidades y parajes, número que se incrementó a medida que el Programa Pueblos se puso en práctica (ver mapa 23). Como bien se explicita en los "logros y avances" del Diagnóstico del Programa Pueblos de noviembre de 2006, el Programa fue "una oportunidad de crecimiento 'en número de existencias' para los CEPT" (FACEPT, UP, 2006: 1). En relación con esto, se puede advertir como a partir de 2007, la existencia de CEPTs se incrementó con la instalación de 13 nuevos CEPT entre 2007 y 2009. Este crecimiento en la cantidad de CEPTs instalados en el territorio provincial, según los integrantes del equipo político, se debía en gran parte a la acción del Programa

Pueblos. De este punto, como se verá más adelante, surge el conflicto por el comando del Programa.

La continuidad y culminación de este, como se verá más adelante, se relacionó fuertemente con los intrincados convenios políticos que lo involucraban. Al mismo tiempo, los problemas burocráticos para financiar los proyectos emergidos de los CAL, el cese de pagos a los promotores locales, sumados a descontentos tanto de estos promotores locales como de los participantes locales, generaron un desgaste rápido del Programa. En el sentido geográfico, al igual que el Plan Volver, la prioridad por el establecimiento de lazos políticos y contactos personales primó por sobre el criterio de *bien común* de una política pública. Desde FACEPT, convencidos que ese *bien común* se instauraba a partir de la instalación de escuelas de alternancia, se tomó el comando del Programa. Todo esto llevó a una erosión de las intenciones iniciales del Programa Pueblos, a partir del debate político conocido como, *conflicto por las retenciones agropecuarias,* entre el Gobierno nacional y los productores agropecuarios iniciado en marzo de 2008. En julio de ese mismo año, mediante el Decreto del Poder Ejecutivo de la Provincia de Buenos Aires 1544/08, se creó la Reglamentación de la Ley 13.251, con la que se propicia la creación de la Unidad Ejecutora del Programa de Promoción de Pequeñas Localidades (UEPPPL), dependiente de la Subsecretaría de Asuntos Municipales, en la Jefatura de Gabinete Provincial. La Unidad Ejecutora entró en funciones a fines de 2008 y no alcanzó a operar más allá de la prensa que obtuvo en algunos diarios de interior y entre los intendentes afines al gobierno provincial del Frente Para la Victoria. Los objetivos que se fijaba la Unidad Ejecutora vuelven a clonarse de la Ley 13.251. Entre los pocos datos que hay de esta unidad ejecutora, se rescata de una nota del periódico *Impulso Baires*[9], publicada en septiembre de 2008, la declaración del subsecretario de Asuntos Municipales, Alejandro Arlía en la UEPPPL en Loma Verde (partido de General Paz). En esa oportunidad, el subsecretario afirmó:

> De este modo, cada localidad podrá asumir un rol protagónico y una responsabilidad creciente en la gestión de su propio destino económico, social y cultural, respetando su identidad e idiosincrasia y convocando a los actores locales. El fenómeno de despoblamiento sistemático en las

[9] http://www.impulsobaires.com.ar/nota.php?id=59240

Mapa 23: CEPTs y Consejos de Apoyo Local. 2009. PBA

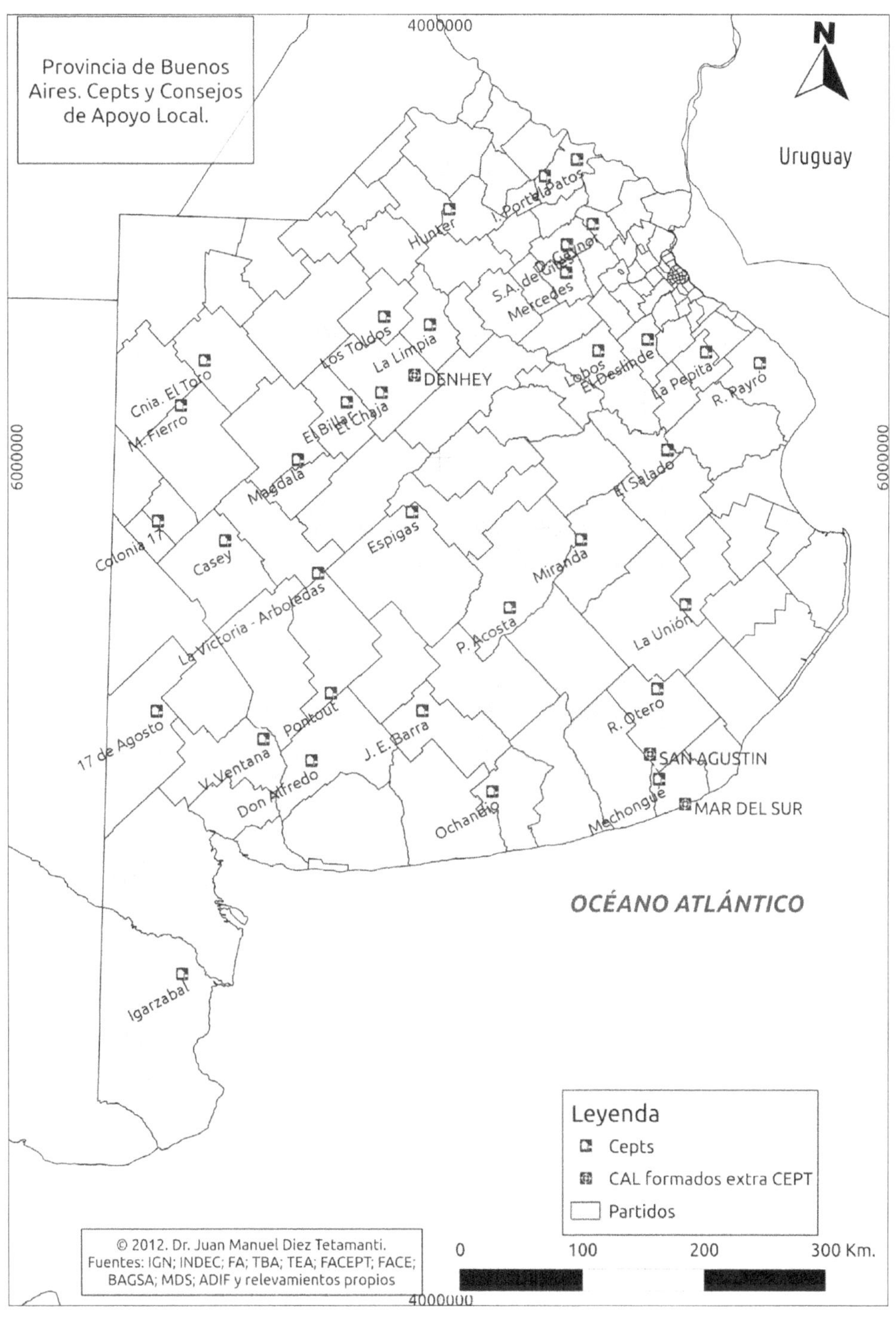

localidades más pequeñas del interior de la provincia de Buenos Aires, y los múltiples problemas socioeconómicos derivados del mismo, hacen necesario que los gobiernos locales cumplan un nuevo rol.

El final del Programa Pueblos, con la UEPPPL no hizo más que profundizar una *delegación* de responsabilidades territoriales. La idea de asumir un *rol protagónico y una responsabilidad creciente en la gestión de su propio destino* desde las pequeñas localidades, como afirmó el subsecretario, no implica ni emancipación ni posibilidades de establecer proyectos de *desarrollo local* en el marco de la cobertura de necesidades y demandas de la población. Mucho menos implicó una política de integración. Todo lo contrario: lo que propició es una *delegación de las responsabilidades del poder político, en la población local.*

11.2. Los pasillos estatales de nuevas normas, planes y programas

Durante la *observación participante* llevada adelante en las instituciones gubernamentales, en aquellos sitios donde se gestaron el Programa Volver, la Ley 13.251 y el Programa Pueblos, se pudo trazar un recorrido del que interesa aportar testimonio. Lo denominado como pasillos estatales tiene que ver con un recorrido de la investigación, relacionado principalmente con esta investigación, y con el trabajo *investigación-acción* iniciado en 2004.

En este capítulo se intenta reflexionar sobre cuáles fueron las principales cuestiones observadas durante el trabajo de *observación participante e investigación-acción*, en una diversidad de oficinas, dependencias, secretarías, etc. en las que transcurrieron esos años de trabajo entre 2004 y 2009.

Los aportes volcados en este punto, provienen de diversas notas de campo que, tomadas a partir de observaciones plasmadas, luego de finalizadas las visitas a organismos de gobierno; impresiones que generaron contradicciones en el propio trabajo inicial de investigación; entrevistas informales a funcionarios; asistencia a reuniones de asesoría o conversaciones con funcionarios vinculados los programas, planes y proyectos ya nombrados.

Al inicio del trabajo de investigación, en 2004, el Plan Volver ya estaba en un momento de declinación en su accionar y, para los funcionarios intervinientes desde La Plata, se lo percibía como un plan conflictivo en el sentido de la "llegada" de nuevos pobladores desde el Conurbano Bonaerense hacia las pequeñas localidades. Al mismo tiempo, los cambios de puestos de los funcionarios políticos en el MDHyT habían ocasionado modificaciones en directivos y asesores que también generaban alteraciones de rumbos en los sentidos que iba tomando el Plan.

La búsqueda recurrente desde sus implementadores ejecutivos, estaba en la procura de proyectos que tuvieran continuidad en el tiempo. En ese sentido, se buscaban también municipios que acompañasen tanto el sentido de la Ley 13.251, como el Programa Pueblos; lo que implicaba alianzas político-partidarias con lógicas de vínculos tradicionales. En palabras de los funcionarios: la idea-fuerza, se concentraba en que estos "Planes y Programas de fortalecimiento local" que otorgaba el gobierno *fuesen útiles para transformar a los planes sociales como el Jefes y Jefas de Hogar, en empleos destinados a aquellas personas que habían quedado desocupadas en años anteriores.* Esta dinámica de "generación de proyectos" aplicada tanto para el Plan Volver como para el Programa Pueblos, se enmarcaba también en una vorágine de la "proyectitis"[10] que burocratizaba los aportes de estos programas en una maraña de papeles que presentar ante múltiples organismos estatales, al tiempo que condicionaba a los beneficiarios a enmarcar las actividades, proyectos y propuestas. Estas finalmente se ajustaban a los sentidos propuestos por las instituciones de origen.

Los gestores de la Ley 13.251 y sus asesores, eran conscientes de que con una sola norma se tornaba difícil generar acciones tendientes a detener el éxodo rural en las pequeñas localidades. En esta línea, si bien había intenciones explícitas de articular con otras dependencias y organismos, (como el Ministerio de Obras Públicas, del cual dependía la Unidad Ejecutora del Programa Ferroviario Provincial –UEPFP– o con la empresa de distribución de Gas Natural del interior de la provincia), frecuentemente se alegaban cuestiones de "campos políticos de pertenencia" en otros organismos, lo que dificultaba el trabajo en conjunto entre varias dependencias de gobierno. Así, por ejemplo, nunca

---

[10] Últimamente se discute en foros y congresos de extensión universitaria sobre el problema de la generación compulsiva de proyectos para acceder a las fuentes de financiamiento, pero también deviene de la necesidad de enmarcar las actividades contrapuesta, a la dispersión de acciones de las instituciones de origen.

fue posible acceder ni para el Plan Volver ni para los gestores de la Ley 13.251 al diálogo continuado y cohesivo, con representantes de la UEPFP para trazar una política de integración del transporte en las pequeñas localidades del interior de la provincia.

En esta misma línea, desde el propio trabajo de *investigación-acción*, hubo intentos de citas con funcionarios de Transporte provinciales y nacionales, para evaluar las posibilidades de generar un sistema integrado de trenes de cercanías en áreas rurales de la provincia, pero las respuestas y las fundamentaciones para negar las propuestas, fueron en muchos casos hasta obscenas. Así, en octubre de 2007, se tuvo una cita con un funcionario de alto rango de la Subsecretaría de Transporte Ferroviario de la Nación. En esa instancia, se intentaba presentar el proyecto de integración de pequeñas localidades a partir de la recuperación de tecnologías ferroviarias de origen nacional (del cual se ocupa el apartado 13.2, extendido con un estudio de replicabilidad para todo el territorio provincial). La propuesta estaba encauzada en el marco de la Ley 13.251 y efectuada en conjunto con docentes de la universidad y funcionarios del Ministerio de Desarrollo Social de la Nación. Una vez presentado el proyecto, se ofreció asistencia y apoyo a esa Subsecretaría para enmarcar parte de la política ferroviaria en el Régimen de Promoción de Pequeñas Localidades. El Subsecretario de Transporte sintéticamente exhortó la iniciativa afirmando:

> *Ustedes lo que tienen que hacer no es trabajar con los trencitos de pasajeros, porque en esos pueblos la gente no toma el tren. La gente lo ve pasar y listo, le gusta por una cuestión de nostalgia y tradición del tren en esos pueblos pero nada más, si tiene que hacer algo se sube a la camioneta o lo que sea y listo...Te lo digo yo que soy de un pueblo... Ustedes lo que tienen que hacer es armarle un plan a los concesionarios privados para incrementar las cargas, y yo se los ayudo a vender... Porque esto de los trenes de los pueblos es muy lindo, pero no tiene como funcionar hoy por hoy...* (Diario de notas personales, 22-10-2007).

Evidentemente, dentro del mismo gobierno y en diferentes dependencias, las intenciones de articulación no se lograban complementar entre la letra de la Ley de Promoción de Pequeñas Localidades y el discurso del referente principal de la Subsecretaría de Transporte Ferroviario. Paralelamente, la hegemonía de las empresas concesionarias de los ramales ferroviarios de carga, jugaban un papel mucho más importante que lo que podía involucrar la Ley 13.251 y el tejido local que a partir de su difusión se iba armando.

En el ámbito de la planificación de talleres y encuentros realizados dentro del Programa Pueblos, las ideas y conceptos de "participación popular", "desarrollo local", "autogestión", "promoción de la participación", "toma horizontal de las decisiones", estaban siempre presentes en el discurso de las reuniones con asesores, referentes locales o funcionarios. Principalmente desde la dirección de la FACEPT y su participación en el que equipo político del programa, la metodología participativa horizontalista era exaltada continuamente, como herramienta para acceder a la cogestión con distintos referentes y organismos públicos y la realización de proyectos con consenso en el territorio. Sin embargo, la exaltación de una participación horizontal hacía que el trabajo, en algunas oportunidades, se agotara en la participación misma.

En un diálogo entre un referente del equipo político del Programa Pueblos y un docente asistente a la presentación de la Ley Provincial 13.251 y el Programa Pueblos en el municipio de Balcarce, el referente político exaltaba la "figura" del promotor en el marco del Programa Pueblos. En ese momento un docente de San Agustín le preguntó qué era aquello que realizaba "como trabajo" un promotor en la localidad. El funcionario respondió puntual: *"Promueve, promueve la participación..."* (Diario de notas personales, 22-04-2006). Así, los conceptos muchas veces ponían a la moda discursiva, acciones que luego serían difíciles de llevar adelante en el campo de aplicación. La misma cuestión de la participación de la población de la localidad, era el eje más preocupante en muchas de las reuniones de los gestores, tanto de la Ley 13.251 como del Programa Pueblos. En algunas reuniones de trabajo, la cuestión de la participación llegaba a obsesionar a los participantes, intentando resolver el problema de la convocatoria a participar, en reuniones de trabajo de una decena de horas. Así, el tema se transformaba en una preocupación sin fin que provocaba retrasos en otras tareas.

Al mismo tiempo, las propias demandas de la población que surgían desde las reuniones realizadas en las localidades en el marco de los CAL, por ejemplo, excedían a las posibilidades de gestión del Programa Pueblos. Los agentes de estas políticas públicas se encontraban continuamente ante el problema estructural del aislamiento, los grandes tiempos de viaje entre las localidades y los centros de provisión de servicios o ciudades, la ausencia de servicios como enfermería, cajeros automáticos, o la falta de trabajos estables. Paralelamente, la promoción de la "autogestión". la "participación" y el desarrollo de "proyectos locales" se presentaba como una calle sin salida y a veces sin sentido, ante la imposibilidad de encontrar canales de comercialización para los microemprendimientos u otras actividades artesanales.

Desde los pasillos estatales la idea de posibles proyectos productivos locales ya estaba designada de antemano. Se enarbolaba con mucha frecuencia el éxito de proyectos microproductivos como opción laboral. En la ya citada presentación del Programa Pueblos en el municipio de Balcarce, el intendente expresó con mucho entusiasmo:

Recordando la campaña, yo les decía que si me votaban [la población de los pequeños pueblos] estaban en ventaja, porque yo nací en un pueblo [...] nací en San Manuel[11]. Y yo sé perfectamente lo que se necesita en los pueblos: en los pueblos se necesitan muchas cosas, se necesitan más alambradores, más peones capacitados con las nuevas tecnologías, se necesitan muchas cosas que andan faltando. Por ejemplo, ¡en San Agustín hay muchísimos artesanos y saben hacer las cosas y muy bien! ¡Hacen unos cinturones bárbaros, unos chalecos! ¡Es decir que hay ganas de hacer! Pero no se encuentra el camino, por eso tenemos que incluir a estos pueblos en las políticas del municipio. Pero miren, lo importante es que hay ganas de trabajar y de hacer cosas. Otro ejemplo, ¡también de San Agustín! Ahí hay como veinte o quince paisanos que quieren armar un centro tradicionalista y ahí hacer domas y otras cosas que hacemos por estos lados y que nos divertimos muchísimo. ¡Bueno! ¿Por qué no podemos ponernos a trabajar entre todos en ese centro tradicionalista? Trabajemos juntos y después vendrán la educación, el trabajo, los emprendimientos.

Bueno, todo esto, justamente es empujado por los promotores de desarrollo local que van a ser los que apoyen a los emprendimientos y las ganas de trabajar de la gente en los pueblos. Fortaleciendo el marco de la Ley 13.251, porque esto que presentamos hoy con los amigos de la FACEPT es lo que está en el espíritu de la Ley y en el de todos los que trabajamos por nuestros pueblos (Diario de notas personales, 22-04-2006).

---

[11] Pequeña localidad ubicada al norte del partido de Lobería, a 110 kilómetros de Balcarce.

La propuesta en esa presentación no fue bien recibida por algunos asistentes, que comenzaron a reclamar allí mismo mejoras en el servicio de transporte, mejoras en caminos, en la infraestructura de escuelas, y en la capacidad de enseñar nuevos oficios por parte de estas. Nuevamente, los inconvenientes más estructurales aparecían como los problemas con mayúscula, esos problemas que desde los agentes de estas políticas públicas parecían no tener comando. De este modo, los temas que involucraban servicios públicos o implicancias más generales que las microproductivas, parecían escapar al dominio del Estado y sus gestores.

Del mismo modo que sucedió con la Unidad Ejecutora del Programa de Promoción de Pequeñas Localidades, la *delegación de responsabilidades políticas gubernamentales,* en este caso, podrían interpretarse como omisiones.

La aplicación de propuestas insólitas también es recordada en el taller con jóvenes que se realizó en Mechongué, en el marco del análisis de las propuestas que emergían desde el Estado. En ese taller, realizado en 2006, un alumno de escuela comentaba: *"Me gustaría que Mechongué siga siendo como es ahora, nada que con más de fuentes de trabajo [...] yo quiero que siga siendo así mi pueblo!! Y que traigan talleres fructíferos, no como una vez que trajeron taller de hotelería. ¿Y de qué te va a servir un taller de hotelería acá? [Muchas risas]"* (Taller Mechongué, 2006). Vale la aclaración: en Mechongué no hay hoteles. Los jóvenes se preguntaban cómo esa podía ser una propuesta para frenar el éxodo de población.

Recurrentemente, desde la gestión de estas políticas públicas se promocionaba, por un lado, el "fortalecimiento de las pequeñas localidades y su integración", pero por otro, la imposibilidad de generar acciones en conjunto, articulando con otros organismos con poder sobre las infraestructuras y la dificultad para asistir a problemas que excedían a los temas locales (como los relacionados con los servicios públicos y la accesibilidad), ponían a los objetivos de estas políticas públicas ante una contradicción.

¿Cómo puede pretenderse aplicar políticas públicas, sin intervenir sobre los *objetos* que componen el espacio?

Si los *objetos* están fuera del comando de quienes propician la política pública, entonces ese tipo de acciones se convierten en meros ensayos *participacionistas.* Esto en el sentido de la insistencia en la promoción de la participación. Lo que en el espacio se traduce como un *impulso* sin posibilidad de *acción* ni *objeto*. Por lo que el "participante" se convierte en un actor de ficción en un territorio que poco le pertenece y poco puede decidir. Del mismo modo, la *política pública* se convierte en una farsa que esconde la incapacidad de articular y, por sobre todo, la falta de osadía para la transformación que se demanda desde la sociedad.

Otro punto importante tenía que ver con las condiciones contractuales en la que los promotores locales trabajaban. Inicialmente, estos promotores se despeñaban en sus funciones con una beca de $400 mensuales. Muchos de ellos eran docentes, exalumnos de los CEPTs o bien referentes locales. Algunos habían adoptado la función de promotor como su fuente de ingreso mensual principal o como su único ingreso. Hacia el mes de noviembre de 2006, los fondos para el pago de la beca de los promotores fueron demorados y éstos dejaron de percibir sus pagos. Ante esto, en las reuniones de capacitación del Programa Pueblos realizadas en marzo de 2007 en el CEPT "El Salado" se propiciaron grandes discusiones entre los promotores y el equipo de dirección de FACEPT (ya que éstos administraban el dinero) acerca de la situación contractual de los promotores, la regularidad de los pagos de becas y viáticos. Principalmente los promotores del Programa Pueblos, quienes tenían como única fuente de ingreso esa beca, fueron muy afectados ante la situación de cesación de pagos. Una promotora planteaba así la situación en una las reuniones a los referentes del Programa Pueblos: *"Se nos exige que promocionemos la participación para fortalecer a los pueblos, mientras no nos pagan ni a nosotros... ¿Cómo pretenden que trabajemos por el desarrollo rural y los pueblitos en estas condiciones?"* (Diario de notas personales, 24-02-2007). Paralelamente, en ese momento había problemas relacionados también con la presentación de los proyectos ante el MDS y su aprobación. La situación de financiamiento se complicaba, ya que los proyectos seleccionados (culturales y productivos) debían ser elevados ante el MDS "en paquete" incluyendo a varias localidades, por lo que el financiamiento debía ser solicitado por el Programa Pueblos para varias localidades a la vez. Nunca se pudo acceder a información, acerca de cuántas localidades y proyectos debían ser presentados al mismo tiempo para ser financiados.

En abril de 2007, se consultó a una de las promotoras que se desempeñaba en uno de los CAL del centro de la provincia sobre la situación que atravesaba el Programa Pueblos y afirmaba:

La verdad que todos estamos con esta sensación de descreimiento, sumado a todo el descreimiento hacia las instituciones que ya venimos acumulando años atrás por todo... La carta de XXX[12] no dio una respuesta concreta, seguramente tendremos que solicitarle nuevamente que nos responda, ya que de él no creo que surja la intención de hacerlo. Así que incertidumbre sigue y sigue porque nuevamente hemos caído en el silencio. Se armó un equipo de comunicación excelente, pero parece que los dirigentes de FACEPT no se hacen cargo que los problemas en la comunicación provienen de ellos y son generados por ellos. Lo único que van a lograr es que bajemos los brazos y no continuemos en el Programa Pueblos II. Y a esta altura, ya no sé si les interesa que nosotros sigamos trabajando en el programa. Pero el problema es que no podemos seguir así y hace meses que no nos pagan y nos debe viáticos y esa plata salió de nuestros bolsillos (Diario de notas personales, 12-04-2007).

El Programa Pueblos se desarrolló en un conflicto permanente entre los promotores locales, la dirección FACEPT y la dirección de Uniendo Pueblos, agudizado a partir de noviembre de 2006 ante la cesación de pagos de beca. Desde la dirección de FACEPT, el Programa Pueblo fue enunciado constantemente como sinónimo de Programa CEPT. Es decir, para FACEPT, el Programa Pueblo era el programa de los CEPT de extensión y construcción de nuevos CEPTs. En una entrevista publicada en abril de 2007 por el periódico *El Ruralito*, la dirección de FACEPT confirma lo expuesto. Ante la pregunta "¿Desde el mismo Programa Pueblos se va a encarar este esparcimiento de la idea del programa CEPT?", un integrante de la comisión directiva de FACEPT respondió: "Para nosotros, Programa Pueblos y programa CEPT es exactamente lo mismo. Tienen el mismo objetivo, le pusimos Programa Pueblos a un programa que firmamos con el Ministerio de Desarrollo Social de la Nación" (*El Ruralito*, 24-4-2007). Esta cuestión, que representaba un elemento clave en el objetivo del Programa Pueblos, estaba siendo confirmada por la dirección de FACEPT. De acuerdo con el programa escrito y a partir de lo que se consideraba desde los promotores y el trabajo en los CAL, el Programa Pueblos no era lo mismo que el Programa

---

[12] Se refería a una carta que enviaron algunos promotores a la dirección de FACEPT solicitando se les paguen las becas y viáticos adeudados.

CEPT. Sin embargo, como dato emergente en esta fecha, a partir de la implementación del Programa Pueblos, se crearon 13 nuevos CEPT en la provincia de Buenos Aires.

Esta situación, como se verá en el siguiente capítulo, trajo aparejados cambios los sentidos del Programa Pueblo original, dejando sin efecto la financiación de proyectos locales preparados por la población de las pequeñas localidades.

Los intrincados conflictos políticos y de dinámicas internas frente a la implementación de estas políticas públicas en la forma de un plan, una ley y un programa, no constituyen el objeto de esta obra. Sin embargo, en gran medida forman parte de un accionar que no logró una articulación dinámica entre sus implementadores, y que actuó incomunicado con otras acciones de gobierno.

Al respecto, se rescata esta cita de Alfredo Carballeda y Mariano Barberena, publicada en el IDH de la provincia de Buenos Aires (2003) respecto al Plan Volver:

> La política social debe ser entendida como medio y no como fin en sí misma; es decir, debe concebirse como una estrategia que contribuya a la integración de nuestra sociedad, a una mejor distribución del ingreso y a la creación y el resurgimiento del empleo. A su vez, debe recrear la soberanía popular en función de facilitar y generar formas de organización, reciprocidad e intercambio que sean constructoras de identidad.
>
> La política social debe ser universal, planificada y especialmente anticipatoria; la dirección de la misma se vincula con las características de la provincia, su inserción en la región, teniendo como perspectiva al Mercosur y expandiéndose a otras naciones de Sud América. Esto último incluye una perspectiva regional ampliada que también se relaciona con los movimientos poblacionales desde los países vecinos (Bolivia, Chile y Perú). La necesidad de sentidos en las políticas públicas pasa muchas veces por la falta de estrategias de intervención que le otorguen direccionalidad, integración y coherencia interna a las múltiples acciones que, desde diferentes Ministerios y organismos de gobierno de la Provincia y la Nación, se llevan adelante (Carballeda y Barberena, 2003: 84).

La cita enuncia una intención articuladora de las políticas sociales entre diferentes ministerios y organismos de gobierno, lo que deja en claro que el sentido original de la formulación, tanto del Plan Volver, como de la Ley 13.251 y del Programa Pueblos, contemplaba esa articulación necesaria, tanto de gestión institucional como en la intervención en el territorio, que no pudo ser concretada a cabalidad.

Esta característica se impone a los intentos de integración y fortalecimiento de las pequeñas localidades, que se proponen en las políticas públicas mencionadas, imposibilitando la coordinación de grandes metas entre organismos de gobierno. Paralelamente, la cualidad particular de implementación de los programas en algunas localidades y en otras no, ya planificado de antemano, a lo que se agregan problemas de comunicación entre beneficiarios y agentes de intervención, no facilitó totalmente el desenvolvimiento horizontal de acciones para la cooperación entre los beneficiarios. Por último, la promoción desde los organismos de gobiernos de la *proyectitis* y el *participacionismo compulsivo* como dinámica de generación de proyectos, creados e ideados por quienes son a su vez beneficiarios de las políticas públicas, deja en evidencia el deslinde de responsabilidades desde los espacios de planificación gubernamental. Se coloca así, en las manos y las ideas de los propios habitantes la responsabilidad de encontrar las soluciones a problemas que exceden lo local.

El problema, además de la delegación de responsabilidades, reside en la falta de articulación desde el propio gobierno provincial con los organismos (ministerios, secretarías, empresas publicas, entes de regulación) que intervienen o pueden intervenir en los *objetos* que ejercen dinámicas en el espacio.

Hay así, una exaltación de la participación local y un desentendimiento de los problemas que afectan a las pequeñas localidades en conjunto desde el nivel gubernamental. Como resultado de un *espacio derivado,* anteriormente se obtuvieron problemas comunes al concierto de pueblos, que deberán ser pensados también con un criterio *totalizador* y no al revés.

Ante esto, se puede pensar en un nuevo *espacio* creado a partir de la *desarticulación* gubernamental, la exaltación de las responsabilidades locales y la *proyectitis participacionista*: e*spacio delegado.*

Este *espacio delegado* es el resultante de la delegación de comandos, desde un poder territorial central, hacia la *responsabilidad* local, en problemas que son de competencia regional. Así, en el *espacio delegado* se crea una confusión entre la libertad de creación y acción, y la asunción real de comandos dinamizadores del *espacio*. Los recursos económicos y factibilidades de ejecutar proyectos, son quienes crean proyectos, y no los proyectos quienes demandan recursos. Si bien esto último también sucede naturalmente, en el *espacio delegado* la *proyectitis* actúa de modo perverso en un marco de escasez, y de *objetos* bajo el mando hegemónico (en general, el mercado). Como resultante se propician *acciones desordenadas y desorientadas entre objetos* sin función, desfasadas o impuestas por los requerimientos de un sistema financiador de recursos que le es ajeno al territorio local. La búsqueda autorreflexiva de soluciones locales a los "grandes problemas" demandados por la población local, a partir de una metodología de *participación compulsiva* permanente, se convierte en una práctica constante. Esto también es propiciado por los organismos de desarrollo, enfrentados así, ante sus propias impotencias de comando del *espacio*. El *espacio delegado* es, en síntesis, el resultante de comandos locales débiles y desarticulados en sus *acciones*, propiciados por un poder regional que delega sus responsabilidades e intervención en agentes y organismos locales, de modo discrecional y circunstancial.

11.3. Nuevas normas, planes y programas en las pequeñas localidades rurales

En el terreno de las pequeñas localidades, el Estado se encuentra presente a través de intervenciones tanto desde los objetos como en las acciones impositivas o normativas y desde la propia regulación o administración de los servicios públicos. Es así que el Estado aparece no solo como un concepto político de dominación y orden, sino institucionalizado en los ferrocarriles (que funcionan y que no funcionan), el asfalto, el precio de los servicios, la escuela, la legislación, y la tenencia de la tierra. Además, el Estado aparece desde la decisión política, desde lo "no conocido", desde lo extraño o foráneo a la localidad. El Estado, aparece en doble función como salvador y verdugo.

El Plan Volver y el Programa Pueblos llegan a las localidades donde se implementaron o bien se intentaron implementar como generadores de una renovada oportunidad para dar margen de acción a la propia acción. Esto tiene que ver con el espíritu de estas políticas sociales y de la propia Ley 13.251. Las demandas locales se relacionan fuertemente con la memoria de la localidad, sobre todo durante las décadas de 1950 y 1960, época en la que los servicios públicos, principalmente los de transporte, se desenvolvían con mayor dinamismo.

El Plan Volver en Mechongué, llega para mediados de 2004, presentado desde el municipio y con la participación de agentes del MD-HyT. El trabajador social Eduardo López participó de talleres no solo en Mechongué sino también en otras localidades de la Provincia, y relató como se desenvolvía la dinámica de trabajo en las localidades.

> Los talleres de planificación comienzan con dinámicas que permitan reconocer la historia del lugar, su identidad, su perfil productivo, su problemática, y apuntan a construir colectivamente una imagen-objetivo que permita iniciar el proceso de planificación estratégica y pasar a la etapa de proyectos.
>
> En algunos pueblos, la recuperación de la historia remite a un pasado mítico que es asociado o a la pérdida del tren o a la pérdida del rol tradicional de centro proveedor de servicios para la zona de influencia. En esos casos se impone realizar un corte con dicha historia,[13] perdiendo parte de su identidad debido a que en el modelo actual resulta imposible recuperar los ramales ferroviarios levantados, o recuperar el rol productivo de la década del 60 o el rol de servicios que dichos pueblos, tenían hacia la producción hasta la década del 80. En estos casos, la recuperación de la historia queda como un dato más en la construcción del diagnóstico pasándose rápidamente a la problemática actual y a la construcción de una visión común de un futuro distinto.(López, 2005: 4).

De lo que expone López, interesa resaltar nuevamente la recurrente expresión del deseo local de regenerar, reponer, reactivar esos objetos, o mejor dicho ese sistema de objetos del pasado, como propuesta de proyecto a futuro. El caso más generalizado, del que se ha hablado ya

---

[13] Marcelo Sili expone el problema crucial para la innovación ante el encuentro con la tradición (como concepto de transmisión) agregando que: "Las innovaciones en las sociedades tradicionales son por lo tanto producto de un lento proceso de adaptación a la realidad, como lo afirma Raffestin: 'La tradición no permitía apenas hacer frente a lo imprevisible. La fusión de conocimientos y de prácticas impiden imaginar nuevas prácticas a partir de conocimientos explícitos' (Raffestin, 1982: 191). La tradición, en tanto visión del mundo y forma de acción, se caracteriza entonces por estar fundada en la experiencia local, de un espacio dado que es donde se crea y se renueva. Los conocimientos tienen un fuerte carácter territorial, y por lo tanto son sumamente diversos pues responden a las experiencias y a los conocimientos acumulados durante generaciones por una comunidad de base territorial" (Sili, 2005: 5).

ampliamente, es el de las rehabilitaciones ferroviarias. Allí, tal como lo menciona López, desde la práctica de intervención se visualiza como una "imposibilidad" desde la actual racionalidad, el recuperar las funcionalidades de estas localidades en el pasado. Desde la acción de intervención ese pasado queda como un "dato más" preparándose para la problemática actual y la construcción de un futuro común. Sin embargo, el problema actual se inscribe justamente sobre las bases rotas de ese pasado y el Gran Proyecto Local, parecería ser la refundación de los elementos que otorgaban visibilidad a la localidad.

Según la entrevista al delegado de Mechongué en funciones en 2005, Pablo Ramajo, el plan estaba implementado con una importante participación de la comunidad. Durante ese año el municipio de General Alvarado solicitó cerca de 300 mil pesos para generar emprendimientos bajo la forma de este plan. Los más relevantes, que se proyectaban en 2005 para el siguiente año, eran: (a) construcción de una terminal de ómnibus; (b) construcción de una sede para un centro tradicionalista; (c) construcción de planta para la faena de pollos; (d) una asociación para de emprendimiento apícola; (e) máquinas para emprendimiento de telar; y (f) un playón polideportivo. En el año 2005 aún se esperaban en Mechongué, los fondos para la concreción de los proyectos.

En 2006, se regresó a tocar la puerta de la Delegación Municipal, con el objetivo de hacer una nueva entrevista, pero el delegado no pudo atender. Desde la misma Delegación se derivó la entrevista a las beneficiarias de uno de los proyectos: "Manos de Mechongué". El proyecto contemplaba la realización de tejidos con mano de obra de mujeres locales, y su inserción en el mercado del tejido en Mar del Plata. Las beneficiarias, que prefirieron no ser grabadas en la entrevista, estaban preocupadas por los fondos del Plan, ya que de su propio dinero habían adelantado fondos para la compra de unas máquinas y aún no habían recibido los aportes. Por otra parte, el problema más importante que se les presentaba, tenía que ver con las posibilidades de comercializar los tejidos, ya que si bien tenían una referente que hacía de representante en Mar del Plata, ésta no podía ocuparse completamente del tema.

También en torno al Plan Volver en Mechongué, Miriam, quien participó en las primeras reuniones del Plan, recuerda que en un inicio se había empezado bien:

...muy bien, se hacían reuniones en el club pero todos los proyectos menos la Miniterminal, se cortaron. Las Manos de Mechongué, y la planta de chacinados se cortaron. Eso de la terminal me parece que es algo... no sé, no tiene sentido porque no tenemos micros (risas). Te corta todo el pueblo de allá de la entrada y lo que es el costado de acá y encima es en una plaza, que parece que la ponen ahí para decir: acá tenés la terminal. Qué sé yo [mira con gesto de complicidad] la idea de la terminal es muy buena pero tiene un problema: no hay servicios de ómnibus [se ríe]. Es raro tener terminal pero no tener servicios de colectivo. Acá hay un Rápido del Sud[14] a las 8.00 y a las 20.00, después está el Leonel[15] de Miramar a las 8.00, 13.00 y 18.30 hs. Si no se tiene que mover la gente en remis. El colectivo que trae gente del secundario es privado de la escuela. Un remis de Mechongué a Miramar te sale $60. ¡A Mar del Plata $ 80! ¡Es carísimo! Una barbaridad (Miriam, 2007).

Al momento de la realización de la entrevista, Miriam se encontraba con otros vecinos realizando un proyecto para instalar una radio comunitaria.

Queremos instalar una radio porque acá no tenemos radio y la radio nos ayudaría a poder transmitirnos las noticias de acá. Porque, ¿qué pasa?... ahora escuchamos las radios de Mar del Plata y de Buenos Aires, Radio Diez... imaginate, ¡todo pálida! ¡Entonces nosotros necesitamos una radio porque en Mechongué pasan cosas y no tenés donde contarlas! (Miriam, 2007).

Finalmente, en el año 2008, el proyecto de la Radio Comunitaria estaba ya montado y funcionando en una de las anteriores viviendas del ferrocarril, al lado de la estación que el mismo grupo había restaurado y convertido en museo en la década de 1990. Según Miriam, los $6000 que fueron entregados por el municipio para la construcción de la Radio provenían del Plan Volver, aunque de esto no estaba muy segura porque nadie nunca dejó en claro de dónde provenían los fondos. Paradójicamente, la Radio Comunitaria aún no tenía autorización del Comité Federal de Radiodifusión (CONFER)[16]. En ese año se estaban realizando los trámites para autorizarla, pero para Miriam el hecho de

---

[14] Rápido del Sud era la empresa concesionaria del ramal de ómnibus entre Mar del Plata y Mechongué. A partir de 2005 la concesión fue tomada por la empresa El Rápido, pero la población sigue nombrándola como Rápido del Sud.

[15] Leonel es un colectivo que prestaba servicios entre Miramar y Mechongué. Los servicios son deficientes y la gente se quejaba muchísimo de la prestación de los mismos.

[16] El CONFER es el la autoridad nacional que autoriza a los medios de radio y televisión a transmitir su señal.

que les hubieran otorgado el dinero para emplazar la Radio y paralelamente que desde los funcionarios del municipio o la provincia no se les facilitaran la autorización del CONFER tenía que ver con una falta de coordinación de los organismos públicos.

Sobre el Programa Volver existe mucha más cantidad de información oficial e institucional que la que se logró obtener en las entrevistas. Mechongué es la única localidad, dentro de las seleccionadas como estudio de caso, donde se implementó el Plan Volver. La Miniterminal, el inconcluso proyecto –hasta el fin del trabajo de campo– "Manos de Mechongué" y la infraestructura (caños y lonas) para una Feria de Artesanos, que funcionó muy irregularmente el predio lindante con la estación ferroviaria, fueron los proyectos al menos mencionados con cierto desenvolvimiento. El resto de los proyectos tuvo inconvenientes en su implementación, generados por problemas burocráticos y otros inconvenientes, ya que se presume a partir de las entrevistas, que el Plan haya sido utilizado con selectividad política desde sus gestores municipales, lo que motivó rechazos desde la población local.

Como obras finales, tanto la Miniterminal como la Radio Comunitaria poseen fines de articulación, comunicación e integración. La obra de la terminal se erige como un edificio que apunta a resguardar a los viajantes a la espera de un ómnibus que los conecte con Miramar o Mar del Plata. Anteriormente esa espera se realizaba en un bar, que fue mudado a un lugar cercano al acceso de la localidad. En esta línea de ideas, nos queda la duda en cuanto a si la miniterminal fue aceptada por la población de Mechongué como un espacio común y público, o si simplemente sirve de refugio para minutos antes de la partida o llegada de un ómnibus. La obra de la miniterminal se emplaza como símbolo de la importancia que reviste en Mechongué el transporte. Para los habitantes de la localidad, el viaje es un hecho cotidiano y a veces tortuoso, que se obliga ante cada necesidad por alguna inexistencia en Mechongué, como la asistencia a universidades, atención de salud especializada o trámites en instituciones. La Radio Comunitaria, se encontraba al momento de finalizar el trabajo de campo en periodo de prueba, y contaba con algunos programas de radio locales. El hito de la instalación de una radio local comunitaria revela la capacidad de acción que existe en una parte de la comunidad que, así como esa obra, ha logrado también otras como el rescate del edificio ferroviario y su conversión en Museo y la gestión de la instalación del gas natural.

Tanto la Ley 13.251 como su derivado Programa Pueblos generaron en el interior de la Provincia de Buenos Aires, una interesante movilización de grupos locales, "militantes de las pequeñas localidades" e incluso eventos para la discusión de temas concernientes a las pequeñas localidades.

La promulgación de la Ley 13.251 tuvo un final diferente para el ambiente que se experimenta cotidianamente en la Legislatura bonaerense. El 11 de noviembre de 2004, el Grupo de Teatro Comunitario de Patricios, "Patricios Unido de Pie", presentó su obra *Nuestros recuerdos* en la legislatura. La presentación tuvo un aspecto de festejo ante el logro de promulgar por primera vez en el ámbito de la legislatura, una norma que se ocupa exclusivamente de las localidades con menos de 2000 habitantes. El hecho de la promulgación, tuvo en sí la característica de dar visibilidad o advertir que "algo esta sucediendo" para que esta legislatura promulgue una ley que se ocupa de las pequeñas localidades.

Al mismo tiempo que se promulgó la Ley, también existían organizaciones locales que se encontraban trabajando tangencialmente o directamente en las pequeñas localidades los problemas desprendidos de la pérdida de población, de servicios públicos, de demanda la laboral. Casos concretos como el grupo "Por Nosotros" en Bavio, el grupo "Pueblos que Laten" en La Niña, la FACEPT (en una instancia de mayor organización burocrática) y el mismo Grupo de Teatro Comunitario "Patricios Unido de Pie" en el marco de la corriente del *teatro para la transformación social.*

Estas instituciones de base local, habían sido convocadas en consulta, en el marco del proyecto de ley y fueron, parte del basamento del espíritu de la promulgación. Así, los años 2006 a 2008 fueron marcados por una importante participación de las instituciones locales generado redes y articulaciones con el propósito de impulsar nuevas políticas públicas destinadas a las pequeñas localidades.

El primer gran encuentro fue en La Niña (partido de 9 de Julio) entre los días 14 y 15 de diciembre de 2005. En ese encuentro, participaron referentes de cuarenta instituciones entre las que se encontraban: universidades, funcionarios de localidades bonaerenses y del sur de Santa Fe, funcionarios de Uniendo Pueblos, funcionarios de FACEPT, representantes de cooperativas, docentes y alumnos de FACEPT, grupos de Cambio Rural de INTA, funcionarios de la Comisión de Investigaciones Científicas de la Provincia de Buenos Aires y periodistas de diarios de localidades bonaerenses y de la Capital Federal.

La localidad de La Niña (también nomenclada como La Aurora) tiene aproximadamente 587 habitantes (DPE, Censo 2002). En 2002 las inundaciones que azotaron al centro de la provincia de Buenos Aires incomunicaron a La Niña, quedando la localidad con todos sus accesos cubiertos por el agua al fallar una contención del canal regulador Mercante. Solamente un terraplén sirvió para trasladar objetos por tierra: el antiguo terraplén del ferrocarril de la provincia de Buenos Aires. Por allí, la población de La Niña relata que se trasladaban, luego de que entre todos los vecinos y la ayuda de gente de otras localidades, abrieran el terraplén a mano, pala y con vehículos propios.

Al llegar a La Niña se hacen presentes tres hitos en el paisaje: una vieja fábrica de quesos Nestlé que cerró a finales de la década de 1980 a causa de la ausencia de infraestructura para facilitar el transporte, el nuevo camino construido en gran parte sobre el terraplén ferroviario y la estación ferroviaria, clausurada durante el Plan Larkin, que se erige entre matorrales y árboles frondosos. A cien metros de la estación, en un antiguo galpón, se desarrolló el encuentro "Pueblos que Laten".

Durante dos días se discutieron temas relacionados a la infraestructura, las causas del despoblamiento, iniciativas locales de desarrollo rural, la accesibilidad, el aislamiento de las localidades, la emigración actual desde las pequeñas localidades hacia las ciudades, la escasa inversión pública, la falta de integración de las propuestas de cada localidad, entre otros temas[17].

Paralelamente se presentó la Ley 1.3251 y se dieron a conocer sus finalidades. En ese momento, los proponentes de la ley estaban interesados en generar propuestas que partieran desde los propios habitantes de las localidades. Ante esto, se solicitaba expresamente tanto desde los representantes de la legislatura bonaerense, como desde la ONG Uniendo Pueblos, la participación directa en el proceso de "reglamentación de

---

[17] Tomado nota de los papelógrafos los grupos taller, del Encuentro de Pueblos Rurales "Pueblos que Laten" 14 y 15 de diciembre de 2005, La Niña.

la ley"[18] para poder crear con esa reglamentación, una herramienta para la aplicación de la ley.

El encuentro transcurrió con mucho entusiasmo, por parte de los organizadores y de los participantes, que veían en ese encuentro la posibilidad de formar nuevas redes. Así, al finalizar la segunda jornada se llegaron a conclusiones grupales que señalaban como aspectos alentadores a temas que se habían advertido en el trabajo compartido del Encuentro como: "la reactivación y movilización para enfrentar los problemas; mayor interacción entre los grupos, comunidades que se miran unas a otras; puesta en marcha de proyectos turísticos colectivos; revalorización de actividades culturales, tradicionales, educativas, fiestas populares y costumbres locales donde participa la comunidad"[19] (entre otras. A su vez, en las conclusiones del encuentro se remarcó con consenso de los participantes tanto la demanda de "trabajar el problema del despoblamiento como una Política de Estado, como planificar a mediano y largo plazo integrando lo local a lo regional y generar alianzas y articulaciones estratégicas con diferentes sectores, organismos públicos y grupos locales".[20]

A partir de este "Encuentro de Pueblos que Laten", quedó formada en 2006 una red que involucró principalmente a referentes de localidades de Bavio, Patricios, Espil, La Niña, Pipinas y La Limpia. Todas situadas en el centro de la provincia de Buenos Aires. A su vez, la ONG Uniendo Pueblos y la FACEPT intensificaron las relaciones para generar un programa de acción, tomando muchas de las iniciativas compartidas en el encuentro como ejemplos de acción. El programa generado entre Uniendo Pueblos y FACEPT fue, como es evidente, el Programa Pueblos.

Así, 2006 fue un año de entusiasmo y organización para los directivos de FACEPT y los referentes de Uniendo Pueblos, que encontrarían en la creación del Programa Pueblos dos elementos deseados por cada una de las partes. Por un lado, para la FACEPT el Programa Pueblos

---

[18] Las Leyes en la Provincia de Buenos Aires que no incorporan reglamentación deben "reglamentarse" por el Poder Ejecutivo, de modo que la Ley pueda poseer los protocolos y procedimientos para ejecutarse.

[19] Tomado de los papelógrafos de las Conclusiones de los grupos taller, del Encuentro de Pueblos Rurales "Pueblos que Laten" 14 y 15 de diciembre de 2005, La Niña.

[20] Ídem.

se presentaba como la oportunidad de financiar un operativo de promoción en el territorio de los CEPT y el régimen de Escuelas de Alternancia, ya que el proyecto de expansión de FACEPT estaba detenido en 21 CEPT en el territorio provincial y se expendía lentamente. Para Uniendo Pueblos, la oportunidad de contar con la base territorial y los referentes locales de una importante cantidad de localidades, era mucho más que tentadora (se calcula que más de 30 teniendo en cuenta la participación de referentes locales en las Jornadas de Capacitación del Programa Pueblos en 2007). En este sentido, Uniendo Pueblos si bien se presentaba como una ONG aguardaba generar a partir de su peso territorial, un mayor consenso político en la Legislatura bonaerense, a partir sus integrantes vinculados a la promoción de la Ley 13.251.

Lograda la aprobación del Programa Pueblos en el Ministerio de Desarrollo Social (MDS) de la Nación, y obtenido el financiamiento, se comenzó a trabajar tanto en localidades con presencia de CEPT como en localidades sin presencia de CEPT. Algunos de los referentes locales que participaban en el Programa Pueblos, (como los de Patricios, La Limpia, Espil y Bavio) habían participado también en el "Encuentro de Pueblos que Laten".

La temporada de trabajo de 2006 del Programa Pueblos, se inició como "prueba piloto"[21] en San Agustín. Se ha hablado del momento de la presentación en el Municipio de Balcarce.

En San Agustín el promotor fue elegido por el Municipio de Balcarce. Al mismo tiempo un referente joven de San Agustín también participaba como promotor local, cargo que duró dos semanas. El caso de la experiencia del Programa Pueblos en San Agustín era visto como problemático, tanto desde la dirección de FACEPT como desde Uniendo Pueblos. El Municipio de Balcarce había adherido tempranamente a la Ley 13.251, y dentro del CAL de la localidad participaban aproximadamente seis residentes locales y un matrimonio del sur del Gran Buenos Aires que se había instalado en San Agustín en 2004. En el CAL de San Agustín se elaboraron algunas propuestas que tenían que ver con un proyecto de talleres de costura y en el transcurso de algunos meses ya habían formado una asociación civil con personería jurídica a la que habían denominado Consejo Vecinal. Los intentos de acceder

---

[21] Con ese término fue anunciado en el Municipio de Balcarce, el 22 de abril de 2006.

al financiamiento del Programa Pueblos fueron anulados varias veces por problemas burocráticos del Programa y conflictos entre el promotor enviado por el municipio y algunos integrantes del CAL. En una entrevista realizada con una integrante del CAL a principios de 2007, se podía observar el desgaste de la iniciativa. Lala, de 26 años e integrante del CAL, recordaba:

> *Desde diciembre[22] que no nos juntamos, pero el tema es seguir con el proyecto de formar los talleres, de costura, el de carpintería, y dar cursos ¿viste? Ver si existía la posibilidad de que vinieran maestros, carpinteros, alguien que sepa, por ahí a los chicos que salen de la escuela y no saben qué hacer, que por ahí no quieren laburar, en el campo, ponele, o no se quieren ir... entonces era como una posibilidad de que tuvieran un curso de carpintería o lo que fuera. Lo que formamos vendría a ser como del Consejo Vecinal nuestro. O sea, nosotros vamos a presentar ese proyecto, de lo que nos puedan dar de la intendencia, bienvenido sea. Siempre decimos, que sin está la posibilidad de que venga por parte de ellos, mejor, pero la inquietud sale por parte de nuestra comisión, digamos. El dinero para el proyecto tendría que venir del Programa Pueblos, pero acá siempre se nos dijo que cualquier cosa si ellos[23] podían rescatar algo, y ahora como estamos en tema de elecciones, por ahí... por ahí podemos conseguir algo... Habría que preguntarle a XXXX[24], por ahí ella está más informada, porque ella maneja más, lo aprietan más a XXXX[25], la última vez lo apretaron... Ellos digamos... que si no venía llamaban a FACEPT, y así... Como a veces nosotros decimos que si no fuera por ellos a nosotros nos pasarían por arriba* (Lala, 2007).

Finalmente, la "prueba piloto" anunciada en la municipalidad de Balcarce, tuvo un final donde ninguno de los proyectos ni el financiamiento logró efectivizarse. En San Agustín, el Programa Pueblo quedó desactivado.

En las "Jornadas de Capacitación del Programa Pueblos", en marzo de 2007, realizadas en el CEPT N° 1 de El Salado (partido de General Belgrano) se plantearon los problemas de falta de presupuesto en el Programa para acceder a las localidades; se exigía desde algunos promotores que la elección de promotor sea democrática y no "a dedo";

---

[22] Del año 2006.

[23] Los funcionarios municipales asociados al Programa Pueblos.

[24] Se refiere al nombre una de las referentes del CAL y presidenta del Consejo Vecinal.

[25] Se refiere al nombre del promotor local municipal del Programa Pueblos.

que la discusión de proyectos posea características horizontales y no verticales –digitadas por la coordinación de FACEPT– y finalmente se discutió con mucho énfasis sobre la denominación discursiva –como sinónimos– al Programa Pueblos y al Programa CEPT. Este tema generó polémica entre los promotores, ya que algunos manifestaban sentirse incomodados, al tener que promocionar la instalación de nuevos CEPT con financiación del Programa Pueblos. La situación confusa entre Programa Pueblos y Programa CEPT, anunciada reiteradas veces como "lo mismo" desde la dirección de FACEPT, provocó tensiones y desgastes también en Uniendo Pueblos, que comenzó a percibir como desvirtuado el sentido del Programa.

A través de la observación participante, se pudo acceder a la información sobre el desarrollo de otros CAL. Como ejemplo repetido en los informes de los promotores, se puede citar una parte del informe de Santa Coloma, donde su promotora relataba:

> *En las reuniones periódicas se plantearon entre los miembros del CAL las distintas necesidades del pueblo y zona de influencia. Se priorizó la recuperación del club (en todas las reuniones y por consenso se decide restaurar la vieja sede social para distintos eventos y capacitaciones). Otras problemáticas detectadas fueron: falta de telefonía, internet, caminos rurales en mal estado, transporte público inexistente, no hay fotocopiadora en la escuela... Respecto a la recuperación del club, a través los corsos en Santa Coloma y la realización de la fiesta del guiso de mondongo y la torta frita se recaudaron fondos para realizar reparaciones en el mismo. Igualmente, a pesar de no realizar arreglo alguno y a la espera de los fondos del programa, se comenzó a trabajar con eventos como bailes y fiestas.*

> *Surgieron muchos problemas con el municipio, muchos pobladores no están conformes con el trabajo del delegado y sus funcionarios. El problema mayor fue con la gente del campo que plantea que el Programa Pueblos le quitó protagonismo a las autoridades municipales.*

> *Realmente hay un descontento general ante la no llegada del dinero del proyecto... o al menos que se le explique a la gente por qué no llega lo prometido* (Entrevista a Promotora Programa Pueblos, 2007).

En el caso de la localidad de Bavio, el Programa Pueblos se vinculó a partir de los referentes del grupo Por Nosotros. El programa Pueblos nunca funcionó plenamente en Bavio, ya que el proyecto de

Por Nosotros, que se basa en la recuperación del ramal ferroviario La Plata-Magdalena-Pipinas, no ingresaba dentro de las posibilidades de presupuesto del Programa. Sin embargo, desde el grupo Por Nosotros se intentó propiciar la creación de un CEPT en Payró, estación de 70 habitantes (DPE, Censo 2001) distante a 15 kilómetros de Bavio. En este caso concreto, el Programa Pueblos fue reemplazado por la instalación de un CEPT en la estación de Payró.

Queda evidenciada así la conflictiva implementación de estas políticas en el seno del las pequeñas localidades. Los problemas estructurales del espacio no pudieron ser abordados con ninguna de las herramientas de intervención del Estado, al tiempo que se produjeron conflictos entre las instituciones participantes. Tanto el Plan Volver como el Programa Pueblos, generaron expectativas que no pudieron ser llevadas adelante por la población que involucró en los proyectos. Paralelamente, el sentido de repoblamiento del Plan Volver fue truncado por las resistencias locales a la inmigración de población. La desarticulación entre organismos del Estado favoreció el fracaso y ocaso en breve tiempo, de estas políticas de intervención, al no poder coordinar acciones en conjunto para favorecer la concreción de proyectos locales. En el terreno de las pequeñas localidades, estas políticas de intervención, principalmente la Ley 13.251 y el Programa Pueblos favorecieron el fortalecimiento de redes regionales entre pequeñas localidades que continuaron trabajando más allá de estas de las políticas públicas mencionadas. En este sentido, puede citarse la realización de las "Primeras Jornadas de Pequeñas Localidades" que se llevaron a cabo en Patricios en 2007. A estas jornadas concurrieron referentes de universidades latinoamericanas, organismos públicos, ONGs, gremios ferroviarios, representantes de la juventud Federación Agraria Argentina y referentes del movimiento Arte para la Transformación Social. En esa oportunidad en el que se unieron los más diversos representantes, académicos, políticos, artísticos y de los trabajadores, interesados en las pequeñas localidades. A partir de allí se generaron nuevos contactos y redes de organizaciones locales que profundizaron iniciativas locales de desarrollo –de las cuales se hablará más adelante–, logrando a partir de la militancia que finalmente se crease la Unidad Ejecutora del Programa de Promoción de Pequeñas Localidades; a partir del Decreto PE provincial 1.544 de 2008.

11.4. Proyecto de integración fragmentada: Coche Motor en 25 de Mayo

11.4.1. Contexto y Proyecto

En el año 2003 comenzamos a trabajar con investigadores de las facultades y carreras de Geografía, Trabajo Social e Ingeniería de las universidades de Mar del Plata y La Plata, personal de lo que fue Ferrocarriles Argentinos y el autor de esta investigación[26], en una propuesta que pretendía a rehabilitar ramales secundarios de la provincia de Buenos Aires y el resto del país, sobre la base de la reutilización de antiguos vagones convertidos a coches motor, o bien coches motor ferroviarios reacondicionados.

Considerando el problema del aislamiento de algunas pequeñas localidades sin acceso asfaltado y de otras que no poseían transportes colectivos públicos de pasajeros, se comenzó a trazar una propuesta que integrase la infraestructura ferroviaria en desuso y abandonada durante las décadas de 1960 a 2000, con tecnologías nacionales que innovaron en el campo del transporte ferroviario. En esa línea de trabajo se indagaron posibilidades de integrar ramales ferroviarios de la provincia, sin servicios de pasajeros, a ramales con servicios existentes. Así se intentaba re-ampliar el sistema, que había sido fragmentado y mutilado en décadas anteriores incorporando a un sistema de transporte general, líneas secundarias que abastezcan a pequeñas localidades.

Inicialmente intentamos elaborar un proyecto en conjunto con la Unidad Ejecutora del Programa Ferroviario Provincial (UEPFP), pero en este sentido de articulación, todas las puertas se cerraron y el encuentro con dicha unidad ejecutora de fue invalidado por una infinidad de derivaciones burocráticas, entre dependencias y oficinas internas de la empresa ferroviaria.

Ya en 2005, y con el marco de la Ley 13.251 como respaldo para la acción proyectada, el grupo de trabajo propuso al municipio de 25 de Mayo (provincia de Buenos Aires) elaborar en conjunto un proyecto de prueba sobre el ramal ferroviario que se extiende de noreste a sudoeste del partido de 25 de Mayo. El escenario planteado desde el Municipio

---

[26] Participé como co-autor, redactor y productor inicial, junto al Mag. Mariano Barberena de la Facultad de Trabajo Social de la Universidad Nacional de la Plata.

de 25 de Mayo para justificar el interés en elaborar un sistema de transporte interno, era el que se detalla a continuación.

El partido de 25 de Mayo se encuentra ubicado en el centro de la provincia de Buenos Aires. Como ejes principales de comunicación con su contexto territorial posee dos rutas provinciales asfaltadas, (N° 46 y N° 51) que vinculan a la cabecera del partido con los cuadrantes N.O. y S.E. de la provincia. De modo tangente, y en cruce con la ruta provincial N° 51 (sector sur), la ruta nacional N° 205 sirve de vía de comunicación con el área N.E. (Buenos Aires y La Plata). La comunicación interna del partido esta determinada por una red mínima de caminos y rutas asfaltadas. Además de las rutas ya mencionadas, la ruta provincial N° 30 corta al partido de 25 de Mayo en su sector N.E. y vincula con la provincia a las localidades de Pedernales y Norberto De la Riestra.

Las otras localidades del partido se encuentran vinculadas a través de una red caminera de tierra (no consolidada) que dificulta las actividades cotidianas de la población. El estado de los caminos obstaculiza la circulación normal de vehículos generando inconvenientes económicos y sociales graves, como: imposibilidad de aprovisionar frutas o carnes en época de lluvia, imposibilidad de transportar enfermos, de urgencia, docentes y/o estudiantes en época de lluvia, aislamiento de sectores en situaciones de terreno anegadizo. Es por ello que el distrito de 25 de Mayo tiene un grave problema de integración territorial profundizado por la ubicación geográfica de sus localidades, que se encuentran ubicadas en una línea recta de 140 kilómetros de caminos no asfaltados.

Esta zona rural del interior de la provincia de Buenos Aires que comprende al ramal ferroviario que atraviesa la Municipalidad de 25 de Mayo, se extiende a lo largo de 140 kilómetros conformando una recta en el centro de una zona con gran cantidad de pequeñas localidades que expulsa población. Las localidades ubicadas sobre el área de extensión del ramal ferroviario son Ernestina, Pedernales, N. de la Riestra, Berraondo, 25 de Mayo, Islas, Valdés, Agustín Mosconi, Huetel y Del Valle. La situación de transporte era extremadamente precaria. Los movimientos de flujos de pasajeros se realizaban entre las localidades y a los centros de servicios que ofrecen cuestiones vinculadas a salud, educación de nivel secundario y terciario, servicios bancarios e inclusive los comercios para el abastecimiento. Este movimiento se realizaba con transportes terrestres con muy baja frecuencia, un alto costo del pasaje en el caso de usos de remis y además la imposibilidad de tener acceso a los caminos en época de lluvias. Incluso entre las localidades de Del Valle, Huetel y Mosconi se utilizaba una camioneta con capota, para realizar el transporte escolar sin ninguna condición de seguridad. Paralelamente, el uso para el transporte interno, entre localidades del partido era mínimo determinado por los horarios impuntuales e ineficientes de sus prestaciones no concordantes con el segmento laboral horario útil de entre las 8.00 y las 21.00hs. El pasaje cautivo, estaba determinado la población que habita en las pequeñas localidades y debía realizar traslados obligados a destinos masificados en ciudades cabeceras (Daireaux, Bolívar, 25 de Mayo, Lobos, etc.) y a la ciudad de Buenos Aires. Para 2006, corrían trenes de pasajeros entre la ciudad de Buenos Aires y Daireaux circulando por el tramo del partido de 25 de Mayo entre las 23:00 y las 03:00hs. En este contexto, planteamos la posibilidad de utilizar la infraestructura ferroviaria existente asociada a tecnología nacional para revincular pequeñas localidades y comunidades aisladas.

Junto a investigadores de la Universidad de La Plata escribimos un proyecto titulado: "Desarrollo de un sistema de integración social y

**Mapa 24: Ramal ferroviario del Proyecto Coche
Motor Biodiesel. Partido de 25 de mayo. PBA**

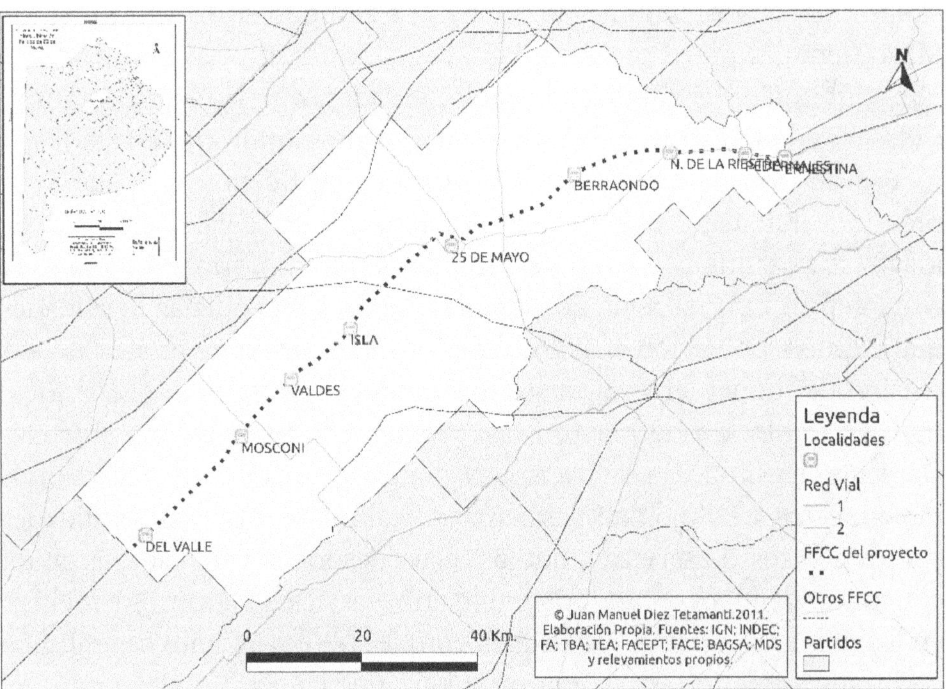

territorial a través de la utilización del ferrobus/coche motor liviano, propulsado a biodiesel,[27] para las localidades rurales del partido de 25 de Mayo" presentado en 2006 a la convocatoria del Programa Descentralizado de Donaciones Medianas en la Argentina, Fondo para el Medio Ambiente Mundial (PNUD–GEF). El proyecto se obtuvo el primer lugar de selección a nivel nacional entre otros cuatrocientos veintiséis proyectos presentados. Para la realización de los estudios de diagnóstico, construcción del coche motor y puesta en funcionamiento inicial se dispuso de 205.000 dólares.

11.4.2. Fragmentación de la idea inicial e intentos de puesta en marcha del proyecto

Teniendo en cuenta que como autor de esta investigación, formé parte de la idea y proceso en el proyecto que se describe, se intentará aquí solamente rescatar los sucesos que sirven para el objetivo del trabajo con la mayor objetividad posible.

En la génesis, la idea del proyecto se fundó en una antigua iniciativa nacional de la década de 1980, para poner en marcha un sistema de Coches Motor (vehículos ferroviarios livianos) en ramales del interior con bajo tráfico, con el objetivo de abastecer de transporte de cercanías a las localidades rurales y dar solución a la demanda de los municipios del interior.

Generamos una propuesta integral para ramales bonaerenses, cubriendo más de 2300 kilómetros de vías ferroviarias y más de 120 localidades sin accesos asfaltados (*Diario Tiempo,* 2007: 6) La propuesta fue aceptada por el municipio de 25 de Mayo, para generar una alternativa de transporte entre las pequeñas localidades, su cabecera de partido y las vecinas ciudades de Lobos y Bolívar. De este modo, se pensaba lograr una integración con otros sistemas de transporte terrestre, con los servicios ferroviarios a Buenos Aires y una dinamización de la movilidad cotidiana de los habitantes de las pequeñas localidades.

Durante la redacción del proyecto, mantuvimos constantes reuniones de trabajo con funcionarios municipales de Desarrollo Social, Gobierno

---

[27] La característica de propulsión a biodiesel se relacionaba con la existencia de una planta de biodiesel municipal en 25 de Mayo, que serviría para abastecer al vehículo ferroviario, y para reciclar el aceite usado igualmente generado en el partido de 25 de Mayo.

y Cultura. El interés municipal se asentaba también en propulsar una planta propia de biodiesel, y generar un ahorro en el combustible que se invertía para los traslados de todo tipo, entre las localidades del partido.

Como primera cuestión central, desde el equipo de la Universidad de la Plata tuvimos que discutir la necesidad de integrar el proyecto municipal con los dos municipios limítrofes al este y oeste: Lobos y Bolívar respectivamente. Sin embargo, en las reuniones con funcionarios locales, se fundamentaba con el argumento de que, al ser un proyecto impulsado por el municipio de 25 de Mayo, los beneficios debían ser para ese municipio. Por lo tanto, el argumento municipal aludía fervorosamente a que integrar los servicios de transporte de pasajeros hasta las ciudades de Lobos y Bolívar, provocaría un desvío de las demandas y dinámicas de los habitantes de las localidades situadas dentro del partido de 25 de Mayo, hacia los partidos de Lobos y Bolívar. Desde el equipo de la UNLP, se fundamentó la idea de dinamizar entre los tres partidos el desarrollo del *sistema de transporte*, generado movimientos de personas que beneficiarían a todas las localidades afectadas sin centralizar en ninguna de ellas los flujos principales. No obstante, los funcionarios municipales, como contraparte del proyecto –aportante de la planta de biodiesel y como sede de la "innovación"– prefirió trabajar solamente con una condición: que estableciera como límites del proyecto en ejecución y formalización, al partido de 25 de Mayo.

De este modo, el proyecto se sesgó a límites políticos de partido utilizándose como terminales las dos pequeñas localidades ubicadas en los extremos noreste y sudoeste (Ernestina y Del Valle) y como cabecera de operaciones a la ciudad de 25 de Mayo.

Al realizar esta modificación, todas las hipótesis de costo y mantenimiento operativo del sistema se incrementaron, por la lógica razón de que a menos kilómetros de sistema y pasajeros/kilómetro, aumenta el costo operativo/kilómetro. Situación similar a la que fundamentó el cierre de ramales secundarios al segmentarlos, durante los planes de la década de 1960 para racionalizar el transporte.

Lo que se apunta en esta parte del proyecto es central para analizar un fenómeno que acontece frecuentemente en los procesos de desarrollo local, preferentemente. El fenómeno tiene que ver con la gestión y planificación misma de los proyectos y apunta a una centralización territorial del proyecto. El ejemplo de lo acontecido en 25 de Mayo muestra como se establecen límites territoriales (de carácter político-administrativo) circunscribiendo a la iniciativa al partido que recibe el financiamiento.

Podría denominarse a este proceso como de *ego-territorialismo* (*ego:* como exceso de autoestima, y *territorialismo,*[28] en el sentido de la monopolización de los recursos y las gestiones centralizadas en un solo lugar). Así, el *ego-territorialismo* impone un perfil de "proyecto" circunscrito a los límites territoriales de un partido, una ciudad o una localidad. La característica de este *ego-territorialismo* es el truncado de posibles cooperaciones entre acciones, asociaciones o expansiones. Se podría decir también que en el caso de 25 de Mayo se "*municipalizó* el proyecto desarrollo local", como limitante a las características de un sistema de transporte. Como se verá más adelante, en el caso del coche motor de la localidad de Bavio, el fenómeno es totalmente opuesto al de una planificación *ego-territorialista.*

Circunscrito el proyecto en el sentido *ego-territorialista,* a principios de 2007 se aprobó la financiación por el PNUD-GEF y se comenzó a trabajar en una serie de procesos burocráticos que incluían principalmente reuniones, pedidos de autorización y solicitudes de entrevistas con funcionarios de diferentes organismos públicos y dependencias, entre los cuales se encuentran: el Órgano Nacional de Bienes del Estado –ONABE– (del que dependían los bienes en desuso estatales y la infraestructura de vías e instalaciones), la Comisión Nacional Reguladora del Transporte –CNRT– (de la que dependía el control de vehículos y el tránsito del transporte público) y la Subsecretaría de Transporte Ferroviario de la Nación (que organiza la operación de los concesionarios ferroviarios).

El recorrido inicial burocrático tenía el objetivo de obtener un vagón (coche ferroviario remolcado) en desuso para luego reconvertirlo en coche motor (coche ferroviario autopropulsado). Paralelamente a esto, un grupo de ingenieros se encontraba realizando trabajos preliminares.

Para la obtención del vagón, se poseía una nota firmada por el Secretario de Transporte de la Nación, Ricardo Jaime en la cual autorizaba al ONABE a cederlo. Dentro del ONABE, la orden de cesión se tornó muy

---

[28] Si bien el término *territorialismo* es utilizado con frecuencia para definir al régimen feudal, lo que interesa aquí es el sentido monopolista del uso de los recursos y del poder de su gestión en el territorio.

postergada, dado que no se poseían datos fehacientes de la existencia o no de material. Los registros de vagones en posesión del Estado, se encontraban desactualizados o sin sistematizar.[29] Por lo tanto, desde el mismo ONABE se fueron sugiriendo varios vagones y coches motor, que el mismo grupo de la UNLP tuvo que ir a buscar entre decenas de estaciones de tren y talleres ferroviarios, para comprobar sus disponibilidades.[30] Finalmente, luego de cinco meses de búsqueda se logró dar con un vagón disponible en los talleres de Junín (provincia de Buenos Aires). El vagón se encontraba absolutamente saqueado y dañado por el abandono y el paso del tiempo, por lo cual los ingenieros decidieron desestimarlo para su utilización. Ante esto el equipo de trabajo elaboró varias notas y pedidos que derivaron a la CNRT, desde donde no se obtenían más que comentarios y rumores formales acerca de la existencia de vagones disponibles. Incluso, grupos de aficionados al ferrocarril, solían tener datos más concretos y certeros que los organismos oficiales. Este enjambre de reuniones, desencuentros e intentos frustrados fue desgastando a algunos integrantes del equipo y el proyecto comenzaba a declinar lentamente.

Desde la Secretaría de Transporte había grandes contradicciones en información, y acciones con el ONABE y la CNRT. Esta situación llevó finalmente a que desde el equipo de trabajo de la UNLP articuláramos el trabajo con una excooperativa ferroviaria de la ciudad de Rojas, al norte de la provincia de Buenos Aires.

La cooperativa Ferrocarril Central Buenos Aires (FCBA) había desarrollado un proyecto similar en el partido de Rojas y para ello había obtenido la cesión de un coche de la Línea B del subterráneo de Buenos Aires. El proyecto de esta cooperativa estaba paralizado, dado que los fondos que se destinaban desde el municipio, no habían sido entregados.

Llevamos adelante reuniones con integrantes de la cooperativa FCBA para evaluar la utilización del coche de subterráneos en el proyecto. Sin embargo, la cooperativa no llegó a un acuerdo con los funcionarios del municipio de 25 de Mayo. En esa instancia, quienes participaban desde

---

[29] Se pudo acceder a las bases de datos en papel y advertir un verdadero caos en la organización de la información de existencias en poder del ONABE.

[30] El trabajo de búsqueda del vagón cedido merecería un ensayo más extenso para graficar las "peripecias" por las que se tuvo que pasar para encontrarlo.

la UNLP decidieron apartarse del proyecto, teniendo en cuenta las imposibilidades de articular y gestionar la propuesta.

Aún con la financiación inicial de más de doscientos mil dólares obtenida, el municipio no había logrado para los primeros meses de 2009, articular una propuesta en conjunto con los organismos y dependencias del gobierno nacional. En este aspecto, se considera que como factores clave influyeron las diferencias político-partidaria y de intereses existentes entre el Gobierno municipal, perteneciente a la UCR *y el Gobierno Nacional, perteneciente al* Frente Para la Victoria, incrementadas a partir del denominado *conflicto por las retenciones* en marzo de 2008.

Este problema de articulación de carácter político-partidario resulta frecuente en reiterados proyectos. El problema reside en que en medio de la puja, se truncan acciones y se establecen diferencias marcadas entre los avances de lugares dominados por afinidades políticas con los gobiernos nacionales o provinciales y lugares dominados por gobiernos enfrentados. Existe aquí un punto a avanzar en la planificación de proyectos de incidencia territorial. Más allá de las limitantes de financiamiento, técnicas o de gestión interna; hay un grave problema

Mapa 25: Proyecto Coche Motor Biodiesel.
Contexto geográfico ampliado

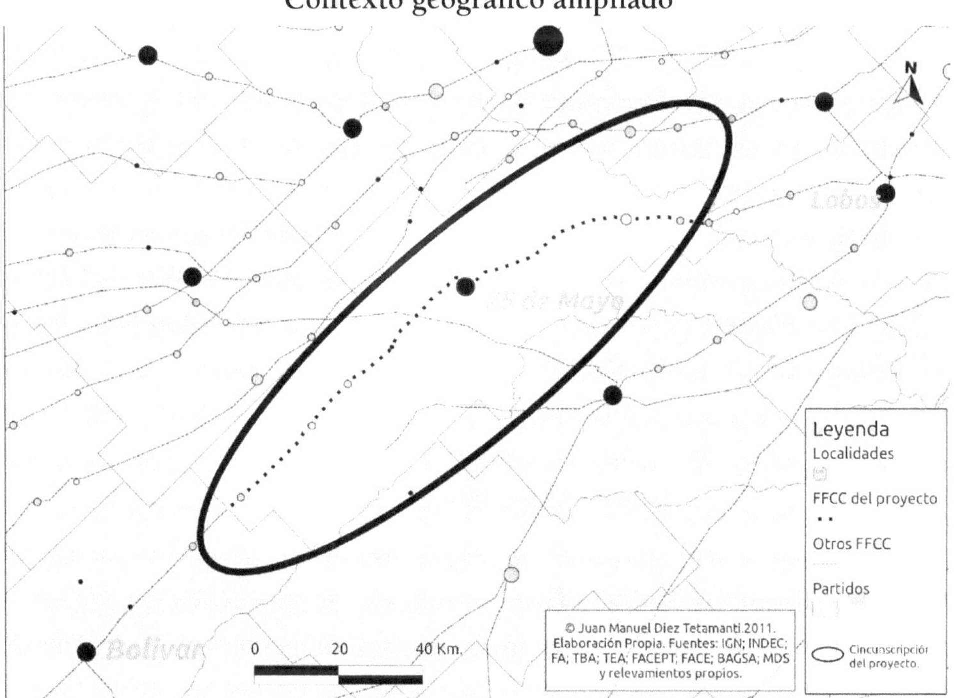

–recurrente– que se vincula con la imposibilidad de dinamizar acciones conjuntas entre administraciones gubernamentales de diferente grado (municipal, provincial y nacional), cuando alguna de éstas se encuentra en falta de sintonía político-partidaria. Como resultante se obtienen heterogeneidades en las innovaciones, las prestaciones de servicios públicos y cualquier otro tipo de política pública o acción a ejecutar, pero sobre todo, se perjudica directamente la noción de *bien público* que reviste la prestación de servicios públicos.

Para cerrar el análisis de este proyecto de desarrollo local, puede decirse que al momento de dar corte al trabajo de campo y de investigación-acción, el municipio se encontraba imposibilitado por cuestiones políticas, de acceder a permisos, a través de la CNRT para la operación futura de un servicio de pasajeros. Paralelamente, los avances en la construcción del coche motor se encontraban demoradas.

Como resultado del tiempo de gestión se observan graves problemas de articulación entre administraciones territoriales de Estado, principalmente municipal y nacional, lo que dificulta las acciones de cooperación para la concreción de la idea. Se remarca en este punto, el problema que conlleva la *desarticulación* en la dificultad de concretar proyectos de desarrollo local. Por otro lado, y como parte de la génesis del proyecto, el denominado *ego-territorialismo* como fenómeno de circunscripción de ideas, proyectos y acciones, afectó al sistema de acciones que llevarían adelante el proyecto. Por un lado el *ego-territorialismo* minimiza las posibilidades de expansión y reduce las capacidades de articulación a un solo lugar; por otro este mismo *ego-territorialismo* recorta en lo concreto las capacidades de movilización de las personas (en el caso los residentes de las pequeñas localidades veinticinqueñas, usuarias del futuro sistema de transporte) cautivándolas caprichosamente a la centralidad política administrativa de la cabecera de partido.

12. Cooperativas y asociaciones, suplantando al Estado y las grandes empresas

Se ha analizado como el Estado ha utilizado determinadas *políticas públicas* para intervenir. A lo largo de todo el siglo pasado, el Estado ha implementado herramientas de intervención o de repliegue en relación al trabajo, la industria, la agricultura, el transporte, el papel de las grandes empresas.

A partir de 1976, el Proceso de Reorganización Nacional, a través de la dictadura militar, potenció la intervención del mercado y la liberalización financiera y de los servicios, al tiempo que se planificó un repliegue del Estado de funciones que antes éste acometía. La década de 1990 profundizó esta característica de repliegue de la hegemonía estatal en el campo de los servicios públicos, el control de precios, el control de tráficos de transportes, y muchos otros tipos de controles.

El Estado, como factor de control, le abre nuevamente un lugar importante de la intervención al mercado, y éste toma el comando de elementos clave como el transporte, los combustibles, la energía y las comunicaciones.

El proceso de desgaste de las prestaciones de servicios públicos instauró una demanda social (en todos los planos) de renovación: "las empresas de servicios públicos eran obsoletas y sus prestaciones también." Grandes campañas mediáticas se encargaron de construir esa versión de la realidad, paralelamente a una deficiencia concreta, fundada en la falta de renovación tecnológica, y la ampliación de las potencialidades de prestaciones de servicios públicos.

En las pequeñas localidades, este factor llegó con mayor prisa y tuvo menor capacidad de respuesta desde sus habitantes. Como ya se señaló anteriormente, centros de salud fueron abandonados, la obra pública vial fue postergada, se cerraron escuelas y se efectuó un ajuste relevante en lo concerniente al transporte de pasajeros.

La década de 1990 se presenta en este plano como de ruptura entre lo que Milton Santos llama *lo nuevo y lo viejo*. "Tanto lo nuevo como lo viejo son datos permanentes de la historia; se encuentran en todas las situaciones. Pero si los elementos de una situación concreta trabajan en conjunto, lo nuevo es lo que aparece como dotado de una mayor eficacia" (Santos, 1995: 94). Así, en el plano de los *servicios,* lo *viejo* se inscribió como lo ineficiente y lo inservible. Lo viejo figuró como lo dañino y molesto para la concepción de desarrollo del libre mercado. Las corporaciones y las grandes empresas privadas que llenaron ese lugar abandonado por el Estado se incorporaron en *lo nuevo*, mientras que *lo viejo* pertenecía a las prestaciones estatales. Lo nuevo traería modernización e innovación, de la mano de la *libre iniciativa individual* y de la *libertad de mercado*. Lo *nuevo* apartaría en algunos casos a lo *viejo*, y lo viejo pasaría a ser parte de los elementos dispersos en un gran basural repleto de montículos de chatarra, taperas y carteles desvencijados, donde lo ineficiente y obsoleto ya no estaría más allí, sino esfumándose, desapareciendo. En otros casos, eso *nuevo* como las conexiones a internet, facilitaron el acceso a información, la difusión de acciones y la posibilidad de contar con nuevas actividades.

A partir de la crisis de 2001, aquello enarbolado como *lo nuevo* deja de ser aceptado en ciertos lugares. Allí donde *lo nuevo* había generado cambios no deseados en la dinámica, *lo nuevo* es cuestionado y rechazado. Quizás se debería pensar que aquello presentado como novedoso estaba ya agotado en el consenso de las comunidades locales. El mercado no había incluido en su expansión a algunos lugares (aunque a otros sí)[31] Aquellos lugares no "beneficiados" por esa expansión habían quedado expulsados de las demandas laborales, de la prestación de servicios, de la misma visibilidad de existencia.

Concretamente, la *desarticulación* entre lo *nuevo* y lo *viejo* resulta un impedimento para el desarrollo local. Contrariamente la articulación entre viejos sistemas de acciones y objetos facilitan una dinamización de los procesos de cambio. El pleno descarte o la plena conservación de objetos y elementos tampoco facilita el difícil proceso de desarrollo.

Los últimos 30 años se caracterizan, en las pequeñas localidades, por una fuerte retirada del Estado tanto de su presencia a través de dependencias administrativas, como desde la provisión de servicios públicos. Sin embargo, a partir del año 2000, se experimentan pequeñas introducciones de nuevos servicios y elementos. Pero ello no acontece para todas las localidades en igual medida. En los gráficos 6, 7 y 8 puede observarse el desenvolvimiento de los servicios públicos, bancos y algunas obras de infraestructura para los cinco pueblos tomados como estudio de casos. En este sentido, es visible cómo las innovaciones como internet se hicieron presentes La Dulce, Mechongué y Bavio, antes que en Patricios y San Agustín, cuestión que implica hablar de los *desfases espaciales*.

---

[31] Para Milton Santos, "Lo nuevo no llega a todos los lugares, y cuando llega no es al mismo tiempo; por eso no siempre llega cuando es absolutamente nuevo" (Santos, 1995: 94)

Como se observa en los gráficos mencionados, existe una dinámica muy diferente entre las localidades que se han seleccionado. Todas las localidades experimentan a fines de la década de 1970 una desaparición de servicios (como el ferrocarril, la escuela, los Registros Civiles).

En Bavio, La Dulce y Mechongué hubo una continuación en el crecimiento de las existencias. Debe llamar la atención, que justamente para Bavio, La Dulce y Mechongué la incorporación de nuevos servicios llega de la mano de las cooperativas que operan en cada uno de los lugares. Se ha detectado en las entrevistas, un esfuerzo de gestión particular para la incorporación o renovación tecnológica en estas tres localidades con presencia de cooperativas: Coopagua en Bavio, Cooperativa de electricidad La Dulce en La Dulce y Cooperativa Telefónica de Mechongué.

En este sentido, las cooperativas tomaron objetos instalados (principalmente las usinas eléctricas y centrales de teléfono) e intervinieron para su modernización. Se podría decir que las cooperativas son en si mismas *viejos objetos* que modernizaron sus prestaciones, técnicas y modos de vincularse con la localidad de modo constante. Donde ni el Estado ni las grandes empresas condujeron la llegada de *servicios públicos* centrales, estuvieron las cooperativas para ocupar ese lugar de comando. Resulta interesante eso, desde el punto de vista de la idea de *vertebramiento inercial*. La continuidad de las cooperativas fue renovando el sentido de los objetos instalados en las localidades y comandando desde "el lugar" algunos de los *servicios públicos*. El mismo hecho de comando "desde el lugar" propició una rearticulación entre los sistemas instalados de provisión de servicios y ese "lugar". Electricidad, teléfono, agua y gas (en última instancia) fueron tomados en las localidades más cooperativizadas para comandar y gestionar, ordenar, administrar "desde el lugar" prestaciones más amoldadas "al lugar". La rearticulación de la cooperativa como *objeto* integra a "un sistema" los servicios demandados. El *vertebramiento inercial* sitúa la cooperativa como *objeto latente* que aprovecha la inercia de acciones locales, en el aprovechamiento de proyectos locales, con énfasis en un desarrollo local, que para los *servicios públicos* mencionados, posiciona a las cooperativas como objetos centrales. Desde allí se pueden distinguir entre localidades con servicios más *cooperativizados*; *menos cooperativizados* y *sin cooperativizar*.

En el gráfico 9 se intentó ubicar a las localidades del área de estudio en el marco de grados de cooperativización de los servicios. Lo que

Gráfico 6: Servicios públicos. Evolución en Bavio y San Agustín

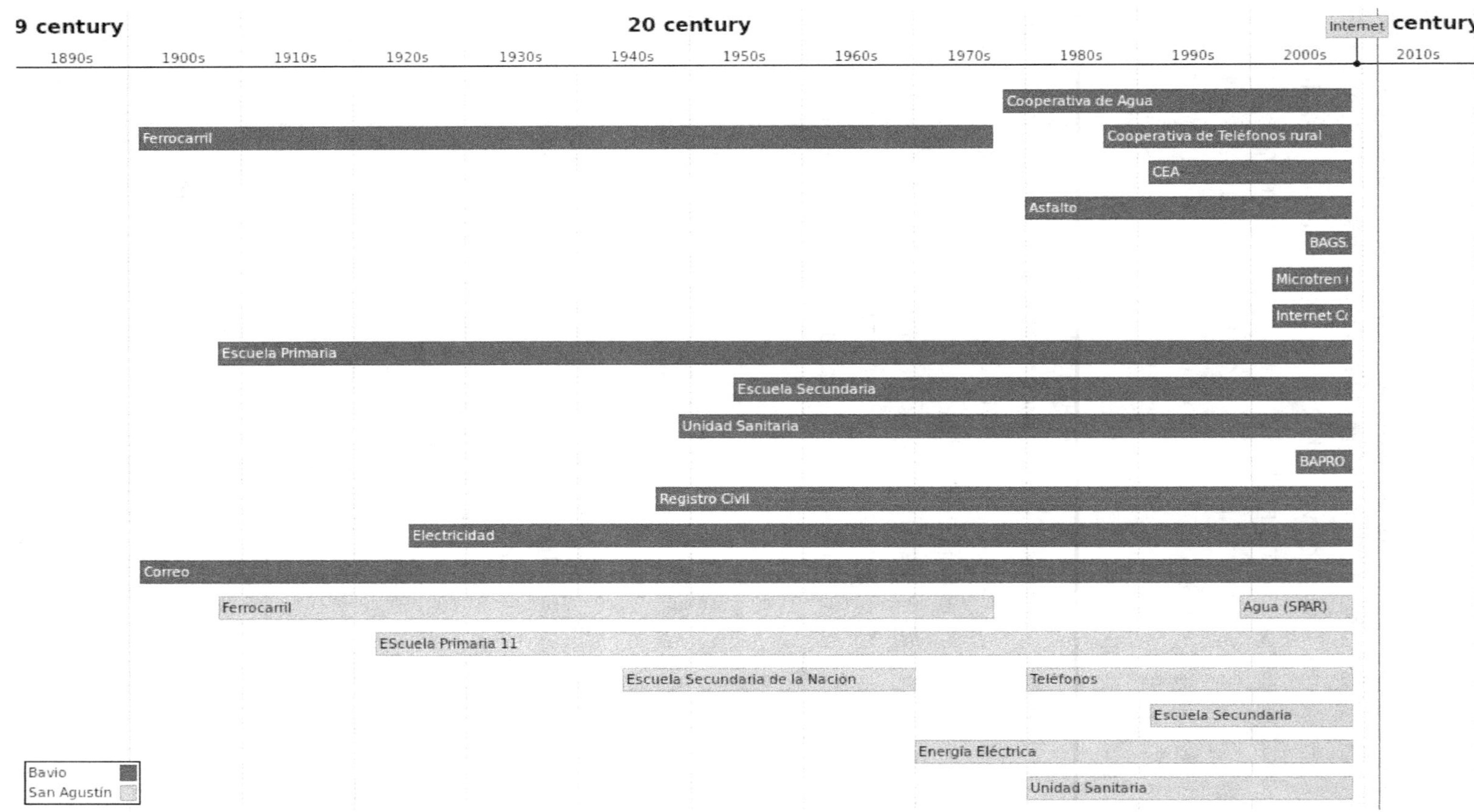

Gráfico 7: Servicios públicos. Evolución en La Dulce y Mechongué.

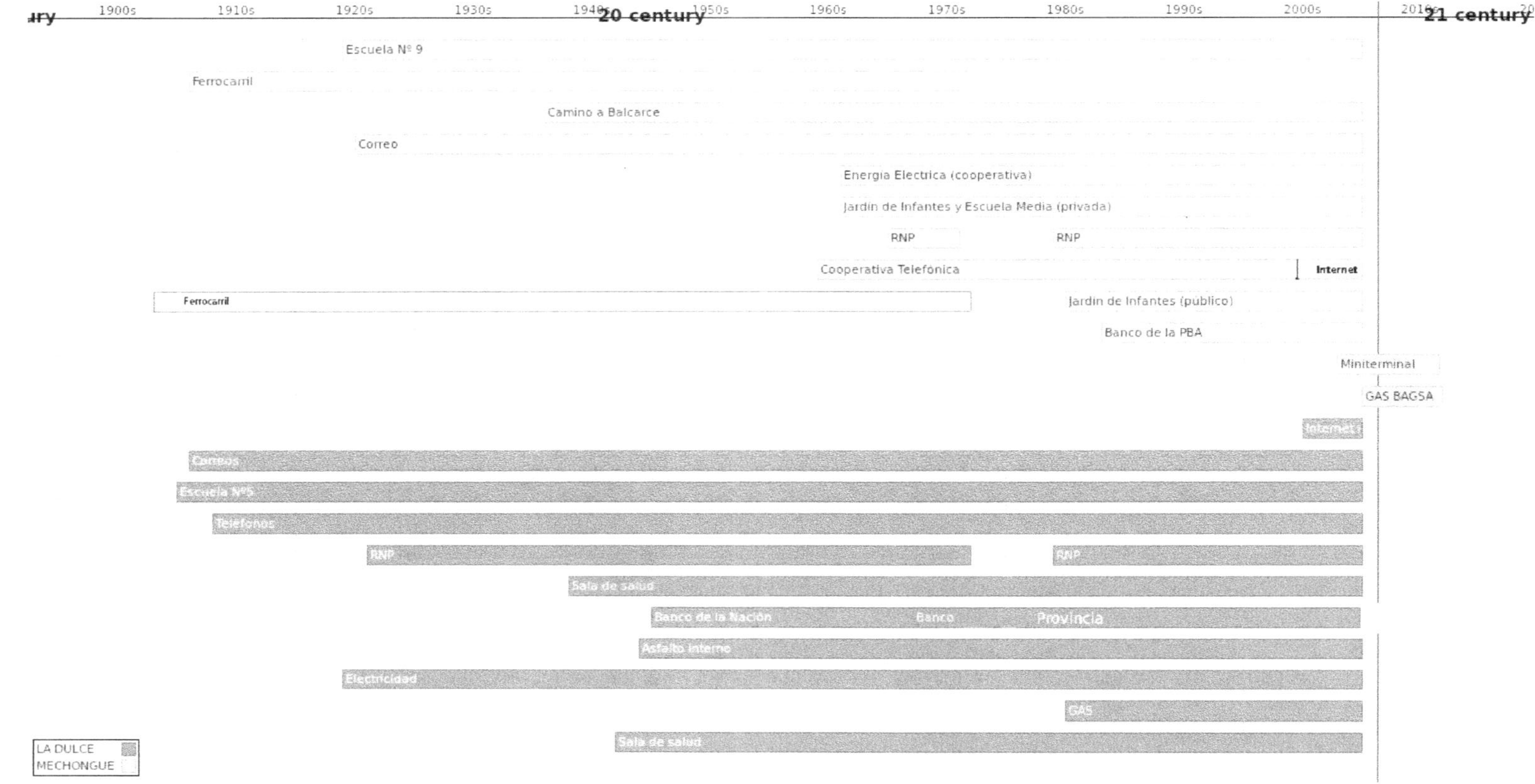

Gráfico 8: Servicios públicos. Evolución en Patricios.

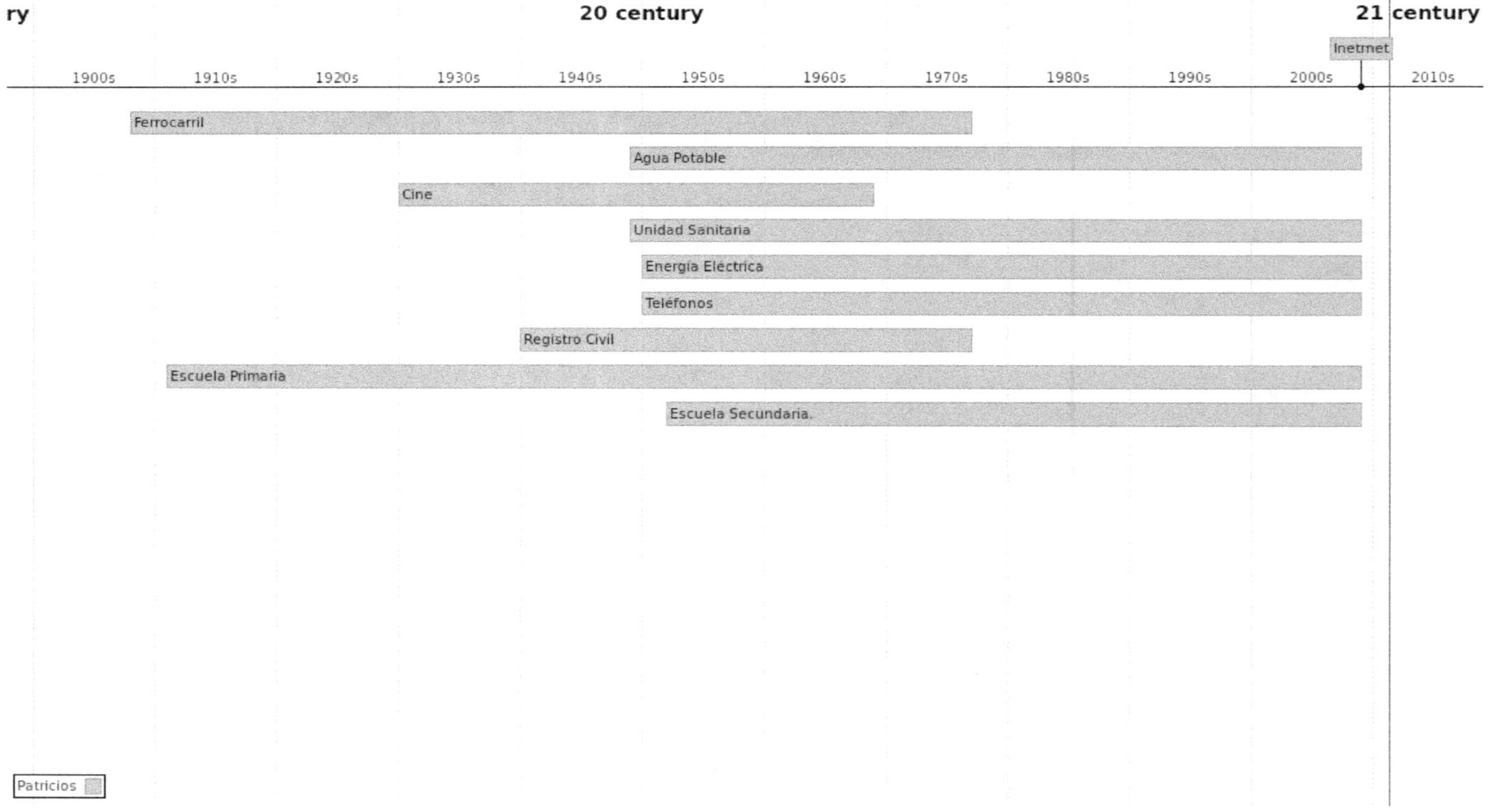

interesa no es la "cantidad" en existencias sino la "cualidad" de incidencia de estas cooperativas, observada en relación con las acciones de incorporación de *nuevos objetos,* o bien la modernización técnica de las prestaciones de servicios. Así, puede graficarse que en las localidades con mayor participación cooperativa existe un correlato con la *innovación,* la modernización y por ende, mayor factibilidad de establecer *comandos locales* de los servicios.

En relación con la innovación, particularmente en La Dulce, la llegada de internet estuvo financiada por la Cooperativa de Seguros La Dulce Ltda. Ya desde 1991, la cooperativa había intentado que la operadora telefónica instalase el servicio. Sin embargo, las respuestas recibidas tenían que ver con que dada la baja cantidad de habitantes, la instalación no sería rentable. Así, cercano el año 2000 se iniciaron las tareas para las primeras instalaciones y para 2003, La Dulce fue la primera pequeña localidad de la provincia de Buenos Aires en tener servicio de

Gráfico 9: Cooperativización de los servicios públicos en las localidades del área de estudio. Relación con capacidades de comando, innovación y modernización

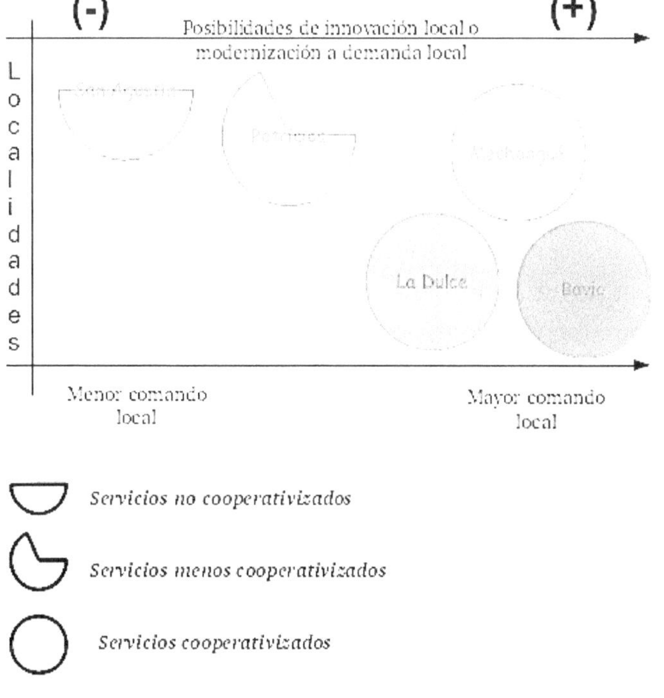

internet, proveyendo a las instituciones públicas de forma gratuita. En la entrevista realizada a un habitante de La Dulce de 35 años, productor agropecuario, expresa la importancia de las cooperativas de servicios en la localidad así:

> *Lo que diferencia al pueblo este de otros es que tenés la presencia fuerte de las cooperativas que le dan una vida diaria y productiva que otros pueblos por ahí no tienen. La verdad que comparado con otros pueblos, acá hubo muchos avances antes que en otros lugares. El caso de internet fue el primero en toda la provincia y para eso se trabajó muchísimo porque Telefónica no iba a traer internet a un pueblo tan chico. Entonces si nos quedábamos esperando, hoy no tendríamos nada de lo que tenemos. Ni internet, ni el asfalto urbano, ni el teatro que está a cargo de la Fundación Cultural. Lo que pasa es que acá se motiva mucho a la participación y vamos a decir la verdad: la plata no se va del pueblo, entonces muchas cosas se pueden hacer por eso, sino no hay como dar respuesta (Oscar, 2008).*

En La Dulce funciona la Fundación Cultural La Dulce (FCLD), que depende económicamente la de la Cooperativa de Seguros de Granizo La Dulce y tiene sede en la localidad física central y financiera.[32] La Fundación que trabaja en diferentes proyectos desde mediados de la década de 1970, ha tenido un desenvolvimiento muy dinámico en los últimos diez años aproximadamente. La Fundación publica su propio portal *web* que, es mencionado por el Servicio Internacional de Informaciones y Estudios sobre Innovaciones Educativas (IERS) de la Oficina Internacional de la UNESCO en una de sus publicaciones. Esta organización asevera: "La Fundación Cultural La Dulce es una institución con personería jurídica independiente, sostenida económicamente hasta el momento por la Cooperativa Fundadora: La Dulce Cooperativa de Seguros Ltda. que estatutariamente sujeta toda su actividad al art. 2°, inc. 3 de la Ley de Cooperativas de la Argentina en su referencia a la educación cooperativa.[33]

El trabajo de campo en La Dulce se llevó adelante entre 2005 y 2008, con múltiples intervenciones entre las que incluso se llevó adelante la filmación del primer film documental sobre pequeñas localidades

---

[32] Este no es un dato menor, ya que la Cooperativa de Seguros La Dulce, al tener su sede en la localidad, facilita la llegada de aportes económicos directos, al tiempo que realiza todas sus actividades económicas, financieras, culturales y sociales en La Dulce.

[33] http://www.fcladulce.org.ar/Quienes-somos.

Pueblos en resistencia se participó en dos encuentros de Jóvenes Rurales (2006 y 2008). Estas dos actividades colaboraron para la realización de entrevistas y la aplicación piloto de la metodología *cartografía social*.

La FCLD creada en 1974, es coordinada por un director, quien posee permanente reunión con Consejo de Administración de la Cooperativa La Dulce. Así, se han trazado en los último diez años acciones destinadas a la promoción de la educación comunitaria, la promoción de la innovación científica y la divulgación de temas relacionados con las pequeñas localidades y la producción agropecuaria.

Desde la FCLD se trabajan en esta serie de acciones con diferentes herramientas que apuntan, según su director Javier Jáuregui, a los problemas del despoblamiento rural, la ruptura de vínculos familiares y comunitarios, la pérdida de las tradiciones y una modificación del medio ambiente rural debido a las nuevas prácticas de laboreo (Jáuregui, 2006: 65). Sobre estos lineamientos, la FCLD publica y enfatiza continuamente que sus estrategias se basan en el trabajo en red, en un abordaje integral, promoviendo la participación y la investigación y fomentando el intercambio entre lo urbano y lo rural para la construcción de dispositivos sociales de contención.

Si bien todas estas estrategias resultan interesantes, es particularmente propicio detenerse en el intercambio de lo rural y lo urbano como estrategia.

> Las relaciones campo-ciudad se han establecido históricamente desde la dependencia del primero con respecto a la segunda. La provincia de Buenos Aires, por ejemplo, no contempla elecciones directas de autoridades del Poder Ejecutivo en las comunidades rurales (cerca de quinientas comunidades se encuentran en esta situación) y los Delegados son designados por los Intendentes según su propio criterio. Esta ausencia de poder en la toma de las decisiones sobre las propias autoridades, se suma a la transferencia de recursos en la asignación presupuestaria ya que el caudal de votos nunca está en condiciones de competir con las ciudades (Jáuregui, 2006: 74).

La cuestión de la d*ependencia* presupuestaria y de representatividad de las pequeñas localidades, con las "cabecera de partido" como administradoras del territorio municipal, resulta un tema clave. Por un lado, el problema de la representatividad está dado en el sentido de que la figura del "delegado municipal" es un puesto meramente administrativo e intermediario entre el poder central municipal y los residentes en la localidad. No existe tampoco, desde la delegación, la posibilidad de administrar recursos económicos generados en el territorio de la localidad.[34] En oportunidades ni siquiera se cuenta con maquinaria vial propia, de modo que para la reparación regular de caminos, se depende también de la administración ejecutada en la "cabecera".

Con atención al párrafo anterior, se puede decir que las pequeñas localidades que lograron un cierto grado de "despegue" con posibilidades de administrar un *desarrollo local* con impulsos propios, son aquellas que implementaron un poder paralelo al municipal. En este sentido, la formación de lo que podría denominarse como *municipios bis* o administraciones paralelas de recursos para uso público o común, ha generado posibilidades de maniobrabilidad y desarrollo en las pequeñas localidades.

La idea de *municipio bis* se vincula, por un lado con la posibilidad de establecer otro tipo de representatividad local, con mayor independencia del poder municipal, y por otro lado con la capacidad de gestionar recursos que permitan la ejecución de proyectos locales. Esto puede observarse en mayor medida en las localidades con servicios públicos *cooperativizados* o bien, con acciones locales para el desarrollo, como en Bavio con la Asociación Por Nosotros *y en La Dulce con la* Fundación Cultural La Dulce.

Es este tema un punto relevante, que se observa implícitamente en el trabajo de campo y las entrevistas. Si bien desde el inicio no se consultó sobre los problemas presupuestarios locales, es este un tema que emerge de las entrevistas, sobre todo las realizadas a funcionarios locales.

El caso de la FCLD y su enclave en La Dulce hace fuerza constantemente en la emancipación presupuestaria de las pequeñas localidades.

Estas estrategias de intervención se convierten en también en "talleres de capacitación" tal como los denomina la organización de los "Encuentros de Jóvenes Rurales"[35] en 2005 y 2007. Es estos talleres participaron más de 300 jóvenes de pequeñas localidades del sudeste de

---

[34] Sin embargo, ha habido intentos de reforma y emancipación como en Tamangueyú (Lobería), Sierra de los Padres y Batán (General Pueyrredón).

[35] Son principalmente jóvenes de entre 12 y 22 años de las localidades de La Dulce, Ramón Santamarina, Juan Nepomuceno Fernández, Quequén, Necochea, San Cayetano, Villa Cacique y Tres Arroyos.

la provincia de Buenos Aires donde se discutieron problemáticas vinculadas a las adicciones, la educación rural, la ciencia aplicada en las pequeñas localidades y el acceso a la salud; planteadas desde la juventud.

Los resultados de estos encuentros generaron interesantes intercambios entre los jóvenes de la ciudad y los residentes en pequeñas localidades, que discutieron las dificultades de integración a las instituciones, los problemas de acceso a los servicios públicos en las pequeñas localidades mostrando marcada preocupación por el proceso de éxodo de la juventud que ingresa al mercado laboral.

Ante esto, la FCLD ha considerado el mantenimiento de proyectos como la difusión de internet rural paralelamente a la prestación del servicio en instituciones públicas, como un elemento clave para el mantenimiento de la comunicación y el tránsito de la información. En la FCLD desde 1999, está habilitado un Centro Tecnológico Comunitario (CTC), instalado a través de un convenio[36] con la Secretaría de Comunicaciones de la Nación, que facilita el acceso libre a internet para la comunidad y gratuito para los alumnos escolares. Este CTC, que porta la el N° 9 en la provincia de Buenos Aires instalándose como el segundo[37] CTC instalado en una pequeña localidad, ha permitido según la Asociación Argentina de Teletrabajo que utilicen "estas tecnologías desde un ama de casa, aprendiendo a pasar sus recetas de cocina, sacando propuestas de las páginas de interés, hasta decoración e información sobre plantas de jardín, un peón de campo ofreciendo su trabajo en las bolsas de trabajo de las paginas rurales, buscando información sobre maquinarias, y temas afines a su trabajo, profesionales: veterinarios, médicos, profesores, maestros, son habitué de nuestro centro" (Abdallah, 2008).

En La Dulce es posible observar diariamente la muy alta concurrencia de alumnos, docentes y población en general al CTC.

De este modo, la localidad ofrece a su población el acceso a información, trabajo y objetos del mismo modo que en los grandes centros urbanos, con una característica comunitaria y universal del acceso.

Este proceso innovador en el concierto de las pequeñas localidades, se sitúa como referente en el sentido de la acción de una organización

---

[36] Convenio entre la Secretaría de Comunicaciones de la Presidencia de la Nación y Fundación Cultural La Dulce, Expediente SECOM N°07222/99

[37] El Primer CTC de la Provincia en una pequeña localidad está situado en la localidad de Cabildo, Partido de Bahía Blanca en la Biblioteca Mariano Moreno.

local y el vínculo con el Estado, el cual ha podido sostener e incluso ampliar a través de convenios con universidades y el INTA. En este sentido, el aporte de la FCLD ha resultado sustancial para concretar por ejemplo, el primer film documental argentino sobre pequeñas localidades, *Pueblos en resistencia* realizado en el marco del trabajo de campo de esta investigación que permitió una difusión masiva de los problemas propios de las pequeñas localidades.

La llegada de internet a La Dulce, antes que a otras localidades, indica una posición anticipada a lo *nuevo* que permitió, entre otros factores, comunicar a su población con la información accesible también en la ciudad. Esta conexión que en La Dulce se propició gracias al convenio entre la FCLD y la Secretaría de Comunicaciones, en otras localidades como Patricios o San Agustín llegó recién en 2008, nueve años más tarde que en La Dulce.

Reparar en esa datación: *nueve años más tarde* lleva directamente a pensar en los *desfases* del *tiempo espacial*. ¿Qué ese *desfase* sino una asincronía de los *tempos* de llegada de la innovación? Además, basta con imaginar qué sucede en esos *nueve años* de diferencia para la llegada de un servicio, entre una y otra localidad. ¿Lo mismo puede suceder para su retirada? El *desfase* genera migraciones, demandas no satisfechas, diferencias de capacidades para incorporarse a sistemas externos, pero por sobre todo propicia heterogeneidad en los accesos. Esta heterogeneidad de los accesos desfasados es un factor variable del acceso a la técnica y sus usos que habla sobre las posibilidades de comandar o no un espacio, al tiempo que denota su relación pasada con esas mismas posibilidades de administrar los objetos. En un sistema espacial con desfases, se obtiene como resultante un esquema de diferencias otorgadas por las innovaciones y la obsolescencia técnica. A su vez, entendiendo que el sistema espacial es producto de un diseño capitalista de *espacio derivado,* las posibilidades de sincronizar las diferencias se hacen aún más dificultosas poniendo énfasis en las potencialidades de cada lugar.

En Bavio, la "Cooperativa de Agua y otros servicios públicos" se formó a raíz de la preocupación por el agua contaminada que consumía la localidad en 1978. Posteriormente se anexa el servicio de telefonía rural y urbana en respuesta a la falta de inversión de las empresas grandes de servicios. En Mechongué, la interconexión eléctrica al sistema energético fue realizada por la Cooperativa de Electricidad de Mechongué, la central telefónica y la incorporación de internet, fueron a su vez totalmente financiadas por la Cooperativa de Teléfonos de la localidad. En las tres localidades se evidencia, tanto desde las entrevistas como desde los documentos consultados, una historia local que pone en la mira a los servicios públicos como elementos que facilitan la vida cotidiana y la permanencia en la localidad.

Los casos de las localidades de Patricios y San Agustín, quedan en otro orden respecto a la provisión de servicios y la posibilidad de comandar y gestionar las existencias fijadas en el lugar. Mientras que para las tres localidades anteriores, la hegemonía de las prestaciones de energía y comunicaciones están en manos de las cooperativas con asiento local, en las localidades de Patricios y San Agustín, la situación es absolutamente inversa.

La misma dinámica que muestran los gráficos de línea de tiempo de más arriba, demuestran una respuesta mucho menor a la introducción de nuevos objetos. Además de la desaparición de objetos comandados desde ámbitos externos, las localidades no poseen herramientas para administrar o decidir ni sobre *lo nuevo*, ni sobre *lo viejo*.

Entonces, pensar en un *espacio derivado* que posee internamente cualidades para generar proyectos propios, dentro de un esquema con profundos *desfases* técnicos, políticos y administrativos, vuelve al sistema mucho más complejo. Podría pensarse en múltiples emancipaciones, obteniendo como productos a varios *municipios bis,* capaces de administrar recursos, ideas y emprendimientos en pequeñas localidades; pero ha de tenerse especial cautela con los *ego-territorialismos*, factor que se explicó más arriba y que resulta absolutamente inconducente a la integración y cooperación espacial. Dado el problema del *desfase,* se cae nuevamente en la aparente necesidad de un esquema regulador con cierta centralidad y capacidad de homogeneización.

Tanto en Patricios, como en San Agustín, se evidencia con claridad la situación de *espacios derivados* y *desfases temporales* ante las innovaciones técnicas. El cierre ferroviario, de escuelas, de bancos no dependió de las decisiones locales en absoluto. Todo lo contrario. Así lo describía una integrante de 70 años, perteneciente al grupo de Teatro Comunitario de Patricios y que vivió toda su vida en esa localidad.

> *Se fue el tren y después se fue todo, cerró el cine, los clubes quedaron sin nadie y todo lo que había fue quedando viejo y si se caía nadie lo venía a reponer. Esto fue como si de un día para el otro hubiéramos dejado de existir y no quedó nada... Si ves las casas, casi no hay casas nuevas, es todo viejo, el alumbrado de las calles tiene más de cuarenta años. Acá no se hizo nunca más nada. Pedimos el asfalto hace treinta y cinco años y ahí está el expediente en La Plata durmiendo... Pedimos el gas ahora que arreglan justo el gasoducto que pasa para Buenos Aires y viene de Neuquén ¡y nos dijeron que la inversión no se justificaba! Dicen que hay que poner unas válvulas y que para el pueblo no se justifica por lo que podemos llegar a consumir"* (Notas de observación participante. Patricios, 2008).

En San Agustín, Lala relata el estado de los servicios telefónicos obsoletos e ineficaces:

> *Acá se han pedido un montón de líneas y te dicen de Telefónica que no los pueden poner porque no sé qué tienen que cambiar, o sea que dicen que lo han hecho para, te digo un número así nomas, para cien teléfonos y ya está la capacidad esa, entonces no sé si tienen que poner otro aparato para una central o no sé... Entonces están ahí a las vueltas. Hay un montón de gente que no tiene teléfono, porque te digo en mi caso me gustaría poner teléfono y hay gente que también. Sino tenés los celulares que a veces tenés señal, y que tenés lugares clave, allá en la casa de mi vieja lo tengo arriba del modular. O sea que si es por una emergencia o algo, que tampoco el celular para una emergencia... También lo que faltaría, sería fundamental poner el gas, no sé si será mucho el gasto... porque acá en invierno te cagás de frío. O sea, acá por ejemplo como no tengo estufa ni nada uso la estufa a gas, a mí me convendría muchísimo que pusieran el gas.* (Lala, 2007)

En este sentido, se debe recordar que en 1995 se inició en la Argentina un proceso de modernización y ampliación de las centrales telefónicas. Este proceso agregó un dígito a los teléfonos y terminó con las centrales manuales. De este modo, muchas localidades además quedaron sin atención directa al público o sin cabinas cerradas para la comunicación telefónica. En San Agustín y en Patricios, por ejemplo, no existen los denominados "locutorios" o cabinas cerradas por lo que Telefónica de Argentina que posee un monopolio natural de los servicios por cable solo dejó colocado junto a lo que fue la cabina (ahora cerrada), un teléfono público al aire libre. Estos teléfonos funcionan solo en algunas oportunidades y su mantenimiento es escaso. El auge de la telefonía celular, al igual que el proceso de automotorización, provocó un abandono de estos teléfonos públicos y de los servicios que éstos pueden proveer. Las localidades rurales se vieron aún más afectadas, a lo que se agrega que cada trámite ante la telefónica (para aquellos sí poseen línea) debe realizarse en las escasas oficinas de atención al cliente. Esto, en el caso de Patricios por ejemplo, no se soluciona en la localidad cabecera. Al respecto una integrante del grupo de teatro comunitario recordaba:

Hace poco tuvimos que hacer un reclamo a Telefónica porque nos habían cobrado más de lo debido y llamamos. Resutó que nos mandaron una factura para que cobrásemos la diferencia. Pero en Nueve de Julio no se podía porque no hay más oficina de telefónica desde que se privatizó... ¡Nos dijeron que había que ir a Junín o a Mercedes, que son 130 kilómetros! Era una cosa de no creer! Al final una persona amiga fue a La Plata y la cobró ahí con el documento, pero si no, no sé cómo se hace (Notas de campo, 2007).

Por otro lado, el tema del transporte se vincula a la posibilidad de intervención del Estado como regulador o como en los casos de San Agustín y Patricios, dejando librado al mercado su prestación o no. Se rescata para eso la situación de San Agustín, donde el transporte es liberal y funciona con la prestación de individuos. Lala relata el desenvolvimiento del transporte en la localidad con preocupación por la inestabilidad en el tiempo y la incertidumbre acerca de su continuidad:

Ahora mejoró, o sea, está pasando un colectivo, pero era medio precario esto... Hasta hace como dos meses el hombre había puesto, no sé si comodidad de él o por menos gasto, digamos... Había puesto una combi que entran once o doce personas, y si por ahí justo a uno le tocaba por ejemplo los lunes a la mañana que va mucha gente a Balcarce, o a la tarde, el hombre si no tenía más lugar te dejaba. Está bien, porque si por ahí tiene seguro para diez o doce personas no va a llevar a catorce, pero vos te quedabas re-caliente en Balcarce si tenías que venir en remis después. Y bueno, ahora es colectivo, del mismo hombre. Creo también que llega hasta McCain, que lleva gente, y bueno, como el hombre tenía que cumplir esos servicios por ahí acá mandaba una combi chiquita y ya te digo, que si a veces iba más gente te dejaba a pie. Y yo no sé que pasa con el transporte acá en el pueblo, además de que no tenés nada para ir a Mechongué por ejemplo que hay banco y te ahorrarías mucho. Aparte los horarios que tiene a Balcarce, o sea si vos vas al hospital y eso, bárbaro, pero si vas al banco ¡te cagás de infeliz toda la mañana hasta que esperas el que vuelve! Es terrible eso. Eso sí es feo. A mi me llamaron por el tema de un trabajo en Balcarce y no pude ir por el tema del colectivo, o sea los horarios. El último que me quedaba era el Río Paraná[38], pero me dejaba allá en la EG3[39]. Yo si contaba con que mi marido está y me puede ir al buscar, bueno, podés hacerlo, pero no está y tampoco venir a laburar, venir en colectivo hasta ahí y después tomarte un remis hasta acá… Todo eso imaginate que juega muy en contra de vivir acá y eso que estamos cerquita del pueblo (Lala, 2007).

Fotografía 4: Cabina telefónica y correo en San Agustín. Donde estaba la oficina de correo y la central telefónica actualmente, solo quedan un buzón y el teléfono público, que al momento de obtener la fotografía no funcionaba

(FOTOGRAFÍA PROPIA). 2007.

[38] Río Paraná es una empresa que cumple recorridos de concesión, es decir regulados por la Secretaría de Transporte de la Provincia de Buenos Aires.

[39] EG3 es una antigua petrolera, hoy Petrobrás. Así denominan los habitantes de San Agustín a la estación de servicio situada en el acceso, a cinco kilómetros del ejido de la localidad. El recorrido de Río Paraná no accede a la localidad y tiene una parada en ese acceso.

Los relatos que surgen del trabajo de campo dan la imagen de dos tipos de localidades, por un lado aquellas que han generado organización interna para tomar como propios algunos servicios, o bien ha logrado llegar a partir de redes a provisiones del Estado. Patricios y San Agustín se encuadran dentro de las localidades mas afectadas por el retiro del Estado. Un retiro que de desenvolvió al compás del retiro del mercado... Al mercado no le interesa invertir en estos pueblos…

Al mercado no le interesa. Y el Estado, con serias dificultades, presta servicios que se podrían denominar como "residuales" de un sistema de objetos *viejos* como el correo; o en el caso del transporte, la Unidad Ejecutora del Programa Ferroviario Provincial, que mantiene un servicio deplorable y casi absurdo. Donde hay servicios, éstos funcionan mal y rige una incertidumbre en el cumplimiento de horarios y frecuencias. Además, muchos de los esquemas de horarios están planificados para que los trenes circulen en horario de madrugada, siendo inútil su existencia para propósitos productivos, laborales o movimientos cotidianos.

Sin embargo, existen dos intervenciones ejecutadas por el Gobierno Provincial que sí pueden advertirse como promotoras de incremento de servicios. Estas son el "Servicio provincial de agua potable y saneamiento rural" (SPAR) y Buenos Aires Gas. S.A. (BAGSA).

El SPAR desde principios de la década de 1970, gestiona y ejecuta obras de infraestructura para el agua potable y cloacas en localidades rurales de la provincia. En este sentido, el SPAR ha realizado las obras de agua en gran cantidad de pequeñas localidades. Entre ellas, figuran las cinco localidades en las que se ha realizado trabajo de campo.

También en la órbita del Gobierno de la Provincia de Buenos Aires, BAGSA es una empresa que depende del Ministerio de Infraestructura, Vivienda y Servicios Públicos que funciona desde 2004. La creación de BAGSA nace del objetivo de crear nuevas redes de abastecimiento de Gas para localidades de la provincia que no estuvieran abastecidas. En este sentido el texto de creación de BAGSA remarca que "el Decreto 1094/03, declaró de interés público la construcción y explotación de redes de distribución de gas domiciliario en aquellas localidades que carecen de suministro y encomendó al Ministerio de Infraestructura, Vivienda y Servicios Públicos desregular los monopolios en los mercados de distribución de gas, haciendo desafiables áreas que no atienden concesionarios a cargo de la distribución" y que la empresa "planifica y gestiona la ejecución de obras de infraestructura de gas por redes en las localidades de la provincia que no cuentan con este servicio o son abastecidos parcialmente, trabajando conjuntamente con los Municipios y las Cooperativas zonales en la elaboración del proyecto, la supervisión de la ingeniería, la licitación y adjudicación, la inspección y la recepción técnica de la obra" (BAGSA, 2010).

A partir de esto, se ha realizado en SIG la georreferenciación de las nuevas redes trazadas a partir de 2004 y gestionadas por BAGSA. En el marco de las localidades de estudio de caso, se encontró que tanto Bavio como Mechongué son beneficiarias de obras de infraestructura para la provisión de gas natural. En el caso de Bavio, la obra consistió en la construcción una red de 14.000 metros de cañería y la interconexión con la red de sub distribución de gas natural de BAGSA. La obra, según los informes de la empresa, asiste a 474 viviendas y fue financiada en conjunto con el municipio de Magdalena. En el caso de Mechongué, la obra (en ejecución al momento de finalizar el trabajo de campo de esta investigación e inaugurada en diciembre de 2010) incluyó el tendido de la red de gas domiciliaria y una planta de abastecimiento de gas licuado de petróleo (no integrada a la red de gas natural). El financiamiento de la obra se realizó con aportes del Fondo Fiduciario para cumplimiento del Plan de Infraestructura Provincia (BAGSA, 2010).

La obra de construcción de gasoductos y su potencial recuperación, se presenta como un avance de la gestión del Estado en el ámbito de las pequeñas localidades.

La provisión de gas en red, se presenta como un beneficio reclamado por la población de las pequeñas localidades. En Bavio, si bien hubo un interés comunitario en la instalación del gas, a partir de la existencia de una red de gasoductos instalada por la provincia, fue desde el municipio de Magdalena a través de la Ordenanza Municipal Nº 2.257/05 que se estableció la contribución de mejoras que deberán abonar los beneficiarios de la red de gas natural en Bavio.

En Mechongué, en el periodo 2005-2007 se estaban realizando las reuniones iniciales para obtener la instalación de la red domiciliaria. En este sentido se ha evidenciado una tendencia a preocuparse de modo íntimo por los problemas que afectan a la localidad, con la característica de ocuparse del problema, haciéndolo propio. El caso de la instalación de gas en Mechongué es la más reciente de las obras públicas ejecutadas por el gobierno, dentro del Plan de Infraestructura Provincial (en el marco de las localidades que se han tomado como estudio de caso). Pero para los habitantes de Mechongué, la obra no hubiera acontecido sin la persistencia de la población local en el tema.

Miriam relataba con entusiasmo la posibilidad de la llegada del Gas por red a Mechongué:

> *El tema es que para que venga una industria se necesita el gas, que en realidad mucha promesa pero hasta ahora* [se refiere al año 2007] *nada... Hemos hecho reuniones con el municipio, nos juntamos en el club, pero todavía hay que ver... Lo que nos permitiría el gas sería la instalación de industrias, porque cada vez que va a venir una industria, y eso se ve que pasa en todos los pueblitos estos, cuando no hay cloacas, no hay gas... ¡sonaste! Por eso ahora estamos peleando por el gas natural. La idea es conectar con el gasoducto a Miramar o con el de Otamendi, y si no podemos poner grandes tubos de gas como "chanchitas". El problema es así: si tenés gas natural, que los costos son mucho más baratos y eso también ayuda para la economía del que vive acá...* (Miriam, 2007)

Finalmente, en 2010 la obra de red local quedó instalada y en funcionamiento. La existencia de una historia local mechonguense, asociada al emprendimiento de obras públicas, parece haber colaborado fuertemente no solo con la instalación del gas natural sino también de la Radio Comunitaria, y más lejanos en el tiempo, la energía eléctrica y los teléfonos, a partir de la formación de las cooperativas locales.

Como rezago de viejos elementos, es obligado dedicar algunas líneas al estado de mantenimiento de algunos ramales de pasajeros interurbanos a través del ferrocarril por parte de Ferrobaires (UEPFP). La situación de la empresa estatal bonaerense que tiene a cargo la concesión de los trenes de pasajeros, no ha variado demasiado de lo que se ha descripto en la segunda parte de esta investigación.

Lamentablemente, se puede decir que las líneas mantenidas han experimentado frecuentes recortes en sus recorridos, caracterizados por una inestabilidad permanente en sus frecuencias y prestaciones, habiéndose disminuido la velocidad promedio para los viajes de 75 kilómetros por hora a 42 kilómetros por hora. En este sentido, se puede establecer fácilmente el tiempo de viaje que puede insumir un recorrido de 300 kilómetros, a lo que se suman horarios de corrida de trenes absurdos. Como ejemplo, puede tomarse el ramal Plaza Constitución-Bahía

Blanca, donde para trasladarse desde la localidad de La Colina (partido de General Lamadrid) a la Localidad de Coronel Suárez, recorriendo un total de 38 kilómetros, se debe detener el tren con una linterna a las 4:57 a.m., para arribar a Coronel Suárez a las 5:55 a.m.[40]

Finalmente, el recorrido a través de la acción de las empresas privadas prestadoras de los servicios de electricidad, gas y teléfonos (por ejemplo) presentan solamente un mantenimiento de la infraestructura heredada anterior al proceso privatizador de 1992. No se han encontrado casos de inversión en pequeñas localidades, ya que, como indican las entrevistas, los pedidos de inversión fueron negados o bien desestimados con fundamentos técnicos de rentabilidad.

El mercado y el Estado intervienen con diferentes herramientas en el espacio, pero en medio de su accionar dejan "espacios en blanco" que no son cubiertos ni por uno ni por otro. En ese plano, la innovación viene de la mano de iniciativas locales que ponen el acento en cuestiones de accesibilidad y *servicios públicos* o conectividad y deben inventarse un destino nuevo para lograr esa integración y articulación territorial y social.

En ese espacio "en blanco" entran, en primer lugar las cooperativas locales con la prestación de servicios de electricidad, telefonía, gas, internet y anexos como bibliotecas, servicios fúnebres entre otros. Ante el paisaje cooperativista de las pequeñas localidades, a veces, cabe preguntarse qué hubiera sucedido sin las cooperativas, con la prestación se servicios públicos y el sentido de *bien común* en las pequeñas localidades. También en esos "espacios en blanco" acceden los grupos endógenos, generadores de acciones endógenas, las asociaciones entre organizaciones, como la Universidad, las ONG y los grupos sin marco legal.

Quedan evidenciadas las tendencias de algunos de estos grupos a generar *municipios bis* en el sentido de la necesidad de gestionar recursos para la ejecución de proyectos de desarrollo local; y ante el problema de la dependencia presupuestaria y política. También el problema del

---

[40] El estado de la prestación ferroviaria es obsoleto y esto puede observarse con solo tomar un tren cualquiera de la red de Ferrobaires. El ejemplo citado corresponde a observaciones personales. El tren cumplió el horario y demoró casi una hora para realizar 38 kilómetros. La experiencia en el mes de junio de 2008 se agravó con temperaturas invernales extremas y coches con los equipos de calefacción averiados. También puede corroborarse el horario en http://www.ferrobaires.gba.gov.ar/HTM/mapadestinos/mapa. htm (consulta enero de 2011).

ego-territorialismo como práctica que dificulta la articulación de acciones entre diferentes territorios, favoreciendo la fragmentación y la división. Finalmente, el problema del *desfase* entre localidades, innovaciones y posibilidades de integrarse a un sistema homogéneo, en el sentido de las posibilidades de accesibilidad a servicios y posibilidades de crear proyectos propios de desarrollo.

A partir de esto se ingresa en el campo de lo *nuevo y osado*. Lo *viejo* reinventado como *nuevo* para lograr visibilidad del lugar. Son grupos y organizaciones que tienen intereses similares en diferentes puntos de la provincia y utilizan diferentes herramientas del espacio para llegar al objetivo de integrarse a un sistema espacial que, con la dinámica actual, los aparta.

13. Inventarse un destino propio para la reintegración

El destino homogéneo que planteaba el antiguo sistema espacial y económico para las pequeñas localidades como elementos funcionales, dejó de ser válido para el análisis y en la práctica misma.

Allí donde lo *nuevo* había generado cambios no deseados en la dinámica, lo *nuevo* es cuestionado y rechazado, como las trazas de carreteras lejanas a las localidades, los cambios en los sistemas de comunicaciones digitales, los accesos de la información. El mercado no incluyó en su expansión financiera a algunos lugares (aunque en otros sí). Aquellos lugares no "beneficiados" por esa expansión quedaron expulsados de las demandas laborales, de la prestación de servicios, de la misma visibilidad de existencia. Gran parte del Mercado pudo prescindir de los lugares ya obsoletos y no renovados. Grandes plantas de silos fueron instaladas en las ciudades cabecera de partido; las estaciones de servicio con múltiples funciones comerciales se instalaron en los cruces de rutas asfaltadas; el acceso a internet se comenzó a proveer en lugares con centrales telefónicas modernizadas; mientras que las antiguas y obsoletas cabinas de Entel continuaron prestando sus audífonos en los bares de las pequeñas localidades. Los accesos de tierra quedaron intactos en algunos pueblos, mientras que el asfalto y grandes camionetas se apoderaron de otros. El siglo XXI se encuentra así con un paisaje fotogramático que acopla diacrónica y sincrónicamente el paso de la historia pampeana, en cada localidad con un grado de *desfase* tan grande, que en una distancia de pocos kilómetros puede sentirse un verdadero viaje en el tiempo.

La descripción de Martínez Estrada quedó más que desactualizada y ya no resultan idénticas las localidades al paso de unos pocos kilómetros. Una localidad es muy diferente a la anterior, podría decirse: atravesada por muchos tiempos y fuerzas. Las del mercado que colaboran en la construcción de un *espacio derivado* y a veces ajeno propiciando un *espacio comandado*, que hace a la forma de un *espacio derivado-renovado,* con fibras ópticas que fluctúan a partir de las variaciones de los precios bursátiles de las oleaginosas o la carne en lugares tan lejanos como Tokio o Nueva York; o con sus teléfonos administrados desde Buenos Aires y Madrid. Un *espacio de parcialidades locales comandadas,* con posibilidades de cierta maniobrabilidad en sus servicios públicos a través de gestiones cooperativas o municipales, y con algunas intervenciones en políticas públicas que intentan recuperar el poder del Estado, al tiempo que es capaz de percibir ingresos de diversas fuentes, lo que le otorga cierto grado de independencia y dinamismo de innovación o modernización local. Y un *espacio de parcialidades locales con comando irracional,* donde acciones intervienen en los elementos fijos y obsoletos como una alternativa para crear algo nuevo. Es este el lugar de la resignificación de los elementos y la creación de nuevas acciones y objetos. Son acciones con carácter colectivo que proponen inclusión colectiva a través de servicios públicos y posibilidades de accesos. En las pequeñas localidades, donde el automóvil privatizó las posibilidades de trasladarse colectivamente, un grupo pone en funcionamiento un vehículo colectivo. En las pequeñas localidades, donde la camioneta doble tracción es la reina imperial de los accesos en los días de lluvia, un grupo se las ingenia para lograr asfaltar 6 kilómetros. En algunas de estas localidades, los jóvenes logran conectividad a internet para instituciones públicas, mientras para las compañías operadoras, todo esto es un absurdo incompatible con la rentabilidad financiera.

Así, se obtienen tres tipos de espacios donde se pueden ubicar a las pequeñas localidades de la provincia de Buenos Aires:

- *El espacio comandado.*

- *El espacio de parcialidades locales comandadas.*

- *El espacio de parcialidades locales con comando irracional.*

El *espacio comandado* se relaciona con la noción de *espacio derivado* incluyendo las modificaciones actuales en los usos tecnológicos, la llegada de la informática al espacio rural y los usos sincrónicos de información entre las áreas productivas, el transporte y las áreas de consumo. El *espacio comandado* es, como el *derivado,* el resultante de la acción hegemónica capitalista, puesta en producción al servicio de lugares foráneos. Este *espacio comandado* incorpora tangencialmente servicios públicos y accesos a información y nuevas tecnologías que le son imprescindibles para realizar sus acciones de producción, comunicación y transporte de las mercaderías. Las condiciones para el *desarrollo local* están supeditadas a los comandos externos, la existencia de fundaciones u ONG partícipes y parásitas, los vaivenes de las compañías actuantes en la actividad económica principal y por lo tanto a la incertidumbre del mercado global.

El *espacio de parcialidades locales comandadas* tiene la capacidad de incorporar algunos servicios públicos, objetos, instalaciones, en un marco de comando local. Si bien, puede coexistir con el *espacio comandado,* hay una parte del sistema productivo, de los servicios y el transporte que está en poder local y puede acomodarse a innovaciones locales. Las cooperativas constituyen un elemento principal de estas *parcialidades locales comandadas.* Cuando en una localidad se demanda el acceso al gas, la cooperativa puede intervenir entre la demanda y las prestadoras estatales o privadas. La propia preexistencia de *parcialidades locales comandadas* como el sistema eléctrico o la red de teléfonos, otorga poder de ingreso a nuevos servicios o acciones y una maniobrabilidad que permite a la localidad articular con otras, y articular con organismos del Estado. Esta condición de comando de parcialidades locales crea un escenario propicio para el *desarrollo local.*

El *espacio de parcialidades locales con comando irracional* es el resultante de la articulación de *acciones* exclusivamente locales que toman posesión sobre *objetos* localizados. Estos *objetos* pueden haber pertenecido a una lógica de *espacio derivado* en otro periodo histórico, o bien al marco de la lógica de las *racionalidades hegemónicas.* Las *parcialidades locales con comando irracional* se inscriben en las acciones y objetos patrimonializados, que estando fuera de la *racionalidad* o del uso hegemónico, constituyen parte de las *contra-racionalidades.* Se crea así un espacio de la creación y la posibilidad total —en el sentido miltonsantiano–, donde los límites están dados por las resistencias *racionales* y la osadía de los actores. Esto incluye la recuperación de ramales ferroviarios, estaciones, innovaciones de alto riesgo. Sin embargo, como se verá más adelante, en estos *espacios de parcialidades locales con comando irracional*, hay una voluntad de integrarse a un sistema *racional* en el sentido de la recuperación de servicios públicos, beneficios locales, trabajo, etc. El comando de las *parcialidades*, los *objetos*, se ejecuta en modo colectivo más que individual, al tiempo que existe una gran amplitud de búsqueda de financiación, en diferentes organismos.

Ninguno de los tres espacios es excluyente del otro, sino que funcionan como parte de la totalidad, sea superpuestos o por coexistencia. La dinámica que los diferencia está dada en el origen de los comandos y el destino de lo comandado.

13.1. Visibilidad de acción en Patricios

Los habitantes de la localidad de Patricios están acostumbrados a encontrarse con resoluciones, acciones e intervenciones que navegan sobre resultados absurdos. Es que de las acciones lógicas para el mercado, a veces emergen resultantes increíblemente ilógicos en algunos lugares. La racionalidad hegemónica comete *localmente* irracionalidades monstruosas. Estas son fundamentadas en los éxitos y triunfos más conocidos del capitalismo: el aumento de la producción, el aumento del consumo, el aumento de la acumulación, el ahorro... El Plan Nacional de Transporte, el Plan Larkin en la década de 1960, fomentó y llevó adelante una racionalización ferroviaria, mientras se proponía asfaltar los accesos a las localidades que quedaran aisladas. Esos planes ejecutados llevaron a acciones quijotescas como aquella historia sobre ese "tren de la fe", que en 1964 con obstinados hombres a bordo, quiso demostrar que los trenes podían seguir funcionando incluso entre ramas, árboles, vías flojas y casi sin combustible. Desde 1972, varios años después de la racionalización ferroviaria, los vecinos de Patricios iniciaron un trámite para el expediente que finalmente favorecería con asfalto a Patricios. Décadas después, el acceso a la localidad continúa siendo de tierra, el ómnibus no ingresa cuando llueve y solo algunos afortunados con vehículos doble tracción pueden ir y venir todos los días para proveerse de frutas, verduras, acceder a la educación terciaria, comprar mercadería, acceder al hospital o llegar hasta un cajero automático. El acceso de tierra obsesiona a los habitantes de Patricios por dos motivos: por un lado la inexistencia de una posibilidad y por otro, la indignación ante la acción inconclusa.

Los habitantes de Patricios conforman el paisaje del olvido pero quieren ser recordados. Al menos desean recordar sus propios recuerdos y en ese sentido abordaron el proyecto de la conformación de un Grupo de Teatro Comunitario en 2002. Como muchas otras iniciativas, se intentó recuperar la memoria de la localidad, los saberes, las historias locales. Es esta una acción bastante difundida, tal como se ha visto, en los programas de intervención del Estado y en casi toda tarea de intervención. Rescatar del olvido los recuerdos de la población, también ha llevado a muchas iniciativas a agotarse en eso mismo y no avanzar más allá.

La idea nació en el andén de la estación ferroviaria, en el marco de las ferias del trueque[41] que se realizaban en 2002. Allí se comenzó a pensar en realizar alguna actividad producida por el pueblo y para el pueblo. La directora del grupo recuerda:

> *Una vez fuimos con mi compañera a Buenos Aires a unas jornadas de teatro comunitario y al volver, en la ruta, ¡no podíamos parar de pensar en llevar el teatro comunitario a Patricios! Entonces, nos reunimos algunos de los que íbamos a la feria del trueque... La verdad que el pueblo era una tristeza, no había nada que hacer, y empezamos de a poco... Nos entusiasmó a todos, muchísimo la idea de limpiar la estación, de ir teniendo lugares comunes y propios* (Notas de campo, 2007).

Los casos de creación de grupos de teatro comunitario con el objetivo de accionar en el territorio se iniciaron en Patricios en 2002 y continuaron en otras localidades como Nueve de Julio, Timote (provincia de Buenos Aires), Colonia Barón (La Pampa) y, finalmente, en Bavio. Todos ellos, pero principalmente el grupo de Patricios, forman parte de una nueva muestra de modos de resistencia través del Teatro Comunitario. En este sentido, el trabajo del grupo se enmarca dentro de la Red

---

[41] Las ferias del trueque se hicieron comunes en los espacios públicos durante 2001 y 2002 como respuesta a la crisis económica. La población llevaba un artículo que cambiaba por otros o bien utilizaba unos "bonos" que hacían de pseudodinero.

Nacional de Teatro Comunitario que adhiere a la Red Latinoamericana del Arte para la Transformación Social[42].

En Patricios, el rescate de esos recuerdos en su primer obra teatral se denominó justamente *Nuestros recuerdos*. La obra relata sobre el andén de la estación y con la participación de más de sesenta actores-vecinos que representan el 10% de la localidad, la historia del pueblo asociada con la actividad ferroviaria. La historia es escrita constantemente e improvisada por sus actores que mutan de personaje y cambian parte de los textos en cada presentación. No es una historia única ni oficial. Es una historia que cambia y se concentra en el deseo de recuperar algo perdido. Eso perdido es: la visibilidad y la conectividad.

En este sentido, puede rescatarse el concepto de *patrimonialización* tomado por Llorenç Prats donde considera que hay una *sacralización de la externalidad cultural* donde se entiende al "patrimonio como conjunto de símbolos sagrados, que condensan y encarnan emotivamente unos valores y una visión del mundo, presentados como intrínsecamente coherentes" (Prats, 2005: 1). Así, para Bustos Cara: "la patrimonialización es un proceso voluntario de construcción de valores socialmente construidos, contenidos en el espacio-tiempo de una sociedad particular y forma parte de los procesos de territorialización que están en la base de la relación entre el territorio y la cultura. La *apropiación* y valorización como acción selectiva, individual o colectiva, se expresa en acciones concretas que permiten construir referencias identitarias durables" (Bustos Cara, 2004: 2). A partir de este concepto, la *apropiación* y *valorización* de la estación del ferrocarril como acción para el control de un objeto, apunta a resignificarlo en sus uso actual (artístico-político) utilizando como insumo su significante original: el de estación del ferrocarril.

En el trabajo realizado por las psicólogas Effron y Maula en 2004, se reseña el comentario de la directora del grupo teatral:

---

[42] Según la Declaración de Lima de la RLATS, "el arte transformador tiene una particular potencialidad en la construcción de identidad cultural. Asimismo genera espacios de movilización y participación a favor del debate y mejoramiento de la calidad de la democracia para la búsqueda de las mejores condiciones posibles de bienestar y desarrollo de diversos grupos, poblaciones y países, constituyendo un modo alternativo de influencia en el espacio público" (Declaración de Lima, 2009: 3).

> El teatro comunitario nace de una voluntad comunitaria de reunirse, organizarse y comunicarse a través del arte teatral. Integrantes de una comunidad que visualizan el Arte como transformador social [...] La dramaturgia se arma entre todos los vecinos actores recuperando, a través de la memoria colectiva, la historia del lugar. Esta memoria se puede recuperar no cuando se la evoca sino cuando la experiencia del pasado es puesta al servicio de un proyecto (Effron y Maula, 2004: 4)

Así, la obra inicial de Patricios rescata del pasado aquellos elementos que configuran el actual espacio de la localidad. De esta forma, la llegada de inmigrantes, la construcción de edificaciones, la relevancia de la actividad ferroviaria y la dinámica social en sí, en un marco pretérito, son elementos indispensables proyectados también como un deseo, esperanza y como resistencia ante la dinámica actual. La creación colectiva de Patricios sangra la pérdida ferroviaria y detesta la situación del olvido presente. En este sentido, dos psicólogas, arriba mencionadas, que estudiaron al grupo, afirman que la posibilidad de organizar un estado de cohesión grupal alrededor del teatro comunitario, fue lo que permitió generar la trama necesaria para el comienzo de una producción subjetiva de un nuevo orden, en la que aún resta desprenderse de ciertas significaciones del pasado (Effron y Maula, 2004: 2). La memoria en Patricios recuerda dinamismo, integración, solidaridad, estrategias y resistencia. El relato local se alimenta del pasado y reconstruye una nueva dinámica que, además de vincularse con las actuales problemáticas locales, revive activamente el pasado a través de la representación y la producción artística.

De este modo, el resultado de la acción de puesta en escena resulta en una vuelta al pasado tanto para el espectador como para el *vecino-actor*. El espectador, generalmente foráneo o pasajero visitante de la localidad, se ve inmerso en esta sensación de pasado ordenado y previsible. El paisaje y el orden social se enmarcan en ese pasado como un fundamento para la resistencia al orden actual. La observación, la asistencia y la propia actuación de situaciones emanadas de la memoria colectiva reviven socialmente el problema local. La obra de teatro *Nuestros recuerdos*, se desenvuelve sobre el anden de la estación del ferrocarril, lugar cuidado y reparado por el grupo, pero en sus laterales los vestigios del pasado siguen oxidándose y desvencijándose al compás del tiempo global.

El problema local del aislamiento es revivido a través de la obra de teatro de modo oral, lo que implica un pasaje al pasado que se reescribe en el presente, esta acción se complementa con una concreta vinculación política. La política, en el sentido de la organización social local se establece como un parámetro de partida en la escena misma, emanada de la creación colectiva.

De este modo, la obra de teatro cobra un sentido que excede lo artístico y se incrusta en lo político. Pero aún viaja más allá y se atreve a colocarse en el plano del orden espacial. La visión activa del pasado hace legítima la acción del presente. La obra de teatro pone el pasado al servicio del futuro. ¿Cómo es esto? A partir de la *patrimonialización* la relación entre los *objetos* y la sociedad. Entre *lo viejo* y el *proyecto de desarrollo local*.

Un trabajo constante y profundo del grupo se concentra en dar visibilidad a la acción. No solo a la acción artística, sino la acción de transformación que se pretende. En la obnubilación y la *sacralización* de los elementos del espacio que plantea Prats, se posibilita una exportación de la acción, de las intenciones y por sobre todo la *articulación* con otros grupos, organismos y hasta diferentes niveles de administración del Estado.

Resulta interesante el planteo que realiza la directora del grupo con respecto al financiamiento de las actividades. Este tema se vincula estrechamente con el sentido de la acción del grupo, de la *articulación* y del objetivo final que resulta en constante discusión entre sus participantes. La directora del grupo planteaba con estas palabras el problema del financiamiento y el objetivo del grupo en una reunión interna realizada en una tarde de julio de 2007:

> *Hay que tener en cuenta que para nosotros como grupo es muy importante tener en cuenta a donde queremos llegar... Porque nos cuesta mucho a veces coordinar entre nosotros mismos o llegar a un criterio común sobre a dónde vamos. Por ahí a mí me dan vueltas muchas cosas por la cabeza como la posibilidad de intervenir en cosas más grandes que la obra y eso nos pasa a muchos pero no a todos... Lo del asfalto, la recuperación del tren, la posibilidad de lograr integrar al pueblo en un proyecto común, a mí por lo menos, me parece lo más importante... Pero a veces lo que me asusta es la publicidad que se hace del grupo como salvador del pueblo. Me parece que es muy exagerado pensar que con una obra de teatro se puede salvar al pueblo, lo que sí creo*

> *que es importante es la participación en cosas más grandes y tener en claro,*
> *por ejemplo, de quién vamos a aceptar financiación y de quiénes no... Porque*
> *para seguir funcionando necesitamos plata... ¿Y de dónde la vamos a sacar?*
> *No es lo mismo que nos dé un subsidio una fundación de una empresa como la*
> *de Cargill o que se la pidamos al Estado o que la plata la podamos lograr so-*
> *los, no es lo mismo... Si se la pedimos a Cargill, por ejemplo, ¿cómo hacemos*
> *después para criticar al sistema, que es el que dejó Patricios como está? Pero*
> *si se la pedimos al Estado creo que es otra cosa* (Notas de campo, 2007).

La discusión sobre este tema se genera con bastante regularidad, en algunos casos ante la necesidad de financiamiento para gastos del grupo, y otras veces a partir de la inmensa cantidad de notas periodísticas que se realizaban, cortos documentales o llegadas de investigadores a Patricios. Todo esto propicia constantes reajustes en los sentidos del grupo. Todo esto necesario para mantener esa *patrimonialización* activa, que funcione como legitimadora de la acción.

Muestra de este proceso de *patrimonialización,* se advierte que a partir de la existencia del grupo de teatro comunitario, se realizan en Patricios, eventos regulares que congregan participación de personas de muchas otras localidades bonaerenses, de grupos teatrales de Buenos Aires, de funcionarios públicos y de grupos artísticos de todo tipo.

Entre 2003 y 2008, en Patricios se realizaron encuentros de tipo político, artístico y protesta. Aunque en el fondo, todos los encuentros poseyeron a la protesta como dinamizadores de la acción. Así, encuentros como Avecinarte (2006, 2007 y 2008), donde los vecinos realizan la obra teatral, invitan otros grupos artísticos de pequeñas localidades y ciudades y se discute el papel del arte como intervención transformadora de la sociedad y el espacio público, sumaron también integrantes de FACEPT o de la Federación Agraria Argentina entre sus participantes. Además, otros eventos como el "Primer Encuentro Nacional de Teatro Comunitario", en 2003 reunió a más de 300 personas de otros puntos del país que también discutieron el rol del arte como modificadores de las condiciones sociales. En 2007 se realizaron las "Primeras Jornadas de Pequeñas Localidades y Ferrocarriles", en la que se participó organizando actividades que contaron con la participación de académicos, pobladores, productores agropecuarios, ferroviarios y funcionarios del Estado de cuarenta localidades nacionales y latinoamericanas. El problema de las pequeñas localidades, el aislamiento, la falta de provisión de servicios y el olvido, fueron puestos sobre una mesa de discusión donde también participaban organizaciones como la Federación Agraria Argentina, la Asociación del Personal de Dirección de Ferrocarriles Argentinos, la FACEPT y Pueblos que Laten. En esos días llegó a rehabilitarse el cine local donde se proyectaron documentales y películas en continuado, al que asistieron alternadamente los participantes de las jornadas.

Marcela Bidegaín, profesora en letras e investigadora del Centro Cultural de la Cooperación en Buenos Aires, rescató de aquellas jornadas que:

> La mayor parte de las ponencias, todas ellas expuestas por los mismos vecinos que trabajan en proyectos contra el desarraigo, coincidieron en que, sin dudas, a partir del desarrollo y la puesta en marcha de los proyectos, los pueblos no solo se han hecho visibles ante los medios y los gobernantes sino que para luchar contra la desaparición de sus pueblos de origen lograron unirse en proyectos comunes, como la gestión de actividades turísticas, productivas y artísticas. También coincidieron en que los municipios valoran el esfuerzo y acompañan los emprendimientos porque ven que estas pequeñas localidades lograron su propio crecimiento como comunidad y que cada individuo lo experimentó a su manera. El arraigo a la tierra a la que un individuo pertenece es un derecho de cada ciudadano, sobre todo cuando ninguno de los habitantes de los pequeños pueblos piensa que se emigra para vivir mejor, sino para sobrevivir por desesperación de las migajas de las grandes ciudades (Bidegaín, 2007).

Bidegaín rescata en su texto el ambiente que se vivía en esos días en los que las redes tejidas a partir organizaciones locales y regionales como FACEPT, Pueblos que Laten, Uniendo Pueblos, el Grupo Por Nosotros, los Amigos del Ferrocarril General Belgrano[43] y participantes

---

[43] Los Amigos del general Belgrano son una agrupación que mantiene en actividad 170 kilómetros de vías del ferrocarril Belgrano. El grupo realiza un mantenimiento de las vías a cargo y costo de sus integrantes, que no solo se restringe al uso que podría denominarse recreativo, sino que se encuentran convencidos de que ese es el único ramal que el Ferrocarril Belgrano posee para interconectar el norte y el sur del país. Por otro lado, se pudo obtener información a partir del trabajo de campo, que en días de lluvia, el grupo ha otorgado salida a producción de muzzarela de una fábrica rural cercana a la localidad de Villars, o bien ha acercado a alumnos a sus escuelas. Los Amigos del Ferrocarril Belgrano en Patricios, realizaron el mantenimiento de 2 kilómetros de vía y

de cientos de organizaciones estaban logrando: la visibilidad de esos espacios desplazados.

Osvaldo Bayer, presente en las jornadas, expresó: *"Patricios es el pueblo bonaerense despojado por decreto de la dictadura de su industria ferroviaria que se defiende contra el tiempo y con la mitad de sus casas vacías, con su teatro comunitario que representa cómo era su existencia antes, llena de energía..."* (Bayer, 2007).

Así, como elementos de intervención a partir de la movilización iniciada por los gestores del teatro y la población de Patricios, se comenzó a trabajar en una segunda obra de teatro que relataba los momentos históricos donde la población se unió para reclamar. Esos momentos rescatados en la obra, las inundaciones de 2002 y el reclamo por el acceso asfaltado, conformaban el inicio de la nueva creación teatral colectiva[44].

El reclamo del asfalto comenzó oficialmente en 1972. La localidad de Patricios aún poseía conexión ferroviaria con Buenos Aires, aunque con regularidades mínimas de servicio, pero la centralidad en servicios y comercios de la ciudad de 9 de Julio, como cabecera de Partido, obligaba a los habitantes a trasladarse cotidianamente los 21 kilómetros. En este sentido, se presentó el expediente ante el Gobierno de la provincia de Buenos Aires. El expediente es famoso en Patricios a causa de su lentitud en el proceso. Incluso en la nueva obra de teatro, ese expediente es motivo de la creación de una canción colectiva donde se relata el atraso en la llegada del asfalto.

Las protestas se iniciaron en el año 2003, tomando posesión del cruce en el acceso con la localidad de Patricios y la Ruta Nacional Nº 5 que conecta Buenos Aires con 9 de Julio, Trenque Lauquen y es vía preferida de los viajantes de Buenos Aires para llegar hasta La Pampa, Neuquén y Bariloche. A partir de 2003, se sucedieron protestas con entregas de panfletos a los automovilistas donde se leía: "Basta de Barro" y "Olvido No" como consigna, al tiempo que alrededor de cien habitantes de Patricios fueron acercándose al lugar de la protesta, sumando a su vez a vecinos de otras localidades aledañas con el mismo problema de accesibilidad. En las páginas siguientes se incluyen algunas fotografías

---

realizan la exposición de sus zorras (pequeños vehículos ferroviarios para el transporte de hasta cuatro o seis personas) en los días festivos.

[44] En construcción al momento de finalizar el trabajo de campo.

Fotografías 5, 6, 7 y 8: Protesta solicitando el
asfalto del acceso a Patricios. Julio de 2007

FOTOGRAFÍAS PROPIAS.

de las protestas por el acceso asfaltado, realizadas en la Ruta Nacional 5 en el invierno de 2007.

Estas protestas continuadas convocaron a otros pueblos del partido de 9 de Julio, como Denhey, La Niña y Provincial, generando visibilidad del tema incluso en medio de comunicación nacionales, como en el diario *La Nación*[45] y Radio Continental[46], entre muchos otros[47].

A partir de los eventos mencionados, la presentación de la obra de teatro en espacio públicos fuera de Patricios, como en Magdala, Pehuajó, Carlos Casares, La Plata, General Viamonte (Los Toldos), entre otros, y el entrelazado de redes de cooperación con organizaciones sociales y la propia participación activa en la Ley 13.251 generó una visibilidad relevante que hizo fuerza para situar el problema de las pequeñas localidades en acciones y gestiones de gobierno, que aunque no hayan tenido los resultados esperados, constituyen antecedentes para profundizar en el tema. Como corolario, el Manual Escolar Estrada para 3er año de Escuela General Básica en el año 2007, incluyó a la localidad de Patricios como tema y problema de estudio[48].

No se puede decir que a partir de la acción del teatro se logró cambiar el derrotero del desenvolvimiento general de Patricios que continúa en un proceso de desgaste de sus objetos y de aislamiento, pero las palabras de una anciana, habitante de la localidad, hablan del proceso de cambio:

> *A nosotros el teatro y todos las cosas que se realizan alrededor de esto nos devolvió la voluntad de hacer cosas y nos dan ganas de hacer más, tenemos hace mucho el proyecto de poner una Escuela de Teatro en los Talleres Ferroviarios, que parece una locura pero sería algo nuevo y muy bueno para el pueblo. Nos sentimos acompañados y, aunque a veces tenemos muchos conflictos adentro del grupo, esto nos da más ganas de trabajar por el pueblo. Antes estábamos sumidos en haber perdido un montón de cosas... Nunca nos*

---

[45] Véase: http://www.lanacion.com.ar/864657–patricios-el-pueblo-que-reclama-una-ruta-desde-hace–34–anos

[46] Véase: http://www.continental.com.ar/nota.aspx?id=801850

[47] Es notable la cantidad de notas que pueden encontrarse en internet con el criterio de "protesta por el asfalto en patricios".

[48] Puede consultarse el *Manual Estrada 3. Mirar con la Lupa*. Ed. Estrada. Buenos Aires. 2007. Curiosamente, ni los integrantes del Grupo de Teatro Comunitario de Patricios estaban enterados de la existencia de esta inclusión del tema, cuestión que los sorprendió por casualidad.

llegó el asfalto, nos sacaron el cine, el tren, se nos fueron muchos vecinos, los familiares, todo. En cambio ahora podemos pensar que queremos hacer algo nuevo, y crear desde acá mismo. Eso es muy importante (Nota de observación participante, 2008).

Una red de organizaciones fuerte, la participación en foros de debate latinoamericanos, un sistema de alojamiento en casas de vecinos durante los eventos realizados, el proyecto de la Escuela de Teatro en los talleres ferroviarios, la constante intervención en el reclamo de políticas públicas, la creación de un Grupo de Teatro Comunitario en Timote (como emergente a partir de la existencia en Patricios), la reparación de la Estación Ferroviaria y la asignación de recursos económicos desde el Estado provincial y municipal para mantener las instalaciones edilicias y el pago de la dirección del grupo, pueden inscribirse dentro de algunos de los resultados obtenidos en estos años. Sobre todo, en el grupo se rescata la búsqueda de un nuevo destino de lo local. Lejos de nuevos fenómenos de ruralidad individualistas, se busca la construcción de un espacio más colectivo e integrador donde sus habitantes también sean parte del comando local.

Patricios puede encuadrarse así, como un *espacio de parcialidades locales con comando irracional*. Se incluyen así, dentro de las parcialidades, el acceso vial, las acciones de transformación social, los eventos y parte del predio de la estación ferroviaria. Sobre todo, el comando de un paquete financiero que proviene de diferentes orígenes (estatal, comunitario, internacional y local) que permite establecer un funcionamiento autónomo que se acerca a la noción de *municipalidad-bis*. Hay una postura crítica acerca de la dinámica hegemónica y su resultante espacial; sin embargo, existe en Patricios una voluntad permanente de "reintegrarse" a un sistema territorial del cual se sienten excluidos.

Durante la observación participante, se pudo notar como para el grupo de teatro en muchas ocasiones resulta "molesto" trabajar en conjunto con el municipio. Esta molestia se resume en las complicaciones burocráticas que el municipio impone, la falta de visibilidad de elementos que el grupo dice *sí poder visualizar* (como la integración y articulación de acciones con otros grupos). El *ego-territorialismo* no es un problema del grupo de Patricios, aunque en muchas oportunidades puedan generarse discusiones al respecto.

La conformación de un *espacio derivado* en el periodo histórico inicial de Patricios, aporta los elementos necesarios para su reconfiguración en un periodo de crisis. Esos elementos resignificados del pasado, al servicio del *proyecto,* se ordenan en un proceso de *patrimonialización* que luego da lugar a la posibilidad de "salir de la dependencia" parcial del municipio, para proyectarse fuera de él. Así, a partir de la *articulación*, en Patricios se piensa y se trazan posibilidades de un *proyecto de desarrollo local.*

13.2. El tren *en Bavio*

Se puede encontrar en Bavio otro emergente más del trabajo comunitario vinculado a la recuperación de los servicios públicos y a la contención de los efectos negativos del modelo neo-liberal y las racionalidades hegemónicas. Así, tanto desde la Nación como desde organizaciones no gubernamentales, existen proyectos y propuestas que encuentran en Bavio un territorio fértil para la acción. En este sentido, pueden mencionarse proyectos como el de la instalación del CEPT de Payró, la puesta en marcha de un coche motor ferroviario de fabricación nacional, la creación del nuevo grupo de Teatro Comunitario –enlazado a la Red Nacional de Teatros Comunitarios y en contacto permanente con Patricios Unido de Pie– y otros programas ordinarios de gobierno. Bavio, además, también tiene la particularidad de haber sido parte activa –a través del Grupo Por Nosotros en la promulgación de la Ley provincial 13.251. Con respecto a los programas que incluyen la construcción de un CEPT en la localidad de Payró, Por Nosotros de Bavio, también jugó un rol fundamental en las gestiones que incluyen a la ONG Uniendo Pueblos como gerenciadora de financiamiento y como contraparte junto a FACEPT del Programa Pueblos.

El Grupo Por Nosotros está integrado por vecinos que, preocupados por el destino de la basura de la localidad, en el año 2002 se reunieron en plazas y escuelas para tratar el tema. Finalmente, en una oportunidad, en una tarde lluviosa de domingo, la reunión debió realizarse dentro de la estación de trenes… El tema de la ubicación de la basura de la localidad no lograba al menos una respuesta de las autoridades del gobierno municipal. El agotamiento ante el silencio del reclamo, provocó una crisis en los objetivos de Por Nosotros. La misma casualidad de

Juan Manuel Diez Tetamanti

reunión en un día de lluvia dentro de la estación de trenes, provocó el entusiasmo por recuperar el edificio que estaba muy deteriorado. Olivia es una jubilada referente de Por Nosotros y recuerda que: *"Me acuerdo que en 2002, una vez vino gente del Ministerio de Desarrollo Social de la Nación a una de las reuniones y alguien dijo la palabra tren en una reunión, ufff... ¡Ahí explotó la cosa!"* (Olivia, 2008).

Para Olivia, la recuperación de la estación era el primer paso para luego recuperar el ramal.

> *En un momento estábamos refugiados en la estación y como estábamos ahí y con otros temas como la basura habíamos tenido poco éxito, dijimos... Vamos a hacer algo para recuperar este lugar... y bueno, el 15 de mayo es el aniversario del primer tren en Bavio, así que en ese momento se nos ocurrió que ese día podríamos celebrar una fiesta y con lo que recaudemos con el buffet, lo invertimos en la estación. La primera vez vinieron dos mil personas de La Plata, de Magdalena, del campo de los pueblos de acá... y ahí empezamos [...] lo que sucedió, a partir de recuperar la estación fue que la gente del pueblo se apropió, ahora hay una cancha de fútbol, vienen ballets a ensayar, es de la comunidad... y eso es lo que queríamos en el grupo... esto es de todos, para quien lo necesite, para la comunidad [...] Acá el trabajo por la recuperación del ramal ferroviario y de la vuelta al tren está desde el primer día presente, pero bueno, cada vez se hizo mas fuerte la idea y se fue sumando gente de muchos lados apoyando [...] Uno de los mayores logros que tuvimos, fue en 2005. Cuando se presentó el remate del Órgano Nacional de Bienes del Estado para el plato giratorio[49] de locomotoras... resulta que una persona se enteró por Internet de casualidad que iba a haber unos remates en varias estaciones del país, no solamente de Bavio [...] la persona que se enteró por internet nos avisó y ¡ahí hicimos una movilización tan grande que tuvimos los medios al día siguiente y se paró el remate! Lo que logramos, no fue solamente parar el remate acá, sino que se pararon todos los remates ferroviarios de todos los ramales en la Argentina. Ese fue nuestro mayor logro, porque no lo hicimos solamente por nosotros, por Bavio, sino que lo hicimos por toda la Argentina.*

En este sentido el principal referente de Por Nosotros, un veterinario y docente de Bavio, recuerda que:

---

[49] El plato giratorio es un artefacto que se utiliza para girar las locomotoras. Los remates de platos giratorios u otros bienes muebles o inmuebles en muchas oportunidades, durante los años 90, fueron ejecutados y vendidos a particulares para decoración o fundición.

> *Nos paramos arriba del plato de locomotoras para que no se lleven, entonces*
> *como habíamos llamado a los medios, que vino canal 13 de Buenos Aires,*
> *muchísimos medios de todos lados, ese día vino Suárez, que era el director del*
> *ONABE y se paró todo, no nos movimos de ahí hasta que nos afirmaran que*
> *no remataban la estación* (Horacio, 2008).

Según se rescata en una nota periodística publicada en la revista La Pulseada de La Plata en el momento de la detención del remate, el principal referente de Bavio afirmaba:

> Tenemos que buscar un desarrollo local a nivel de Bavio, pero fundamentalmente un desarrollo regional desde Bavio hasta Pipinas, porque de esa manera las personas que están en condiciones similares en los pueblos más alejado, van a tener posibilidades de trabajo. Si de pronto viene una chanchita o un micro con ruedas de tren y se hace una feria acá el primer domingo, el domingo siguiente en Vieytes, y así en otros pueblos, no vamos a saturar la plaza, pero vamos a tener eventos y la gente que no puede venir porque no tiene medio de movilidad propio, va a poder trasladarse en el tren. Ahora el aislamiento es evidente (González, Miño y otros, 2005: 46).

A partir de la detención de los remates, Por Nosotros incrementó su trabajo en conjunto con otras organizaciones, entre las que se encuentran Pueblos que Laten, una cooperativa de Pipinas que recuperó el antiguo hotel de la localidad que permanecía abandonado, y potenció las interacciones con el gobierno municipal y particularmente con los gestores de la Ley 13.251 que también encontraron en Bavio, una base para el trabajo en territorio.

De aquí que también Por Nosotros haya sido parte de la acción en el marco del Programa Pueblos y gestionase, en conjunto con Uniendo Pueblos y FACEPT, la transferencia de la estación del ferrocarril en Payró –estación inmediata al sur de Bavio– para la instalación de un nuevo CEPT.

Pero en Bavio la recuperación de la estación no alcanzó para satisfacer las intenciones de terminar con el aislamiento. La visibilidad del "problema" de Bavio en la ciudad, a partir de los medios masivos, había logrado entre 2005 y 2006 una sumatoria de apoyos de organizaciones urbanas como la del Centro Cultural de la Estación Provincial (de La Plata), que todos los 27 de abril conmemora "un año más sin tren" en memoria de la cancelación de los servicios ferroviarios al interior bonaerense y en el aniversario de su inauguración. Esta visibilidad, acompañada una infinidad de notas periodísticas y tendidos solidarios de apoyo urbano, también colaboró en el fortalecimiento del proyecto de Bavio.

El ramal ferroviario entre La Plata, Pipinas y Magdalena, que tiene como estación de desvío a Bavio, quedó en un paso incógnito ante el proceso de concesiones en 1992. En este sentido, para algunos funcionarios el ramal no pertenece a nadie más que al Estado nacional y para otros, el ramal fue concesionado a la UEPFP. En 2005 desde Por Nosotros se solicitó por nota la rehabilitación formal del ramal ferroviario a la Subsecretaría de Transporte Ferroviario de la Nación. Como respuesta, el Director Nacional de Planificación de Política Ferroviaria manifestó: "Debo señalarle que el mismo, el ramal, deberá ser reconstruido con un costo considerable no justificado por tráficos potenciales" (González, Miño y otros, 2005: 47). Por otra parte desde la UEPFP un grupo de funcionarios se había acercado a Bavio para "asesorar" en acciones tendientes a la rehabilitación del ramal. El resultado fue más que insólito: pidieron al grupo Por Nosotros que realizaran con los habitantes de Bavio, los alumnos de escuelas o quienes pudieran realizar un relevamiento del ramal, a pie, anotando todo lo que vieran (faltantes de vías, estado de durmientes, puentes etc.) y luego la UEPFP evaluaría su rehabilitación. Realmente resulta imposible analizar esta solicitud sin utilizar la palabra "absurdo". ¿Alguien imaginará concretamente a los alumnos de escuela relevando un ramal ferroviario del conurbano bonaerense o el estado de autopistas para luego elaborar un informe, o sencillamente esto perteneció la ocurrencia más irracional que se pudo relevar en el marco de esta investigación?

Continuando con el proceso, las casualidades llevaron a encontrar, en medio de la amplia agenda de contactos que tienen en Por Nosotros, una iniciativa de empresarios privados dedicados a la construcción de carrocerías de ómnibus. Osvaldo, quien vive en Buenos Aires y es empleado en una de las papeleras más grandes de Argentina, se acercó a Bavio por internet y a partir de sus vínculos con Patricios Unido de Pie y grupos aficionados al Ferrocarril, expresa:

En una oportunidad lo llaman a Horacio, y le dicen que en Buenos Aires había una empresa de carrocerías de ómnibus que estaba fabricando un coche motor ferroviario y que tenía intenciones de ponerlo en funcionamiento, así que fuimos a verlo con él un día y después en 2007 los dueños de la empresa lo pusieron en Bavio como para ver que pasaba... Al final era un prototipo. Microtren se llama, y es de fibra de vidrio con un motor de Fiat Duna....Lo que pasó es que ellos lo querían vender y en la CNRT no le aprobaban los planos técnicos y bueno, no se si otras cosas más políticas influyeron (Osvaldo, 2009).

Para el entrevistado la puesta en exhibición del "Microtren" tenía un doble sentido para la empresa. Por un lado los dueños de la empresa eran fanáticos de los ferrocarriles y por otro, ponerlo allí en la estación, les proporcionaba una cierta publicidad al vehículo que luego sería ampliamente publicitado.

En 2008, durante la fiesta conmemorativa del 121° aniversario de la llegada del ferrocarril a Bavio, más de cuatro mil personas se reunieron en la estación para ver funcionar al microtren, mientras se puso en escena una obra de teatro comunitario local *Domadores de Utopías* que estaba iniciándose y se llevó adelante la carrera de *Rural Bike* por caminos zonales.

La puesta en marcha del microtren fue un evento inolvidable, la población emocionada esperaba al coche arribar, gracias a que la propia población de la localidad, apoyada por un grupo de ferroaficionados, había limpiado la vía a mano, con machetes y guadañas.

No se puede explicar con palabras lo que significa ver esto... Haber llegado a esto, y pensando que empezamos un día de lluvia es increíble, lo que queremos lograr es la aprobación del Estado para que nos autorice a funcionar... pero también nos preocupa poder comprar el microtren, no tenemos el dinero que piden tampoco (Horacio, 2008).

El microtren en marcha no era solamente un sueño nostálgico puesto sobre las vías sino la inyección de un objeto innovador, aunque extraño por sus características técnicas, al servicio del reclamo de muchísimas otras localidades bonaerenses. El éxito en esta iniciativa podría marcar el punto de partida para otros sitios, pero con un ingrediente elemental: que la iniciativa había sido motorizada y comandada por la población de Bavio, de una pequeña localidad.

La puesta en marcha del microtren fue absolutamente informal, sin seguros ni autorizaciones para su circulación. Ni la CNRT ni la

Secretaría de Transporte de la Nación habían autorizado nada. Es más, según Horacio, en algunas reuniones la solicitud de la aprobación había sido negada con el fundamento de que el vehículo no estaba apto para circular por las vías, teniendo en cuenta que su carrocería construida de fibra de vidrio no garantizaba los parámetros mínimos que requiere un vehículo ferroviario para transitar. Así, el coche quedó varado en la estación de Bavio y el microtren no volvió a circular por las vías cercanas a la localidad. El Grupo Por Nosotros no cedió a las negativas de los organismos oficiales de transporte; evidentemente, el éxito en las fiestas de Bavio y otros impulsos como las carreras de Rural Bike, la vigencia del Grupo de Teatro Comunitario y la amplia red de organizaciones aliadas, mantuvo al grupo con voluntad de continuar trabajando. A su vez un conjunto de proyectos de desarrollo local, que se financian con subsidios nacionales y provinciales, fueron aprovechados por el Grupo.

Fotografía 9: Fiesta conmemorativa de los 121° aniversario de la llegada del ferrocarril a Bavio. Puesta a prueba del Microtren. 2008

FOTOGRAFÍA DE OSVALDO MORENO

Al respecto Albaladejo, Carricart, Diez Tetamanti y otros, realizaron un trabajo donde se rescata que:

> Estos proyectos (taller de costura, huerta comunitaria, banca social, grupo de hilanderas, etc.) dependen más, por lo menos en una primera etapa, de las oportunidades externas (a veces insólitas) que de una demanda o de una dinámica local. Pero a la vez requieren y permiten la emergencia de una organización (a veces poco o mal formalizada) local apta a legitimar y gestionar estos proyectos. El ejemplo más fuerte es el Grupo Por Nosotros que son "vecinos" autoconvocados, organizados informalmente en una asociación que se plantea en representativa de los intereses del pueblo.
>
> Lo cierto, y el cambio, es que este canal por iniciativas está articulado desde el pueblo, desde unos actores que no son vinculados directamente al campo. Son empleados de las instituciones de enseñanza, ejecutivos del sector terciario del pueblo, personas mayores de las familias del pueblo (algunas dentro de las familias más asentadas), todos desde una visión algo militante del desarrollo "del pueblo", y no necesariamente de su zona alrededor (Albaladejo, Carricart, Diez Tetamanti y otros, 2008: 15).

Resulta interesante tanto en el caso de Bavio como el de Patricios, la relevancia de la participación en estos *proyectos de desarrollo* por parte de habitantes de la localidad. Es decir, aquellos habitantes vinculados con profesiones que no dependen directamente de la actividad agropecuaria. Como bien se cita en el trabajo de Albaladejo, son los empleados públicos, los empleados del sector terciario o jubilados, quienes impulsan estas actividades y quienes finalmente se las ingenian para trazar una red importante de contactos con el fin de crear nuevos usos sobre viejos objetos. Quienes impulsan estas iniciativas ya no son los viejos "notables" de la localidad con sus apellidos renombrados, sino los "nuevos notables" profesionales, artistas, trabajadores comprometidos con "el problema del pueblo".

Al finalizar el trabajo de campo, el proyecto de rehabilitación ferroviaria continuaba entre dependencias del Estado insistiendo en su aprobación. Si bien desde los organismos de transporte no había respuestas, sí se las encontró en funcionarios del Ministerio de Desarrollo Social de la Nación (MDS) y del Instituto Nacional de Tecnología Industrial (INTI) que habían comenzado a diseñar un vehículo ferroviario con

Fotografías 10 y 11: Fiesta conmemorativa de los 121º aniversario de la llegada del ferrocarril a Bavio. Puesta a prueba del Microtren. 2008

FOTOGRAFÍAS DE OSVALDO MORENO

subsidio estatal. En este sentido, se evidencia que existe un margen de acción dentro del mismo Estado para abordar proyectos que contradicen la hegemonía de acción o de norma. Mientras que desde una Subsecretaría de Transporte Ferroviario no se permite la rehabilitación del ramal ferroviario, desde otro organismo del Estado, el INTI o el MDS se escapan alternativas que intentan acompañar la iniciativa local. Una vez más la *desarticulación* aparece, pero como funcional a las iniciativas locales. El conflicto ocurre dentro del mismo Estado que debe resolver sus contradicciones en vías que a veces ceden lugar a lo normado, a lo reglamentado. Así, podría situarse al caso de Bavio como un *espacio de parcialidades locales comandadas* (a partir de la presencia de las cooperativas –tal como se vio más arriba–) y un *espacio de parcialidades locales con comando irracional*, a partir de la acción de Por Nosotros y su vínculo con los objetos existentes en el pueblo y sus resignificaciones avales de la acción, al igual que en Patricios.

Tanto en el intento de rehabilitar el ramal ferroviario a Bavio, como en el proceso de solicitud de asfalto en el acceso vial a Patricios, parece haber intencionalidades en retrasar las demandas. En opinión de los habitantes y de los agentes de acción, los obstáculos se presentan en el silencio de los organismos públicos en la falta de respuesta, en las normativas restrictivas para poner en funcionamiento o ejecución la demanda, en la posibilidad de financiamiento... Estos impedimentos se personalizan en los funcionarios que firman las reglamentaciones, en los funcionarios que omiten o bien en la denominación Estado o Gobierno como algo muy difuso y difícil de acceder. Pero al mismo tiempo, existen desde el Estado, funcionarios que facilitan subsidios, que trazan redes, que ponen a disposición herramientas o normas para el curso de las demandas. La desarticulación está dinamizada también dentro del mismo Estado, en sus funcionarios y se debate entre una *racionalidad* más cercana al mercado u otra más asociada al bien común. Ambas conviven y pugnan. La visibilidad, evidentemente se concreta en los medios y la población urbana. Tanto Por Nosotros como Patricios Unido de Pie, parecen conocer y manejar con bastante destreza la llegada "de los problemas locales" que pertenecen a pequeñas localidades rurales, a los campos de acción urbanos. En lo urbano, desde los medios de información y comunicación, en las oficinas de gobierno, en los entes de financiamiento, parece estar el lugar de la batalla por la visibilidad y la concreción de los proyectos. Las ciudades cabecera son los centros proveedores de servicios demandados por estas localidades que intentan generar una accesibilidad más colectiva, independiente de las tecnologías de doble tracción en vehículos particulares, y en definitiva como nexo perenne y alternativo para crear un lugar en el que sea posible residir con dependencias urbanas o rurales, pero para todos.

La expansión de la acción y una perspectiva sin *ego-territorialismos* diferencian al proyecto de Bavio del de 25 de Mayo. Los niveles de articulación con múltiples sectores y la amplia agenda de Por Nosotros y el CEA de Bavio, posibilita acción de innovación y presencia. La patrimonialización de los objetos, toma un tinte más productivo en Bavio, yendo así más lejos en ese sentido, que Patricios. La posibilidad de maniobrabilidad y cierta dependencia del gobierno municipal, también puede situar al CEA y Por Nosotros como un *municipio-bis* en el sentido de la capacidad de gestión, financiación e independencia para ejecutar acciones locales que permiten pensar en un *desarrollo local* baviense.

14. Pueblos *pianissimo*, pueblos *allegro*, pueblos *allegro molto vivace*. Anticipando el fin de la obra

Desde la teoría que se tomó para otorgar un derrotero a la investigación, se estima realizar una aproximación general que no pretende más que un ensayo que incluye a los conceptos *lo viejo*, *lo nuevo* y el *desfase*. Del análisis de las dinámicas de estas pequeñas localidades que, tal como señala Milton Santos, "las relaciones con áreas lejanas al campo pasan a ser una constante y hasta una necesidad [...] se puede hablar de un cortocircuito con la ciudad siguiente, ya que el esquema tradicional se había roto" (Santos, 1995: 53). En este sentido, se ha visto como el esquema tradicional, trazado por las redes ferroviarias, las localidades situadas en forma lineal y las funcionalidades como centros proveedores de servicios, los centros de acopio y los lugares de producción, se desdibujaron.

Así, la noción de *desfase* entre lo nuevo y lo viejo ha tenido que ver ya que algunas localidades fueron parte de las modernizaciones tecnológicas que las incluyó en el seno productivo, potenciando sus dinámicas cotidianas, sus flujos y renovando los objetos, mientras que en otras no.

Así, se entiende *dinámica* como parte de una fuerza que produce movimiento. En definitiva, en las pequeñas localidades, hoy lo que llama la atención del viajero no es ya su similitud, su aparente quietud, sino las diferencias entre un movimiento y otro. Una alumna de la carrera de geografía que participaba en los proyectos de extensión de la universidad, solía decir *"yo prefiero este pueblo a tal otro, porque acá hay más movimiento".* Varios entrevistados también expresaban el cambio entre ayer y hoy como "un cambio de movimiento". *"Antes había más movimiento..."* o bien *"En tal época no había movimiento, ahora hay más movimiento".* El mismo grupo de teatro de Patricios ejerce una dinámica que propicia el movimiento. Ese movimiento, que adquiere diferentes velocidades, es sincrónico y diacrónico simultáneamente.

En la terminología musical, el *tempo*, es la velocidad con que debe ejecutarse una pieza de música. Pero qué sucede con el tiempo en lo social, en el territorio. Para ello, Alfred North Whitehead en *El concepto de naturaleza* (1994) dedica casi treinta páginas a discutir sobre el tiempo, a pensar en eso que dice –en palabras de Whitehead– que *si algo está pasando, hay una ocurrencia, un suceso a ser definido.* Whitehead dice que cada evento se extiende por sobre otros eventos, y por cada evento se extienden otros eventos. Por lo tanto en el caso de las *duraciones*, cada duración es parte de otras duraciones; y cada duración contiene a su vez otras duraciones que son parte de ella.

La intención de trabajar con la metáfora de *tempos* musicales (como velocidades del movimiento) y los fotogramas (como placas de observación detenida) es sencillamente para marcar ese esbozo de tipología-periodización, en la que finalmente convive un gran tiempo que compone una obra, una sincronía que conforma la observación en el terreno. Es esto un gran tiempo sincrónico y diacrónico a la vez, donde lo viejo, lo nuevo, lo derivado, le hegemónico y lo contra-hegemónico conviven.

En cada fotograma cinematográfico tomado de la provincia, se ven puntos muy pequeños, diminutas imperfecciones que para algunos espectadores son la causa de fallas en el revelado, o simples manchas de pantalla. Para otros, estos puntos son pintas pintorescas de filmes proyectados en otros tiempos de la historia. Pero en el regular golpeteo del paso de las cintas por el proyector, esas manchas se repiten, se proyectan y en algunos casos se reenfocan como resistentes a verse olvidadas o desaparecidas. No desaparecen. Están como testigos vivos de otras configuraciones (distintos lentes o estéticas si se quiere).

Pequeñas localidades al final de una recta. Allá va la pampa, allá viene y a cada paso se corre el horizonte. Muchas pequeñas localidades. Calles de tierra. Barro. Cementerios. Cooperativas abandonadas, o en crecimiento y expansión. Estaciones de tren vacías. Vías. Óxido. Teatros y cines. Viejos autos. Viejos hombres. Viejos tiempos. Junto a lo nuevo, cosechadoras silos bolsa, inmensos camiones.

Hay un mundo oculto, un país aparte, un lugar que no es del turismo ni de la producción. No es casi de nadie, pero es el lugar de muchos. Y esos muchos, dicen que fue de muchísimos más.

Los problemas: algunas vivencian procesos de pérdida poblacional, otras advierten crecimiento o bien transcursos cíclicos. La accesibilidad y la integración territorial no ingresan dentro de sus características destacables. Tangencial a esto, no se olvida que todas forman parte de un todo que en el tiempo muta sus funciones, situaciones y características tanto en aspectos productivos, como sociales, organizacionales, económicos, vinculares y territoriales.

En definitiva, estas localidades en general poseen menos de 2000 o 3000 habitantes, pero por sobre todo se caracterizan por ser las referentes de un sistema territorial en crisis.

Los tempos

Allegro molto vivace

En este marco y para un período inicial histórico situado a principios del siglo XX, se piensan a las pequeñas localidades como un sistema abierto interdependiente, en el cual los atributos de cada una de ellas es poco representativo, en contraste con su lugar en la función general del sistema espacial. Allí un conjunto de pequeñas localidades de la provincia de Buenos Aires, en el marco de la gran región pampeana. Excluyendo a las cabeceras de partido, se encuentran localidades muy pequeñas –con menos de 50 habitantes– y algunas con más de 2000 o 3000 habitantes. Entre 1910 y 1970 aproximadamente, el movimiento y el ritmo de la vida cotidiana estaba intensificado por una demanda laboral variable, por la llegada regular de trenes, por la existencia de cines, clubes, estaciones de servicio. Su población probablemente duplicaba a la actual, su actividad era esencialmente minera o agro ganadera y su vinculación con el exterior se realizaba a través de líneas ferroviarias, el telégrafo o el correo postal. Todas estas localidades en función de un modelo de país agroexportador, con una maquinaria y una técnica determinada. A su vez, estas localidades se posicionan como demandantes de mano de obra para tareas vinculadas con cosechas, siembras, cuidado de animales, mantenimiento de instalaciones rurales, entre muchas otras. Ante esto, no solamente su población se habrá compuesto de obreros rurales, colonos y arrendatarios; sino también de prestadores de servicios, comerciantes, médicos, docentes, viajantes y hasta oportunistas. El resultado de la imagen fotogramática es una localidad en construcción, con dinamismo y por sobre todo viva en una funcionalidad.

Esta es la primera serie de fotogramas en un tempo *allegro molto vivace*.

Pianissimo

Se puede pensar en que momento histórico aconteció este cambio, en general los autores consultados coinciden en una brecha que se enmarca entre 1960 y 1980. Para imaginar este cambio, se toman los siguientes fotogramas. Esta nueva serie de fotogramas además tendrá un tinte sepia y menor luminosidad. La proyección muestra un panorama con menos dinamismo social, los comercios advierten menos flujos de intercambio y la demanda de empleo rural es cada vez menor. Entre los sucesos, pueden verse modificaciones en la legislación: Ley Raggio, la clausura de algunos ramales ferroviarios, la liberalización del mercado interno granario. Paralelamente la industrialización de las grandes ciudades y el crecimiento de la población urbana no cesan. Algunos habitantes de estas pequeñas localidades optaron por ir a vivir a ciudades más grandes, con más servicios, dotados de escuelas secundarias, con universidades, con empleos industriales a veces mejor remunerados, o bien convertirse en profesionales. Otros, por la Ley Raggio fueron desalojados de los campos que arrendaban. Paralelamente a quienes partían, algunos se quedaron en el "pago". Estos continuaron con trabajos rurales, llevando adelante pequeños locales comerciales o empleados en los servicios no desafectados por el Estado. En diferentes localidades, los viejos galpones ferroviarios donde trabajaban los estibadores tomaron en general tres destinos: se arrendaron a acopiadores locales, fueron vendidos o alquilados a las multinacionales dedicadas a negocios agropecuarios, o sencillamente fueron abandonados. De todas formas, las nuevas tecnologías de acopio fueron requiriendo cada vez menos mano de obra, o bien concentrándola en menos puntos dispersos entre las localidades. Por último los espacios de uso público, las calles, las plazas, la estación, asistieron a la disminución de la población residente. Allí están: las pequeñas localidades en el *pianissimo*. Una lenta espera en el desalojo. Un desalojo muchas veces en el mismo lugar. Sin trabajo, sin servicios, en el aislamiento y en medio de la infinita pampa. En la espera, en la esperanza, en el letargo, o en la resistencia silenciosa.

Allegro / Pianissimo / Allegro / Pianissimo

Ahora un desfase dual en sincronía, tanto en los *tempos* como en la cantidad de fotogramas por segundo que se proyectan. En el territorio de la provincia de Buenos Aires sucedió algo muy parecido. Se comienzan a proyectar varios filmes al mismo tiempo... Mientras en algunos lugares los vehículos cada vez se hicieron más veloces, en otros, los vehículos continuaron siendo los mismos, o prestando servicios los mismos ferrocarriles de siempre. Mientras a las ciudades y las capitales llegaban el agua corriente, las cloacas y los teléfonos con discado directo, en las pequeñas localidades esto se demoraba o no se instalaba. Mientras el asfalto hacía más sencillos los traslados y el gas más cálidos los hogares, la tierra y el barro dejaban sin frutas frescas a pueblos enteros y sin clases a miles de niños, al tiempo que en las casas alejadas la leña seguía siendo el alimento de estufas y salamandras. Mientras las cosechadoras con guías satelitales y las camionetas 4x4 surcaban vorazmente los campos, la peonada a veces analfabeta quedaba desempleada o cautiva de planes sociales o subsidios salvavidas. Dos pampas, dos Buenos Aires provincia. Dos sistemas o uno solo, a diferentes velocidades. Dos *tempos*. Dos espacios en un mismo territorio. Dos resultados de un mismo producto: *allegro-pianissimo-allegro-pianissimo*.

Pianissimo ¿sempre?

Y así, desde los programas y normas generadas por el Estado (Plan Volver, Programa Pueblos I y II (provincia de Buenos Aires), y desde las organizaciones que trabajan en el territorio como Pueblos Que Laten, Patricios Unido de Pie, Por Nosotros, se han intentado múltiples alternativas que apuntan a acelerar el movimiento. Hay también un clamor de apoyo del Estado en estas iniciativas. Las políticas públicas no son dirigidas al conjunto de los pueblos afectados; sino a alguno de ellos, a quienes se asocian, a quienes casualmente se enteran de la existencia de incentivos. Como respuesta desfasada y circunstancial, es muy común advertir que en algunos pueblos se aplica un micro-crédito para la cría de cerdos, en otro se dicta un curso de hotelería y en alguno más lejano se plantea la construcción de un centro tradicionalista o la instalación de una antena de internet. Así es como en la propia planificación se observa la convivencia del pasado y del proyecto (lo deseado o imaginado). Este fenómeno deja la evidencia de que las políticas no planifican o ejecutan con un criterio de sistema total, sino cuando hay una oportunidad de aplicarla. Con el fin de detener la disminución en la velocidad de movimientos, en algunas localidades, sus habitantes ejercen fuerzas de resistencia que intentan redinamizar los flujos que entran y salen. Así, el sostenimiento de las cooperativas, movimientos culturales como Por Nosotros en Bavio o Patricios Unido de Pie en Patricios, son ejemplos de resistencias a esa re-inercia de la dinámica.

Vale preguntarse si las pequeñas localidades aún son parte de un sistema, y cómo observar dentro de ese sistema la *totalidad* sin perder de vista lo singular de cada lugar. Una vista de este espacio deja indicios de infartos locales en algunos pueblos. Las desigualdades producidas por la obra pública extendida desigualmente, los decretos y normas de clausura de ramales ferroviarios en los últimos treinta años, las leyes de ajustes a los arrendamientos agropecuarios en los años sesenta y setenta. Vale preguntarse qué sucede con los espacios que son menos rentables o menos productivos para las corporaciones económicas. Valdría preguntarse cómo es la nueva división territorial del trabajo rural y en qué lugar se ubican estas localidades. Finalmente los pueblos aparecen como islas en un mar millonario de tierras fértiles, oleaginosas y granos, en sus plazas y sus paredes es difícil advertir la riqueza. *Pianissimo*, en las infraestructuras de las localidades se inmortalizan memorias de tiempos en los que sus instalaciones eran necesarias y funcionales. Camiones, grandes silos, bancos, contratistas, *pooles*, cotizaciones de granos a futuro a miles de kilómetros, potentes maquinarias y especuladores no demandan los viejos galpones de almacenaje, ni la peonada y sus familias, ni sus sencillas viviendas, ni al telégrafo desactivado, ni sus bares que aún coexisten como parte de la vida del territorio en un todo.

Conclusiones

15. Cambios en servicios públicos y políticas sociales

A partir de 1976, se generan en la Argentina una serie de políticas públicas derivadas de grandes paradigmas de gestión del Estado, que tuvieron un impacto singular tanto en las pequeñas localidades de la provincia de Buenos Aires como en todo el espacio geográfico.

Sin embargo, acerca de los procesos de despoblamiento en las pequeñas localidades, se debe tomar nota y especial atención en el periodo entre 1947 y 1960. Es corriente leer en trabajos sobre el tema, como los de Sili, Ratier, o Carballeda, que el proceso de despoblamiento en áreas rurales argentinas, donde se incluyen las pequeñas localidades, se presentó con mayor intensidad durante la década de 1960. Los datos censales de las pequeñas localidades bonaerenses muestran variaciones anuales porcentuales mayores para el periodo 1947-1960 que para el periodo posterior.

Ese periodo debe considerarse no solo como un momento de quiebre de comando de los servicios públicos, dado que a partir de 1946 éstos comienzan a estar en la órbita del Estado, sino también como el momento de cambio de lógica en la antigua estructuración pampeana, como espacio derivado. Un espacio derivado de las compañías de servicios públicos británicas y del modelo agroexportador liberal, afianzado desde el último cuarto del siglo XIX y hasta 1946. En este sentido, el primer gobierno peronista se inscribe como situación de quiebre y es, en definitiva, el modelo de referencia y partida para los cambios de políticas sociales y servicios públicos aplicados en las décadas siguientes.

Así, el modelo de Estado intervencionista e industrializador generó un rotundo impacto demográfico con concentración urbana que no solo es abastecida por la población rural, sino también por las inmigraciones de la posguerra.

La década de 1960 con la masivización del automóvil, acompañada de normas de ajuste al sistema ferroviario de transporte de pasajeros, impone el encuentro de dos modelos de transporte: el ferroviario, con características colectivas y subvencionado por el Estado; y el automotor, con características privativas del acceso. La introducción de los automóviles, los camiones, como nuevos objetos y el retiro paulatino del ferrocarril, tuvo un impacto negativo en la accesibilidad a las pequeñas localidades generando un aislamiento profundo en muchas de ellas. A muchas de estas localidades, no solo les retiraron los servicios de transporte, sino también oficinas públicas, escuelas, bancos, cines...

En este sentido, todo el sistema de objetos concluyó en aportes al proceso de despoblamiento en las pequeñas localidades. Colaboraron con este proceso, la concentración de los servicios financieros en las ciudades; la disminución de la demanda de mano de obra a partir de la denominada tecnificación del trabajo rural en las pequeñas localidades; el nuevo esquema industrializador en áreas urbanas. Sin embargo, en este proceso sobre el teatro de acción de un espacio derivado con la presencia de sus edificios y elementos fijos, se fueron generando resistencias favorecidas también por las persistencias de esos objetos, como las estaciones, los rieles, un cine abandonado, las cooperativas... Allí estaban presentes latentes, los objetos viejos mientras que nuevos llegaban con sumo retraso. Mientras las pequeñas localidades habían experimentado un proceso de crecimiento muy veloz a partir de sus fundaciones y el establecimiento de sus antiguas funciones, los años posteriores a la década de 1960 estaban desactivando lentamente sus movimientos internos.

Lo que gestaron las normas, de racionalización ferroviaria o la Ley Raggio, fue ahorrar un cierto caudal de movimiento sobre los elementos fijos en cada pueblo. Pero ello quedó latente en la memoria, reforzada por la presencia de los objetos que no fueron retirados a pesar de su obsolescencia.

El gobierno *de facto* de 1976 a 1983 estableció reformas restrictivas a los servicios públicos como los recortes en los servicios ferroviarios, el levantamiento de ramales, el abandono de la capacidad instalada en escuelas o salas de salud y el levantamiento de oficinas públicas como los registros civiles. Este proceso de achicamiento del aparato estatal, enmarcado en un periodo no democrático y represivo de las libertades colectivas e individuales, tuvo su espejo en una reducción del sistema de objetos públicos (como las oficinas públicas o escuelas) y el resultado de la destrucción de objetos fijos (como los rieles del ferrocarril) que fueron retirados de sus emplazamientos sin dejar opción a posibilidades de reutilización.

En este marco, se puede hablar de elementos fijos desaparecidos, eliminados, borrados que no pueden ser siquiera recordados por generaciones futuras porque no han quedado de ellos, rastros fuertes. Las estaciones o escuelas, convertidas en taperas son fieles ejemplos de esta acción devastadora.

Los cambios de modelo del Estado de bienestar al Estado neoliberal, no tuvieron solo "incidencias" derivadas en el espacio, sino que la propia intervención en el espacio tuvo implicancias directas para ejercer el cambio en el territorio. Durante los años 60 y 70 se sembraron reformas que provocan un debilitamiento de la prestación estatal de servicios públicos en las pequeñas localidades, dando lugar a que en algunas de ellas emerjan cooperativas de servicios como electricidad o teléfono, para ampliar demandas o ajustar el servicio a la población local.

Esto no significó que en las localidades sin cooperativas de servicios no se llegaran a prestar esos servicios. Finalmente, con grandes *desfases*, todas las localidades fueron interconectadas a los sistemas de energía eléctrica o teléfonos, pero en las localidades con presencia de cooperativas se evidenció una mayor dinámica con respecto a ampliaciones de coberturas o la renovación de tecnologías.

En una primera instancia, bajo la lógica del Estado de bienestar, las cooperativas fueron capaces de generar mayor hegemonía local sobre los servicios de energía y teléfono. Luego, a partir de la Reforma del Estado de 1989, con el advenimiento de las privatizaciones, las distribuidoras eléctricas privadas y las operadoras telefónicas no ejecutaron ampliaciones en los servicios locales. En el caso de las localidades con preexistencia de cooperativas, se observó la ampliación de algunos servicios como internet o telefonía rural tiempo antes que en las localidades abastecidas por operadoras privadas con comandos extralocales. Esta situación continuó con el *desfase* de sincronías entre *lo nuevo* y *lo viejo* en las pequeñas localidades, profundizando las heterogeneidades.

Durante la década de 1990, la única red de servicio público que se expandió fue la de gas natural, con aportes provinciales, pero esta no se puso en funcionamiento en algunas localidades, hasta que en 2004 se creara una empresa estatal provincial de distribución de gas que pudiera abastecer a aquellas localidades donde el mercado no encuentra beneficios directos.

El mantenimiento de la red ferroviaria en manos de la provincia de Buenos Aires solamente mantuvo el material existente heredado de su antecesora Ferrocarriles Argentinos. El envejecimiento y desgaste del material rodante, sus instalaciones y equipos operativos cercenaron la prestación de los servicios eficaces, creando un sistema en permanente retracción y obsolescencia.

Los servicios colectivos de transporte locales, fueron prestados bajo lógicas dependientes de las empresas privadas de transporte, en algunos casos con esquemas horarios que no permiten un movimiento pendular de la población. Esto impidió que la población residente en una pequeña localidad pueda trabajar o estudiar diariamente en otra localidad. Los casos en los que eso sucede, los usuarios dependen de la continuidad casual y particular del servicio o sus modificaciones imprevistas. En algunos casos puede haber cancelaciones, o bien cuando los accesos son de tierra, algunos servicios de transporte se suspenden.

La dinámica poco armónica de la prestación de los servicios públicos se basa también en una desarticulación con la aplicación de las políticas sociales, programas, o planes llevados a cabo en pequeñas localidades.

Los viejos planes, como los quinquenales en los periodos peronistas, poseían una fuerza de intervención que vinculaba áreas diferentes de gobierno y articulaba acciones hacia un sentido determinado. Estos sentidos pueden ser discutibles, pero concretamente el grado de articulación de los planes, programas y normas entre sí, fue erosionándose a partir de la intervención de normas restrictivas presupuestarias o de disminución de los recursos económicos.

A partir de 1955 se inicia un periodo de incorporación de las entidades financieras como el Banco de Fomento Internacional o de consultoras privadas, a las planificaciones de políticas públicas, así como planes y programas particulares. La inserción de estas entidades aparece como una alternativa a una supuesta incompetencia local (a nivel nacional) para planificar o decidir sobre cuestiones como el diseño de programas de transporte. Paralelamente, aparecen planes y programas en la década de 1960 que apuntan a resolver el problema del despoblamiento rural, con evidencias de fracaso según los datos censales. Estos planes iban en paralelo con el desenvolvimiento restrictivo de servicios públicos, la ley de fin de congelamiento de los arrendamientos, y la modernización de los vehículos de transporte.

Sin embargo, son los años del gobierno *de facto* de 1976 a 1983 en los cuales se incorporan las más importantes reformas a las normas, restringiendo derechos de los obreros rurales y debilitando las instituciones del Estado presentes en las pequeñas localidades.

Ya sin la fuerza de las armas, el terror y el despotismo militar, la Reforma del Estado de 1989 avanza sobre las últimas herramientas de articulación del Estado, desarmando el aparato de interconexiones entre acciones y desmembrando las administraciones en grupos de negocios. Aparecen con más fuerza las ideas del auto-gerenciamiento, autogestión, autonomías locales, asociadas a posibles salidas de las crisis de desempleo, desinversión y abandono de las infraestructuras. La Ley Nacional 23.696, marca también en este sentido un quiebre de articulaciones, de lógica de funcionamiento de los organismos del Estado. En este marco, las pequeñas localidades quedan a merced del mercado y sus selectivos enclaves operativos.

Finalmente, a partir de la crisis social de 2001 que tiene como teatro de acción a las grandes ciudades, surgen propuestas que se expanden también a las pequeñas localidades, como los mercados de trueque.

En 2002, se inician nuevamente propuestas de planes, programas y una Ley Provincial tendientes a atender los problemas sociales en las pequeñas localidades, el problema del despoblamiento y la accesibilidad a servicios demandados. Sin embargo, estas políticas no demostraron poder articular con fortaleza diferentes dependencias del Estado.

La participación activa de las poblaciones residentes en las pequeñas localidades en la puesta en práctica de estas propuestas políticas, significaron los mayores resultados de participación, sin embargo los proyectos productivos y sociales financiados y las pocas obras públicas realizadas no demostraron mejorar en gran medida las condiciones de vida en las pequeñas localidades.

En este punto se presenta el problema de la *proyectitis* y el *participacionismo compulsivo,* fomentado desde las organizaciones promotoras de políticas públicas. Esto, asociado al problema de que los *objetos* están fuera del comando de quienes propician la política pública, propicia un tipo de *acciones* convertidos en tenues pero recurrentes ensayos participacionistas. Esto se proyecta en el espacio como un impulso de *acción* sin capacidad de comandar los *objetos*. La gran *farsa* de una participación incentivada que apunta a la transformación, esconde la incapacidad de articular y por sobre todo la falta de osadía de los agentes públicos y algunos organismos del Estado, para acometer los cambios demandados desde las pequeñas localidades.

Como punto central de este problema, aparece un *deslinde de responsabilidades* desde los organismos de planificación gubernamental, en lo referente a la intervención y manejo del territorio que se gobierna. Cae bajo responsabilidad de los habitantes la planificación, traza de estrategias y acción de transformación para ejecutar *proyectos de desarrollo local*.

En esa conjunción de fenómenos se crea un *espacio delegado,* resultante de la delegación de comandos desde un poder territorial central hacia la responsabilidad local, de temas que son de competencia regional. Así, en el *espacio delegado* se crea una confusión entre la libertad de creación y acción y la asunción real de comandos dinamizadores del espacio. Los recursos económicos y factibilidades de ejecutar proyectos son quienes crean proyectos, y no los proyectos los que demandan recursos. Las *acciones* son así desordenadas y desorientadas; aplicadas a *objetos* con funciones difusas, desfasados o impuestos por los requerimientos de un sistema financiador de recursos que es ajeno al territorio local. El *espacio delegado* es, en síntesis, el resultante de comandos locales débiles y desarticulados en sus acciones, propiciados por un poder gubernamental regional que delega sus responsabilidades de intervención en agentes y organismos locales que luego carecen de posibilidades de *articulación*.

En otro sentido, la aplicación de estas políticas sociales en algunas localidades y en otras no, dependió en algunos casos más de *affaires* políticos partidarios o personales, o de criterios coyunturales y circunstanciales de la vida social local, que de una planificación general para el total provincial. La misma Ley de Promoción de Pequeñas Localidades propone que cada municipio adhiera o no a su objetivo. En este sentido, se pudo comprobar que a partir de la desarticulación y la incomunicación con algunos municipios, existieron funcionarios que jamás se enteraron de la existencia de esa Ley. En este orden, la aplicación circunstancial y discrecional de políticas públicas en el territorio, es un problema que deberá tenerse en cuenta al momento de propiciar nuevas acciones en ese sentido.

Por último, la creación de proyectos con poco anclaje en el territorio, como el coche motor en 25 de Mayo, donde el Municipio no logró que los habitantes de las localidades hicieran propia la idea, también deja a la acción sin armas importantes para su sostenimiento. La fragmentación del diseño espacial de la propuesta, en este caso ajustada a los límites de un partido, a partir del proceso de *ego-territorialismo*, no garantizó la función y el objetivo inicial que atendía a integrar, comunicar un territorio, un lugar con otro. Si a esto se le suman las dificultades para articular gestiones entre organismos del Estado, las perspectivas para la concesión pueden ser aún menos alentadoras.

Queda como propuesta la profundización para futuras investigaciones en el problema del *ego-territorialismo* como fenómeno de circunscripción del desarrollo local, que provoca una "municipalización de los proyectos" al ceñir las ideas a los estrictos y caprichosos límites geográficos y cartográficos.

La iniciativa de crear programas, planes y leyes desde el Estado es un dato más que alentador para continuar el trabajo de articulación necesaria con miras a aplicar cambios efectivos y totalizadores que favorezcan a solucionar los problemas más visibles en las pequeñas localidades: el aislamiento, la emigración de la población, las posibilidades de empleo y la debilidad en la prestación de servicios públicos.

16. Viejas localidades, nuevos espacios y nuevas estrategias

Los cambios en las políticas sociales y la prestación de servicios públicos dejaron *"espacios en blanco"*, al tiempo que muchos edificios públicos, clubes, instalaciones quedaron en manos de la naturaleza, o bien fueron apropiados por organizaciones o grupos que encontraron en ellos un sitio físico para desarrollar propuestas, acciones colectivas, intervenciones.

El espacio derivado de fines del siglo XIX y el siglo XX dejó en las localidades las huellas de las transformaciones en los modos de producción, los objetos intervinientes, formas de trabajo, compañías actuantes locales o extranjeras. Los espacios temporales se sintetizan en cada lugar con diferentes tonos armónicos. En ello también tuvieron que ver las organizaciones locales. No solamente las pequeñas localidades, como elementos de ese espacio derivado, fueron signadas por hegemonías externas al lugar. Las localidades, desde su territorio usado, comenzaron a trazar destinos particulares que las caracterizan. Se podría más adelante cometer el atrevimiento de confluir en una tipología en este sentido, no obstante lo que interesa es que esas pequeñas localidades se encontraron buscando un destino a través de diferentes estrategias.

Así surgen grupos que, atentos al problema local, deciden emprender nuevas estrategias para provocar cambios, para salir del aislamiento, para generar movimiento, allí donde los objetos en la obsolescencia y el abandono permanecían latentes pero aún en pie. Movilizados por afecciones desprendidas de las racionalidades hegemónicas que encontraron en las leyes del mercado un sentido para el ordenamiento territorial, estos grupos plantean contra-racionalidades que hacen eco en otras pequeñas localidades y en las grandes ciudades.

Grupos como Por Nosotros en Bavio y Patricios Unido de Pie, en Patricios, patrimonializan las estaciones del ferrocarril para desde allí desarrollar acciones tendientes a mejorar las condiciones de vida en el pueblo. El asfalto, que vuelva el tren, el gas natural, la apertura de una escuela de teatro en los antiguos talleres... En definitiva hay un clamor de posibilidad de moverse, de ir y de venir, de incrementar la dinámica y de aumentar las posibilidades laborales, educativas, de esparcimiento en la localidad.

Estos grupos, también gracias al aporte de la intervención del Estado a través de la promoción de la participación, lograron articularse y en esos mismos espacios públicos como la estación o en un cine reabierto, establecieron interacción. Esta interacción es la que facilitó también un cierto grado de continuidad en programas como Pueblos o la difusión de la Ley 13.251. La existencia de estos grupos mencionados en interacción o las reuniones de Pueblos Que Laten en La Niña y las Jornadas de Pequeñas Localidades, son muestras de que existen posibilidades de crear un territorio pensado entre todos desde el lugar, desde el pueblo.

Las estrategias de acción varían, algunas localidades como La Dulce, a partir de la Fundación Cultural La Dulce, poseen un grado más de institucionalidad y el amparo de un presupuesto, posibilitando avanzar con innovaciones como Internet en pequeñas localidades. En otros casos, como en Mechongué, la instalación de la Radio Comunitaria avanzó a partir de la creación de un Museo en la estación del ferrocarril; esto una vez conservado el edificio, y generó la posibilidad de crear un elemento más dinámico que favoreciera la comunicación permanente como la Radio. En este caso, una vez más, la *desarticulación* en el Estado provocó incoherencias como que se financie la instalación de una Radio, pero que ésta no sea autorizada para funcionar por la entidad competente para hacerlo.

En Patricios y en Bavio, las organizaciones más informales recrearon espacios públicos, al tiempo que generaron una visibilidad que los avaló desde los medios de comunicación. Esto en el caso de propuestas más contra-racionales resultó de mucho valor, pues el aval urbano puede haber otorgado mayor validez al reclamo. Ni en Patricios ni en Bavio ejecutaron sus acciones puertas adentro de la localidad. Salieron para establecer más articulaciones capturando en ese camino innovaciones como el microtren, que le otorgó originalidad al tema o el Teatro Comunitario en una localidad rural, que llamó la atención en el seno de las ciudades. Este proceso de patrimonialización, resulta muy beneficioso para acciones locales que pretendan establecer un lugar de visibilidad, ampliar la articulación con otras organizaciones y salir de la dependencia municipal, en lo concerniente a financiación y aval para la acción.

Tanto Patricios como Bavio, en sus acciones locales constituyen pruebas claras de que la apertura y la *articulación,* en contraposición con el *ego-territorialismo,* facilitan los procesos de desarrollo. Una visión más amplia que la del proyecto "Ferrobus" en 25 de Mayo, amplifica la agenda de contactos, facilita el acceso a financiación, posiciona de modo claro al "proyecto" y otorga posibilidades de maniobrabilidad, ante la diversidad de participaciones. La planificación es un hecho territorial y puede caer en los vicios del *ego-territorialismo* ante los temores de poder perder lo "poco que hay para repartir" en algunas oportunidades. Sin embargo, la experiencia muestra lo contrario.

Son estrategias que generan mayor o menor visibilidad, con mayor o menor conflicto de racionalidades, pero con un sentido principal de incrementar las capacidades de comando del lugar.

Queda también para pensar en futuras investigaciones, la idea de posibilidad de emancipación del poder municipal para la ejecución de proyectos. La creación de *municipios-bis*, en el sentido de establecimiento de organizaciones paralelas que se encargan de la ejecución de proyectos de desarrollo, de incorporar servicios, mejorarlos, modernizarlos o bien mantenerlos en el tiempo como las cooperativas. Las localidades que formaron estas organizaciones locales, pudieron ir adaptándose a los cambios tecnológicos con mayor facilidad que aquellas que no lo hicieron.

Por ello se hace necesario pensar, para las pequeñas localidades, en las categorías de *espacio comandado, espacio de parcialidades locales comandadas* y *espacio de parcialidades locales con comando irracional.* Categorías no excluyentes y factibles de coexistencia.

Espacio comandado en el sentido de una renovación de la noción de *espacio derivado.* Las relaciones de poder se hacen más difusas en el tablero territorial, pero la informática, los sistemas de posicionamiento global, las operaciones bursátiles y un sistema de acciones locales participa activamente del gran espacio hegemónico. Un esquema servil foráneo continúa de pie, y las condiciones para *desarrollo local* con innovación local se encuentran subsumidas a los comandos de las grandes compañías que a partir de la manutención de fundaciones u ONG parasitarias, establecen pautas de acción, en general de tipo voluntarista, conservacionista o museística. No son exclusivamente éstos, espacios dinámicos. Pueden serlo, como no. Depende de las necesidades del mercado, la demanda de mano de obra y la necesidad de implantación de tecnologías o no. No hay margen para decidir esto desde *el lugar,* sino desde la centralidad de comando o a partir del voluntarismo de las fundaciones u ONG intervinientes.

Luego, el *espacio de parcialidades locales comandadas,* donde el papel de las cooperativas completando los *espacios en blanco* que dejaron Estado y mercado, hace lugar a la participación en el comando de los servicios públicos, interviniendo en la modernización, innovación y ajustando los posibles *desfases* que establecen heterogeneidades temporales entre uno y otro lugar. En los *espacios de parcialidades locales comandadas,* se amplifican las posibilidades de *articulación* para el desarrollo local, atendiendo las demandas locales dialogando al mismo tiempo con otras organizaciones foráneas.

Y en el *espacio de parcialidades locales con comando irracional,* puede encontrarse el lugar del conflicto, la patrimonialización y la articulación con un entorno crítico que camina hacia la transformación de las normas racionales que hegemonizan al espacio. En las parcialidades, los objetos comandados encuentran un lugar para la creación y la innovación casi sin límites para la inclusión y la articulación. Los comandos irracionales entran en conflicto con las normas de la racionalidad hegemónica, para lo cual desde estos *espacios de parcialidades locales con comando irracional,* los grupos, ONG independientes u organizaciones de todo tipo, utilizan un abanico de contactos y fuentes de financiamiento, que otorgan maniobrabilidad a los *proyectos de desarrollo local,* mayor libertad política y en métodos de intervención. El objetivo de esas intervenciones se concentra en lograr el comando local de acciones y objetos, para eliminar la dependencia; al tiempo que se hace fuerza en la *articulación* organizativa y visible como ejercicio constante para dar continuidad y fuerza al proceso de transformación espacial.

17. Los pueblos bonaerenses. Entre el vertebramiento y el desvertebramiento inercial de objetos y acciones

Lo que interesa aquí en el tema de las estrategias de acción tanto desde el Estado, como desde las organizaciones, es la fuerza que se encuentra en los objetos del espacio para emplazar acción y transformaciones.

Se ha intentado explicar este concepto de *vertebramiento inercial* en el capítulo del marco teórico de la investigación. A partir de lo analizado y cumpliendo con uno de los objetivos del plan de trabajo, se avanza sobre este concepto que aún permite modificaciones, aportes o incluso ser desechado.

La yuxtaposición de objetos y la complementariedad de acciones que dan como resultado el lugar, el espacio visible, con esas huellas palpables o rescatadas del paso del tiempo, son fieles testigos de ese espacio derivado donde se emplazan las pequeñas localidades. Sin embargo, como se ha dicho, en la historia local ha sido posible emplazar a partir del territorio en uso, del territorio usado, lugares con huellas propias.

El *vertebramiento inercial* ocurre, dentro de la orquesta de racionalidades y contra-racionalidades como emergente local. Los *viejos* objetos que formaron parte de esa totalidad en otro periodo, emplazados hoy como huellas y elementos obsoletos, persisten latentes en muchas ocasiones. Así, un plato giratorio de locomotoras, estuvo en la estación de Bavio por casi treinta años como una cosa más. En los casi treinta años de desuso, la estación no tuvo funcionalidad definida. Sin embargo estuvo allí, entre los yuyales de atrás de la estación, como también estuvo en esas condiciones el edificio de los talleres ferroviarios, o el cine de Patricios . Mientras tanto, no se repararon locomotoras ni se proyectaron películas. Pero los lugares continuaron llamándose "taller", "cine" y "plato giratorio de locomotoras". Allí estuvieron, latentes, aparentemente inactivos, ocultos y presentes al mismo tiempo.

La memoria de quienes vieron esos objetos en funcionamiento o el conocimiento de que "eso" servía para tal cosa, mantuvo latente su existencia.

Por otro lado, esos objetos permanecieron en lugares de dominio público. Esos en particular, porque es cierto que existen objetos similares que fueron invadidos por la propiedad privada o retirados del lugar sin dejar rastro.

En los momentos de crisis, de emergencia de nuevos grupos, de búsqueda de lugares comunes, estos se presentaron como factibles de ser ocupados. Y así lo fue, se los ocupó para reunirse, para pensar *qué hacemos ahora*. En esa acción de ocupación también hay un cierto carácter de osadía, porque esa ocupación puede estar condenada desde la racionalidad hegemónica, la resolución de tomar posesión es absolutamente audaz.[1] Así, los objetos, la estación del ferrocarril, pudo haberse convertido en un museo. Museo como guardería de los objetos inertes, solo para exhibirlos detrás de un cristal, pero muertos. Para exhibir aquello que perteneció a un periodo anterior. Sin embargo, tanto en Bavio como en Patricios, los objetos portantes de ese significado y valor latente, desencadenó un *vertebramiento inercial*. Una recuperación de la fuerza latente en el objeto y la memoria, que colabora en la aceleración del movimiento y luego intenta innovar y accionar para el desarrollo

---

[1] Aunque también puede ser impulsiva, de un momento para otro en un instante, o planificada como estrategia.

del lugar. La colaboración de la inercia es funcional a la participación, al ánimo. Y allí, en Bavio, el plato giratorio atrajo a un microtren; la estación ferroviaria de Patricios fue el escenario de una obra de teatro que congrega a la población local y reclama un acceso asfaltado (el mismo sentido de accesibilidad) y los talleres ferroviarios intentan ser convertidos en una fábrica de talleres de teatro.

No es esta la emergencia desde un yacimiento renovado del objeto a partir de la tradición, sino desde la *patrimonialización*. En el *vertebramiento inercial* se recupera desde la acción un objeto que se encuentra latente, se lo apropia y se prosigue con parte de su fuerza de significación inercial. Allí está el objeto, ese que es fijo, forma parte del lugar y de la totalidad. Por lo tanto el *objeto latente* puede ser también un facilitador de inercias y desencadenante de acción si se encuentran en él propiedades que lo reimplican activamente como sistema de objetos activos. También con el surgimiento de las cooperativas, usinas, centrales telefónicas y otros objetos son mantenidos y renovados. La misma cooperativa en su dinámica es un *objeto latente* –por momentos– que se mantiene a partir de la apropiación de sus asociados y la fuerza inercial de sus objetivos. La cooperativa es en síntesis un *objeto latente* porque articula *lo viejo* y *lo nuevo* permanentemente, al tiempo que allana el terreno para establecer un *espacio de parcialidades locales comandadas* en el pueblo.

Si hay un *vertebramiento inercial* también puede haber posibilidades de un *desvertebramiento inercial*. Si los objetos con fuerzas latentes son forzados a ejercer funciones sin poder ejecutar apropiación, de modo casi obstinado los objetos pueden entonces entorpecer las intencionalidades de desarrollo puestas en él. Así, cuando se enfatiza en la rehabilitación de ramales ferroviarios para reanimar la dinámica de una o varias localidades y se aplican esquemas horarios inservibles y vagones destruidos y sin calefacción. Cuando se brindan cursos de telar o cursos de alambre de púa artesanal en las pequeñas localidades, basándose solamente en que éstas son actividades que portan saberes tradicionales, pero luego para los beneficiarios es imposible subsistir con esos empleos ya que no son demandados actualmente, se pueden propiciar *desvertebramientos inerciales* entre los objetos y las acciones. La inercia es frenada porque no encuentra plano para el movimiento. Simplemente porque los trenes sin mantenimiento son lentos y prestan pésimo servicio y hay que detenerlos con una linterna o viajar sin calefacción, por lo cual solo se prestan a ser abordados por aventureros o como última alternativa. Por otro lado, es muy improbable subsistir con talleres de telares o alambrando púas a mano cuando hay nuevas máquinas que realizan la tarea.

Existen claros obstáculos para propiciar *vertebramientos inerciales* allí donde los objetos han desaparecido. Del mismo modo que es dificultoso recuperar los conocimientos, los saberes de una sociedad que fue aniquilada por una guerra, o un grupo de personas desaparecidas; la desaparición de los objetos, su eliminación, también implica obstáculos para recuperar su fuerza latente. Esa fuerza puede estar solo contenida en la memoria pero al carecer de referente factible de ser comandado, la posibilidad de *vertebramientos inerciales* es aún más difícil.

Cuando el edificio del correo fue derribado, los rieles de un ramal ferroviario levantados y eliminados, y una escuela fue derruida hasta los cimientos, es mucho más complejo reactivar esas fuerzas latentes existentes en los objetos públicos que pueden propiciar un *vertebramiento inercial* de objetos y luego de acciones. De aquí también el valor no solo patrimonial de los objetos, sino también de su latencia, de su disponibilidad, de su tenencia comunitaria y por sobre todo: la capacidad de mantener la hegemonía local de cada objeto, la articulación y el recuerdo de cada acción, con osadía.

18. Un nuevo territorio bonaerense. Posibilidades de decodificar las "irracionalidades" para la innovación

Cuando ante el pedido de rehabilitación del ramal ferroviario de Bavio, el Secretario de Políticas de Planificación Ferroviaria de la Nación responde a la organización Por Nosotros que "el ramal deberá ser reconstituido con un costo considerable, no justificado por tráficos potenciales" está diciendo –a pesar de ser él un funcionario público y un reconocido geógrafo– que esta solicitud es irracional. El argumento que aduce el funcionario, se apoya en una cuantificación de ingresos económicos, dinerarios, de cantidades en miles y miles de pasajeros mensuales. Las contra-racionalidades a veces son concretas irracionalidades para la racionalidad hegemónica. Lamentablemente, el carácter de idea irracional corre por la vía de un excelente argumento para desacreditar una idea, una posible *innovación*. En el marco de un espacio con grandes padecimientos con relación a las prestaciones de servicios y a las accesibilidades, desde algunas agencias de gobierno las *contra-racionalidades* son identificadas como *irracionalidades* y desechadas como alternativas. Decodificar estas aparentes irracionalidades en el plano de otras razones, puede ser el camino para instaurar nuevas racionalidades. En definitiva, quien defina ese límite entre lo irracional y lo racional, quien comande el argumento, quien se apodere de los objetos e interfiera en las acciones, comanda el territorio.

En la decodificación de las irracionalidades es interesante componer una lectura amplia que no se ancle solamente en un aspecto determinado, como lo económico, o lo cultural por ejemplo. La decodificación en una totalidad permite avanzar sobre nuevas propuestas de desarrollo y estimar las iniciativas con el objetivo de enlazarlas a otras existentes.

La instalación de internet en una pequeña localidad puede ser una irracionalidad desde el punto de vista de la baja recuperación de la inversión, por ejemplo. Pero no lo es en el sentido de propiciar conectividad para otorgar a los habitantes posibilidades en sus accesos a la información que en definitiva puede servir para obtener mejores empleos, postular al teletrabajo, acceder a información necesaria para mejorar un cultivo, conectar una escuela con otra, etc. Así lo entendió la Fundación La Dulce al innovar en el acceso a internet seis años antes que Mechongué y diez años antes que San Agustín. Desde la racionalidad del mercado, la operadora telefónica no instaló más nuevas líneas de teléfono fijo en San Agustín, porque la central es obsoleta y quizás no se justificaban inversiones para una localidad tan pequeña.

Mantener un ramal ferroviario de 160 kilómetros con zorras de vía quizás parezca una obra quijotesca, sin embargo, cuando llueve, esas zorras son lo que transporta la producción de muzzarela de una pequeña fábrica. Cuando llueve, esas zorras llevan a los chicos al colegio. La irracionalidad se apropia así del sentido del *bien común,* utilizando objetos de propiedad pública abandonados por el Estado y el mercado. Por ello es recomendable para quienes idean, crean y gestionan *políticas públicas* orientadas a las pequeñas localidades, que se interpreten las dinámicas del *espacio comandado,* el *espacio de parcialidades locales comandadas* y el *espacio de parcialidades locales con comando irracional.* Es especialmente en los últimos dos donde se interviene con mayor frecuencia y hay más posibilidades de actuar, dado el anclaje territorial de grupos, cooperativas y otras organizaciones. Pero en las *parcialidades con comando irracional* siempre se incorpora una demanda, una necesidad de cambio y también una solución y una estrategia nueva para actuar en el espacio.

Finalmente, es imposible omitir la existencia de este sistema de pequeñas localidades en el marco del capitalismo. Nacido del capitalismo periférico y en manos de los dominios de acciones situados en lugares lejanos, el sistema fue acompañando todos los procesos sociales, económicos, productivos y políticos que quedaron en las huellas de ese *espacio derivado*. Omitir el contexto capitalista provoca en ocasiones embarques en proyectos o ideas utópicas. Sinceramente, es mucho más utópico pensar que quienes poseen el poder sobre un territorio van a delegarlo en pos de prácticas participativas, que pensar en nuevos modelos. El espacio resultante es el paisaje del capitalismo y sus mutaciones. Las organizaciones y acciones emergentes deben pensar seriamente en procesos transformadores profundos, si en ellas hay un real propósito de independencia. Desde los años 60, planes, proyectos y muchísimo esfuerzo de parte de la población local en cada localidad, fueron puestos en la esperanza de generar iniciativas con apoyo estatal que favorecieran las condiciones de vida, que redujeran las desigualdades de accesos entre los territorios rurales y las ciudades a los servicios, y muchas cosas más. Sin embargo, el proceso de despoblamiento continúa. Se estanca allí, cuando los elementos del sistema capitalista sitúan un enclave para su acción e instalan objetos. Si existe un piso para el despoblamiento podrá observarse en pocos años, cuando la población anciana ya no pueble más las calles de las localidades postergadas. El piso del despoblamiento es marcado por las posibilidades de cada lugar para insertarse en las racionalidades dominantes.

19. Camino a la elaboración de propuestas para el desarrollo e integración en las pequeñas localidades

El camino para elaborar propuestas de desarrollo e integración debe contemplar las *contra-racionalidades* que emergen de los padecimientos de un sistema espacial derivado, que es resultado de diseños que inicialmente no tuvieron su génesis en los mismos lugares en los que se los aplicó.

En este contexto, la elaboración de propuestas, tanto desde el Estado, como desde las organizaciones intervinientes, debería poner en la mesa de discusión las diferentes estrategias que se presentan como factibles y tomar ejemplos que hayan obtenido buenos resultados en la región.

La hipótesis planteada al iniciar esta investigación se presenta como muy general a vistas del trabajo culminado, dado que no solo la *articulación* es punto principal para establecer acciones tendientes al desarrollo local. Se han evidenciado aquí el resto de los aspectos relevantes, como la construcción de métodos diferentes para la intervención, la precaución de no generar *espacios delegados,* no avanzar con criterios *ego-territorialistas.* A su vez, la importancia de los *objetos latentes* en el sentido de la posibilidad de dar curso al *vertebramiento inercial* como parte de una patrimonialización. Y finalmente la necesidad de distinguir entre las *irracionalidades;* demandas, propuestas de acción y cambios desde lo local.

Así, la construcción de métodos para la intervención en el territorio debe contemplar las fuerzas contenidas en los *objetos* y *acciones,* tanto locales como aquellas gestadas en otros lugares a través de la *articulación.* Detrás de toda intención de emancipación hay un deseo de comando propio, las cooperativas de servicios son muestra evidente de que las capacidades de emancipación son factibles. En este sentido, la emancipación no debería pretender una celularización de cada localidad, sino de una totalidad de las localidades en su conjunto. Desde el Estado es posible utilizar herramientas como los subsidios cruzados, o los aportes de fomento para aquellos lugares que si bien no constituyen factibilidades de rentabilidades económicas directas, sí lo son de modo indirecto al evitar la concentración de la población en las grandes ciudades y los costos que esto conlleva en todos los sentidos.

El fomento de medios de transporte colectivos para beneficiar a la población que no dispone de vehículos propios, vehículos privados, debe también constituir un punto para el establecimiento de nuevas accesibilidades. En este punto, también es preciso *articular* las acciones de diferentes agencias de gobierno para evitar que las intenciones se agoten en experiencias piloto permanentes.

La *articulación* como acto para engarzar diferentes sentidos de acción, ha demostrado en los casos estudiados de esta investigación, que resulta facilitadora y dinamizadora de los resultados. Debe ponerse en cuestión el grave problema para articular acciones existentes, que no hace más que evitar posibles innovaciones o proyectos. Estos obstáculos en algunas oportunidades emergen de desconocimiento de los funcionarios, de preferencias personales o desconfianzas. Este problema deberá ser puesto en discusión en el proceso de construcción de propuestas, con el objetivo de evitar pérdidas de tiempo y recursos que finalmente son inutilizados por cuestiones que no se pueden sobreponer al *bien común*.

La *articulación* entre diferentes organizaciones, pertenecientes y con anclaje a más de un lugar, constituye también un modo de construcción de hegemonía. Esa famosa construcción de redes, el trazo de una libreta de referentes movilizados por una causa, también facilita la planificación de estrategias. Para Bavio, para Patricios, Mechongué y La Dulce fue relevante el acceso a la *visibilidad* urbana de los acontecimientos. En la ciudad grande, en espacios urbanos, encontraron visibilidad, ya sea a partir de internet, de las redes trazadas para difundir actividades, de agentes facilitadores, o de agencias de desarrollo. Fue en espacios urbanos donde se logró visibilidad al problema. Un camino de ida y regreso de cooperación otorgó un lugar relevante a las acciones de los grupos locales.

Cuando se *articula* entre organizaciones, instituciones y dependencias de gobierno, los beneficios y resultados trascienden los reconocimientos individuales y pasan a un plano colectivo. Ante esto, hay que tener cautela en no fomentar la creación de *espacios delegados* o actuar con criterios de *ego-territorialismo*. La delegación de responsabilidades procrea espacios huérfanos, donde la libertad de acción *para el desarrollo* interfiere con las posibilidades concretas que la población local tiene para ejecutar cambios que, por su escala, deben comandarse a nivel regional.

La idea de *vertebramiento inercial* propone el avance sobre el comando local del espacio total como suma de parcialidades. El cuidado de los objetos presentes en el espacio, no como inertes sino como sugerentes activos de acción, constituye un ingrediente fundamental para advertir que *es posible*. Así, y de la mano de aquello aprendido del conflicto en el territorio, resulta importante incorporar la audacia de crear nuevas estrategias para transformar las injusticias sociales en conquistas sociales, a partir una batalla que se gesta en las ideas y se plasma en el territorio que articula acciones.

La innovación, *lo nuevo*, no es necesariamente ideado o creado desde lugares ajenos. También hay posibilidades de nuevas creaciones en la misma localidad, en la misma provincia... Hubo ya en estos territorios claras muestras de que es posible crear una micro-hegemonía local; que es posible articular e innovar y, de este modo, recuperar algo de la tan deseada emancipación de comandos. Esa posibilidad está latente, su inercia empuja con fuerza en algunos lugares y está esperando a ser liberada en muchos otros.

Finalmente, mientras las racionalidades dominantes del sistema capitalista comanden las acciones y sean administradoras de los objetos, mientras las accesibilidades y la provisión de servicios se rijan por cuestiones de rentabilidad, mientras las posibilidades de traslado sean cada vez más privativas –como lo ejemplifica, de modo paradigmático, la expansión del automóvil u otros medios individuales– habrá cada vez menos lugar para la esperanza colectiva.

La propuesta puede estar señalada desde las *contra-racionalidades*, sus éxitos en la oposición, en sus emergentes gritos de cambio que contemplen otra dinámica, independiente, centrada en la vida humana y el bien común.

Bibliografía

Abdallah García, A. B. (2008). CTC. La Dulce, Buenos Aires. Disponible en http://www.aat-ar.org/spip.php?article53. [12/10/2009].

Albaladejo, C. (2007). "De la pampa agraria a la pampa rural: la desconstrucción de las "localidades" y la invención del 'desarrollo rural local'". *Párrafos Geográficos*, Trelew, Argentina, VI, 1.

Albaladejo C.; Bustos Cara, R. (2008). "Algarrobo o el fin del pueblo chacarero", en Tapella, E. y Rodríguez Bilella, P. *Transformaciones globales y territorios: desarrollo rural en Argentina, experiencias y aprendizajes*. Buenos Aires: La Colmena, pp. 61-93.

Albajadejo, C.; Carricart; Diez Tetamanti, J. M. y otros (2008). "Nuevas relaciones campo-pueblo impulsadas en región bonaerense por los procesos de desarrollo local: el caso de los pueblos del partido de mMagdalena". Disponible en http://www.inta.gov.ar/BALCARCE/info/indices/tematica/econ/2008_Nuevas_relaciones.pdf. [23/3/2009].

Alonso, D. (2007). "Experiencia en la instalación de un CEPT en la localidad de La Limpia", en CD de trabajos completos: *Primeras Jornadas de Pequeñas Localidades sobre Territorio, Historia y Ferrocarriles*. Patricios: UNMDP.

Alonso, P. (1999). "Políticas sociales urbanas y gobierno local", en Universidad Nacional de Entre Ríos. *Módulo del Curso de posgrado en Política y Planificación Social*. Paraná.

Antonena, H. y Ferguson, J. (2007). "Fotografía e Historia Local: un proyecto de documentación visual sobre el mundo rural", en CD de trabajos completos: *Primeras Jornadas de Pequeñas Localidades sobre Territorio, Historia y Ferrocarriles*. Patricios: UNMDP.

Aranguren, C. (2010). "Delante y detrás de la vías. Estrategias de reproducción social en la agricultura familiar", en *Libro de resúmenes. Seminario Internacional del laboratorio Agriterris. Desarrollo Rural. Competencias y Territorio*. Trabajo completo inédito. Bahía Blanca.

BAGSA (2010). Marco legal BAGSA. Disponible en http://www.bagsa. com.ar/ [12/11/2010].

Balsa, J. (2008). "El latifundio en cuestión. Discursos y políticas en torno al agro pampeano, 1935-1945." *Revista Páginas*, año 1, n° 2. FHyA/UNRosario.

Banzato, G. (2005). "El mercado de tierras y la expansión de la frontera. Junín, 1827-1880", en *X Congreso de Historia de los Pueblos de la Provincia de Buenos Aires*. Coronel Suárez. AHPBA. Abstract y CD . La Plata.

Baroli, D. (2003). *Informe sobre desarrollo humano en la Provincia de Buenos Aires*. La Plata: Fundación BAPRO.

Barsky, O. y Gelman, J. (2001). *Historia del agro argentino. Desde la Conquista hasta fines del siglo XX*. Buenos Aires: Grijalbo-Mondadori.

Bayer, O. (2009). Prólogo del libro en Soriano, O. (2009). *Cuarteles de invierno*. Buenos Aires: Seix Barral.

Belini, C. y Rugier, M. (2008). *El Estado empresario*. Buenos Aires: Manantial.

Benítez, M. (2000). "La Argentina que desaparece, desintegración de comunidades rurales y poblados en vías de desaparición". Universidad de Belgrano, Serie de estudios para graduados, n° 12. Buenos Aires.

Bialet Massé, J. (1986). *Informe sobre el estado de la clase obrera*. Buenos Aires: Hyspamérica.

Bidaseca, K. y Gras, C. (2008). "Los noventa y después. Criterios de pertenencia, exclusión y diferenciación social en tres pueblos del corredor sojero". *VI Jornadas de Sociología "Actores sociales, problemas públicos y espacios de ciudadanía"*, 2 y 3 de octubre de 2008. Buenos Aires: Universidad Nacional de General Sarmiento.

Bidegaín, M. (2007). "Patricios, sede del Encuentro de las Primeras Jornadas de Pequeñas Localidades: Territorio, Historia y Ferrocarriles". Noviembre 2007. Disponible en http://www.teatrocomunitario. com.ar/index.php?option=com_content&view=article&id=28%3A-jornadas-de-pequenas-localidades&Itemid=96. [26/11/2007].

Bonnín, J. E. (2006). "Jauretche entre la política y las letras", en *Arturo Jauretche y el Banco Provincia*. Buenos Aires: BAPRO.

Bozzano, H. (2003). "Territorio, híbridos de base dialéctica. Reflexiones sobre el objeto de la Geografía". *Reflexiones Geográficas,* n°10, U.N. Río Cuarto.

Buenos Aires Gas S.A. (2009). Mapas de redes de gasoductos. Disponible en: http://www.bagsa.com.ar/. [Diciembre 2009].

Bunge, M. (1966). *La ciencia, su método y filosofía*. Buenos Aires: Siglo XXI.

Bustos Cara, R. (2002). "Los sistemas territoriales, etapas de estructuración y desestructuración en la Argentina". *Anales de geografía de la Universidad Complutense,* vol. 22, pp. 113-129.

Bustos Cara, R. (2004). "Patrimonialización de valores territoriales, turismo, sistemas productivos y desarrollo local". *Revista Aportes y transferencias,* año/vol 8, n° 2. Universidad Nacional de Mar del Plata, pp. 11-24.

Bustos Cara, R. (2006). "Cambios en los sistemas territoriales. Actores y sujetos entre la estructuración y la acción. (Propuestas teórico metodológica)". Material del curso. Bahía Blanca: UNS.

Cabo, S. (2010). "La sociedad agraria pampeana: transformaciones tipológicas y territorios en competencia", en *Libro de resúmenes. Seminario Internacional del laboratorio Agriterris. Desarrollo Rural. Competencias y Territorio*. Trabajo completo inédito. Bahía Blanca.

Calafell, J. (1988). "Los servicios públicos", en *Jurídica. Anuario del Departamento de Derecho de la Universidad Iberoamericana 1988-1989,* n° 19, pp. 191-209.

Calvo Palacios, J. L. y Pueyo Campos, A. (2008). *Atlas Nacional de España. Demografía*. Madrid: Centro Nacional de Información Geográfica.

Canal 7 (2011). Televisión Pública. Archivos digitales. Disponible en http://www.youtube.com/user/TVPublicaArgentina [Marzo 2011].

Carballeda, A. y Barberena, M. (2004). "La necesidad de una estrategia de Políticas Socio Productivas para las pequeñas localidades". *Revista Margen,* n° 32, verano de 2004. Disponible en http://www.margen.org/suscri/margen32/carbarbe.html

Carballeda, A. y Barberena, M. (2006). "M. Municipios y Cuestión Social". *Revista Margen,* n° 41, marzo de 2006. Disponible en http://www.margen.org/suscri/margen41/carballe.html#sdfootnote1anc [Noviembre 2009].

Carballo González, C. (2004). "Evolución del sector agropecuario y agroindustrial en Argentina. Etapas de desarrollo y principales políticas agrarias". Cátedra Economía Agraria. Facultad de Agronomía. Universidad de Buenos Aires. Buenos Aires.

Cárdenas, D. y Sutil, J. (2009). "Pequeñas localidades, políticas públicas en la provincia de Buenos Aires", en *Pequenas cidades e desenvolvimento local*. Maringá: UEM.

Carpio Martín, J. (2000). "Desarrollo local para un nuevo desarrollo rural". *Anales de Geografía de la Universidad Complutense,* n° 20. Madrid.

Ciappina, C. (2003). "Provincia de Buenos Aires Tipos de Estado-Articulación entre Estado y Sociedad". Documento de la Subsecretaría de la Gestión Pública. La Plata.

Cittadini, R. (1992). "L'articulation entre les organismes de recherche et de développement et les collectivités rurales". Tesis de doctorado. Toulusse: Université Le Mirail.

Comisión Nacional de la Población (CONAPO - México) (1994). *Evolución de las ciudades de México, 1900-1990*. México: CONAPO-FNUAP.

Comisión Nacional de la Población (CONAPO / México) (1999). "La situación demográfica de México". Disponible en http://www.conapo.gob.mx. [Octubre 2005].

Christaller, W. (1933). "Die zentralen Orte in Süddeutschland". Publicada en 1968 por *Wissenchaftliche Buchgesellschaft*, Darmstadt, Germany. Traducción al inglés: Lösch (1954): *The Economics of Location*. New Haven: Yale University Press.

Coulon, A. (1988). *La etnometodología.* Madrid: Cátedra.

Damus, S. (1966). "La Planeación Ferroviaria en la Republica Argentina". *Desarrollo Económico*, vol. 5, no. 20, pp. 511-522.

Delibes, M. (1989). *El disputado voto del Señor Cayo.* Barcelona: Destino.

Diario Tiempo (2007). "La esperanza para reactovar más de 2300 km. de vías bonaerenses". 9 de Julio. [22/11/2007].

Diez Tetamanti, J. M. (2005). "Aplicación e impacto de la Ley de Promoción de Pequeñas Localidades en la Provincia de Buenos Aires". Publicado en el CD de trabajos completos del *VII Congreso de Historia del Conourbano Bonaerense.* 7 y 8 de octubre de 2005. Morón.

Diez Tetamanti, J. M. (2006). "Encuesta Demográfica y Sociocualitativa. Mechongué 2005". Trabajo de apoyo al proyecto de investigación aprobado por CIC 2005. Informe de tareas 2005. La Plata: CIC.

Diez Tetamanti, J. M. (2007). "Despoblamiento y acción del Estado en la región Sudeste de la Provincia de Buenos Aires". Fundació Càtedra Iberoamericana. Disponible en http://www.uib.es/catedra_iberoamericana/pubicaciones/tetamanti/. Palma de Majorca.

Diez Tetamanti, J. M. (director de film) (2008). *Pueblos en resistencia.* Mar del Plata: Voluntariado Universitario.

Diez Tetamanti, J. M. (coord.) y otros (2008). "San Agustín y Mechongué: los pueblos cuentan desde su lugar. Territorio, sociedad y ambiente en el Sudeste bonaerense". *Identidades locales y promoción social.* Mar del Plata: Universidad Nacional de Mar del Plata.

Dirección Provincial de Estadística de la Provincia de Buenos Aires (DPE) (2004). "Cuadernos de Estadísticas Sectoriales Bonaerenses. Población por localidad. Censo 2001". La Plata.

Dirección Provincial de Estadística de la Provincia de Buenos Aires (DPE). Datos crudos. Censos 1960, 1970, 1980, 1991. Material inédito. Consulta: junio de 2005. La Plata.

Domenach, H. y Quesnel, A. (1996). "Globalización de la economía y nuevas formas de la movilidad espacial: consideraciones metodológicas", en Celton, D. E. (coord.), *Migración, integración regional y transformación productiva*. Centro de Estudios Avanzados, Universidad Nacional de Córdoba.

Domínguez, M. (director de film) y Hayes, I. (productora) (2006). *Patricios, la resistencia*.

Echeverri Perico, R. y Ribero, P. (2002). *Nueva ruralidad, visión del territorio en América Latina y el Caribe*. Instituto Interamericano de Cooperación para la Agricultura, IICA/Cargraphics.

Effron, N. y Maula, A. (2004). "Análisis de una intervención mediante el teatro comunitario en Patricios, Partido de 9 de Julio. Provincia de Buenos Aires". Inédito. Buenos Aires: UBA.

El Ruralito (2007). "Dialogó con Carlos González Cruz y José Gil sobre el trabajo en los CEPT y el Programa Pueblos". [24/04/2007].

Ellul, J. (1954). *A técnica e o desafio do século*. Rio de Janeiro: Paz e terra. Serie Rumos da cultura moderna, vol. 12.

Endlich, A. (2007). "Noroeste do Paraná: Pequenas cidades entre sinais de letargia e de luminosidade", en CD de trabajos completos: *Primeras Jornadas de Pequeñas Localidades sobre Territorio, Historia y Ferrocarriles*. Patricios: UNMDP.

Escudé, C. y Cisneros, A. (2000). "Historia de las relaciones exteriores Argentinas". Buenos Aires: CARI. Disponible en http://www.ucema.edu.ar/ceieg/arg-rree/historia.htm

Estado Nacional Argentino (2008). *Ley Nacional Nº 14.184/1952*. "Segundo Plan Quinquenal". 1953-1957. En obra digitalizada por el Archivo Histórico de la Provincia de Buenos Aires en CDROM. La Plata.

FACEPT/UP "Programa Pueblos" (2006). "Resultados de los talleres en noviembre de 2006". Chapadmalal. Documento interno de trabajo. Inédito.

Federación Argentina de Cooperativas Eléctricas (2010). Listado de Cooperativas Eléctricas Argentinas. Disponible en http://www.face.coop/es/asociados/cooperativas-asociadas-a-face/

Feinmann, J. P. (2003). Prólogo del libro en Soriano, O. (2003b), *No habrá más penas ni olvido*. Buenos Aires: Seix Barral.

Ferrocarriles Argentinos (1991). *Ramales Locales del Interior*. Buenos Aires: Inédito.

Ferrocarriles Argentinos. *Itinerarios de Trenes. Temporadas 1961/71/80 y 1989*. Buenos Aires: Talleres Gráficos del Ferrocarril General Belgrano. Series: 1961/71/80 y 1989.

Fundación de Investigaciones Económicas Latinoamericanas (FIEL) (1998). *Regulación de la competencia y de los servicios públicos*. Buenos Aires: Fiel.

Flores, C. F. (2004). "Globalización y redefinición territorial. Una aproximación al estudio del despoblamiento rural en el partido del General las Heras (Provincia de Buenos Aires)". Disponible en http//www.cmq.edu.mx/rii/cuba%202002/grupo/grupo1/t1/gt%2014.htm. [Mayo 2008].

Folmer y otros (2007). "El ferrocarril y la ruta: ¿factores de desarrollo o atraso?", en CD de trabajos completos: *Primeras Jornadas de Pequeñas Localidades sobre Territorio, Historia y Ferrocarriles*. Patricios: UNMDP.

Francescutti, F.; Moneta, D.; Ríos, F.; Vega, G.; Zelaya, C. (2009). "Desde Napaleofú y San Manuel. Tranqueras adentro." Inédito. Taller 2 de Maestría Plider. Balcarce.

Frémont, A. (1999). *La région, espace vécu*. París: Flammarion.

Fundación Banco Provincia de Buenos Aires (2003). *Informe de Desarrollo Humano*. La Plata: BAPRO.

Fundación Responde (2004). "Pueblos en riesgo de desaparición". Disponible en http//www.responde.org . [Octubre 2004].

Furtado, C. (1971). *La hegemonía de los Estados Unidos y América Latina*. Madrid: Edicusa.

Gaggiotti, H. (2000). "Para comer, me voy a Buenos Aires: globalización e identidad en las ciudades intermedias de la llanura argentina", en *Revista Theomai*, n° 1, año 1. 2000. Disponible en http://revista-theomai.unq.edu.ar/numero1/artgaggiotti1.htm. [Octubre 2005].

Gaignard, R. (1989). *La Pampa argentina. Ocupación/poblamiento/explotación. De la conquista a la crisis mundial (1550-1930)*. Buenos Aires: Solar/Dimensión Argentina.

Gaignard, R. (1979). "La pampa argentine. L'occupation du sol et la mise en valeur". Thèse de doctorat d'État, Université Bordeaux.

Galasso, N. (2006). "Panel de diálogo del 25 aniversario del fallecimiento de A. Jauretche", en *Arturo Jauretche y el Banco Provincia*. Buenos Aires: BAPRO.

García, M. (2004). Proyecto de investigación: "La región del sudeste de la provincia de Buenos Aires. Desde la 'no-región' a la región funcional". Mar del Plata: Universidad Nacional de Mar del Plata.

García, M. (2003). "Regiones, Ciudades y Territorios Funcionales. Renovados Desafíos en el Sudeste Bonaerense", *LXIV Semana de Geografía*, Bahía Blanca.

Garfinkel, H. (1967). "Wath is ethnomethodology?", en *Studies in Ethnomethodology*. New Jersey: Prentice Hall. Englewood Cliffs.

Gasques, J. C. A. (1990). "La problemática de los asentamientos humanos de segundo rango en el espacio de influencia inmediata de Mar del Plata". Beca de estudiante avanzado UNMDP. Inédito. Mar del Plata.

Ghisiglieri, J. A. (2011). "Mercante. El corazón de Perón". *Revista de la Asociación de Amigos del Archivo Histórico Ricardo Levenne*. Disponible en http://www.amigoslevene.com.ar/colaboraciones/04peron.htm.

Giuseppucci, J. F. (productor) y Giuseppucci, J. F. (director de film) (2009). *Lugares del alma*. Tandil/Buenos Aires: Independiente.

Gogna, J. (director de film) (2009). *De cierto verde*. Mar del Plata: MDQ.

González; Miño y otros (2005). "¿Vuelve el tren?". *La Pulseada*, vol. 32, pp. 46-49.

Graham-Yooll, A. *Página/12*. Reportaje a Marcela Benítez, creadora de la Fundación Responde. [Marzo 2005].

Guber, R. (2001). *La etnografía. Método, campo y reflexividad*. Buenos Aires: Norma.

Hayes, M. y otros (2007). "Estación Patricios, Empalme de la resistencia", en *Revista Margen*, n° 46, Buenos Aires. Disponible en www.margen.org

Hernández, F. (2007). "Desarrollo local 'ideal', pequeñas localidades, pequeñas utopías", en CD de trabajos completos: *Primeras Jornadas de Pequeñas Localidades sobre Territorio, Historia y Ferrocarriles*. Patricios: UNMDP.

Hernando, D. y Cortés, O. (2006). "Falta gente para trabajar el campo". *Revista Patagonia Agropecuaria*, año 21, n° 51, pp. 5-9.

Honorable Cámara de Diputados de la Provincia de Buenos Aires. (2004). *Ley 13.251*. La Plata.

Instituto Cartográfico Nacional (2008). *Atlas Nacional de España*. Madrid: Centro Nacional de Información Geográfica.

Instituto Nacional de Estadística y Censos (1947). *Censo general de la Nación*. Tomo I. Buenos Aires.

Instituto Nacional de Estadística y Censos (2001). *Censo 1991*. Provincia de Buenos Aires. Localidades. Buenos Aires.

Intaschi, D.; Cabo, S.; Peralta, C.; Setti, W. (2008). Trabajo sobre la esfera económica de Bavio: la lechería de Bavio. Grupo económico. Maestría PLIDER, trabajo final del taller T2. La Plata: UNLP.

Intaschi, D. (2010). "Nuevos y viejos actores en el escenario rural de San Cayetano", en *Libro de resúmenes. Seminario Internacional del laboratorio Agriterris. Desarrollo Rural. Competencias y Territorio.* Trabajo completo inédito. Bahía Blanca.

Íscaro, M. (2010). "Transformaciones de la estructura social agraria: reconfiguraciones socio-territoriales en los pueblos rurales del Sudeste bonaerense, a partir de la expansión del modelo de territorialización de los agronegocios (1976-2010)". Proyecto de tesis doctoral. La Plata: UNLP.

Jáuregui, J. (comp.) (2006). *Jóvenes rurales. Claves para el desarrollo de las comunidades rurales.* La Dulce: Fundación Cultural La Dulce.

Jauretche, A. (1968). *Manual de Zonceras Argentinas.* Buenos Aires: Peña Lillo.

Jauretche, A. (2007). *Los profetas del odio y la yapa.* Buenos Aires: Corregidor.

Jauretche, A. (2008). *El medio pelo en la sociedad argentina.* Buenos Aires: Corregidor.

Kusch, R. (2007). *Obras completas (Tomo III). Geocultura del Hombre Americano.* Rosario: Fundación Rossi.

La Voz de Pehuajó (1964). "El tren de la fe llegó a destino". 2 de enero de 1964. Pehuajó.

Lapolla, A. J. (2005). "Estado y economía: algunos aspectos relacionados a la biotecnología transgénica en la Argentina y sus efectos sociales". Disponible en http://www.buenasiembra.com.ar/ecologia/articulos/biotecnologia_sojalizacion1.htm. [21/08/2005].

Lareu, R. (2007). "Turismo en el Espacio Rural", en CD de trabajos completos: *Primeras Jornadas de Pequeñas Localidades sobre Territorio, Historia y Ferrocarriles.* Patricios: UNMDP.

Lattuada, M. (1986). *La política agraria peronista 1943 a 1983 / 1.* Buenos Aires: CEAL.

Levene, R. (1940). "Historia de la provincia de Buenos Aires y la formación de sus pueblos (desde sus orígenes hasta 1916)". *Archivo Histórico de la Provincia de Buenos Aires.* Tomo I. La Plata.

Lobato Correa, R. (1995). "Espaço, um conceito chave da geografia", en de Castro, I.; da Costa Gomes, P.; Lobato Correa, R. (orgs.), *Geografía, conceitos e temas*. Río de Janeiro: Bertrand Brasil.

Longoni, R.; Molteni, J. C. y otros (2006). "Gobernador Manuel Fresco: su obra pública". *Revista de Historia Bonaerense,* n° 30. Morón.

López, E. (2005). "Análisis intervención volver". Documento de trabajo del Ministerio de Desarrollo Social. La Plata. Inédito.

López, E. (2008). "Intervenciones socioproductivas en con rurales", en *II Foro Latinoamericano "Escenarios de la vida social, el trabajo social y las ciencias sociales en el siglo XXI",* 28, 29 y 30 de septiembre del 2008. La Plata: Facultad de Trabajo Social/UNLP.

Lucero, P. I. (2004). "Población y poblamiento", en Velázquez, G; Lucero, P. y Mantobani, J. (eds.), *Nuestra geografía local.* Mar del Plata: El Faro.

Mafud, J. (1996). *El desarraigo argentino.* Buenos Aires: Americalee.

Mantobani, J. M. (2004). "Territorio, población y localidad", en Velázquez, G; Lucero, P. y Mantobani, J. (eds.), *Nuestra geografía local.* Mar del Plata: El Faro.

Manzana, M. (2007). "Territorio, poder e instituciones. Una perspectiva critica sobre la producción de territorio", en Manzanal, M.; Arzeno y otros, *Territorios en construcción.* Buenos Aires: Ciccus.

Manzanal, M. (2000). "Los programas de desarrollo rural en la Argentina (en el contexto macroeconómico del ajuste neoliberal)". *Revista EURE,* vol. XXVI, n° 78, pp. 77-101. Santiago de Chile.

Marcel, A. (director de film) y Fundación Avina (productor) (2008). *Estación Patricios.* Buenos Aires: Fundación Avina.

Marenco, S. y Pascale, J. C. (1998). "La planificación estatal bonaerense y el ordenamiento territorial: Teorías, estrategias y organización institucional", en Mabel, N.; Cernadas de Bulnes; Bustos Cara, R. (comps.), *Estudios regionales interdisciplinarios.* Bahía Blanca: UNS.

Marenco, S.; Bustos Cara, R. y otros. (1997). "La planificación estatal y el proceso de reordenamiento territorial del sudoeste bonaerense", en *Memorias del 6to Egal*. Disponible en www.observatoriogeografi-coamericalatina.org.mx/egal6/.../141.pdf. [Diciembre 2010].

Hammersley, M. y Atkinson, P. (1994). *Etnografía. Métodos de investigación*. Buenos Aires: Paidós.

Maya, J. (2008). *Historia del pueblo de Nicanor Olivera. 1908-2008. Tomos I y II*. La Dulce: Fundación La Dulce.

Ministerio de Desarrollo Humano y Trabajo (2002). *Plan Volver*. La Plata.

Ministerio de Economía y Finanzas Públicas (2010). "Memoria de las Privatizaciones". Disponible en http://mepriv.mecon.gov.ar/Normas/666-89.htm. [Agosto 2010].

Montoya Arango, V. (2007). "El mapa de lo invisible. Silencios y gramática del poder en la cartografía". En *Revista Universitas Humanística*, n° 63. Bogotá: Pontificia Universidad Javeriana.

Mojarro, O. y Benítez, G. (2010). "El despoblamiento de los municipios rurales de México, 2000-2005", en *La situación demográfica de México 2010*. México: CONAPO. Disponible en http://www.conapo.gob.mx/publicaciones/sdm/sdm2010/12.pdf [Diciembre 2010].

Municipalidad de Balcarce. Dirección de Comunicación y Planificación Institucional (2004). *Censo San Agustín 2004*. Inédito. Balcarce.

Neustad, B. (1977). "Entrevista a José Alfredo Martínez de Hoz". Disponible en http://neustadtentrevistas.blogspot.com/1977_01_01_archive.html. [Marzo 2011].

Nielsen, G. (1982). *Respecto de una menor participación del Estado en la economía argentina*. Buenos Aires: FIEL.

Olivera, H. (director de film) (1983). *No habrá más penas ni olvido*. Buenos Aires: INCA.

Olivera, H. (director de film) (1992). *Una sombra ya pronto serás*. Buenos Aires: INCA.

Peralta Sánchez, F. (2003). "La noción de ambivalencia técnica en Jaques Ellul", en R*evista Iberoamericana de Comunicación*. Disponible en http://www.infoamerica.org/documentos_pdf/ellul01.pdf

Perón, J. D. (1973). *La fuerza es el derecho de las bestias*. Buenos Aires: Kaufman.

Piñeiro, M. (1999). "Opciones de inversión en la economía rural en Desarrollo de las economías rurales en América Latina y el Caribe", en R. G. Echeverría (ed.), Banco Interamericano de Desarrollo. Washington.

Prats, L. (2005). "Concepto y gestión del patrimonio local", en *Revista Cuadernos de Antropología Social*, de la Sección de Antropología Social, Instituto de Ciencias Antropológicas, Facultad de Filosofía y Letras, Universidad de Buenos Aires, n° 21. Disponible en http://www.filo.uba.ar/contenidos/investigacion/institutos/antropo/Home/Antrop.

Primeras Jornadas de Pueblos Rurales (2005). *Pueblos que Laten*. Conclusiones de trabajo en talleres. Sin editar, distribución interna. La Niña.

Provincia de Buenos Aires. Ministerio de Desarrollo Humano y Trabajo. Dirección Provincial de Planificación para el Desarrollo Local y Regional (2004). *Programa de Fortalecimiento Socioproductivo de Comunidades Rurales. Plan Volver*. La Plata.

Real Academia Española (RAE). Disponible en www.rae.es

Raffestin, C. (1982). "Tradition, Modernité, territorialité". *Cahiers de Géographie du Quebec*, vol. 26, n° 68, 185-198.

Randle, P. (1992). *Ciudades intermedias, su reactivación en la región pampeana. Bases para una política*. Buenos Aires: Fundación Banco de Boston.

Ratier, H. y otros (2004). *Poblados bonaerenses, vida y milagros*. Buenos Aires: La Colmena.

República Argentina (1949). *Constitución Argentina*. Buenos Aires.

Río Negro. Periódico (2004). Disponible en http://www.rionegro.com.ar/diario/rn/inicio.aspx?idcat=9521&tipo=8. [26/7/2004].

Rodríguez Masena, P. (2007). *El Plan Volver. Una experiencia de desarrollo local para las comunidades rurales en la provincia de Buenos Aires, Argentina.* Buenos Aires: RIDELC.

Rofman, A. (2005). "Los actores del desarrollo local", en Universidad Nacional de General Sarmiento. *Módulo del Curso de Posgrado "Desarrollo local en áreas metropolitanas".* Taller: Instrumentos para el Desarrollo Local. Disponible en http://www.urbared.ungs.edu.ar/recursos_bibliografía_textos_posgrados.htm. [15/08/2005]

Rosso, E. R. (2010). "Despoblamiento en pueblos rurales de la pampa bonaerense: ¿en vías de desaparición o reconfiguración social? Los casos de San Agustín y Mechongué". Tesis de Licenciatura en Antropología. Olavarría: UNICENPBA.

Sábato, J. F. (1991). *La clase dominante en la Argentina moderna. Formación y características.* Buenos Aires: CISA/Imago Mundi.

Samaja, J. (2003). "Desafíos a la epidemiología (pasos para una epidemiología 'Miltoniana')". Disponible en http://www.scielo.br/pdf/rbepid/v6n2/05.pdf. [17/01/2010].

Santos, M. (1978). *O trabalho do geógrafo no terceiro mundo.* Sao Paulo: Huitec.

Santos, M. (1986). "Espacio y método". *Revista Geocrítica,* año XII. n° 65, Universidad de Barcelona.

Santos, M. (1994). *Técnica, espaço e tempo. Globalizaçao e meio técnico científico informacional.* Sao Paulo: Huitec.

Santos, M. (1995). *Metamorfosis del espacio habitado.* Barcelona: Oikos-tau.

Santos, M. (1996). *De la totalidad al lugar.* Barcelona: Oikos-tau.

Santos, M. (2000). *La naturaleza del espacio.* Barcelona: Ariel.

Santos, M. y Silveira, M. L. (2001). *O Brasil.* Rio de Janeiro: Record.

Sarmiento, D. F. (1944). *Facundo.* Buenos Aires: W. M. Jackson.

Scalabrini Ortiz, R. (1983). *El hombre que está solo y espera*. Buenos Aires: Plus Ultra.

Scalabrini Ortiz, R. (1995). *Historia de los Ferrocarriles Argentinos*. Buenos Aires: Plus Ultra.

Scatizzi, M. (2007). "Red De Prestadores de Turismo Rural Comunitario", en CD de trabajos completos: *Primeras Jornadas de Pequeñas Localidades sobre Territorio, Historia y Ferrocarriles*. Patricios: UNMDP.

Schatzman, L., y Strauss, A. L. (1973). *Field research. Englewood Cliffs*. N. J. Prentice-Hall.

Schejtman, A. y Berdegué, J. A. (2003). "Desarrollo Territorial Rural". Borrador de Trabajo. FIDA/BID. Santiago de Chile: RIMISP.

Schvarzer, J. (1999). "Los ferrocarriles de carga en la Argentina. Problemas y desafíos en vísperas del siglo XXI". Documento de trabajo. Centro de Estudios Económicos de la Empresa y el Desarrollo. Imprenta de la Facultad de Ciencias Económicas. Universidad de Buenos Aires.

Shmite, S. M. (2008). "Transformaciones en el territorio y cambios de identidad. El caso del espacio agropecuario de la provincia de La Pampa, Argentina", en *Notas del Centro de Estudios Humbodt*, n° 660/05. Disponible en http://www.eListas.net/lista/humboldt. [Octubre 2008]

Sili, M. (1996). "Crise et recomposition du monde rural de la Pampa. Espaces et sociétés en mutation dans le Sud-Ouest de la Province de Buenos Aires". Doctorat Etudes Rurales ESSOR, spécialité Géographie. Toulouse: Université de Toulouse Le Mirail.

Sili, M. (2000). *Los espacios de la crisis rural. Geografía de una pampa olvidada*. Bahía Blanca: UNS.

Sili, M. (2005). "La teoría de la fragmentación. ¿Un nuevo modelo explicativo del funcionamiento de los territorios rurales?". Buenos Aires: Inédito.

Sili, M. (2010). *¿Cómo revertir el proceso de fragmentación de los territorios rurales?* Buenos Aires: INTA.

Silveira, M. (2008). "Globalización y territorio usado:imperativos y solidaridades". *Cuadernos del CENDES*, año 25, n° 69. Buenos Aires.

Silveira, M. (2005). *Continente em Chamas*. Rio de Janeiro: Civilizaçao Brasileira.

Sisti, D. (2004). "El régimen de colonización como herramienta de la modernización de las áreas rurales bonaerenses durante el gobierno de Manuel Fresco". *Revista Anual de Investigación del Centro de Estudios Históricos, Arquitectónico-Urbanos*. FAUD, año 2, n° 2. Mar del Plata.

Sociedad Rural Argentina (1977). "Solicitada". Disponible en http://revista-zoom.com.ar/articulo2429.html. [Octubre 2009].

Solanas, F. (director de film) (2008). *La próxima estación*. Buenos Aires: INCAA.

Soriano, O. (2003). *Una sombra ya pronto serás*. Buenos Aires: Seix Barral.

Soriano, O. (2003b). *No habrá más penas ni olvido*. Buenos Aires: Seix Barral.

Soriano, O. (2009). *Cuarteles de invierno*. Buenos Aires: Seix Barral.

Souza, C. (2006). "Políticas públicas: uma revisão da literatura", en *Sociologias*, n° 16, junio-diciembre. Porto Alegre.

Spradley, J. (1979). *The ethnographic interview*. New York: Holt, Rinehart and Winston.

Tarrida, E. (2005). "El concepto de lo siniestro en Freud". Instituto del Campo Freudiano. España. Disponible en http://www.scb-icf.net/nodus/150HombreArena.htm. [Septiembre 2010].

Trenes de Buenos Aires (2009). *Diagrama de trenes 2009*. TBA.

Trenes Especiales Argentinos (2009). *Diagrama de trenes 2009*. Buenos Aires.

Unidad de Gestión Operativa Ferroviaria de Emergencia (2009). "Diagrama de trenes línea Roca 2009". Disponible en http://www.ugofe.

com.ar/general_roca/horarios/saladilloalvear-ida.jpg   [Diciembre 2009].

Unidad Ejecutora del Programa Ferroviario Provincial (2009). *Diagrama de trenes de pasajeros*. La Plata.

Valladares, E. (director de film) (2003). *El sol en botellitas*. Buenos Aires: INCA.

Vapñarsky, C. y otros (1998). *El concepto de localidad: definición, estudios de caso y fundamentos teórico-metodológicos*, serie D, nº 4, INDEC. Buenos Aires.

Veschi, E. (2009). *Relato sobre el saqueo del sistema ferroviario nacional (1989-2005) y otros "daños colaterales"*. Buenos Aires: Grupo Editor del Encuentro.

Villalvazo Peña, P.; Corona Medina, J. P.; García Mora, S. (2002). "Urbano-rural, constante búsqueda de fronteras conceptuales". *Revista del Instituto Nacional de Estadística y Geografía*, nº 20. México.

Whitehead, A. N. (1938). *Modes of Thought*. New York: Macmillan.

Whitehead, A. N. (1994). *O conceito de natureza*. Sao Paulo: Martin Fontes.

Williams, R. (1997). *Marxismo y literatura*. Barcelona: Península/ Biblos. Citado en Zuccarino, C. R. (2007), "Una aproximación al pensamiento de Raymond Williams", en *Revista Miradas de la UNDEC*, año 1, nº 1. Disponible en "Una aproximación al pensamiento de Raymond Williams". [Noviembre 2008].

Impreso por TREINTADIEZ S. A. en 2019
Pringles 521 (C1183 AEI)
Ciudad Autónoma de Buenos Aires
Teléfonos: 4864-3297 / 4862-6794
editorial@treintadiez. com